Koch
Bewertung und Wirtschaftlichkeitsermittlu

GABLER EDITION WISSENSCHAFT

Uwe Koch

Bewertung und Wirtschaftlichkeitsermittlung logistischer Systeme

Zur Bedeutung
von Informationen in der Logistik

Mit einem Geleitwort von
Prof. Dr. H. Günter und Dr. Dr. h.c. J. Bloech

Springer Fachmedien Wiesbaden GmbH

Die Deutsche Bibliothek - CIP-Einheitsaufnahme

Koch, Uwe:
Bewertung und Wirtschaftlichkeitsermittlung logistischer
Systeme : zur Bedeutung von Informationen in der Logistik
/ Uwe Koch. Mit einem Geleitw. von H. Günter und J. Bloech.
- Wiesbaden : Dt. Univ.-Verl. ; Wiesbaden : Gabler, 1996
(Gabler Edition Wissenschaft)
Zugl.: Braunschweig, Technische Univ., Diss., 1995
ISBN 978-3-8244-6331-2

ISBN 978-3-8244-6331-2   ISBN 978-3-663-08291-0 (eBook)
DOI 10.1007/978-3-663-08291-0

© 1996 Springer Fachmedien Wiesbaden
Ursprünglich erschienen bei Betriebswirtschaftlicher Verlag
Dr. Th. Gabler GmbH, Wiesbaden in 1996

Gabler Verlag, Deutscher Universitäts-Verlag, Wiesbaden

Lektorat: Claudia Splittgerber / Annette Werther

ISBN 978-3-8244-6331-2

Geleitwort

Die vorliegende Arbeit befaßt sich mit mit einem Thema, das in der Wirtschaft zunehmende Bedeutung erlangt hat. Die betriebswirtschaftliche Querschnittsfunktion Logistik mit ihren vielfältigen Implikationen in nahezu allen unternehmerischen Bereichen sowie der Komplex Information - hier als vierter Produktionsfaktor verstanden - sind maßgebliche Einflußgrößen zur Erreichung gesetzter Ziele.

Wirtschaftlichkeitsanalysen, die auf eine Bewertung von ganzen (komplexen) Systemen abzielen, erfordern eigene Wirtschaftlichkeitsmaße, auch wenn als Vergleich typische traditionelle Kriterien herangezogen werden. Der hohe Komplexitätsgrad logistischer Systeme der Unternehmungen verhindert in der Praxis oftmals eine objektive und umfassende Bewertung von Lager-, Transport- oder Distributionssystemen.

Hier setzt die vorliegende Untersuchung an, deren wesentliches Anliegen die ganzheitliche Bewertung komplexer, logistischer Prozesse und Systeme ist. Die Ermittlung der Wirtschaftlichkeit wird als wesentliches Ziel der Bewertung logistischer Systeme aufgefaßt. Über die Bewertung wird die Angemessenheit und der Erfolg von Maßnahmen, z.B. der Einsatz logistischer Informationssysteme, ermittelt.

Ausgehend von einem weiten, system- und prozeßorientierten Logistikbegriff wird ein vor allem betriebs- und volkswirtschaftlich sowie informatikgeprägtes Rahmenkonzept entwickkelt. Ohne geeignete Verfahren zur Komplexitätsreduktion kann die Aufgabe einer ganzheitlichen Bewertung nicht gelöst werden. Durch den Wechsel verschiedener Abstraktions- bzw. Konkretisierungsstufen wird die Differenzierung logistischer Systeme und Prozesse und damit eine gedankliche Reduktion der Komplexität ermöglicht.

Die Diskussion komplexer logistischer Größen wie z.B. Zeitverhalten oder Lieferservice zeigt die Vielschichtigkeit der Bewertungsproblematik auf. Fragen der Bewertung von Informations- und Kommunikationssystemen in logistischen Ketten werden ebenso behandelt wie z.B. die Bewertung von JIT-Konzepten sowohl aus einzel- als auch gesamtwirtschaftlicher Sicht.

Durch Darstellung wesentlicher Problembereiche in logistischen Schnittstellen wird aufgezeigt, welchen Beitrag eine effiziente und adäquate Informationsverarbeitung leisten kann. Zahlreiche Beispiele aus der Wirtschaftspraxis ergänzen abstrakte systemtheoretische, methodisch-konzeptionelle Überlegungen durch pragmatische Ansätze. In Form von Checklisten, Kriterienkatalogen und Systematisierungsansätzen werden Hilfsmittel zur Verfügung gestellt, anhand derer Potentiale für Verbesserungen innerhalb der Logistik und Schwachstellen in Abläufen und Prozessen abgeschätzt werden können.

Mit der vorliegenden Arbeit wird ein ganzheitlicher und in dieser Form originärer Ansatz geliefert, um logistische Systeme und Prozesse analysieren und bewerten zu können. Sie kann gleichermaßen wissenschaftlich Interessierten wie Praktikern dienen, komplexe Systeme strukturieren und transparent machen zu können und diese einer Bewertung - insbesondere im Hinblick auf ihre Wirtschaftlichkeit - zu unterziehen. Die Vorgehensweise ist vor allem als Plädoyer für Ganzheitlichkeit und Systematik bei Bewertungen zu verstehen.

Prof. Dr. H. Günter
Prof. Dr. Dr. h.c. J. Bloech

Vorwort

Technikorientierung und mangelnde wirtschaftswissenschaftliche Durchdringung haben dazu geführt, daß die wissenschaftliche Diskussion um die Gestaltung logistischer Systeme und Prozesse eher vernachlässigt worden ist. Das Ziel der vorliegenden, interdisziplinären Arbeit besteht darin, durch Integration von Ansätzen aus verschiedenen wissenschaftlichen Disziplinen in ein gemeinsames Konzept und durch die Vorstellung einer systemtheoretisch ausgerichteten Methodik zur Intensivierung des Instrumenten- und Methodeneinsatzes in der Logistik beizutragen.

Wesentliches Anliegen der vorliegenden Arbeit ist die ganzheitliche Bewertung komplexer logistischer Prozesse und Systeme sowie die Analyse von Ursache-Wirkungs-Zusammenhängen. Durch die Vorstellung von Hilfskonstruktionen und Quantifizierungsansätzen werden Wege zur Lösung konkreter Entscheidungs- bzw. Bewertungsprobleme abgeleitet.

Diese Schrift wurde begonnen während meiner Assistenzzeit am Institut für Wirtschaftswissenschaften der Technischen Universität Braunschweig, die Fertigstellung erfolgte während meiner Berufstätigkeit als Logistikberater in Hamburg. Für die Betreuung und Unterstützung möchte ich Herrn Prof. Dr. Horst Günter meinen besonderen Dank aussprechen. Mein Dank gilt auch Herrn Prof. Dr. Dr. h.c. Jürgen Bloech für die konstruktiven Anregungen.

Die Fertigstellung solcher Arbeit erfordert Hilfestellungen und Unterstützung im privaten Bereich. Hier gilt mein Dank vor allem meiner Familie, die mir während der gesamten Zeit ermunternd und unterstützend zur Seite stand. Namentlich erwähnen und danken möchte ich an dieser Stelle meiner Lebensgefährtin Daniela Kollosche für ihren akribischen Einsatz bis zur endgültigen Fertigstellung der Arbeit sowie Frau Evelyn Hüls für die Hilfe bei der Erstellung der Abbildungen.

Ich widme dieses Buch meiner Mutter und meinen Geschwistern.

Uwe Koch

Inhaltsverzeichnis

XIII

Verzeichnis der Abbildungen

Anhang

Verzeichnis der Tabellen

1.1. Einführung und Begründung der Arbeit

Moderne Industriegesellschaften sind geprägt durch Spezialisierung und Arbeitsteilung und infolge der zunehmenden Internationalisierung und Globalisierung von Geschäftsprozessen durch ein hohes Maß an informatorischer Verknüpfung. Die stürmische Entwicklung im Bereich der Informations- und Kommunikationstechnologien und die sich daraus ergebenden neuen bzw. erweiterten Anwendungsfelder und -möglichkeiten machen es erforderlich, den Einsatz und die Kombination von Produktionsfaktoren neu zu überdenken. Neue Informations- und Kommunikationstechnologien erlauben neue Abläufe innerhalb betrieblicher und gesamtwirtschaftlicher Prozesse und führen zu Veränderungen in nahezu allen Bereichen. Die Arbeitsteilung auf nationaler und internationaler Ebene wird durch die neuen technischen Möglichkeiten im Bereich der Informations- und Kommunikationstechnologien stark berührt und teilweise in Frage gestellt.

Europa befindet sich in einem wirtschaftlichen Aufbruch, die Dynamik und die Veränderung der wirtschaftlichen Umwelt gegen Ende des 20.ten Jahrhunderts sind durch folgende Entwicklungen und Trends gekennzeichnet: [1]

- Wandel vom Verkäufer- zum Käufermarkt
- Wandel zur Dienstleistungsgesellschaft bzw. Informationsgesellschaft
- kürzere Innovationszyklen
- individuelle Produktanforderungen[2]
- Forderung nach immer kürzeren Lieferzeiten
- Übergang von manueller zu computerunterstützter Informationsverarbeitung
- hohe Lieferbereitschaft bei niedrigen Beständen
- verstärkte Kundenorientierung statt Produktionsorientierung
- verschärfter internationaler Wettbewerb
- Zusammenwachsen von Märkten
- verstärkte Unternehmenskonzentration
- zunehmende Vernetzung und Kooperationen
- eine Internationalisierung der bisherigen Regionalmärkte
- die Öffnung bisher weitgehend geschlossener Märkte in Osteuropa
- die Anwendung neuer Technologien sowie
- einen gesellschaftlichen Wertewandel.

Um den sich daraus ergebenden unternehmerischen Anforderungen gerecht werden zu können, sind in den achtziger und zu Beginn der neunziger Jahren eine Reihe von Konzepten und

---

[1] Vgl. hierzu z.B. A.T.Kearney (Hrsg.): Produktivität und Qualität in der Logistik- Schlüsselfaktoren im europäischen Wettbewerb, Ergebnisse einer Erhebung bei über 1.000 Top-Unternehmen in Europa, Düsseldorf, 1992, S. 3.

[2] Die zunehmende Differenzierung von Kundenwünschen führt zu ständigem Anstieg des Varianten- und Typenspektrums, die Anzahl verschiedener Produkttypen und Produktvarianten steht synonym für Kostensteigerungsfaktoren wie Komplexität und Koordinationskosten. Vgl. Wildemann, Horst: Entwicklungsstrategien für Zulieferunternehmen, Forschungsbericht, München 1993, S. 8 ff.

Lösungsansätzen[3] entwickelt bzw. deren Anwendung stark propagiert worden. Zu den wichtigsten derzeit in Veröffentlichungen von Wissenschaft und Wirtschaftspraxis diskutierten Ansätzen gehören:

- Just-In-Time-Philosophie
- Kaizen bzw. KVP
- Lean Production
- Total Quality Management
- Business Reengineering
- Benchmarking
- Prozeßkostenrechnung
- Denken in Wertschöpfungsketten.[4]

Aufgrund des steigenden internationalen Wettbewerbsdrucks und durch das Zusammenwachsen von Märkten ist in der Wirtschaft national und international der Trend zur Verringerung der Fertigungstiefe[5] zu erkennen. Es kann davon ausgegangen werden, daß zukünftig vor allem aufgrund komparativer Kostenvorteile vermehrt Halbfertigfabrikate, Bauteile oder ganze Komponenten zugekauft werden. In der Folge kommt es zu einer Vermehrung von Transport-, Lager- und Umschlagprozessen und damit zu einer starken Zunahme von Material- und Güterströmen. Aus dem Anstieg der erforderlichen Transporte ergibt sich ein Bedeutungszuwachs inner-, zwischen- und überbetrieblicher bzw. gesamtwirtschaftlicher logistischer Prozesse. Der Stellenwert, der den Bereichen Transport, Verkehr und Logistik[6] zukommt, läßt sich ablesen am wachsenden Beitrag dieser Sektoren zur volkswirtschaftlichen Gesamtleistung.[7]

---

[3] Im Rahmen dieser Arbeit sollen die verschiedenen Konzepte und ihre Anwendungsschwerpunkte nicht näher diskutiert werden. Sie werden lediglich dort aufgegriffen, wo Berührungspunkte und Parallelen zu den hier behandelten Themen bzw. zu logistischen Aufgaben- und Fragestellungen bestehen.

[4] Unter Wertschöpfung wird allgemein die Differenz zwischen Rohertrag einer Aktivität (als nach außen abgegebene Güter- und Leistungswerte) und den Vorleistungskosten einer Aktivität (als von außen bezogene Güter- und Leistungsmengen) verstanden. Vgl. hierzu den Ansatz von Porter, M.E.: Competitive Advantage, New York, London 1985, S. 34 ff.

[5] So ist z.B. die Fertigungstiefe in der Automobilindustrie weltweit teilweise bis auf 22 % gesunken. Vgl. Jünemann, Reinhardt: Materialfluß und Logistik - Systemtechnische Grundlagen mit Praxisbeispielen, Berlin: Springer, 1989, S. 84 f.

[6] Zur Abgrenzung der genannten Bereiche vgl. die Begriffsbestimmungen in Kap. 3.2.

[7] Der Beitrag der Sektoren Handel und Verkehr sowie Dienstleistungsunternehmen zum Bruttoinlands-produkt betrug für die Bundesrepublik Deutschland im Jahr 1993, ungeachtet des exakten „logistischen" Anteils in den genannten Bereichen, ca. 46 %. Vgl. Statistisches Bundesamt (Hrsg.): Statistisches Jahrbuch 1994 der Bundesrepublik Deutschland, Metzler-Poeschel, Wiesbaden, 1994, S. 684 ff. Die ökonomische Relevanz der Logistik ist evident.

Logistische Prozesse haben große ökonomische Bedeutung[8] , ohne Logistik ist keine Herstellung oder Verteilung von Gütern möglich. Die strategische Bedeutung der Logistik für den unternehmerischen Erfolg wächst und es scheint, als ob sich Logistik neben der Informationsverarbeitung[9] zum entscheidenden Wettbewerbsinstrument der 90er Jahre[10] entwickeln wird. Die Logistik erfährt ihre Bedeutung auch deshalb, weil in vielen Branchen, wie z.b. der Automobil- oder Konsumelektronikindustrie, Möglichkeiten zur Differenzierung von Wettbewerbern vor allem in Kriterien wie (Liefer-) Zeit oder Qualität der logistischen Leistungen liegen.

Unsere Wirtschaftswelt bewegt sich unaufhaltsam weiter in Richtung Dienstleistungsgesellschaft[11] , es gibt keinen entwickelten Industriestaat, der nicht zumindest 50 Prozent seines Sozialprodukts im tertiären Sektor generiert. Eine moderne und leistungsfähige Wirtschaft ist ohne die schnelle und weltweite Verfügbarkeit von Informationen nicht mehr vorstellbar. Für eine rohstoffarme und stark exportorientierte Industrienation wie die Bundesrepublik Deutschland sind Informationen der wichtigste, prinzipiell stets verfügbare Rohstoff[12] , Information wird heute als vierter Produktionsfaktor[13] verstanden. Wegen ihrer Entwicklung zu einer Dienstleistungs- bzw. Informationsgesellschaft ist die effiziente Nutzung der Ressource

---

[8] In der Industrie werden ca. 13 % der Gesamtkosten, im Handel ca. 22 % dem Bereich Logistik zugeordnet. Vgl. hierzu z.B. Baumgarten, Helmut / Wolff, Stefan: Perspektiven der Logistik, Trend-Analysen und Unternehmensstrategien, Ergebnisse einer Untersuchung des Bereiches Materialflußtechnik und Logistik der Technischen Universität Berlin, Berlin, 1993, S. 7.

[9] In dieser Arbeit erfolgt keine prinzipielle Trennung zwischen Informationsverarbeitung und Logistik. Dem hier zugrundeliegenden Verständnis von Logistik nach ist Informationsverarbeitung integraler Bestandteil der Logistik.

[10] Die zunehmende strategische Bedeutung der Logistik kommt in nahezu allen Beiträgen anläßlich des 11.ten deutschen Logistik-Kongresses, der als repräsentatives Forum hinsichtlich des aktuellen Entwicklungsstandes der (vor allem) bundesdeutschen Logistik in Industrie und Handel angesehen werden kann, deutlich zum Ausdruck. Vgl. hierzu die entsprechenden Tagungsbände o.V.: Logistik - Lösungen für die Praxis, Berichtsband zum 11. Deutschen Logistik-Kongreß, (Hrsg: BVL), Huss-Verlag, München 1994.

[11] Zum gesellschaftlichen Strukturwandel s. Tietz, Bruno: Die Metamorphose der Industrie, Auf dem Weg zur Handels- und Dienstleistungsgesellschaft, in: Absatzwirtschaft, 1/95, S. 76 ff.

[12] Vgl. hierzu die Darstellungen bei Szyperski, N./ Eschenröder, G: Information-Resource-Management - Eine Notwendigkeit für die Unternehmensführung, in: Kay, Ronald (Hrsg.): Management betrieblicher Informationsverarbeitung, Wirtschaftsinformatik-Symposium d. IBM-Deutschland-GmbH (Fachberichte und Referate, Bd. 14), München: Oldenbourg, 1983, S. 20 f. Dort wird für den Zeitraum von 1860 bis 1980 der prozentuale Anteil von "information workers" und "non-information-workers" am U.S.-amerikanischen Arbeitsmarkt dargestellt. Eine ähnliche Entwicklung kann auch für die Bundesrepublik angenommen werden. Eine weitere Darstellung in diesem Beitrag zeigt die Erweiterung des klassischen Drei-Sektoren-Modells von Fourastie um den Sektor Information, aus der gleichermaßen die o.g. Entwicklung zu ersehen ist.

[13] Wild, Jürgen: Zur Problematik der Nutzenbewertung von Informationen, in: ZfB, 1971, S. 315. Zur Bezeichnung von Information als Inputfaktor bzw. quartärem Sektor s. z.B. Flip-Köhn, Renate: Erfassung von Informations- und Kommunikationsaktivitäten in Subsystemen der Input-Output-Rechnung, in: Stäglin, Reiner / Südfeld, Erwin et al.: Informations- und Kommunikationstechnologien in Wirtschaft und Gesellschaft - Konzepte ihrer statistischen Erfassung, Stuttgart: Kolhhammer, 1988, S. 160.

Information für die Bundesrepublik Deutschland zur Erhaltung der Wettbewerbsfähigkeit existenziell.

Neue Informations- und Kommunikationstechnologien führen zu erhöhter Markttransparenz und durch verbesserte Informationsverarbeitung zu verbesserter Ressourcenallokation mit entsprechenden Kosteneinsparungen.[14] Der technische Fortschritt bei den Telekommunikationssystemen und -diensten ist mitverantwortlich, daß große integrierte Wirtschaftsräume wie der europäische Binnenmarkt funktionieren können oder die Weltbörsen von New York, Tokio, Frankfurt bis London engmaschig miteinander verknüpft sind. Ohne effiziente Informations- und Kommunikationstechnologien gäbe es auch keine weltweit operierenden Konzerne; Telekommunikation definiert somit maßgeblich das zeitliche und räumliche Beziehungsgefüge für wirtschaftliches Handeln. Dabei verschärft der Übergang vom analogen zum digitalen und ISDN-Zeitalter das Tempo, mit dem die Informations- und Kommunikationstechnologie Zeit und Raum überbrücken hilft. Moderne Telekommunikation ermöglicht nicht nur gesellschaftliche Veränderungen, sondern bestimmt in der Regel auch die Geschwindigkeit des Wandels.

Vollständig und schnell verfügbare, ziel- und aufgabenbezogene Informationen gehören heute zum wichtigsten Produktivkapital eines Unternehmens. In Zeiten zunehmend verschärften Wettbewerbs setzt sich allmählich das Bewußtsein durch, daß der Informationsvorsprung über die Marktstellung von Unternehmen innerhalb der Extreme Marktführerschaft oder Verschwinden aus dem Markt entscheiden kann.[15] Derjenige, der Informationen schneller erlangt und sie verarbeitet bzw. nutzt, wird zum Spitzenreiter des Marktes. Denn je schneller und reibungsloser die Informationen fließen, desto schneller kann ein Auftrag bearbeitet, eine Kundenanfrage beantwortet oder ein neues Produkt entwickelt werden. Über ihre Bedeutung zur Sicherung der Wettbewerbsfähigkeit hinaus führt die Anwendung von Informations- und Kommunikationstechnologien beispielsweise zur Entlastung von Routinearbeiten bei gleichzeitig erhöhten Qualifikationsanforderungen an die Mitarbeiter und somit zu starken Veränderungen von Aufgabeninhalten und -spektren.[16] Die intensive Anwendung und Nutzung der Informations- und Kommunikationstechnologien ist ein Beitrag zur Erhaltung der Wettbe-

---

[14] Die Verbesserung des Informationsflusses führt gesamtwirtschaftlich zu verbesserter, effizienterer Ressourcenallokation. Einige modelltheoretische Analysen kommen zu dem Schluß, daß die Informations- und Kommunikationstechnologie der Wachstumsmotor sein wird. Diese Ansicht sei hier dahingestellt und soll nicht näher untersucht werden. Ein deutlich positiver Beitrag der Informations- und Kommunikationstechnologie zum wirtschaftlichen Wachstum scheint gesichert. Vgl. hierzu Schnöring, Thomas: Gesamtwirtschaftliche Effekte der Informations- und Kommunikationstechnologien, Berlin Heidelberg: Springer, 1986, S. 11.

[15] Zur strategisch bedeutsamen Rolle der Informationsverarbeitung bzw. des Informationsmanagements vgl. z.B. Porter, Michael / Millar, Victor E.: Wettbewerbsvorteile durch Information, in: Harvard Manager, Heft 1, 1986, S. 26 ff. Eine ähnliche Darstellung zur Bedeutung von Informationsmanagement und Informationstechnologie für die Erreichung der Unternehmensziele findet sich bei Bromann, Peter: Erfolgreiches strategisches Informationsmanagement, Landsberg/Lech: Moderne Industrie, 1987, S. 146.

[16] Ausführliche Untersuchungen der wirtschaftlichen, sozialen und politischen Folgen des Einsatzes neuer Informations- und Kommunikationstechnologien finden sich z.B. bei Scharfenberg, Günter: Die technologische Revolution - Wirtschaftliche, soziale und politische Folgen, Berlin: Landeszentrale für politische Bildung, 1987; Müller, Jürgen: "Die neuen IKT-Auswirkungen auf Wachstum und Beschäftigung und die Rolle der Bundespost", S. 90-206, in: Sonntag, Philipp [Hrsg.]: "Die Zukunft der Informations-Gesellschaft", sowie Kubicek, Herbert / Rolf, Arno: Mikropolis - Mit Computernetzen in die Informationsgesellschaft, Hamburg: VSA, 1986.

werbsfähigkeit der Unternehmen und damit auch ein Beitrag zur Stabilität der Volkswirtschaft. Soweit der Einsatz von Informations- und Kommunikationstechnik zur Schonung von Ressourcen beiträgt, ist sie auch ökologischer Positivfaktor.[17]

Vor dem Hintergrund einer explosionsartig steigenden Informationsmenge ist eine effiziente Informationsverarbeitung wichtiger denn je. Eine erfolgreiche Vermarktung von Produkten und Dienstleistungen wird zunehmend von der Qualität der eingesetzten Informations- und Kommunikationssysteme bzw. der Effizienz der Informationsverarbeitung bestimmt. Dies gilt sowohl für die klassischen betrieblichen Funktionsbereiche Beschaffung, Produktion und Absatz als auch für die in ihrer Bedeutung in den letzten Jahren wesentlich gestiegene unternehmerische Aufgabe Logistik.[18] Waren Rationalisierungs- und Optimierungsaktivitäten in der Vergangenheit vor allem auf die Bereiche Produktion und Fertigung gerichtet und sind die Einsparungs- bzw. Rationalisierungsmöglichkeiten dort infolge der durchgeführten Maßnahmen bzw. des Einsatzes von entsprechenden Systemen, wenn auch nicht vollständig ausgeschöpft, nur noch begrenzt nutzbar, rückten Bereiche wie Administration und Logistik in den letzten Jahren in den Vordergrund derartiger Bemühungen.

Begriffe wie CIM (Computer Integrated Manufacturing), CAL (Computer Aided Logistics), JIT (Just-in-Time) sowie in jüngerer Zeit[19] Lean Production, TQM (Total Quality Manage-

---

[17] Die Fragestellung, inwieweit neue Informations- und Kommunikationstechnologien dazu beitragen können, z.B. Verkehrsleistungen und die daraus resultierenden Umweltbelastungen zu reduzieren, soll hier nicht näher betrachtet werden. Vgl. zu den Ergebnissen einer Studie zu den gesamtwirtschaftlichen bzw. ökologischen Auswirkungen des Einsatzes von Informations- und Kommunikationstechnologien die zusammenfassende Darstellung bei Steger, Ulrich / Schloßberger, Ulrich: Umweltbewußtes Transportmangement: Eine Chance für die Rationalisierung der Transportprozesse durch IuK-Technologien, in: it, 3/92, S. 149 - 154. Zu über den Einsatz moderner Informations- und Kommunikationssysteme hinausgehenden Ansätzen zur Lösung von Verkehrsproblemen wie Zeitflexibilisierung oder road pricing vgl. Bretzke, Rüdiger: Transport- und Logistiksysteme, Teil 4, in: Logistik heute, Nr. 3, 1992, S. 15 ff.

[18] Vorreiter bei der Umsetzung des logistischen Gedankengutes war vor allem die Automobilindustrie, Großunternehmen aus anderen Bereichen folgten mit gewisser zeitlicher Verzögerung. Vgl. zum Stand der Logistik in verschiedenen Wirtschaftszweigen die empirischen Untersuchungsergebnisse bei Kummer, Sebastian: Logistik im Mittelstand: Stand und Kontextfaktoren in mittelständischen Unternehmen, Schäffer-Poeschel Verlag Stuttgart, 1992, S. 119 ff.

[19] Die genannten Konzepte werden insbesondere in der Wirtschaftspresse oft nur als modische Schlagworte ohne inhaltliche Konkretisierung verwendet. Vor allem für den Begriff Lean Production und mit ihm korrespondierende Begriffe im Sinne eines "Lean Everything" läßt sich eine erhebliche begriffliche Inflation feststellen. Das Attribut "Lean" ist mehr Ausdruck des Zeitgeistes oder auch nebulöse Argumentationshilfe, welche die Autoren im Zweifelsfall vom Zwang befreit, zu bestimmten Problemen konkrete und präzisierte Lösungsansätze zu liefern. Darüberhinaus stellt das Propagieren von Lean-Konzepten oftmals den Versuch dar, "alten Wein in neuen Schläuchen" zu verkaufen. So werden teilweise bereits bekannte Instrumente und Methoden zur Verbesserung und Optimierung von Prozessen mit modischen Schlagworten belegt und als neue Ansätze bzw. Allheilmittel verkauft. Vgl. hierzu die kritische Darstellung bei Schaffir, Walter B.: Oft nur Verpackung, in: Absatzwirtschaft Nr. 9, 1994, S. 60-64, sowie Groth, Uwe / Kammel, Andreas: Lean Production, Schlagwort ohne inhaltliche Präzision?, in: FB/IE 41 (1992), Nr.4, S. 148-149.

ment[20]), Business (Process) Reengineering[21] und Reverse Engineering[22], Benchmarking oder Supply Chain Management sind Ausdruck des Bemühens, durch konsequente, vor allem prozeßorientierte Aktivitäten eine Steigerung der Wirtschaftlichkeit und damit des wirtschaftlichen Erfolges zu erreichen.[23]

Hinter allen genannten Begriffen, die eher konzeptionelle Denkansätze darstellen als konkret formulierte Zielvorstellungen, verbirgt sich grundsätzlich die gleiche Absicht: die Schaffung eines durchgängigen Informations- und Materialflußkonzeptes[24] als Ansatzpunkt für Verbesserungen im Wertschöpfungsprozeß. Wesentliche Charakteristika der angesprochenen konzeptionellen Ansätze sind neben der ausgeprägten Prozeßorientierung[25] auch der Aspekt der Integration[26] sowie eine ganzheitliche Betrachtungsweise. Dies gilt insbesondere für die Bereiche Produktion (CIM und Lean Production), Logistik (Computer Aided Logistics CAL und Just-in-Time JIT) sowie Administration.[27]

---

[20] Die Qualitätssicherungskonzeption des Total Quality Management stellt vor allem die Frage, wie das konzeptionelle und methodische Wissen, das in erster Linie für technische Produkte und Systeme entwickelt wurde, auf andere Bereiche der Unternehmensleistung nutzbringend übertragen und zu einer konsequent präventiv orientierten Strategie ausgebaut werden kann. Vgl. hierzu z.b. Klapper, Norbert: Präventive Qualitätssicherung von Logistikleistungen in der Produktion, Eine empirische Untersuchung; Berlin, Erich Schmidt Verlag, 1993. Auf die Unterschiede und Gemeinsamkeiten zwischen Konzepten wie z.B. Total Quality Management als Philosophie eines konsequenten Qualitäts-Managements und logistisch geprägten Konzepten soll hier nicht näher eingegangen werden.

[21] Zum Konzept des Business Reengineering s. Hammer, Michael / Champy, James: Business Reengineering, Die Radikalkur für das Unternehmen, Frankfurt/Main, New York, Campus Verlag, 1994. Zum Zusammenhang zwischen logistischen Konzepten und Reengineering s. Berndt, Thomas: Wechselseitige Bedeutung von Reengineering und Logistik, in: Logistik im Unternehmen, 8 (1994), Nr. 10, S. 78-81.

[22] Zum Reverse Engineering s. z.B. Wildemann, Horst: Entwicklungstendenzen in der Fabrikorganisation, in: VDI-Z (133) 1991, Heft 10, S. 41 f.

[23] Auslöser für die durch das Attribut "lean" charakterisierten Aktivitäten war vor allem die Studie von Womack, Jones & Roos, welche den Stand der Wettbewerbsfähigkeit der Automobilindustrien der Triade USA-Japan-Europa analysiert. Die im Zusammenhang mit dieser Studie gewonnenen Erkenntnisse schreckten die Führungsetagen vor allem der europäischen Automobilgiganten auf, wurde ihnen doch in wesentlichen Kernbereichen erhebliche Defizite attestiert. Vgl. Womack, J.P. / Jones, D.T. / Roos, D.: The Machine that changes the World (Studie des International Motor Vehicle Program (IMVP), Massachusetts Institute of Technology (MIT), USA) New York: Rawson Macmillian, 1990; deutsche Übersetzung: Die zweite Revolution in der Automobilindustrie. Frankfurt: Campus, 1991.

[24] Die Untersuchung der Analogien zwischen Informations- und Materialfluß ist zentraler Gegenstand dieser Arbeit.

[25] Der Stellenwert dieser Prozeßorientierung für die Optimierung logistischer Systeme wird später an mehreren Beispielen verdeutlicht.

[26] Zur Bedeutung des „I" in CIM s. Scheer, August-Wilhelm: CIM Computer Integrated Manufacturing - Der computergesteuerte Industriebetrieb, Berlin: Springer, 1987, S. 2 ff.

[27] Zu Integrationstendenzen und zur Entwicklung von Querschnittsfunktionen im Bereich Produktion bzw. Büro- und Verwaltungsbereich s. Servatius, Hans Gerd: Methodik des strategischen Technologie-Managements - Grundlage für erfolgreiche Innovationen, Berlin: Schmidt, 1985, S. 153 ff.

Das Treffen von grundlegenden Entscheidungen in Unternehmen und Organisationen wird durch die immer komplexeren und komplizierteren Zusammenhänge und durch die beschleunigte Veränderungsgeschwindigkeit einer dynamischen Wirtschaft zunehmend schwieriger und zeitaufwendiger. Die Aufgabe, alle relevanten Faktoren bei der Entscheidungsfindung zu berücksichtigen, kann nicht länger nur im Vertrauen auf die Erfahrung von Führungskräften und Mitarbeitern bewältigt werden. Daher gibt es seit längerem Bemühungen, (Management-) Informationssysteme[28] aufzubauen, die imstande sind, einen umfassenden und schnellen Überblick über alle entscheidungsrelevanten Aspekte zu liefern sowie zur Effizienzsteigerung der Informationsverarbeitung beizutragen. Ziel dieser Anstrengungen ist vor allem die Beherrschung von Komplexität und die Verarbeitung immer größerer Informationsmengen.

In den 60er Jahren wurden erste Versuche zur Einführung von Management-Informationssystemen[29] gemacht, jedoch blieben die erzielten Ergebnisse hinter den erwarteten bzw. erhofften zurück. Die anfangs zu beobachtende Euphorie und die überzogenen Erwartungen im Zusammenhang mit der Einführung von Management-Informationssystemen ist in den 70er und den frühen 80er Jahren einer deutlich nüchterneren und von übertriebenen Erwartungshaltungen befreiten Einschätzung gewichen.[30] Erst gegen Ende der 80er Jahre und zu Beginn der 90er Jahre keimten neue Hoffnungen auf im Zusammenhang mit der enorm gesteigerten Leistungfähigkeit moderner Computersysteme[31] und modernen Rechnerarchitekturen wie beispielsweise Client-Server-Systemen oder Parallelrechnern.

Für die mit dem Einsatz von Informations- und Kommunikationssystemen bzw. Management-Informationssystemen verbundenen Probleme gab es in der Vergangenheit mehrere Ursachenbündel, die sich unter folgenden Begriffen zusammenfassen lassen:[32]

- **Technologie:** geeignete, leistungsstarke Hard- und Softwaresysteme standen nicht zur Verfügung

---

[28] Zu einem interessanten Rückblick auf die Entwicklung vom Managementinformationssystemen aus damaliger Sicht s. z.B. Kirsch, Werner / Klein, Heinz K.: Management-Informationssysteme - Auf dem Weg zu einem neuen Taylorismus ?, Stuttgart: Kohlhammer, 1977; zu einer kritischen Auseinandersetzung mit der Konzeption von Management-Informations-Systemen s. Ackoff, Russell L.: Management Misinformation Systems, in: Management Science, 12/1967, No.4, S. B149-156. Zu einer Systematik der Modelltypen von Management-Informationssystemen s. Buss, Dieter: Die Beurteilung von Modellen als Grundlage organisatorischer Gestaltung in Management-Informationssystemen, Köln, 1974, S. 7.

[29] Zum Konzept und zu Problemen der praktischen Anwendung des sog. Kölner Integrationsmodells KIM vgl. Grochla, Erwin u.a.: Integrierte Gesamtmodelle der Datenverarbeitung - Entwicklung und Anwendung des Kölner Integrationsmodells (KIM), München: Carl Hanser, 1974. Zwanzig Jahre danach sind aufgrund der technologischen Entwicklungen, deren Bezeichnung als Quantensprung nicht übertrieben scheint, einzelne Prämissen und somit die Anwendbarkeit und praktische Relevanz dieses Modells teilweise in Frage neu zu überdenken.

[30] Kirsch, Werner / Klein, Heinz K.: a.a.O., S. 29 ff., weisen zurecht darauf hin, daß diese Ernüchterung in der Wirtschaftspraxis schneller eintrat als in der Wissenschaft.

[31] Aufgrund der derzeitigen Hardwareentwicklungen kann für die nächsten Jahre von einer Verdoppelung der Rechnerleistung in einem Zeitraum von jeweils ein bis zwei Jahren ausgegangen werden.

[32] Die genannten Faktoren sind gleichermaßen auch für die Bewertung logistischer Systeme bedeutsam.

- **Organisation**: von Veränderungen betroffene Mitarbeiter oder Abteilungen in Unternehmen leisteten teilweise erhebliche Widerstand[33]
- **Komplexität**: an der Komplexität der abzubildenden Objekte scheiterten ursprüngliche Konzeptionen vom Management-Informationssystemen[34]
- **Methodik**: unsystematische Vorgehensweise und Versäumnisse bei der Planung und Einführung[35] von computergestützten Informations- und Kommunikationssystemen ließen die Möglichkeiten dieser Systeme lange Zeit sehr begrenzt erscheinen
- **Instrumente**: es fehlten Instrumente, die Voraussetzungen und Konsequenzen für den Einsatz von Informations- und Kommunikationssystemen richtig abzuschätzen[36], da die wenigsten Anwender von Informations- und Kommunikationstechnologien Kosten und Nutzen quantifizieren können.

1.2 Zielsetzung

In der vorliegenden Arbeit werden im wesentlichen drei Fragenkomplexe untersucht. Erstens wird den Fragestellungen nachgegangen, inwieweit spezielle logistische Aufgaben und Prozesse durch bestimmte Informationsverarbeitungsprozesse bzw. Informations- und Kommunikationssysteme unterstützt werden können. Zweitens soll die Frage beantwortet werden, in welchen Bereichen dem Faktor Information in puncto Wirtschaftlichkeit bzw. hinsichtlich der Aufgabenerfüllung eine entscheidende Rolle zukommt. Drittens werden die Möglichkeiten und Probleme der Bewertung (u.a. die Ermittlung der Wirtschaftlichkeit) komplexer Systeme, wie logistische Systeme sie darstellen, untersucht. Ausgehend vom zentralen Begriff der Wirtschaftlichkeit als Verhältnis zwischen Einsatz- und Ergebnisgrößen (Input und Output) liegt der Schwerpunkt der Betrachtungen in der Analyse von Ursache-Wirkungs-Zusammenhän-

---

[33] Zu Ursachen und Ausprägungen des Widerstands von Mitarbeitern s. Maydl, Erich: Technologie-Akzeptanz im Unternehmen - Mitarbeiter gewinnen für neue Informationstechnologien, Wiesbaden: Gabler, 1987, S. 33 ff.

[34] Hinsichtlich der Konzeption von Management-Informationssystemen lassen sich zwei Anwendungsgenerationen unterscheiden. Während in der ersten Anwendungsgeneration ein Totalansatz verfolgt wurde, lag der Schwerpunkt in der zweiten Anwendungsgeneration in einer Unterstützung einzelner Phasen des Managementprozesses. Infolge der angesprochenen technischen Entwicklungen kommt dem Totalansatz, d.h. der ganzheitlichen Betrachtung komplexer Geschäftsprozesse, wieder vermehrte Bedeutung zu.

[35] So kann die Vernachlässigung von Akzeptanzproblemen bei den von einer Systemeinführung betroffenen Gruppen zu einem völligen Scheitern, d.h. zur Nichterreichung der mit der Systemeinführung verfolgten Ziele, führen. Dies gilt nicht nur für Informations- und Kommunikationssysteme, sondern grundsätzlich auch für den Einsatz technischer Systeme innerhalb der Logistik, welcher oftmals mit vor allem ablauforganisatorischen Veränderungen verbunden ist.

[36] Da ein großer Teil der Nutzen und Kosten der Informationsverarbeitung intangibel bzw. schwer oder nur unpräzise zu ermitteln, neigen viele Unternehmen dazu, einer Bewertung von Informationssystemen aus dem Weg zu gehen. Vgl. Schell, George F.: Establishing the Value of Information Systems, in: Interfaces, (16) May-June 1986, S. 82.

gen[37] bzw. der Analyse der komplexen Wirkungszusammenhänge zwischen den Elementen eines Systems. Es werden die Fragestellungen untersucht, welche Effekte sich aus dem Einsatz von Faktoren, hier speziell dem Faktor Information, bzw. der Durchführung von Maßnahmen ergeben und welche Auswirkungen auf die Wirtschaftlichkeit von Systemen oder Prozessen zu erwarten sind. Dabei wird der Rolle der Informationsverarbeitung in logistischen Prozessen besondere Aufmerksamkeit gewidmet.

Die Probleme input-, output- und prozeßorientierter Bewertungen zur Ermittlung der Wirtschaftlichkeit logistischer Systeme[38] bzw. logistischer Informationsverarbeitung werden in der vorliegenden Untersuchung diskutiert. Input- bzw. Outputgrößen wie Kosten oder Leistungen stellen i.a. komplexe Größen dar, die anhand praxisrelevanter Fallbeispiele[39] erörtert und mit Hilfe verschiedener Analyse- und Systematisierungsansätze differenziert werden. Zentrales Anliegen ist die Identifizierung und Analyse von Abhängigkeiten und Interdependenzen in logistischen Systemen und Prozessen.

Die unkritische Anwendung und die mangelnde bzw. begrenzte Eignung existierender Verfahren zur Abschätzung der Wirtschaftlichkeit[40] sowie die Problematik der Erfassung und Beurteilung aller Effekte i.S. umfassender Wirkungsanalysen zur Beurteilung komplexer Systeme bilden den Ausgangspunkt der vorliegenden Arbeit. Es soll ein Beitrag geleistet werden, die oftmals vorhandene Unsystematik hinsichtlich verwendeter Bewertungskriterien bzw. -kategorien durch methodisches Vorgehen zu ersetzen. Dazu werden systematisch aufgebaute Kriterienkataloge vorgestellt bzw. entwickelt.

Wenn auch der Schwerpunkt der Betrachtung in dieser Arbeit auf der ökonomischen Bewertung liegt, so werden andere Gesichtspunkte jedoch implizit mehr oder weniger stark einfließen. Eine vorwiegend technikorientierte Bewertung, die in Veröffentlichungen über Untersuchungen logistischer Systeme dominiert, steht hier nicht im Vordergrund. Allerdings läßt sich in vielen Fällen die ökonomische nicht völlig von der technischen Bewertung lösen, da die Kosten und auch die Leistungen logistischer Systeme nicht unwesentlich von der Qualität ihrer (technischen) Komponenten beeinflußt werden.

---

[37] Die Fragestellung, was im Einzelfall als Ursache oder Wirkung zu betrachten ist, kann nicht immer eindeutig beantwortet werden. Wird die Leistung (als Output eines logistischen Prozesses) als die verursachende Größe dargestellt, so sind die mit der Leistungserstellung verbundenen Kosten (i.S. eines Inputs) als resultierende Größe bzw. Wirkung anzusehen. Demgegenüber resultiert aus dem sinnvollen (kombinatorischen) Einsatz von Produktionsfaktoren (als Ursache) z.B. eine Verbesserung des Leistungsergebnisses, die als Wirkung zu betrachten ist.

[38] Nicht besonders ausführlich behandelt wird im Rahmen dieser Arbeit der Personenverkehr (z.B. spezielle Problemstellungen des ÖPNV oder kommunaler Verkehrsunternehmen), auch wenn dieser nach einer sehr weiten Definition zum Bereich der Logistik gehört. Vgl. dazu die begrifflichen Abgrenzungen in Kap. 3.

[39] Zur Verdeutlichung typischer logistischer Informationsverarbeitungsprozesse wird u.a. auf Praxisbeispiele, die aus dem Umfeld der Beratertätigkeit des Verfassers stammen, zurückgegriffen.

[40] Vgl. hierzu die Kap. 5.3 und 5.4.

Aufgrund des weiten Spektrums logistischer Aufgabenstellungen in Unternehmen und der Heterogenität logistischer Systeme ergibt sich eine nahezu unübersehbare Vielfalt realer Erscheinungsformen logistischer Informations- und Kommunikationssysteme bzw. Informationsverarbeitungsprozesse. Wenn auch die Arbeit einen ganzheitlichen Ansatz verfolgt, so ist dennoch zugleich eine Beschränkung in der Darstellung unumgänglich. Dem holistischen Anspruch wird insofern Rechnung getragen, als durch geeignete Systematisierungen und Klassifizierungen oder durch entsprechend abstrakte Formulierungen die Berücksichtigung real existierender oder prinzipiell denkbarer Formen sichergestellt ist. Um die Arbeit nicht ausufern zu lassen erfolgt die notwendige Einschränkung in der Darstellung derart, daß typische Formen der Informationsverarbeitung in logistischen (Teil-) Prozessen respektive (z.B verkehrsmittel- oder branchen-) spezifische Informations- und Kommunikationssysteme exemplarisch vorgestellt und Möglichkeiten der Klassifizierung aufgezeigt werden.

Der Schwerpunkt der Betrachtungen im Rahmen dieser Arbeit liegt in der Darstellung und Analyse von Input-/Output-Größen im betrieblichen Bereich, wobei die Diskussion und Beurteilung von volkswirtschaftlich relevanten Effekten oder Auswirkungen auf anderen Ebenen lediglich dort erfolgt, wo es im Interesse einer besseren Verständlichkeit geboten scheint oder unter dem Aspekt einer ganzheitlichen Betrachtung notwendig ist. Exemplarisch sei an dieser Stelle die Umsetzung von unternehmensübergreifenden Just-In-Time-Konzepten genannt.[41] Die Beurteilung der mit der Umsetzung verbundenen Auswirkungen und insbesondere die zu ihrer Bewertung herangezogenen Bewertungskategorien stellen aus betrieblicher Sicht (z.B. Bestandsreduzierung durch montagesynchrone Anlieferung von Baugruppen) völlig andere Aspekte in den Mittelpunkt als eine gesamtwirtschaftliche Betrachtung (z.B. vermehrtes Transportaufkommen durch kleinere Liefermengen bei gleichzeitig erhöhten Lieferrhythmen und daraus resultierende Wirkungen wie Belastung von Verkehrsinfrastruktur und Umwelt). Diese Überlegungen werden später exemplarisch durch Analysen unterschiedlicher logistischer Ketten vertieft.

Das bei der Analyse ökonomischer Sachverhalte grundsätzlich bestehende Problem einer eindeutigen Identifizierung von Ursache-Wirkungs-Zusammenhängen ist in Bezug auf die Themenbereiche Logistik und Information besonders stark ausgeprägt. Dies liegt einerseits daran, daß die Logistik als betriebliche Querschnittsfunktion sehr viele Unternehmensbereiche tangiert und zugleich nahezu überall Informationen verarbeitet werden, und ist andererseits darin begründet, daß Informationen aufgrund ihres immateriellen Charakters ökonomisch nur schwer zu fassen sind.

Information ist ein wichtiger Input- bzw. Produktionsfaktor und es stellt sich die Frage, welchen Beitrag Informationen zur Wirtschaftlichkeit von Systemen oder zur Aufgabenerfüllung leisten. Es wird untersucht, inwieweit der Produktionsfaktor „Information" im Rahmen der Ermittlung der Wirtschaftlichkeit logistischer Systeme und Prozesse einer Bewertung unterzogen werden kann. Das Problem der Informationsbewertung beinhaltet, wie im folgenden gezeigt werden wird, die Bewertung der von Informationen bzw. der Informationsverarbeitung verursachten ökonomischen Wirkungen und Konsequenzen.

---

[41] Vgl. hierzu die Ausführungen in Kap. 6.5.

In der vorliegenden Untersuchung werden die Möglichkeiten einer systematischen Analyse von Input-, Output- und Prozeßfaktoren logistischer Systeme unter besonderer Berücksichtigung von Informationen diskutiert. Begriffliche, methodisch-theoretische und praxisorientierte Überlegungen fließen gleichermaßen ein. Ein Schwerpunkt der Betrachtung liegt in der Analyse und Identifizierung der Auswirkungen bzw. Effekte[42], die sich aus dem Einsatz des Produktions- bzw. Inputfaktors Information ergeben. Die Identifizierung von Ursache-Wirkungs-Zusammenhängen bzw. eine exakte Ursache-Wirkungs-Zuordnung in komplexen Systemen wird vor allem durch die Existenz von Interdependenzen erschwert. Grundsätzlich ist unter ökonomischen Aspekten die Fragestellung interessant, welche Faktoren die Wirtschaftlichkeit beeinflussen, wobei die Quantifizierung der einzelnen Beiträge[43] der verschiedenen Faktoren zur Wirtschaftlichkeit von Systemen oder Prozessen im Vordergrund steht. Erst auf der Grundlage quantifizierter Beiträge einzelner Faktoren zur Wirtschaftlichkeit kann über die Zweckmäßigkeit alternativer Faktoreinsätze bzw. -kombinationen nachgedacht werden.

Die Bewertung bzw. Klassifizierung von Input- und Outputfaktoren ist sowohl in der wissenschaftlichen[44] als auch der praxisorientierten Fachliteratur nicht immer in sich stringent durchgeführt oder erfolgt mit Hilfe von recht vagen bzw. nicht näher präzisierten Kriterien wie z.B. Logistikkosten oder Lieferservice. Die komplexen Größen Kosten und Nutzen (i.S. positiver und negativer Wirkungen) sind entweder nur unvollständig erfaßt und bewertet oder diese sind so beschränkt in ihrer Aussagefähigkeit[45], daß sie den Anforderungen an umfassende und systematische Analysen nicht gerecht werden können. Abgesehen von der teilweise mangelnden Schärfe der verwendeten Begriffe werden bei der Charakterisierung und Beschreibung von Einsatz- (Input) und Ergebnisgrößen (Output) in verschiedenen Bereichen beispielsweise Kostenbegriffe oder Leistungskriterien mehr oder weniger unsystematisch vermischt. Die bei Wirtschaftlichkeitsanalysen oder -vergleichen oftmals verwendeten Einzelkennzahlen wie z.B. Return on Investment oder Verhältnis von Logistikkosten zu Umsatz sind i.d.R. nicht geeignet, komplexe Sachverhalte problemadäquat darzustellen. Derartige Kenn-

---

[42] Die Begriffe „Wirkungen" und „Effekte" werden in der vorliegenden Arbeit nicht weiter differenziert und daher im folgenden synonym verwendet.

[43] Zu grundsätzlichen Problemen der Quantifizierung s. die Ausführungen in Kap. 5.1.2.3, zu Quantifizierungsansätzen im Zusammenhang mit den komplexen Größen Lieferservice und Durchlaufzeit s. Kap. 7.1.3.

[44] Dort tendenziell zwar stärker, aber aus Sicht des Verfassers auch nicht immer zufriedenstellend.

[45] So ist es beispielsweise zur Beurteilung der Wirtschaftlichkeit logistischer Informations- und Kommunikationssysteme gängige Praxis, zur Berechnung von Amortisationszeiten Investitionen (in Hard- und Software), Betriebskosten und jährliche Mehr- bzw. Minderaufwendungen zu vergleichen. Dabei wird nicht analysiert, wodurch die Einsparungen ursächlich zustandegekommen sind. Kostensenkungen werden ohne das Hinterfragen von Ursache-Wirkungs-Zusammenhängen undifferenziert allein mit dem Einsatz des Informations- und Kommunikationssystems erklärt. Die Auswirkungen von durch den Einsatz der Systeme bedingten veränderten Arbeitsabläufen in anderen Bereichen werden z.B. nicht untersucht. Zum Problem der Vollständigkeit von Bewertungen vgl. die Ausführungen in Kap. 5.1.2.1.

zahlen sind entweder zu stark vereinfachend oder ihre Auswahl erfolgt mehr oder weniger willkürlich.[46]

Aus dem Postulat einer ganzheitlichen und systematischen Betrachtung ergibt sich die Notwendigkeit der Erweiterung bestehender unsystematischer und/oder unvollständiger Ansätze zur Bestimmung der Wirtschaftlichkeit[47] zu umfassenden input-, output- und prozeßorientierten Untersuchungen. Im Rahmen dieser Arbeit wird die grundsätzliche Eignung bestehender Bewertungsverfahren[48] für eine Anwendung auf logistische Systeme und Prozesse untersucht und Defizite dieser Ansätze aufgezeigt. Aufbauend auf den Ergebnissen dieser Arbeitsschritte wird eine Methodik zur Bewertung sowie zur Ermittlung der Wirtschaftlichkeit komplexer Systeme am Beispiel Logistik entwickelt.

Aus dem Erscheinungszeitraum und der steigenden Anzahl wissenschaftlicher Publikationen[49] und Veröffentlichungen der Wirtschaftspresse zum Thema Logistik wird die Zunahme der Bedeutung, die logistischen Themen beigemessen wird, ersichtlich. Eine ganzheitliche Betrachtung der Logistik im Rahmen betriebs- und volkswirtschaftlicher Forschungen wurde lange Zeit vernachlässigt, und es bedarf daher noch einer Reihe von Forschungsarbeiten und wissenschaftlichen Abhandlungen, um dieses Forschungsdefizit zu schließen.[50]

Die vorliegende interdisziplinäre Untersuchung, deren Evaluierungsansatz auf einer systemtheoretisch ausgerichteten bzw. input-, output- und prozeßorientierten Betrachtungsweise basiert, richtet sich gleichermaßen an Theoretiker und Praktiker, die im Rahmen der Planung, Analyse und Gestaltung logistischer Systeme und Prozesse auf Probleme der Bewertung von Informationen, Informationsverarbeitungsprozessen und Informations- und Kommunikationssystemen treffen. Es sollen hier Denkanstöße für eine ganzheitliche Betrachtung zur

---

[46] Zur Problematik der Ermittlung und Anwendung von Kennzahlen s. die Diskussion in Kap. 7.1.2.

[47] In der aktuellen (wissenschaftlichen) Diskussion werden Aspekte einer ganzheitlichen und prozeßorientierten Betrachtung stark betont, wie es z.B. die theoretischen Ansätze zur Prozeßkostenrechnung belegen. In der Wirtschaftspraxis sind Konzepte wie Business Reengineering, Supply Chain Management oder Total Quality Management Ausdruck dieser Neu- bzw. Umorientierung.

[48] Wenn auch die hier nur grob skizzierten Ansätze im Grundsatz nicht als unsystematisch zu bezeichnen sind, so resultiert ein wesentliches Problem bei der praktischen Anwendung in erster Linie aus der Tatsache, daß die Ermittlung aller Faktoren respektive eine quantifizierende Darstellung von Wirkungen entweder nicht möglich oder mit einem erheblichen Aufwand verbunden ist. Diese Situation führt tendenziell zu einer Vernachlässigung derjenigen Wirkungen, deren Ermittlung nicht ohne weiteres möglich oder zu aufwendig ist. Einziger, jedoch wenig hilfreicher Ausweg, ist oft die verbale Beschreibung und die - eine Berücksichtigung implizierende - Zuordnung zu einem "Sammelsurium" sog. qualitativer Aspekte oder Inponderabilien. Vgl. hierzu Kap. 5.

[49] So stieg die Zahl der Veröffentlichungen, die den Begriff Logistik bzw. das Attribut logistisch im Titel enthielten, von ca. 140 bis zum Jahr 1985 über 377 in 1990 bis auf weit über 800 Anfang 1995 (Ergebnisse einer vom Autor in einer wirtschaftswissenschaftlichen Datenbank durchgeführten Recherche).

[50] Generell sind Forschungs- und Theoriedefizite hinsichtlich prozeßorientierter Betrachtungen bzw. der Koordination von Teilbereichsplanungen und -steuerungen, die besonders für logistische Prozesse große Relevanz besitzen, festzustellen. Vgl. zu ersten Forschungsansätzen Fey, P.: Logistik-Management und integrierte Unternehmensplanung, München 1989, S. 222 ff.

Ermittlung der Wirtschaftlichkeit von Systemen geliefert werden; die Arbeit ist vor allem als Plädoyer für Ganzheitlichkeit von Bewertungen zu verstehen. Die hier vorgestellten Ansätze für strukturierte Analysen sind als Grundlagen für praktische Problemlösungen nutzbar, die zur Verfügung gestellten exemplarischen Hilfsmittel in Form von Tabellen, Checklisten oder Kriterienkatalogen sind wegen des ausgeprägt systematisierenden Charakters direkt bei der Konzeption bzw. Optimierung logistischer Systeme und Prozesse einsetzbar.

Die Arbeit setzt sich daher zunächst die allgemeine Analyse von Ursache-Wirkungs-Zusammenhängen zum Ziel. Auf dieser Grundlage werden die mit dem Einsatz moderner Informations- und Kommunikationstechnik in logistischen Systemen verbundenen Bewertungprobleme sowohl auf der Individual- als auch auf der Unternehmensebene systematisch erfaßt und diskutiert. Durch die exemplarische Diskussion komplexer, logistisch bedeutsamer Zielgrößen wie Lieferservice oder Durchlaufzeiten soll die abstrakte, theoretisch-methodische Untersuchung abgerundet und an praxisrelevanten Beispielen erläutert werden. Durch die Darstellung einzelner Komponenten sowie durch die Analyse der Interdependenzen zwischen Logistik und Informationsverarbeitung soll ein Beitrag geleistet werden, Bewertungen und Wirtschaftlichkeitsbestimmungen möglichst umfassend durchführen zu können.

1.3 Konzeptioneller Ansatz

Während einerseits die Vielfalt der Erscheinungsformen logistischer Systeme Einschränkungen und Abgrenzungen hinsichtlich des Untersuchungsumfangs erforderlich macht, verbietet es andererseits die thematische Vielschichtigkeit des Themenkomplexes „Logistik und Information", bereits in einem frühen Stadium der Untersuchungen eine zu eng gefaßte Eingrenzung vorzunehmen. Um die Anwendbarkeit der Ergebnisse dieser Arbeit auf möglichst viele Fälle sicher zu stellen, wird Ansätzen und Möglichkeiten der Systematisierung und Klassifizierung ein verhältnismäßig breiter Raum zugestanden. Die Komplexität der Untersuchungsobjekte „Wirtschaftlichkeit, Logistik und Information" erfordert ein differenziertes Untersuchungsdesign in mehreren Stufen im Sinne einer sequentiellen Abfolge von Analyseschritten und auf verschiedenen Analyse- bzw. Betrachtungsebenen.

Die Reduktion von Komplexität kann als wesentliches betriebs- und volkswirtschaftliches Planungs- und Entscheidungsproblem angesehen werden.[51] Zur Reduzierung dieser Komplexität ist eine klare Strukturierung von Verständnis- und Untersuchungebenen notwendig. Hier bietet sich die systemtheoretische Konzeption als Ordnungsmuster zur Komplexitätsreduktion an. Die Erkenntnisse der systemtheoretisch ausgerichteten Betriebswirtschaftslehre[52] sind theoretischer Bezugsrahmen der vorliegenden Arbeit. Ziel dieses konzeptionellen Ansatzes ist die Abbildung der Realität auf den verschiedenen Ebenen, wobei statische und dynami-

---

[51] Die Reduktion von Komplexität ist Problem und Lösung bzw. Ziel und Mittel zugleich. Vgl. Eberle, Maximilian: Planung und Realisierung technik-gestützter Informationssysteme - Analyse und Gestaltung auf der Grundlage der Systemwirtschaftlichkeit, Göttingen: Vandenhoeck & Ruprecht, 1984, S. 25.

[52] Vgl. zu einer grundlegenden Einführung in diese Thematik z.B. Kirsch, W.: Betriebswirtschaftslehre: Systeme. Entscheidungen. Methoden; Wiesbaden 1973.

sche Komponenten differenziert werden können. Die Grundkonzeption der Bewertung bzw. Betrachtung auf verschiedenen Ebenen wird ergänzt durch die Analyse aus verschiedenen Perspektiven (i.S. einer Verwendung von ökonomischen, technischen, juristischen u.a. Bewertungsdimensionen).

Zur Beurteilung komplexer Objekte bieten systemanalytische Modelle drei wesentliche Vorteile. Sie ermöglichen die Betrachtung von Objekten in einem Kontext von vernetzten Ursache-Wirkungs-Beziehungen, erlauben die Berücksichtigung auch intangibler Faktoren und haben schließlich den Vorzug, die für die Bewertung relevanten Faktoren auch im Zeitablauf beurteilen zu können.[53]

Der interdisziplinäre Analyseansatz und die bei einem ganzheitlichen Ansatz einzubeziehenden Disziplinen sind in Abb. 1 dargestellt. Schwerpunkte der folgenden Überlegungen sind Analysen unter informationstheoretischen, informationsökonomischen, betriebs- und volkswirtschaftlichen Aspekten.[54] Technische, arbeitswissenschaftliche, ergonomische, psychologische oder juristische Fragen sind hier von zweitrangiger Bedeutung und werden nur dann vertieft behandelt, wenn sie beispielsweise im Rahmen umfassender Wirkungsanalysen zur Bewertung beitragen können bzw. berücksichtigt werden müssen. Ziel dieses ganzheitlichen Untersuchungskonzeptes ist die Integration unterschiedlicher, in der Theorie relativ isoliert nebeneinander bestehender Ansätze.

Die in der wirtschaftswissenschaftlichen Theorie vorherrschende Fiktion des homo oeconomicus als allwissendem und nur nach dem Rationalprinzip handelndem Wirtschaftssubjekt wird hier zu Gunsten der Integration organisations-, informations- und kommunikationstheoretischer Aspekte aufgegeben. Grenzen dieses erweiterten Ansatzes bestehen zugleich darin, daß beispielsweise die Diskussion von Aspekten, die sich aus der Überlagerung entscheidungslogischer Probleme durch personale und verhaltensorientierte Probleme[55] ergeben, in dieser Arbeit ausgeschlossen ist, wenngleich auch die Tatsache, daß logistische Prozesse wesentlich durch Prozesse der Koordination und Kommunikation zwischen Menschen geprägt bzw. determiniert sind, durchaus Berücksichtigung findet.

---

[53] Zahn E. / Dogan, D.: Strategische Aspekte der Beurteilung von CIM-Installationen, CIM Management 3/91, S. 8.

[54] Fragestellungen und besondere Aspekte der anderen aufgeführten Disziplinen werden lediglich exemplarisch bzw. nur dort umfassend behandelt, wo es zum Verständnis der Ausführungen notwendig ist. Letztlich sollen die Folgen einer Durchdringung aller betriebswirtschaftlichen Funktionsbereiche durch Informations- und Kommunikationstechnologie bzw. der Stellenwert der Informationsverarbeitung aufgezeigt werden.

[55] Hier sind Probleme angesprochen, die aus unterschiedlichen Reaktionen und Verhaltensweisen von Menschen z.B. in Stressituationen resultieren können.

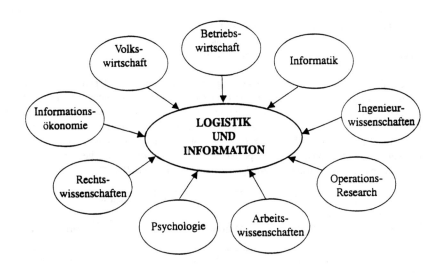

Abb. 1: Interdisziplinärer Untersuchungsansatz (Quelle: Eigene Darstellung)

Für das Verständnis der folgenden Untersuchungen bzw. zur Erläuterung der systemtheoretisch ausgerichteten Sichtweise sind einige grundlegende Definitionen und Abgrenzungen erforderlich. Unter einem System wird eine Menge von Elementen verstanden, die zueinander in vielfältigen Beziehungen stehen. Systeme stehen über eine (zu definierende) Systemgrenze in Beziehung zu ihrer Umwelt, wobei diese selbst ein System darstellt bzw. aus Systemen bestehen kann. Durch die Bildung von über- und untergeordneten Systemen lassen sich Sub- und Supersysteme unterscheiden. Auch hier ist die Einordnung als (untergeordnetes) Sub- bzw. (übergeordnetes) Super-System wieder abhängig vom Zweck der Analyse bzw. vom Standpunkt der Betrachtung. Sind die durch Prozesse oder Strukuren abbildbaren Verhältnisse innerhalb einzelner Systeme für bestimmte Analysen von nachrangiger Bedeutung, so können diese Systeme als sog. „Black box" betrachtet und lediglich ihre Beziehungen von und zur Umwelt unter Vernachlässigung systeminterner Prozesse und Zustände untersucht werden.

Je nach Abstraktionsebene und Untersuchungszweck können Elemente und Beziehungen mehr oder weniger konkret beschrieben werden. So können beispielsweise auf einer sehr hohen Abstraktionsebene die (System-) Grundelemente bzw. Kategorien Materie (Stoff), Energie und Information (Nachricht) unterschieden werden. Demzufolge lassen sich die entsprechenden Beziehungen[56] zwischen den Elementen als (vorwiegend) stofflich, energetisch oder

---

[56] Kirsch, a.a.O., S. 17, spricht in diesem Zusammenhang statt von Beziehungen von „Kopplungen" zwischen den aktiven Elementen eines Verhaltenssystems, welche die passiven Elemente Stoff, Energie und Information aufnehmen, verarbeiten und austauschen.

informatorisch bezeichnen. Die Zuordnung von Systemelementen zu den Grundkategorien oder auch die korrespondierenden Beziehungen zwischen Systemen oder Systemelementen zur Abbildung materieller, energetischer oder informationeller[57] Ströme ist nicht immer eindeutig. Je nach Untersuchungszweck, Abstraktionsgrad und Analyseebene der Betrachtung können unterschiedliche Klassifizierungen und Systematisierungen in Frage kommen.[58]

Durch die Kombination einer Untersuchung der elemenaren Grundtypen Stoff (Materie), Energie und Information (Nachricht)[59] mit einer Betrachtungsweise unter zeitlichen, räumlichen und artmäßigen Aspekten lassen sich grundsätzlich alle Systeme beschreiben. Infolge der hohen Abstraktionsgrade der betreffenden Elemente und Aspekte umfaßt dieses Schema alle denkbaren Untersuchungen beliebiger Systeme. **Amler**[60] bildet eine Matrix (vgl. Abb. 2) aus den genannten Elementtypen und Aspekten und bezeichnet das so erhaltene Schema daher folgerichtig auch als „vollständige Analysekonzeption der realen Welt."[61]

Analyse-Aspekt	Grund-Prozeß	Grundelemente		
		Materie	**Energie**	**Information**
zeitlich	Lagerung	Fertigwarenlager	Öltank	Mikrofiche
räumlich	Transport	Lastkraftwagen	Stromleitung	Radiosendung
artmäßig	Transformation	Umformmaschine	chemische Reaktionen	Codierung

Abb. 2: Vollständige Analysekonzeption der realen Welt und beispielhafte Ausprägungen (Quelle: Eigene Darstellung modifiziert nach Amler, R.: a.a.O., S. 77)

---

[57] Zur Differenzierung der Begriffe „informatorisch" und „informationell" vgl. die begrifflichen Abgrenzungen in Kap. 2.1.2.

[58] Zur Verdeutlichung der Problematik einer eindeutigen Zuordnung von Objekten zu den genannten Kategorien oder Elementtypen bzw. zum Problem einer überschneidungsfreien Abgrenzung im Rahmen einer systemtheoretischen Betrachtung diene folgendes Beispiel: Ein Telefonbuch läßt sich, dem gängigen Verständnis nach und seinem Hauptzweck entsprechend, als Informationsspeicher interpretieren. Wird dieses Telefonbuch zum Objekt der Betrachtung im Rahmen der Analyse eines (z.B. Altpapier-) Verwertungsprozesses und steht somit die stoffliche Eigenschaft im Vordergrund des Interesses, ist es der Kategorie Materie (Stoff) zuzuordnen. Wird die Möglichkeit berücksichtigt, (thermische) Energie (durch Verbrennung) aus diesem Telefonbuch zu erzeugen, so ist auch die Zuordnung zum Elementtyp „Energie" möglich, das Telefonbuch ist in diesem Fall als Energiespeicher zu verstehen.

[59] Eine ausführliche Diskussion des Informationsbegriffs erfolgt in Kap. 2.1.1.

[60] Amler, Robert W.: Analyse und Gestaltung strategischer Informationssysteme der Unternehmung - Ansätze zu einer Neuorientierung der Methodenkritik, Göttingen: Vandenhoeck und Ruprecht, 1983, S. 77 ff.

[61] Ebenda, S. 98.

1.4 Gang der Untersuchung

Der Gang der Untersuchung bzw. die Gliederung der Arbeit ist in der logischen Abfolge der einzelnen Untersuchungsschritte in der nachstehenden Abb. 3 im Überblick dargestellt. Einzelne Abschnitte sind notwendige Vorüberlegungen für spätere Ausführungen. Zunächst sind Definitionen und Differenzierungen der komplexen Begriffe Information und Logistik erforderlich. Weder Systeme noch Logistik noch Information werden als Begriff einheitlich und eindeutig interpretiert und weisen infolge unterschiedlicher Assoziationen teilweise erhebliche Bedeutungsunterschiede auf. So werden unter Systemen teilweise nur technische Systeme verstanden, Informationssysteme ausschließlich mit Datenverarbeitung in Verbindung gebracht oder Logistik auf Bereiche wie Transport oder Lagerhaltung beschränkt.

Für eine Untersuchung, welche u.a. die Zielsetzung verfolgt, die Bedeutung des Faktors Information in logistischen Systemen herauszuarbeiten, ist eine Erläuterung und Abgrenzung der komplexen Begriffe Information und Logistik notwendig. Kapitel 2 beinhaltet daher zunächst Grundlagen und Abgrenzungen der komplexen Begriffe Information und Kommunikation, wobei verschiedene Ansätze zur Differenzierung von Informationen und Informationsverarbeitungsprozessen diskutiert werden. Anschließend werden Aufgaben und Spektrum betrieblicher Informationssysteme aufgezeigt und der Stellenwert von Information bzw. Informationsverarbeitungsprozessen in (betrieblichen) Entscheidungsprozessen herausgestellt. Über die Verknüpfung informatorischer Prozesse mit Prozessen der Entscheidung wird der Bezug zum Zielsystem der Unternehmung verdeutlicht. Die ausführliche Differenzierung von Informationsverarbeitungsprozessen ist Ausdruck der stark prozeßorientierten Sichtweise dieser Untersuchung.

Kapitel 3 umreißt das Spektrum logistischer Aufgabenstellungen (Objekt- und Funktionsbereich) auf einzel- und gesamtwirtschaftlicher Ebene und gibt einen Überblick über Ausprägungen logistischer Systeme. In der Literatur gebräuchliche Definitionen und Klassifikationen sollen erste Eindrücke vermitteln. Durch eine sowohl system- als auch prozeßorientierte Betrachtung, die wesentliches Element der holistischen Ausrichtung dieser Arbeit ist, erfolgt eine Bestimmung von Inhalten und Umfang der Logistik. Das Kapitel schließt mit einer Diskussion typischer logistischer Zielkonflikte sowie einem Überblick über grundlegende logistische Problem- und Entscheidungsklassen. Diese Ausführungen sind Grundlagen für die weiteren Analysen und Schritte zur Identifizierung von Ursache-Wirkungs-Zusammenhängen, die im Rahmen der Bewertung und Wirtschaftlichkeitsermittlung von Systemen und Prozessen zu beachten sind.

In Kapitel 4 erfolgt die Zusammenführung bzw. Verbindung der in den vorangehenden Abschnitten, wenn auch unter gleichem Blickwinkel, jedoch zunächst weitgehend separat betrachteten, zentralen Begriffe Information und Logistik. Ausgehend von einer Betrachtung der logistischen Kette werden einzelne Informationsverarbeitungsprozesse und die zu ihrer Durchführung erforderlichen logistischen Informations- und Kommunikationssysteme analysiert und im Überblick dargestellt. Basierend auf den Ausführungen zu Aufgaben und Funk-

18

| Kap. 1 | **Einleitung** |

| Kap. 2 | **Information**

Besonderheiten
Informationsverarbeitungsprozesse
Information und Entscheidung |

| Kap. 3 | **Logistik**

Aufgaben und Funktionen
Systeme und Prozesse
Ziele und Probleme |

| Kap. 4 | **Logistik und Information**

Kommunikation und Kooperation
Schnittstellen
Informationssysteme |

| Kap. 5 | **Bewertung komplexer Systeme**

Grundlagen
Verfahren
Probleme |

| Kap. 6 | **Methodik zur Bewertung komplexer Systeme**

Konzeption
Bestandteile und Verfahrensschritte
Beispiel |

| Kap. 7 | **Spezifische Lösungsansätze**

Logistikkostenrechnung
Bewertung mit Kennzahlen
Informationsbewertung |

| Kap. 8 | **Zusammenfassung** |

Abb. 3: Gang der Untersuchung

tionen von Informations- und Kommunikationssystemen [62] erfolgt exemplarisch eine Analyse anhand der zentralen logistischen Größen Lieferservice und Durchlaufzeit bzw. für den wichtigen logistischen (Teil-) Prozeß des Kommissionierens. In einem Exkurs behandelt Kap. 4.7 Aspekte des Einsatzes von Expertensystemen (als Spezialfall der Informationsverarbeitung) innerhalb der Logistik. Expertensysteme stellen einen Lösungsansatz dar, Informationsverarbeitungsprozesse effizient zu gestalten.

Kapitel 5 fokussiert die bisherigen Ausführungen auf den Begriff der Wirtschaftlichkeit durch eine ausführliche Diskussion der Probleme input-, output- und prozeßorientierter Wirtschaftlichkeitsbewertungen. Zunächst werden grundsätzliche Aspekte der Bewertung diskutiert, Bewertungskategorien aufgezeigt und spezielle Bewertungsprobleme im Rahmen umfassender Wirkungsanalysen vorgestellt. Es folgt eine Übersicht und knappe Beschreibung prinzipieller Bewertungsverfahren. Im Anschluß werden Gemeinsamkeiten und Unterschiede sowie Vor- und Nachteile existierender Verfahren erörtert.

Das Kapitel 6 beinhaltet als weiteres Kernstück dieser Arbeit die Darstellung des entwickelten Konzepts bzw. der Methodik einer input-, output- und prozeßorientierten Bestimmung der Wirtschaftlichkeit logistischer bzw. hoch komplexer Systeme. Die in den vorangegangenen Kapiteln vorgestellten Analyseansätze und Differenzierungen bilden die Grundlage für eine detaillierte Betrachtung einzelner Komponenten von Input- und Outputgrößen. Dazu werden die einzelnen Verfahrensschritte der entwickelten Methodik zur Bestimmung von Einfluß- bzw. Bewertungsfaktoren bzw. zur Identifizierung von vernetzten Wirkungszusammenhängen in komplexen Systemen vorgestellt. Bezugspunkt der Analysen ist stets der zentrale Begriff der Wirtschaftlichkeit.

In Kapitel 7 werden informations- und logistikspezifische Ansätze zur Lösung der Bewertungprobleme vorgestellt. Nach input- und outputbezogener Betrachtung differenziert werden im Überblick Ansätze für informations- und logistikbezogene Kosten- und Leistungsrechnungen skizziert. Diese Ausführungen ergänzen das zuvor entwickelte Instrumentarium für umfassende Bewertungen, indem Möglichkeiten einer Logistik- und Informationskostenrechung sowie zur Kennzahlenbildung vorgestellt und kombiniert werden. Am Beispiel wichtiger Kennzahlen und Kriterien werden Möglichkeiten aufgezeigt, Informationen, Informationsverarbeitungsprozesse und logistische Prozesse und Systeme zu bewerten. Es werden konkrete Beispiele zur Lösung von Bewertungsproblemen, welche in der betrieblichen Praxis immer wieder auftreten, aufgezeigt. In Ergänzung zu den Ergebnissen der vorangegangenen Kapitel werden im Anhang Hilfsmittel in Form exemplarischer Ansätze für Kriterienkataloge zur Bewertung von Informationen bzw. logistischen Systemen vorgestellt.

Kapitel 8 faßt die Ergebnisse zusammen.

---

[62] Im Rahmen dieser Arbeit erfolgt keine Status-Quo-Analyse bestehender logistischer Informations- und Kommunikationssysteme, sondern es wird anhand exemplarischer Auflistungen das Spektrum möglicher Ausprägungen aufgezeigt.

2. Information
2.1 Grundlagen
2.1.1 Zum Informationsbegriff

Die wirtschaftswissenschaftliche Bedeutung von Informationen erklärt sich aus der Tatsache, daß das ökonomische Verhalten der Wirtschaftssubjekte von den vorhandenen bzw. zur Verfügung stehenden Informationen abhängig ist.[63] Für eine Untersuchung, welche die Zielsetzung verfolgt, die Bedeutung des Faktors Information in logistischen Systemen herauszuarbeiten, ist eine Erläuterung und Abgrenzung des Informationsbegriffes notwendig.[64] Eine begriffliche Trennung des schillernden, schwer faßbaren Begriffs „Information" erscheint insbesondere deshalb notwendig, weil Begriffe wie Informationen[65], Nachrichten, Daten oder auch Wissen, teils synonym, teils völlig konträr gebraucht werden.

Aus pragmatischen Gründen werden aus der Vielzahl der in der Literatur vorhandenen Definitionen und Erklärungsansätze im Folgenden nur diejenigen vorgestellt, die im Hinblick auf den Untersuchungszweck besonders geeignet sind. Auf eine umfangreiche Sammlung von Definitionen wird hier auch deshalb verzichtet, weil die jeweiligen Definitionen ohnehin nur in Kenntnis der Zusammenhänge bzw. der verfolgten Untersuchungsziele aufschlußreich wären.

In der Literatur findet man teilweise den Versuch, den Begriff Information über die Abgrenzung bzw. Gegenüberstellung mit inhaltlich verwandten Begriffen zu definieren bzw. zu erläutern. Den meisten Einteilungen und Abgrenzungen zum Informationsbegriff haftet etwas Willkürliches an, auch wenn ihre Autoren die Aufzählungen und Erläuterungen meist als vollständig empfinden. Die verschiedenen Ansätze zur Definition des Informationsbegriffes stellen i.a. nur pragmatische Arbeitsdefinitionen dar. Wesentlicher Kritikpunkt an diesen Versuchen einer Systematisierung ist die Tatsache, daß die Klassifizierungen auf wechselnden

---

[63] Szyperski, N./ Eschenröder, G.: a.a.O., S. 12.

[64] Die Diskussion verschiedener Definitionen des schwierigen Terminus Information im Rahmen wirtschaftswissenschaftlicher Analysen soll an dieser Stelle nicht in extenso geführt werden. Der Informationsbegriff ist in der Literatur sehr unterschiedlich definiert und beinhaltet je nach Untersuchungszweck unterschiedliche Sachverhalte, wobei sich bei verschiedenen Autoren auch widersprüchliche Definitionen und Abgrenzungen finden lassen. An dieser Stelle soll die Frage der Zweckmäßigkeit oder Richtigkeit der jeweiligen Definition nicht näher untersucht werden; sie läßt sich ohnedies nur in Kenntnis des jeweiligen Kontextes beantworten. Zu Widersprüchen und Zirkelschlüssen bei verschiedenen Ansätzen zur Definition des Informationsbegriffs sowie zu weiteren Besonderheiten im Rahmen der Bewertung von Informationen wie Informations-Paradoxa und unendliche Bewertungskette s. Amler, R.W.: a.a.O., S. 10. Zum Problem der Nichtvorhersehbarkeit des Informationswertes als Problem eines logischen Zirkels s. Wild, Jürgen: Zur ... , a.a.O., S. 326.

[65] Eine Festlegung, ob der Informationsbegriff in Singular- oder Pluralform zu gebrauchen ist, wird an dieser Stelle nicht getroffen, und führt auch zu keinem besonderen Erkenntniswert. Informationen sind nicht zählbar, es gibt nicht ein „Stück" Information und es existiert keine allgemeingültige Einheit oder Dimension für Information(en).

und nicht konsistenten Kriterien aufbauen.[66] Grundsätzlich kann festgestellt werden, daß es keine allgemein akzeptierte Definition des Informationsbegriffes gibt.[67]

Gemäß einer allgemeinen Definition nach **Randolph**[68] sind Informationen Abbildungen über Phänomene der realen und abstrakten Welt zum Zwecke der Erfüllung von Aufgaben. Diese Definition, welche die Grundlage der folgenden Betrachtungen bildet, erfolgt zwar auf einer relativ hohen Abstraktionsebene, hat jedoch den Vorteil, daß sie den methodischen Ansatz der weiteren Untersuchungsschritte sichtbar macht. Ebenso wie die beinahe schon klassisch zu nennende Definition von **Wittmann**[69], der unter Information zweckbezogenes Wissen versteht, stellt diese Definition ab auf den Zweckbezug von Informationen. Demgegenüber versteht **Wild**[70] unter Information effektives und potentielles Wissen, das nicht per se zweckorientiert ist, sondern lediglich eine zweckbezogene Verwendung finden kann und erst in der konkreten Zweckverwendung einen bestimmten Wert i.S. eines praktischen Nutzens für den Verwender erlangt. In den genannten Definitionen wird die Bedeutung von Informationen bzw. Wissen für Handlungen und damit i.w.S. die Relevanz für Entscheidungen hervorgehoben. Informationen sind handlungs- bzw. entscheidungsrelevant oder können es werden.

Eine Erläuterung des Zusammenhangs zwischen Information und Wissen bzw. die Transformation von Wissen in Information und vice versa findet man bei **Kuhlen**.[71] Durch geeignete Verfahren der Informationsverarbeitung kann Wissen in Informationen transferiert werden. Aus allgemein verfügbarem Wissen werden dabei Informationen (als aktuelles Wissen) erzeugt, welche dann für Entscheidungen genutzt und in Handlungen umgesetzt werden können. Diese in aktuellen Handlungen genutzten Informationen können ihrerseits durch Verfahren der Informations-Verwaltung[72] in Wissen transferiert werden, um später ggf. wieder erneut „aktualisiert"[73] zu werden.

---

[66] Zur Vertiefung der Diskussion um die formale Unterscheidung von Informationen und zu entsprechenden Einteilungsversuchen s. z.B. Brönimann, Charles: Aufbau und Beurteilung des Kommunikationssystems von Unternehmungen, Stuttgart: Haupt, 1968, S. 102 ff.

[67] Dies gilt gleichermaßen für den Begriff Logistik. Vgl. hierzu die Abgrenzungen in Kap. 3.

[68] Randolph, R.: Pragmatische Theorie der Indikatoren, Grundlagen einer methodischen Neuorientierung, Bd. 5 der Reihe Innovative Unternehmensführung, hrsg. von W. Pfeiffer, Göttingen 1979, S. 110 ff.

[69] Wittmann, W.: Unternehmung und unvollkommene Information, Köln/Opladen 1959, S. 14.

[70] Wild, J.: Zur ... , a.a.O., S. 317 f.

[71] Kuhlen, R.: Koordination von Informationen, Die Bedeutung von Informations - und Kommunikationstechnologien in privaten und öffentlichen Verwaltungen, Berlin: Springer, 1984, (Informatik-Fachberichte), S. 5 ff. Während Wild (s.o) effektives und potentielles Wissen unterscheidet, spricht Kuhlen in diesem Zusammenhang von aktuellem Wissen.

[72] Abweichend von der allgemein üblichen Schreibweise wird in den folgenden Kapiteln zur Differenzierung verschiedener Informationsverarbeitungsprozesse die Verwendung von Bindestrichen (z.B. Informations-Transport und Informations-Speicherung) gewählt, um dem Leser die Verständlichkeit zu erhöhen.

[73] Kuhlen, R.: a.a.O., S. 7.

Eine interessante Abgrenzung des Begriffs Wissen findet sich bei **Lehmann**[74], der den Begriff Wissen mit inhaltlich verwandten Worten kontrastiert. So stellt er einerseits den Begriff Wissen in Verhältnis zu den Begriffen Kennen und Können, andererseits wird Wissen im Zusammenhang mit Vermuten, Meinen, Glauben etc. diskutiert. Als Ergebnis dieser begrifflichen Differenzierung kommt er zu folgender pragmatischen Arbeitsdefinition: Wissen ist die „Verfügbarkeit eines brauchbaren begrifflich-propositionalen Modells des für ein intelligentes System relevanten Wirklichkeitsbereichs als Voraussetzung für rationales Handeln."[75] In diesem Kontext ist auch die Interpretation von subjektivem Wissen als Abbild der Umwelt zu verstehen. Wissen kann auch aufgefaßt werden als die Menge von Informationen, auf die das Individuum zurückgreifen kann.[76] Informationen sind Abbilder von realen Phänomenen, d.h. Surrogate der Wirklichkeit, die in Form von Signalen[77] auf die menschlichen Sinnesorgane wirken und dadurch zur Vervollständigung des Strukturmodells der realen Welt führen.

Zusammenfassend läßt sich zunächst festhalten, daß Informationen etwas sind, das die Vorstellung eines Individuums über die abstrakte und reale Welt verändern können (neue Informationen) bzw. bereits verändert haben (bekannte Informationen als Wissen).

2.1.2 Informationen, Nachrichten und Daten

Aufgrund des interdisziplinären Analyseansatzes, der u.a. auch informatikspezifische und informationstheoretische Aspekte berücksichtigt, ist es an dieser Stelle notwendig, die Begriffe „Nachrichten" und „Daten" vom Informationsbegriff abzugrenzen und zu erläutern.[78]

Als Synonyme des Begriffes Nachricht sind Ausdrücke wie Neuigkeit, Mitteilung, Botschaft, Kunde, Meldung, Auskunft, Information, Bescheid, Lebenszeichen, Anzeige, Ankündigung,

---

[74] Lehmann, E.: Problemaspekte der Wissensrepräsentation, in: Siemens-Forsch.- und Entwickl.-Ber. Bd.17 (1988) Nr.2, S. 46 f. Auf die unscharfen Bedeutungsfelder dieser korrespondierenden Begriffe weist auch Lehmann hin.

[75] Ebenda, S. 47.

[76] Vgl. hierzu Hauke, Peter: Informationsverarbeitungsprozesse und Informationsbewertung, München: GBI, 1984, S. 9. Hauke differenziert den Begriff Wissen weiter und unterteilt in ontologisches und logisches Wissen, ebenda S. 10. Unter Fachwissen läßt sich der Bestand oder die Menge an relevantem Wissen bzw. Information verstehen, Wissen läßt sich unterteilen in Fakten und Regeln. Zur formalen Unterscheidung von Informationen s. die bei Brönimann, Ch.: a.a.O., S. 102-104, zitierte Literatur sowie Boening, Dieter: Informationsbeschaffung, -bewertung und -allokation für die Anlageprogrammplanung von Kreditinstituten, Bochum: Brockmeyer, 1974, S. 10-12.

[77] Die Wahrnehmung von Informationen durch den Menschen ist an bestimmte physikalische Formen gebunden. Hier lassen sich zeitlich und räumlich dimensionierte Informationsträger und -medien (wie z.B. Bücher, Tonbänder oder auch Rundfunk- und Fernsehsendungen) unterscheiden.

[78] Eine Darstellung des semiotischen Zusammenhangs von Daten, Nachrichten und Informationen findet sich bei Kuhlen, R.: a.a.O., S. 5.

Äußerung gebräuchlich. Im Pluralgebrauch ist die Anwendung des Begriffes Nachrichten vor allem in Verbindung mit Fernseh- bzw. Rundfunksendungen oder Printmedien zu finden.

Der Begriff Datum bzw. Daten beinhaltet drei verschiedene Bedeutungen. Zum einen bringt er einen Zeitbegriff wie z.b. Kalenderdatum oder Jahreszahlen zum Ausdruck, zum anderen ist der Begriff Daten als Sachbegriff aus der Wirtschaftstheorie[79] bekannt. Und schließlich werden unter Daten maschinenlesbare bzw. maschinenverarbeitbare Zeichen und Zeichenfolgen verstanden. In dieser Arbeit soll der Begriff Daten in der letztgenannten Bedeutung benutzt werden und hinweisen auf maschinengestützte Prozesse der Informations- bzw. Datenverarbeitung. Daten stellen eine besondere Erscheinungsform von Informationen und somit eine Teilmenge von Informationen dar.

Zur weiteren Abgrenzung und zum Verständnis der folgenden Ausführungen soll auf den Informationsbegriff, wie er in der mathematisch-statistischen Informationstheorie verwendet wird, hingewiesen werden. Basierend auf den Ausführungen von **Shannon/Wheaver**[80] werden Informationen dort rein formal behandelt und Inhalt bzw. Bedeutung von Informationen werden völlig ausgeklammert.[81] Die Ergebnisse dieser informationstheoretischen Ansätze fanden dementsprechend vor allem Anwendung bei der (vorwiegend technischen) Konzeptionierung und Dimensionierung von Nachrichtensystemen. Die technische bzw. mathematisch-statistische Informations-Einheit bit (binary digit) bzw. Byte (als Gruppe mehrerer bits) ist nur interessant im Zusammenhang mit der (technischen) Dimensionierung von Nachrichten-(Übertragungs-)Systemen bzw. elektronischen Datenspeichern. Unter Vernachlässigung von Informations-„Inhalt" bzw. „Gehalt"[82] von Daten lag der Schwerpunkt der Betrachtungen vor allem bei der physikalischen (zeitlichen und/oder räumlichen) Dimensionierung von Informationsträgern oder Informationsverarbeitungsprozessen bzw. -systemen.

---

[79] Z.B. volkswirtschaftlicher „Datenkranz" nach Walter Eucken.

[80] Shannon, C.E. / Wheaver, W.: The Mathematical Theory of Communication, Urbana/Illinois, 9. Auflage, 1962.

[81] Information existiert unabhängig von unserer Fähigkeit, sie zu entschlüsseln oder zu verstehen. Der von Shannon eingeführte Informationsbegriff führt zu der Absonderlichkeit, daß einem Gemisch aus zufällig zusammengewürfelten Buchstaben ein höherer Informationsgehalt beigemessen wird als beispielsweise einem Gedicht von Goethe. Im Zusammenhang mit maschinengestützter Informationsverarbeitung ist die formale Unterscheidung von formatierten und unformatierten Daten wichtig, weil sich bei formatierten Daten die Bedeutung von Zeichen aus der Stellung in einem Datensatz ergibt.

[82] Während der Begriff Informations-„Inhalt" auf den semantischen Aspekt von Informationen abhebt, ist der Begriff des Informations-„Gehalts" auf den pragmatischen Aspekt, d.h. den Wert bzw. Nutzen von Information, gerichtet. Zur Differenzierung von semantischer und pragmatischer Dimension vgl. die Ausführungen in Kap. 2.1.3.

Betrachtet man Information unter dem Aspekt der personenbezogenen Kommunikation[83], d.h. der interindividuellen Übertragung von Information, so ist Information etwas Abstraktes, das an eine wahrnehmbare Form gebunden ist, das (mindestens) zwei Personen gemeinsam ist und das aus dem Wissen des einen die Ungewißheit des (der) anderen vermindert. Informationen sind zweckgerichtete Zeichen mit Bedeutung in raum-zeitlicher und individueller Mensch-Mensch-, Mensch-Maschine- bzw. Maschine-Maschine-Kommunikation.[84]

Im Hinblick auf die weiteren Ausführungen sollen an dieser Stelle die mit dem Informationsbegriff korrespondierenden adjektivischen Begriffe „informatorisch", „informell" und „informationell" voneinander abgegrenzt werden.[85] Während der Begriff „informationell" hier als die Information betreffend verstanden wird, weist „informatorisch" auf den Zweck der Information, sich einen allgemeinen Überblick zu verschaffen, hin. Der Begriff „informell" ist in zwei unterschiedlichen Bedeutungen gebräuchlich. So drückt er einerseits die Absicht, sich zu informieren, aus und wird demzufolge manchmal in der gleichen Weise verwendet wie der Begriff informatorisch (einen Überblick verschaffend). In der zweiten Verwendung tritt der „formale" Aspekt in den Vordergrund und demzufolge bedeutet informell dann entweder ohne (formellen bzw. formalen) Auftrag oder auch ohne Formalitäten. Die begriffliche Differenzierung abschließend[86] sei hier noch der Begriff „informativ" im Sinne von belehrend, Einblicke oder Aufklärung bietend, genannt.

2.1.3 Informationsdifferenzierung auf der Grundlage der Semiotik

Eine weitere Möglichkeit zur Unterscheidung sowie zur Erklärung des Zusammenhangs von Begriffen wie Daten, Informationen, Nachrichten und Wissen ist eine Analyse auf der Grundlage der Semiotik.[87] Die Analyse des Informationsbegriffes mit Hilfe der Semiotik ermög-

---

[83] Hauke, P.: a.a.O., S. 52, diskutiert die Überlagerung von Information und Kommunikation und spricht dabei von der „kommunikativen" Interpretation von Informationen.

[84] Pfestorf, J.: Kriterien für die Bewertung betriebswirtschaftlicher Informationen, Dissertation, Berlin, 1974, S. 22. Pfestorf unterscheidet die aufgeführten grundsätzlichen Sender-Empfänger-Kombinationen, da sie aufgrund der jeweiligen Besonderheiten der Kommunikationspartner völlig unterschiedlich zu bewerten sind. Die Unterscheidung von menschlicher und maschineller Informationsverarbeitung ist für die weiteren Untersuchungsschritte bedeutsam.

[85] Vgl. hierzu Duden: Fremdwörterbuch, Bibliographisches Institut Mannheim/Wien/Zürich, 1974.

[86] Auf weitere linguistische Unterscheidungen im Rahmen der Analyse von Informationen, wie z.B. die Differenzierung von Denotationen und Konnotationen, wird hier verzichtet.

[87] Unter Semiotik wird eine allgemeine Sprachtheorie bzw. die Wissenschaft von den sprachlichen Zeichen verstanden. Vgl. hierzu z.B. Meffert, Heribert: Marketing und Neue Medien, Stuttgart: Poeschel, S. 32 und die dort zitierte Literatur oder Brönimann, C.A.: a.a.O., S. 24 f.

licht eine weitere Präzisierung des Informationsbegriffes auf folgenden vier Ebenen bzw. anhand der vier semiotischen Dimensionen:[88]

- sigmatische Dimension
- syntaktische Dimension
- semantische Dimension
- pragmatische Dimension.

Gegenstand der **Sigmatik** (als sigmatische Dimension der Semiotik) sind Untersuchungen hinsichtlich der Beziehungen zwischen Zeichen und Bezeichnetem. Die Sigmatik stellt im wesentlichen eine Abbildungs- bzw. Beziehungslehre dar.

Die **Syntaktik** (als syntaktische Dimension der Semiotik) befaßt sich mit den Beziehungen zwischen den Zeichen und stellt somit in erster Linie eine Strukturlehre von Zeichenkollektiven dar. Sie betrifft die Beziehungen zwischen einem Sprachsystem und den Zeichen dieses Sprachsystems. Primäre Anwendungsfelder syntaktischer Untersuchungen sind die Strukturanalyse von Zeichenagglomerationen (wie Wörter oder Sätze) sowie die Analyse der Verknüpfungen dieser Zeichenagglomerationen untereinander.

Die semantische Ebene oder **Semantik** analysiert über die Syntaktik und Sigmatik hinaus, indem sie die inhaltliche Bedeutung, den Sinngehalt von Zeichen, berücksichtigt. Sie fragt nach den Sachverhalten und Tatbeständen hinter Informationen. Gegenstand der semantischen Analyse sind die Beziehungen zwischen Zeichen und den symbolisierten Sachverhalten und somit das Verhältnis der Zeichen zu ihrer Bedeutung.[89]

Die pragmatische Dimension oder **Pragmatik** schließlich zielt ab auf den Verwendungszusammenhang zwischen Information und einer zu lösenden Aufgabe, d.h. auf den Zweckbezug bzw. die Zweckorientierung von Informationen. Ausgehend von der Beziehung zwischen Zeichen und Verwender werden vor allem Wirkungen der Information auf informationsverarbeitende Systeme[90] untersucht. Sie zielt ab auf den Aspekt der Zeichenverwendung

---

[88] Vgl. zu den folgenden Ausführungen insbesondere Wild, Jürgen: Input-, Output- und Prozeßanalyse von Informationssystemen, ZfbF, 1970, S. 50-72; ders.: Zur...: a.a.O., S. 319 ff.; sowie Amler, R.: a.a.O., S. 10 ff. Amler analysiert lediglich mit Hilfe dreier semiotischer Dimensionen und vernachlässigt die sigmatische Dimension.

[89] Zu den semiotischen Dimensionen s. auch Schwöbel, Gerd: Beschreibung und Entwurf betrieblicher Datenverarbeitungen: Ein Ansatz zur Systematisierung der Entwicklung von Anwendungssystemen aus betriebswirtschaftlicher Sicht, Frankfurt/Main: Haag und Herchen, 1983, S. 57 f.

[90] Informationsverarbeitungssysteme, wie sie hier verstanden werden, können sowohl aus den Systemelementen Mensch als auch Maschine bestehen.

und untersucht die Wirkung von Informationen auf den Empfänger[91] i.S. einer Handlung oder Aktion.

Die pragmatische Dimension, d.h. der Zweckbezug von Informationen, ist in den Abgrenzungen des Informationsbegriffes nach **Randolph, Wild und Wittmann** deutlich hervorgehoben und für die weiteren Überlegungen maßgeblich. Die Abb. 4 veranschaulicht den Zusammenhang zwischen den drei letztgenannten semiotischen Dimensionen und stellt zugleich die abstrakte Definition des Informationsbegriffes dar.

Informationen sind:

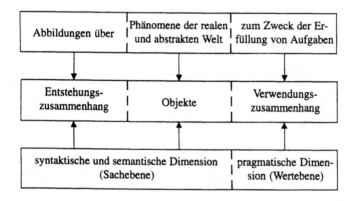

Abb. 4: Abstrakte Definition des Informationsbegriffes und semiotische Dimensionen (Quelle: Eigene Darstellung modifiziert nach Brönimann, Ch., a.a.O., S. 59)

2.1.4 Besonderheiten von Informationen

Da in dieser Arbeit Informationen sowohl Input- bzw. Produktionsfaktoren als auch Outputgrößen (Informationen als Leistungergebnis von Informationsverarbeitungsprozessen[92]) darstellen, soll der Informationsbegriff über die genannten Definitionen und Abgrenzungen hinaus weiter erläutert und einige Charakteristika von Informationen hervorgehoben werden.

---

[91] Im Mittelpunkt steht die Beziehung zwischen Zeichen und Zeichenverwender, wobei vor allem auch psychologische Komponenten des Kommunikationsprozesses berücksichtigt werden. Zu einer vertiefenden Diskussion der semantischen Dimension vgl. Hauke, P.: a.a.O., S. 19 ff., der auch die Zusammenhänge zwischen Zeichenträger und Designatum, Denotatum und Konnotatum diskutiert und auf die linguistische Bedeutungsproblematik von Synonymen, Homonymen, Hyponymen, Hymonymen etc. hinweist.

[92] Zur Begriffsbestimmung der informationellen Leistungserstellung s. Schulz, A.: Gedanken zu einer Informationsbetriebslehre, in: ZfB, 1970, S. 97 f.

Ohne den (Input-) Faktor Information[93] ist ein produktives Zusammenwirken der klassischen Ressourcen Arbeit, Boden und Kapital nicht möglich. Information ist ein immaterielles Gut, das i.d.r. auch bei mehrfacher Nutzung[94] nicht verbraucht wird. Information ist kein "freies" Gut, ihre Beschaffung, Produktion oder Weiterleitung verursacht i.a. Kosten. Der Wert von Informationen ist verwendungsabhängig und kann durch bestimmte Operationen bzw. Manipulationen wie z.b. Selektion, Aggregation, Konkretisierung, Weglassen oder Hinzufügen, verändert werden.[95] Informationen können wie andere Ressourcen zur Erreichung unternehmerischer Ziele eingesetzt werden und ermöglichen teilweise eine Substitution anderer Ressourcen.[96] Sie sind handelbar als Ware[97], können getauscht und gegen finanzielle oder sonstige Entlohnung zur Verfügung gestellt werden (z.B in Form von Lizenzen und Patenten). Informationen sind nicht nur Inputfaktoren sondern vor allem auch Zwischen- und Endprodukte von Informationsverarbeitungsprozessen, wobei die Einstufung von Informationen als Einsatz-, Zwischen- oder Endprodukt von Informationsverarbeitungs-prozessen nicht immer eindeutig möglich ist.

Wild[98] untersucht die Wirkungsbeziehungen von Informationen. Informationen werden in Informationsverarbeitungsprozessen verwendet und führen zu einem informationellem Ergebnis, welche dieser als direkte Wirkung von Informationen bezeichnet. Dieses informationelle Ergebnis führt, eventuell unter Hinzunahme weiterer Informationsergebnisse zu einem bestimmten Verhalten in Form einer Aktion, die wiederum ein materielles Ergebnis zur Folge hat.[99] Aus dem materiellen Ergebnis kann ein Zielerreichungsgrad abgeleitet werden. Die

---

[93] Der dispositive Faktor gemäß Gutenberg´scher Faktortypologie läßt sich unter dem Begriff Information subsumieren. In einigen Produktionsfaktorsystemen fällt das Fehlen des Produktionsfaktors Information auf. Infolge dieser Vernachlässigung werden nur verkörperte bzw. personengebundene Informationen berücksichtigt. Vgl. hierzu Corsten, Hans: Die Produktion von Dienstleistungen - Grundzüge einer Produktionswirtschaftslehre des tertiären Sektors, Berlin: Schmidt, 1985, S. 76.

[94] In Veröffentlichungen wird gelegentlich der Standpunkt vertreten, Informationen unterlägen keiner Abnutzung. Dieser pauschalen Betrachtung soll hier nicht gefolgt werden. Bei einer differenzierteren Betrachtung verschiedener Informationsarten stellt sich heraus, daß durchaus stark voneinander abweichende Nutzungsverläufe existieren können.

[95] Vgl. die Ausführungen zur Differenzierung von Informationsverarbeitungsprozessen und Transaktionen in Kap. 2.2.3.

[96] So kann der Einsatz geeigneter Informations- und Kommunikationssysteme (wie beipielsweise Bildschirmtext) zu Veränderungen oder gar völliger Ausschaltung von Vertriebswegen und/oder Handelsformen (z.B. Kundenbestellungen über elektronische Medien oder verstärkter Einsatz des Versandhandels) führen. Vgl. hierzu Zentes, Joachim: EDV-gestütztes Marketing, Ein informations- und kommunikationsorientierter Ansatz, Berlin: Springer, 1987, S. 285 ff.

[97] Zur Fragestellung einer Vermarktung von Informationen vgl. die Ausführungen zum Informationsmarkt in Kap 2.6

[98] Wild, Jürgen: Zur...: a.a.O., S. 325.

[99] Zu beispielhaften Auswirkungen einer Wareneingangsmeldung auf Tätigkeitsbereiche wie Disposition oder Einkauf sowie auf Datenbestände wie Lager- oder Rechnungsdaten s. Buresch, Kurt: Ohne Information geht nichts, in: Beschaffung aktuell, Heft 2, 1991, S. 54.

Wirkungen der Information auf das Verhalten, das materielle Ergebnis sowie den Zielerreichungsgrad werden als indirekte Informationswirkungen bezeichnet.

Informationen haben per se keine Substanz, lediglich ihre Wahrnehmung ist substanzgebunden. Daher erleiden sie grundsätzlich keinen Substanzverlust[100], sie können u.U. einen Wertverlust bzw. eine Wertminderung erfahren. Werden Informationen als veraltet bezeichnet, so kann dies interpretiert werden als partieller oder auch vollständiger Verlust der Zweckeignung[101], sie sind wertlos in dem Sinne, daß sie zur Erfüllung von Aufgaben oder zur Erreichung von Zielen nicht mehr geeignet sind. Problematisch ist insbesondere eine Quantifizierung des Beitrags von Informationen zur Wirtschaftlichkeit von Systemen oder Prozessen. Informationen sind mehrfach einsetzbar und unterscheiden sich diesbezüglich wesentlich von Produktionsfaktoren wie Material und Energie. Unter Wirtschaftlichkeitsaspekten läßt sich aus dieser besonderen Eigenschaft von Informationen, folgendes Postulat[102] für die Informations-Produktion und -Verwendung ableiten: Die Produktion von Informationen soll möglichst nur einmal erfolgen, die Verwendung von Informationen dagegen so oft wie möglich.

2.1.5 Informationsarten

Zur Klassifizierung und Gliederung von Informationen gibt es eine Vielzahl von Kriterien bzw. Merkmalen. Die folgenden über die bereits genannten Möglichkeiten hinausgehenden Ansätze zur Unterscheidung bzw. Differenzierung von Informationsarten sind grundlegend für die weitere Diskussion der Problematik einer Bewertung von Informationen und im Zusammenhang mit den weiteren Untersuchungsschritten zu sehen.

Nach den Merkmalen, die Informationen kennzeichnen, lassen sich verschiedene Informationsarten unterscheiden. Wild[103] differenziert die wichtigsten Informationsarten nach ihrer Modalität und ordnet die Informationsarten bestimmten Aussagetypen zu. (s. Tab. 1). Im Zusammenhang mit der hier verfolgten Zielsetzung liegt der Schwerpunkt vor allem auf der Betrachtung faktischer, prognostischer sowie normativer Informationen. Diese Differenzierung ist insbesondere bedeutsam für die Diskussion der Zusammenhänge zwischen Informationen und Entscheidungen.[104]

---

[100] Hauke, P.: a.a.O., S. 125 ff.

[101] So stellt z.B. die Ausnutzung sog. Marktnischen i.S. der Verwertung spezieller Marktkenntnisse einen u.U. vollständigen Wertverlust von Informationen dar. Eine nutzbringende zweite Verwendung dieser Informationen durch ein weiteres Unternehmen ist nicht bzw. nur stark eingeschränkt möglich.

[102] Ebenda S. 126.

[103] Wild, J.: Zur... , a.a.O., S. 328.

[104] Vgl. Kapitel 2.4, Information und Entscheidung.

Informationsart	Aussagetyp	besagen etwas über die ....
faktische	IST-Aussage	Wirklichkeit (Vergangenheit)
prognostische	WIRD-Aussage	Zukunft
explanatorische	WARUM-Aussage	Ursache von Sachverhalten
konjunktive	KANN-Aussage	Möglichkeit
normative	SOLL-Aussage	Ziele / Werturteile
logische	MUSS-Aussage	logische Beziehungen (Notwendigkeit)
explikative	Definitionen	Sprachregelungen
instrumentale		methodologische, praxeologische Beziehungen

Tab. 1: Differenzierung von Informationen[105] (Quelle: Eigene Darstellung in Anlehnung an Wild, J.: Zur.., a.a.O., S. 328)

Normative Informationen beziehen sich auf Ziele und Werturteile, sie stellen Soll-Aussagen bzw. präskriptive Informationen dar und bilden die Grundlagen für Verhaltenswirkungen.[106] Faktische Informationen beschreiben als Ist-Aussagen die Wirklichkeit und sind vergangenheitsorientiert, prognostische Informationen sind zukunftsbezogen. Demgegenüber spiegeln logische Informationen (logische) Beziehungen wider und stellen gewissermaßen Regeln zur Verarbeitung von Informationen dar.

2.2 Informationsverarbeitung

2.2.1 Notwendigkeit gezielter Informationsverarbeitung

Informationsverarbeitung ist kein Selbstzweck, sondern dient dazu, im Rahmen der Aufgabenerfüllung gesetzte Ziele zu erreichen. Für einzelne Unternehmensbereiche ergeben sich unterschiedliche Zielsetzungen und somit auch andere Aufgaben und Inhalte der Informati-

---

[105] Die Tab. A1 im Anhang gibt einen Überblick über weitere, vor dem Hintergrund der Untersuchung logistischer Systeme bedeutsame Unterscheidungen von Informationsarten.

[106] Vgl. Hauke, P.: a.a.O., S. 53.

onsverarbeitung.[107] Informationsverarbeitungsprozesse finden in verschiedenen Bereichen getrennt und auch ressortübergreifend statt, Informationsaustausch ist Voraussetzung für die Umsetzung des Prinzips der Arbeitsteilung. Die zunehmende Komplexität der wirtschaftlichen Umwelt führt zu einem erhöhten Koordinationsbedarf und damit auch zu verstärktem Informationsbedarf. Aufgrund der Vielzahl informationeller Verknüpfungen und der großen Menge zu verarbeitender Informationen kommt Informationssystemen bzw. der Informationsverarbeitung in Organisationen eine zunehmende Bedeutung zu.[108]

Informationsverarbeitungsprozesse sind Bestandteile des eigentlichen Leistungsprozesses (vor allem bei Dienstleistungsunternehmen) oder dienen zu deren Unterstützung (bei Industrie- oder Handelsunternehmen). Sie können parallel zum eigentlichen Leistungsprozeß verlaufen oder auch diesen vor- und nachgeschaltet sein, physische Prozesse sind i.a. nicht ohne Informationsverarbeitungsprozesse möglich. Effizientes Management der Informationsverarbeitung kann als Schlüsselfunktion bzw. maßgeblicher Wettbewerbsfaktor betrachtet werden.[109]

Werden Unternehmen und ihre Umwelt aus systemtheoretischer Sicht betrachtet, so ergeben sich vielfältige Beziehungen zu Umsystemen und eine Vielzahl monetärer, materieller und informationeller Flüsse. Die wichtigsten Umsysteme von Unternehmen (vgl. Abb. 5) sind neben den sozioökonomischen Systemen[110] vor allem Beschaffungs- und Absatzmärkte, Verbände und verbundene Unternehmen. Die Beziehungen zu diesen Systemen sind fast immer auch von informationeller Art, Ausnahme bildet hier lediglich das Umsystem der natürlichen Ressourcen. Ausschließlich informationelle Beziehungen zu beispielsweise anderen Unternehmen können sich dann ergeben, wenn diese nicht Faktorlieferanten oder Leistungsabnehmer sind.

---

[107] Eine exemplarische Darstellung des Informationsbedarfs in den logistisch relevanten Unternehmensbereichen Beschaffung, Produktion, Distribution und Entsorgung findet sich bei Jünemann, R.: Materialfluß ... , a.a.O., S. 476.

[108] Auf die in den vergangenen Jahrzehnten erfolgten technologischen Entwicklungen, die vor allem auch zu qualitativen Veränderungen der Informationsverarbeitung führen, wurde bereits hingewiesen. So ist beispielsweise die Entwicklung von Expertensystemen Ausdruck einer Entwicklung des Übergangs von der Informations- zur Wissensverarbeitung. Vgl. hierzu die Ausführungen in Kap. 4.7.

[109] Die Bedeutung, welche der Informationsverarbeitung in Unternehmen zukommt, wurde bereits weiter oben erwähnt. Ein Versuch, die Bedeutung von Informationsverarbeitung bzw. Informationssystemen innerhalb der Logistik darzustellen, findet sich bei Bromann P.: a.a.O., S. 154. Dort ist die strategische Bedeutung verschiedener Aufgaben der Informationssysteme für unternehmerische Erfolgsfaktoren wie Lieferfähigkeit, Dienstleistungsqualität und auch Logistikkosten qualitativ dargestellt. Dabei stellen Logistikkosten den Erfolgsfaktor dar, der am stärksten von Informationsverarbeitung bzw. Informationssystemen abhängig ist.

[110] Unter sozioökonomischen Umsystemen werden in diesem Zusammenhang das politische, soziale, kulturelle sowie das Rechtssystem verstanden.

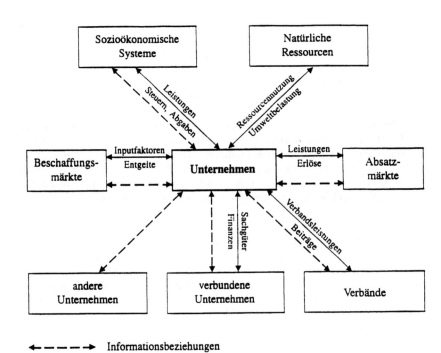

Abb. 5: Umsysteme von Unternehmen und Arten von Beziehungen (Quelle: Eigene Darstellung)

Eine Planung und ökonomische Bewertung der Ressource Information bzw. der Informationsverarbeitung ist inbesondere dann erforderlich, wenn diese einen großen Beitrag zur Wertschöpfung[111] bzw. zum Output des Unternehmens leisten.[112] Fehlende Transparenz, als Mangel an Informationen erklärbar, erschwert die Überwachung von Abläufen und Materialflüssen und führt u.U. zu nicht mehr beherrschbaren Prozessen. Ergebnis dieses Mangels an Information sind zu lange Durchlaufzeiten, hohe Bestände oder unbefriedigende Termin-

---

[111] Zur Bedeutung der Informationsverarbeitung innerhalb der Logistik und zum Beitrag der Logistik zur Wertschöpfung vgl. die Ausführungen in Kap. 4.1.

[112] Zur Analyse der Bedeutung des Produktionsfaktors Information im betrieblichen Leistungsprozeß sei hingewiesen auf das Informations-Intensitäts-Portfolio nach Porter, M./ Millar, V.: a.a.O., S. 26 ff. Dort wird jedes Geschäftsfeld positioniert nach den zwei Fragen, wie hoch der Gehalt an Information in den marktlichen Produkten und Dienstleistungen und wie hoch der Informationsanteil innerhalb der für das Geschäftsfeld charakteristischen Leistungskette ist. Die Bedeutung der Informationsverarbeitung ist naturgemäß besonders hoch bei Unternehmen, bei denen Informationen die Ergebnisse der Leistungserstellung darstellen.

treue.[113] Erfolgreiche Unternehmen sehen die wichtigsten Erfolgsfaktoren einer kompromiß-losen Kundenorientierung insbesondere in einer Verbesserung von Lieferservice und Lieferbereitschaft.[114] Voraussetzung für einen hohen Lieferservice bzw. einen entsprechenden Lieferservicegrad ist jedoch Transparenz in Bezug auf die logistischen Abläufe und somit die Verfügbarkeit aller wichtigen bzw. relevanten[115] Informationen.

Aus der Bedeutung, welcher der Produktion, Verarbeitung und Übertragung von Informationen zukommt, folgt unmittelbar die Fragestellung, welche Informationsverarbeitungsprozesse notwendig sind und wie Informationsverarbeitungsprozesse effizient gestaltet werden können. Eng damit verbunden ist die Frage nach dem optimalen Informationsstand von Aufgaben-bzw. Entscheidungsträgern.[116]

In Fachzeitschriften und Tagespresse veröffentliche Untersuchungen der letzten Jahre belegen, daß sich Produktlebenszyklen drastisch verkürzt haben. Die kürzeren Zeiträume beziehen sich nicht nur auf die reine Verwendungsdauer von Produkten, sondern auf nahezu alle Phasen des Produktlebenszyklus[117] von der Planung, Produktentwicklung, Konstruktion über die Produktion, Vertrieb, Gebrauch bzw. Verbrauch und Verschrottung bzw. Recycling. Auch die Ablösung von Produkten durch Folge- oder Konkurrenzprodukte erfolgt in zunehmend geringeren zeitlichen Abständen. Die zur Verfügung stehenden Zeiträume für die erforderlichen Entscheidungen und damit für Informationsverarbeitungsprozesse werden immer kürzer (vgl. die qualitative Darstellung in Abb. 6), der generelle Trend zu kürzeren Innovationszeiten macht eine Beschleunigung der Informationsverarbeitung erforderlich. Daraus ergibt sich die Notwendigkeit, auf Unternehmensebene inner- und zwischenbetriebliche sowie auf gesamtwirtschaftlicher Ebene überbetriebliche Informations- und Kommunikationssysteme effizienter zu gestalten, um im Wettbewerb mithalten zu können.

---

[113] Zur Diskussion der Bedeutung von Information zur Beeinflussung der genannten logistischen Leistungsindikatoren vgl. die Ausführungen in Kap 3.3.2.3.

[114] Die Parameter Lieferservice und Lieferbereitschaft gehören zu den wichtigsten logistischen Leistungskriterien. Vgl. hierzu z.B. die internationale Untersuchung von A.T. Kearney: a.a.O., S. 4 ff.

[115] Als wichtig bzw. relevant sind Informationen immer dann einzustufen, wenn sie entscheidungs- bzw. leistungsbeeinflussend oder notwendig für die Leistungserbringung sind.

[116] Vgl. hierzu Kap. 2.4 Information und Entscheidung.

[117] Zur Unterscheidung der einzelnen Phasen des Produktlebens und der Phasen des klassischen Produktlebenszyklus-Modells s. z.B. Servatius, H. G.: a.a.O., S. 119.

Zeitraum für Entscheidungen

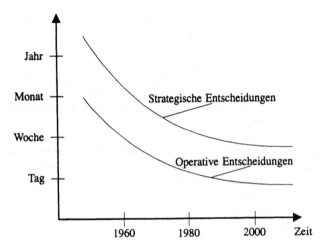

Abb. 6: Verkürzung der Zeiträume für Entscheidungen (Quelle: Eigene Darstellung)

Wesentliche Determinanten dieser Situation sind die Entwicklungen im Bereich der Informations- und Kommunikationstechnologien, die einerseits zu einer Beschleunigung der genannten Entwicklung beitragen, andererseits zugleich Möglichkeiten bieten, in angemessener Weise auf die veränderten Randbedingungen zu reagieren.

2.2.2 Das Informationsproblem

In der Realität wirtschaftlichen Handelns ist im Zusammenhang mit Informationsverarbeitungsprozessen das Phänomen eines Informationsdefizits trotz eines Überangebotes an Informationen zu beobachten. Das Informationsproblem dieser Ausprägung läßt sich beschreiben als Problem des „Mangel im Überfluß".[118] Dieses Dilemma besteht darin, daß einerseits ein riesiges Reservoir an Informationen zur Verfügung steht, es andererseits aber erhebliche Schwierigkeiten bereitet, aus diesem Überangebot die relevanten Informationen herauszufiltern und diese zur Erreichung eines hohen Informationsstandes durch geeignete Schritte entsprechend zu verdichten. Das Problem der ständig steigenden Menge der zu verarbeitenden

---

[118] In der angelsächsischen Literatur wird dieses Problem des „Mangel im Überfluß" auch als „information overload"-Paradoxon bezeichnet, nicht zu verwechseln mit dem bereits weiter oben angesprochenen Informations-Paradoxon im Rahmen der Informationsbewertung.

Informationen wird überlagert durch das bereits angesprochene Problem sich verkürzender Zeiträume für Entscheidungen und Informationsverarbeitungsprozesse.

Meffert[119] faßt das Informationsproblem als dreidimensionales Problem mit den Dimensionen Menge, Zeit und Qualität auf. Informationsdefizite ergeben sich daher infolge mangelhafter oder falscher (qualitativer Aspekt), überflüssiger (quantitativer Aspekt) oder nicht zeitgerechter (zeitlicher Aspekt) Informationen. In Schlagworten wie „Informationslawine", „Informationsgesellschaft" etc. ist vor allem der quantitative Aspekt des Informationsproblems angesprochen. Als Konsequenz aus der Konfrontation mit der riesigen Menge zu verarbeitender Information[120] ergibt sich die Notwendigkeit einer Kanalisation dieser „Informationslawine" sowie die Forderung nach einer effizienten Gestaltung von Informationsverarbeitungsprozessen. Der zeitliche Aspekt ist vor allem bedeutsam im Zusammenhang mit Fragen der Informationsbeschaffung sowie der technischen Realisierung und der Organisation von Informationsverarbeitungsprozessen. Die qualitative Dimension des Informationsproblems bezieht sich auf verschiedene Teilmengen von Informationen. Aus der Gesamtheit aller verfügbaren Informationen müssen die zur Aufgabenerfüllung notwendigen herausgefiltert werden. Diese Identifizierung notwendiger Informationen setzt einerseits voraus, daß sie vorhanden sind und andererseits auch als für die Aufgabenerfüllung notwendig erkannt werden.

Aus den genannten Gründen ergibt sich unter Berücksichtigung der verschiedenen Aspekte des Informationsproblems die Forderung nach Vermeidung von (Über-) Produktion oder Nachfrage nicht notwendiger Informationen ohne Bezug zur Aufgabenstellung. Werden überflüssige Informationen produziert oder nachgefragt, müssen diese mit entsprechendem Aufwand transformiert und kommuniziert werden und führen zu entsprechenden ökonomischen Konsequenzen. Zur Vermeidung einer Vergeudung von Ressourcen ist die wirtschaftliche Gestaltung von Informationssystemen und -prozessen zwingend notwendig.

Da Informationen i.a. nicht in ausreichender Menge, Beschaffenheit sowie zum richtigen Zeitpunkt verfügbar sind, entsteht ein Informationsbedarf, der im wesentlichen durch die Aufgabenstellung determiniert ist. Beim Informationsbedarf, der sich als Ausgangspunkt der Informationsverarbeitung bzw. Informationsbeschaffung interpretieren läßt, ist zwischen subjektivem und objektivem Bedarf zu unterscheiden. Der objektive Informationsbedarf stellt die

---

[119] Vgl. hierzu Meffert, H.: Informationssysteme, Grundbegriffe der EDV und Systemanalyse, Düsseldorf: Werner, 1975. Meffert verwendet zur Beschreibung des Informationsproblems den Begriff des magischen Dreiecks. Während das Attribut magisch im Zusammenhang mit „magischen Vielecken" der Wirtschaftspolitik auf Interdependenzen bzw. Zielkonflikte hinweist, ist es dort eher Ausdruck der Schwierigkeiten hinsichtlich einer Erfassung und Beschreibung des Phänomens Information.

[120] Vgl. zum Problem der Informationsüberlastung (information overload) im Konsumentenbereich Bleicker, Ulrike: Produktbeurteilung der Konsumenten - Eine psychologische Theorie der Informationsverarbeitung, Würzburg: Physica, 1983, S. 9 ff. sowie die dort zitierten Studien.

Menge an Informationen dar, die zur Erfüllung einer gestellten Aufgabe[121] notwendig ist. Der subjektive Informationsbedarf ergibt sich vor allem als Folge der beschränkten menschlichen Fähigkeiten zur Informationsverarbeitung.[122]

In der Praxis werden i.d.R. mehr Informationen gesucht und gesammelt als notwendig, der subjektive Informationsbedarf ist daher größer als der objektive. Auch der objektive Informationsbedarf[123] (i.S. einer geplanten Größe) ist nicht eindeutig festgelegt. Um den objektiven Informationsbedarf zur Aufgabenerfüllung exakt bestimmen zu können, muß die Aufgabe exakt definiert sein. Dies ist jedoch bei schlecht strukturierten, veränderlichen und komplexen Aufgaben schwierig, wenn nicht sogar unmöglich.[124]

Abb. 7 veranschaulicht den Zusammenhang zwischen Informations-Angebot, -Nachfrage und -Bedarf sowie die entsprechende Differenzierung von objektivem und subjektivem Informationsbedarf. Beim Informations-Angebot kann zwischen theoretisch und praktisch verfügbarem Informations-Angebot differenziert werden. Als Bedingung für die optimale Befriedigung der Informations-Nachfrage gilt, daß die Teilmengen 1, 2, 4, 6 und 7 in der Abb. 7 leere Mengen sind.[125]

2.2.3 Differenzierung von Informationsverarbeitungsprozessen

Zur Schaffung der Grundlagen für die späteren Untersuchungen zur Bewertung von Informationen und Informationsverarbeitungsprozessen in logistischen Systemen werden im folgen-

---

[121] Eine Darstellung eines beispielhaften „Informationskataloges" innerhalb eines Berichts- und Kontrollsystems im Personalbereich findet sich bei Kirsch, Werner / Klein, Heinz, a.a.O., S. 98 f. Dort wird aufgezeigt, welche Informationsarten (mit typischen Untergliederungen) für welche Maßnahmen oder Entscheidungen benötigt werden. Hier wird insbesondere der Zweckbezug von Informationen herausgestellt.

[122] Vgl. Kap. 2.2.5.

[123] In der Praxis werden während der Suche nach der gewünschten Information viele Informationen eher zufällig konsumiert. Auf einen weiteren Grund für die Probleme bei der Festlegung des objektiven Informationsbedarfs weisen Picot, A. und Franck, E. hin: „.... auch wenn mehrere Personen unabhängig von einander zu gleichen Resultaten hinsichtlich der zur Lösung einer Aufgabe benötigten Informationen kommen, ist diese so erlangte Objektivität keinesfalls frei von subjektivem Einfluß. Sie können auch deshalb zu den gleichen Ergebnissen kommen, weil sie über den gleichen begrenzten Erkenntnisstand verfügen bzw. bei ihnen das gleiche Erkenntnissystem (Wertesystem) zugrunde liegt." Picot, A. / Franck, E.: Die Planung der Unternehmensressource Information, (Teil 2) in: WISU 11/1988, S. 609.

[124] Zum Zusammenhang zwischen Informationsbedarf und drei mit Hilfe der Kriterien Strukturiertheit und Formalisierbarkeit unterschiedenen Grundtypen der Aufgaben der Informationsverarbeitung (Einzelfall, sachbezogener Fall und Routinefall) s. Reichwald, Ralf: Kommunikation, in: Vahlens Kompendium der Betriebswirtschaftslehre, Verlag Franz Vahlen, München, 1990, Band 2, S. 438.

[125] Vgl. zur i.a. geringen Übereinstimmung von externem Informationsangebot, Nachfrage und effektivem Bedarf, auch als Informationsdilemma bezeichnet, z.B. Pieper, Antje: Produktivkraft Information, Beiträge zur Gesellschafts- und Bildungspolitik, Nr. 119, Institut der deutschen Wirtschaft, Deutscher Instituts-Verlag, Köln, 1986, S. 13.

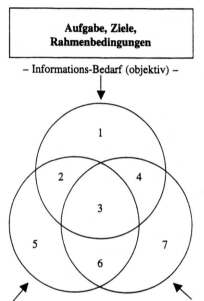

Aufgabe, Ziele, Rahmenbedingungen

– Informations-Bedarf (objektiv) –

– Informations-Angebot (neutral) –

Informations-Quellen

– Informations-Nachfrage (subjektiv) –

Informations-Nachfrager (Entscheidungsträger)

	INFORMATIONEN SIND:		
Teilmenge	notwendig	vorhanden/verfügbar	nachgefragt
1	Ja	Nein	Nein
2	Ja	Ja	Nein
3	Ja	Ja	Ja
4	Ja	Nein	Ja
5	Nein	Ja	Nein
6	Nein	Ja	Ja
7	Nein	Nein	Ja

Abb. 7: Zusammenhang zwischen Informations-Angebot, -Nachfrage und -Bedarf (Quelle: Eigene Darstellung)

den Kapitel einzelne Informationsverarbeitungsprozesse detailliert betrachtet. Eine Differenzierung von Informationsverarbeitungsprozessen ist notwendig, weil es für die Gestaltung einzelner Informationsverarbeitungsprozesse eine Vielzahl unterschiedlicher Realisierungsmöglichkeiten gibt. Für deren Bewertung sind wiederum viele verschiedene Kriterien relevant. Vergleicht man alternative Formen der Informationsbeschaffung wie beispielsweise eine Datenbankrecherche mit der herkömmlichen Beschaffung von Informationen aus Quellen wie Büchern und Zeitschriften, so müssen zur Bewertung u.U. andere Informationsverarbeitungsteilprozesse betrachtet und dementsprechend andere (geeignete) Kriterien herangezogen werden.

Informationen werden gesammelt, selektiert, vermischt, zusammengefaßt, produziert[126], beschafft, gelagert, veredelt, übermittelt, übertragen, vervielfältigt, kopiert, umgewandelt, abgesetzt, gebraucht, verbraucht, aggregiert, zusammengefaßt und dabei „verdichtet" oder auch „verwässert"[127] und ausgewertet. Die Ergebnisse der Informationsverarbeitung sind abhängig von der Qualität der Informationsbasis und der Menge an Verfahrensregeln[128] nach denen die Informationsverarbeitung abläuft.

Betrachtet man die Informationsverarbeitung im Rahmen einer Sequentialanalyse als Prozeß, so können in Analogie zu Gütertransformationsprozessen[129] grundsätzlich folgende basale[130] Informationsprozesse differenziert werden:

- Informations-Transport
- Informations-Speicherung[131]
- Informations-Transformation als Informationsverarbeitung i.e.S..

Charakteristisches Merkmal der Transformationsprozesse[132] Informations-Transport und Informations-Speicherung ist, daß die Informationsinhalte bei dieser Art der Informationsverar-

---

[126] Eine ausführliche Diskussion von Ansätzen zur Bildung von Informations-Produktionsfunktionen findet sich z.B. bei Hauke, P.: a.a.O., S. 88 ff. Dort werden verschiedene funktionale Zusammenhänge zwischen Informations-Output und -Input diskutiert. S. auch Corsten, Hans: Die Produktion ... , a.a.O., S. 90 ff.

[127] Diese in Analogie zu physischen Prozessen gebrauchte bildhafte Sprache zur Beschreibung von Aktivitäten zur Informationsverarbeitung spiegelt die Schwierigkeit wider, eben diese Prozesse (sprachlich) hinreichend genau zu erfassen.

[128] Hauke, P., ebenda, unterscheidet bei den Regeln zur Informationsverarbeitung die Hauptgruppen Assoziations-, Such- und Erfassungsregeln.

[129] Vgl. die Diskussion logistischer Grundprozesse in Kap. 3.3.2.

[130] Amler, R.: a.a.O., S. 70 f.

[131] Amler, ebenda, bezeichnet die Informations-Speicherung als zeitlichen Informations-Transport.

[132] Zum Unterschied zwischen dem Transformationsbegriff im Zusammmmenhang mit der Umwandlung von Zielbeiträgen in Bewertungsmaßstäbe (wie z.B. Nutzwerte) und dem Transformationsbegriff in obiger Bedeutung s. die Ausführungen in Kap. 5.4.2.

beitung unverändert bleiben. Bei der Informations-Transformation als Informationsverarbeitung i.e.S. lassen sich Transformationen niedriger Ordnung und höherer Ordnung[133] unterscheiden. Eine geringfügig andere Differenzierung von Informations-Transformationen findet man bei **Dworatschek/Donike**[134], welche die sachliche, räumliche und zeitliche Informations-Transformation unterscheiden. Während die sachliche Informations-Transformation der obigen Informationsverarbeitung i.e.S. entspricht, ist die zeitliche Informations-Transformation identisch mit der Informations-Speicherung. Die räumliche Informations-Transformation wird dort als Kommunikation bezeichnet und weiter in die Teilprozesse Informations-Abgabe, -Transfer und -Aufnahme untergliedert.[135]

Transformationen niedriger Ordnung sind Signalwandlung[136] (als Veränderung der Werte physikalischer Gegebenheiten) und Signalumformung (als Wahl einer anderen physikalischen Erscheinungsform bzw. Transformation der Informationsträger oder des Informations-Mediums). Bei der eigentlichen Informations-Transformation können Informations-Umsetzung als Codierung[137] und Informations-Verarbeitung i.e.S. (als Verknüpfung nach logischen Gesetzmäßigkeiten sowie Zählen und Rechnen) unterschieden werden. Diese Transformationen[138] bzw. Informationsverarbeitungs-Teilprozesse können gleichzeitig, unabhängig voneinander und/oder sich gegenseitig bedingend ablaufen. Die einzelnen Informationsverarbeitungsprozesse führen zur Veränderung mindestens eines der Parameter[139] Art, Qualität, Quantität, Raum (oder Richtung) und Zeit.

Die Tab. 2 enthält grundsätzliche Teilprozesse der Informationsverarbeitung zur Bildung von Informationsketten. Die folgenden Ausführungen beschränken sich auf eine knappe Diskussion derjenigen Informationsverarbeitungsprozesse, die für die weiteren Untersuchungen relevant sind.

---

[133] Amler, R.: a.a.O., S. 72 ff.

[134] Dworatschek, S. / Donike, H.: Wirtschaftlichkeitsanalyse von Informationssystemen, Berlin: de Gruyter, 1972, S. 14.

[135] Eine Übersicht über Ansätze zur Systematisierung von Informationsverarbeitungs- bzw. Informationstransformationsprozessen findet man bei Brönimann, C., a.a.O. S. 68-73.

[136] Im logistisch bedeutsamen Kommissionierprozeß ist beispielsweise eine Stückzahlkontrolle möglich durch Gewichtsermittlung. Die Signalwandlung erfolgt derart, daß die Schwerkraft (Gewicht) der zu kontrollierenden Güter in einen elektrischen Impuls umgewandelt wird.

[137] Unter Codierung wird i.a. die Abbildung zweier Zeichenrepertoires nach einer eindeutigen Zuordnungsvorschrift verstanden.

[138] Hauke, P.: a.a.O., S. 81, verwendet den Begriff der Transformation im Zusammenhang der Unterscheidung von drei Produktionsformen für die Produktion von Informationen:
- Transmission als Reproduktion von Input-Informationen
- Translation als Umwandlung nach fest vorgegebenen Regeln
- Transformation i.e.S. als Produktion originärer Informationen.

[139] Vgl. Steimer, Fritz L.: Automation und Kommunikation im Büro und Verwaltungsbereich, in: Kuhlen, R.: a.a.O., S. 174.

Funktion	Erläuterung
Beschaffung	• von externen oder externe Quellen[140]
Erfassung	• die Erfassung von Informationen ist meist identisch mit einer Transformation (Wechsel) des Informationsträgers (z.b. Übertragung schriftlicher Unterlagen auf EDV-Systeme)
Übermittlung	• räumlich (zwischen zwei Orten)
Verteilung	• Vervielfältigung (Verteilung auf mehrere Empfänger)
Prüfung	• inhaltlich auf Qualität und Richtigkeit, formal insbesondere im Zusammenhang mit maschineller Informationsverarbeitung)
Speicherung	• (Zwischen-) Lagerung
Verwaltung	• Organisation von Informationsbeständen
Pflege	• Aktualisierung von Informationsbeständen
Aufbereitung	• die eigentliche Informationsverarbeitung (Informationsverarbeitung i.e. S)[141]

Tab. 2: Grundsätzliche Teilprozesse der Informationsverarbeitung zur Bildung von Informationsketten (Quelle: Eigene Zusammenstellung)

2.2.3.1 Beschaffung von Informationen

Bevor Informationen ver- oder bearbeitet werden können, müssen sie bereitgestellt bzw. aus internen oder externen Quellen beschafft werden.[142] Unter dem Begriff Transaktionen können - über die bisherige begriffliche Verwendung hinausgehend - auch Zugriffe auf Daten-

---

[140] Die Bezeichnung als externe bzw. interne Informationsquelle ist von der jeweils gewählten Systemgrenze abhängig. Unternehmensintern ist z.b. die Ausleihe eines Buches der Konstruktionsabteilung durch die Finanzabteilung, während die Ausleihe (des gleichen Buches) von einer Bibliothek unternehmens- bzw. systemextern ist.

[141] Vgl. die Ausführungen in Kap. 2.2.3

[142] Zu einem Kostenvergleich der Informationsbeschaffung mit den Alternativen Informationsversorgung durch eine zentrale Instanz und Recherchieren eines Mitarbeiters s. Zimmermann, Dorothea: Eine Antwort auf Rationalisierungsdruck - Kostenvergleiche von Informationsversorgungsarten, in: cogito, 1/89, S. 8 - 16.

banken verstanden werden.[143] Der Begriff Transaktionen umfaßt dabei als Oberbegriff Zugriffe auf Datenbanken wie Abfragen und Mutationen, deren Unterscheidung aus DV-organisatorischer Sicht notwendig ist. Während Abfragen zu keiner Veränderung der Datenbestände führen, umfassen Mutationen alle Vorgänge, welche die Änderung von Einzeldaten betreffen, wie Neuspeichern, Wertänderung oder Löschung von Daten.[144]

2.2.3.2 Verdichtung von Informationen

Unter Informations-Verdichtung[145] kann die summarische Zusammenfassung von Informationen i.S. einer Aggregation oder das Führen auf eine höhere Abstraktionsebene verstanden werden. Am Beispiel Finanzbuchhaltung und Betriebsabrechnung[146] soll der Prozeß der Informations-Verdichtung erläutert und gleichzeitig die Möglichkeiten der Bildung von Informationshierarchien aufgezeigt werden. Ausgehend von internen Basis- oder Stamminformationen werden Informationen auf verschiedenen Stufen über diverse Bearbeitungsschritte der Verfahren zur Kostenrechnung bzw. Finanzbuchhaltung verdichtet. Als Ergebnis erhält man auf der Spitze dieser gedanklichen „Informationspyramide"[147] die „verdichteten" Informationen zum Jahreserfolg in Form von Aussagen zur Vermögens- und Ertragslage.

Der Prozeß der Informations-Verdichtung in Form der Aggregation geht stets einher mit einem Verlust an (Detail-) Information. Dieser Informationsverlust durch Aggregation ist

---

[143] Bauknecht, Kurt / Zehnder Carl August: Grundzüge der Datenverarbeitung, Methoden und Konzepte für die Anwendungen, Stuttgart: Teubner, 1985 , S. 197.

[144] Mit den hier dargestellten Inhalten der Informationsentscheidung sind nur einige wichtige Aspekte der Informationsbeschaffung angesprochen. Zu einer umfassenden Darstellung dieser Problematik s. Wiemann, Hans Günter: Untersuchungen zur Frage der optimalen Informationsbeschaffung - Eine literaturkritische Analyse zur Problematik der betriebswirtschaftlichen Informationstheorie, Frankfurt: Harri Deutsch, 1973. S. 59 ff. Zu einem Praxisbeispiel s. Gross, Rainer: Informationsproblematik in der strategischen Planung - dargestellt am Beispiel eines mittelständigen Unternehmens der chemischen Industrie, Stuttgart, 1988, S. 52 ff.

[145] Der in Analogie zu physikalischen Prozessen (beispielsweise die Kompression von Gasen) verwendete Begriff des Verdichtens ist geeignet, Gemeinsamkeiten und Unterschiede zwischen Informationsverarbeitungs- und physischen Prozessen zu verdeutlichen. Während die Kompression von Gasen zu einer erhöhten Konzentration (von Molekülen pro Volumeneinheit) führt, ist das Verdichten von Informationen einerseits mit einem Informationsverlust (von z.B. Detailinformationen) verbunden, andererseits steigt der Informationsgehalt verdichteter Informationen (pro „Informations-Einheit"). Zu grundlegenden Prinzipien der Informationsverdichtung s. Kirsch, W. / Klein. H. K.: a.a.O., S. 102 ff., welche am Beispiel von Kunden- und Erzeugnisgruppen das Vorgehen bei der Datenverdichtung beschreiben. Zu einem weiteren Beispiel der Informationsverdichtung in einem Marketing-Informations- und Analysesystem s. Schwetz, Wolfgang: Computerunterstützter Vertrieb, in: Information Management, 4/88, S. 52.

[146] Vgl. zum Problem der Informationsreduktion als Kernproblem der Informationsverarbeitung in vielstufigen Organisation Walter, H.R. / Fischer, R.A.: Informationssysteme in Wirtschaft und Verwaltung, Berlin New York: de Gruyter, 1971, S. 318 ff.

[147] Gernet, E.: Das Informationswesen der Unternehmung, Gießen, 1987, S. 158. Zur Darstellung einer Informationspyramide vgl. auch Venker, Karl: Wirtschaftsinformationen, in: Claassen et al. (Hrsg.): Fachwissen Datenbanken - Die Information als Produktionsfaktor, Essen: Klaes, 1986, S. 189.

grundsätzlich nicht zu vermeiden, kann jedoch toleriert werden, wenn die „wesentlichen"[148] Informationen hervorgebracht werden.

Dyckhoff[149] untersucht die zulässigen Formen der Informations-Verdichtung, weist auf ihren Zweckbezug hin und leitet daraus die Forderung ab, daß die Informations-Verdichtung zweckadäquat sein sollte. Er stellt die These auf, daß bei verdichteten Informationen i.a. qualitativ bessere Entscheidungen zu erwarten sind.[150]

2.2.3.3 Auswertung von Informationen

Bei der Auswertung[151] von Informationen werden diese entweder zueinander in Beziehung gesetzt oder selektiert. Die Auswertung großer Datenmengen erfolgt zunehmend DV-gestützt, die bekanntesten Formen der Datenanalyse sind statistische Auswertungen wie z.B. Regressions-, Korrelations- oder Cluster-Analyse. Der Informationsverarbeitungsprozeß Auswertung durch Selektion kann anhand bestimmter Kriterien oder auch zufallsbedingt erfolgen.

Bei der Verknüpfung von Informationen können artgleiche und/oder artfremde, monetäre und nicht monetäre, absolute und relative Größen zusammengeführt werden. Bei der Interpretation von so entstandenen „amalgamierten"[152] Informationen ist besondere Vorsicht geboten. Das Zusammenführen verschiedener Informationsarten aus einer Vielzahl von Quellen und auf unterschiedlich dimensionierten Informationsträgern stellt den Normalfall menschlicher Informationsverarbeitung in Wirtschaft und Wissenschaft dar.

Aus der Notwendigkeit, i.a. unterschiedliche Informations-Quellen, -Arten, -Formen und -Träger bzw. -Medien[153] zusammenführen zu müssen, ergibt sich ein grundsätzliches Pro-

---

[148] Der i.a. nicht näher präzisierte Begriff „wesentlich" ist wie der Begriff „relevant" hier i.S. von ergebnis- oder entscheidungsbeeinflussend zu verstehen. Wichtige oder wesentliche Informationen zeichnen sich durch Ziel- bzw. Aufgabenorientierung oder durch die Verwendbarkeit in Entscheidungs- oder Problemlösungsprozessen aus.

[149] Dyckhoff, H.: Informationsverdichtung zur Alternativenbewertung, ZfB 56. Jg. (1986), H. 9, S. 848 ff. Die Ausführungen bei Dyckhoff beziehen sich ausschließlich auf numerische, d.h. in Form reeller Zahlen vorliegende Informationen. Zulässigkeit bedeutet in diesem Zusammenhang, eine systematisch falsche Auswertung der in den Daten steckenden Informationen zu vermeiden.

[150] Vgl. zu dieser These auch Hauke, P.: a.a.O., S. 25 ff. sowie die dort angegebene Literatur.

[151] Den Wert aus Informationen herauszuholen bedeutet letztlich, ihren Nutzen zu bestimmen. Vgl. dazu Jacob, Olaf: Externe „Online"-Datenbanken: Grundlagen und Nutzungsmöglichkeiten im Rahmen betrieblicher Entscheidungsprozesse, in: WISU, 12/88, S. 474 f. Auswertung in diesem Sinn kann als in höchstem Maße anspruchsvolle Form intellektueller Informationsverdichtung interpretiert werden.

[152] Zu den Problemen der Amalgamation i.S. einer Verknüpfung verschiedener Informationsquellen vgl. die Ausführungen in Kap. 5.4.2.

[153] Informationen werden i.d.R. in Form von Texten, Tabellen, Grafiken und auch bewegten Bildern zur Verfügung gestellt.

blem bei der praktischen Durchführung der Informations-Auswertung durch Relativieren. Wird dabei eine Sortierung von Informationen vorgenommen, so geschieht dies i.d.R. eher derart, daß eine Gruppierung nach Informationsarten bzw. Erscheinungsformen erfolgt anstelle einer inhaltsbezogenen Informationssortierung.

2.2.4 Die Informationskette

Unter dem Begriff Informationskette[154] wird im Folgenden eine Aneinanderreihung bzw. Folge der grundsätzlichen Informationsverarbeitungsteilprozesse Transport, Lagerung bzw. Speicherung und Transformation von Informationen verstanden.[155] Beim Durchlaufen dieser Informationskette werden Eingangsinformationen umgewandelt in End- oder Ausgangsinformationen. Die innerhalb der Informationskette ablaufenden Transformationen können einstufig bzw. mehrstufig sein, bei mehrstufigen Informationsketten ist die Ausgangsinformation einer Stufe zugleich Eingangsinformation der nächsten.

Die Tab. 3 zeigt als nächste Stufe einer Differenzierung von Informationsverarbeitungsprozessen grundsätzliche Informationsverarbeitungsteilprozesse einer einfachen Informationskette. Darüber hinaus macht sie den Charakter verschiedener Informationsverarbeitungsprozesse durch die analoge Zuordnung von Informationsverarbeitungsprozessen zu logistischen Grund- bzw. Gütertransformationsprozessen deutlich.[156] Zum Verständnis dieser Tabelle sei darauf hingewiesen, daß letztlich auch die Informationsverarbeitung i.e.S. nicht ohne Transport- und/oder Lager-Vorgänge denkbar ist. Selbst bei einem Informationsverarbeitungsprozeß wie dem Lesen schriftlicher Unterlagen läßt sich eine Folge physikalisch abbild- und beschreibbarer Transport- und Lagerungsvorgänge identifizieren. Die auf optischem Weg erfolgte Informationsaufnahme beim Lesen schriftlicher Texte entspricht dem Transport von einer Quelle (dem Schriftstück) zur Senke (Auge) und anschließenden Transportvorgängen (über die Kommunikationskanäle Nervenbahnen) zur Senke Gehirn, wo die eigentliche Informationsverarbeitung beginnt.[157] Der menschliche Denkprozeß kann als ureigenster bzw. eigentlicher Informationsverarbeitungsprozeß bezeichnet werden.

Zusammenfassend läßt sich feststellen, daß jeder informationelle Prozeß bzw. jede informationelle Aktivität als ein- oder mehrstufige bzw. -gliedrige Informationskette beschrieben werden kann. Beim Durchlaufen dieser Kette wird eine Ursprungs- (Eingangs-) Information in ein- oder mehrfacher Weise transformiert und so in eine End- oder Ausgangs-

---

[154] Dieser prozeßorientierte Ansatz wird später auch auf logistische (physische) Prozesse bzw. die Untersuchung logistischer Ketten übertragen und dient dazu, Parallelen und Unterschiede zwischen Güter- bzw. Material- und Informationsflüssen zu verdeutlichen.

[155] Vgl. zu einer ähnlichen phasenbezogenen Darstellung des Informationsflusses Bromann, P.: a.a.O., S. 5.

[156] Vgl. die Ausführungen zur logistischen Kette in Kap. 3.3.2.

[157] Auf eine vertiefende Betrachtung dieser vor allem biochemischen Vorgänge wird hier verzichtet, da sie zu weit von der eigentlichen Zielsetzung der Untersuchung entfernen würde.

Teilprozeß der Informationsverarbeitung	analoger physischer Prozeß
• Informations-Aufnahme	• Transport (von der Informations-Quelle zur Informations-Senke) und Lagerung
• Informations-Vorspeicherung	• Lagerung
• Informations-Verarbeitung	• Produktion bzw. Umwandlung
• Informations-Nachspeicherung	• Lagerung
• Information-Abgabe (Übertragung)	• Transport zum Informationempfänger bzw. Informationsziel

Tab. 3: Grundlegende Informationsverarbeitungsprozesse und analoge logistische (physische) Prozesse (Quelle: Eigene Darstellung)

Information überführt. Zwischen die jeweiligen Phasen der eigentlichen Informationsverarbeitung können Vor-, Zwischen- und Nachspeicherung bzw. Transportvorgänge geschaltet sein. Vereinfachend läßt sich diese Kette auch als black box darstellen, wobei die Eigenschaften und das Verhalten der einzelnen Elemente bzw. Kettenglieder innerhalb der black box von untergeordnetem Interesse sind.[158] Es interessiert lediglich das Ergebnis der Transformation der Eingangs- in die Ausgangsinformation. Ob eine differenzierte Betrachtung sämtlicher an der Informationsverarbeitung beteiligten Kettenglieder (Elemente) sinnvoll ist oder eine black-box-Betrachtung mit Eingangs- und Ausgangsinformationen ausreichend ist, hängt ab vom konkreten Untersuchungsobjekt und vom Zweck der Analyse.

2.2.5 Besonderheiten menschlicher Informationsverarbeitung

In der wirtschaftswissenschaftlichen Theorie wird der Mensch i.a. funktional betrachtet (als Entscheidungsträger) und verhaltenswissenschaftliche und psychologische Aspekte werden teilweise ausgeklammert. Da der Mensch als wesentlicher Input- bzw. Potentialfaktor für Informationsverarbeitung bzw. Informationsverarbeitungsprozesse betrachtet werden muß, sollen an dieser Stelle einige Besonderheiten des Informationsverarbeitungssystems Mensch im Vergleich zu maschinellen Informationsverarbeitungssystemen dargestellt werden. Notwendig ist die Diskussion der Besonderheiten menschlicher Informationsverarbeitung deshalb, weil ein Großteil der zur Erfüllung logistischer Aufgaben notwendigen Prozesse Informationsverarbeitungsprozesse wie administrative oder steuernde Tätigkeiten sind und bei der Analyse

---

[158] So sind z.B. im Rahmen einer beauftragten Literaturrecherche für den Auftraggeber als Informationsnachfrager nur die Ergebnisse (in Form von Literaturhinweisen) maßgeblich. Such-, Transport- und Informationsverarbeitungsprozesse von z.B. Bibliothekspersonal, die zu diesen Ergebnissen führten, sind für ihn nicht interessant.

von logistischen Informationsverarbeitungsprozessen oftmals Interaktionen zwischen Menschen und maschinellen Informationsverbeitungssystemen zu untersuchen sind.[159]

Wesentliche Inhalte von Sachbearbeitungsaufgaben sind die Bearbeitung und Weitergabe von Informationen.[160] Dabei stellt die Bearbeitung primär eine Denkaufgabe dar, während die Weitergabe als physischer Vorgang mehr durch technische und organisatorische Aspekte geprägt ist. Die Standardvorgänge bzw. Informationsverarbeitungsprozesse in Büro und Administration lassen sich in arbeitsplatzgebundene und arbeitsplatzunabhängige Tätigkeiten unterscheiden. Arbeitsplatzgebundene Tätigkeiten sind z.b. Datenverarbeitung, Textverarbeitung und Personal Computing, arbeitsplatzunabhängige Tätigkeiten bestehen aus Besprechungen, Erstellung von Berichten und Grafiken, Lesen, Ablage, Verteilung von Nachrichten und Post, Terminplanung, Kopieren und Vernichten von Unterlagen.[161] Die Sachbearbeitung eines Sachbearbeiters (als Informationsverarbeitungsprozeß interpretiert) führt durch Zusammenfassung von im wesentlichen drei Informationsbereichen bzw. -quellen und entsprechenden Transformationsprozessen zu neuen Informationen. Die drei Informationsbereiche sind:

- die ihm zugehenden Informationen (z.B. Briefe, Berichte oder Aufträge)
- die im Unternehmen gespeicherten und ihm zugänglichen Informationen aus Karteien, Archiven, Registraturen, elektronischen Speichern u.a.
- das eigene Wissen.

Betrachtet man die Sachbearbeitung durch Menschen als kognitive Prozesse, so lassen sich die routinemäßig-operative Sachbearbeitung mit relativ geringem Entscheidungsspielraum sowie die kreativ-dispositive Sachbearbeitung, bei welcher der Sachbearbeiter weitgehend selbständig urteilen und entscheiden muß, differenzieren.[162]

Die Tab. 4 zeigt exemplarisch einen Vergleich menschlicher und maschineller Informationsverarbeitung anhand verschiedener Anforderungen bzw. Aufgaben.[163] Die Vorteile von Ma-Datenmengen verarbeiten sowie sichere und genaue Ergebnisse liefern zu können. Demge-

---

[159] Darüber hinaus stellen nicht Hard- oder Softwaredefekte, sondern menschliches Fehlverhalten wie Irrtümer oder Nachlässigkeiten die größte Fehlerquelle für die Datenverarbeitung dar. Vgl. hierzu o.V.: Millionenschäden entstehen meist „aus Versehen", in: VDI-Nachrichten, Nr. 37, 1994, S. 6.

[160] Zur Tätigkeitsstruktur von Bürobeschäftigten, differenziert nach Führungskräften, Fachkräften, Sachbearbeitern und Assistenzkräften/Sekretärinnen, s. Steimer, F. L.: a.a.O., S. 175.

[161] Die genannten Informationsverarbeitungsprozesse sind nahezu vollständig auch im Bereich der Logistik zu finden und besitzen daher repräsentativen Charakter.

[162] Eine ähnliche Differenzierung findet sich bei Corsten, Hans: Zur Verkürzung der Durchlaufzeiten bei Büroarbeiten, in: WISU, Heft 8, 1986, S. 427, der folgende Formen von Büroarbeit unterscheidet: primär geistige Tätigkeiten, die weiter in primär dispositive und primär repetitive Tätigkeiten gegliedert werden können sowie primär manuelle Tätigkeiten wie Informations-Niederschrift, Verteilung und Dokumentation. Corsten weist zurecht darauf hin, daß diese Gliederung nicht als Polarität, sondern als Kontinuum aufzufassen ist; es existieren fließende Übergänge.

[163] Bauknecht, K./ Zehnder C.A.: a.a.O., S. 140.

schinen bzw. Computern liegen darin, viele gleichartige Auswertungen vornehmen, große Datenmengen verarbeiten sowie sichere und genaue Ergebnisse liefern zu können. Demgegenüber liegen die Vorteile des Informationsverarbeitungssystems Mensch[164] in den Fähigkeiten, Probleme erkennen und strukturieren, logische Schlußfolgerungen ziehen und Wesentliches von Unwesentlichem trennen zu können. Aus diesen Unterschieden lassen sich Entscheidungsgrundlagen ableiten für die Fragestellung, welche Informationsverarbeitungsprozesse im Rahmen der Erfüllung logistischer Aufgaben z.B. automatisierbar sind und welche nicht.[165]

Fähigkeit	Mensch	Computer
den Überblick über eine Situation zu gewinnen	+	-
ein Problem zu strukturieren	+	-
schnell grobe Schätzungen zu machen	+	-
sichere und genaue Angaben zu liefern	-	+
viele gleichartige Auswertungen vorzunehmen	-	+
nicht zu ermüden	-	+
Strukturen zu erkennen	+	-
Nebensächliches zu übersehen	+	-
logisch zu schließen	+	

Tab. 4: Unterschiede zwischen menschlicher und maschineller Informationsverarbeitung[166] (Quelle: Eigene Zusammenstellung)

---

[164] Ein wesentliches Charakteristikum der menschlichen Informationsverarbeitung ist die Diskrepanz zwischen Informations-Aufnahmekapazität und Informations-Speicherkapazität. Während die Aufnahmekapazität bis zu 10 Mbit/sec beträgt, können langfristig nur 0,4 bit/sec gespeichert, d.h. dauerhaft im menschlichen Gehirn abgelegt werden. Die Informations-Speicherdauer im menschlichen Gehirn wird maßgeblich vom „Gefühlston" beeinflußt: neutrale Informationen werden kurz gespeichert, unangenehme Informationen werden lang und besonders angenehme Informationen werden am längsten gespeichert. Vgl. hierzu auch Hauke, P.: a.a.O., S. 106 und die dort genannte Literatur. Zu einem hypothetischen Zusammenhang zwischen zu verarbeitender Informationsmenge und der Leistungsfähigkeit menschlicher Informationsverarbeitung s. ders., S. 108 ff.

[165] So sind z.B. Aufgaben wie Lagerortverwaltung oder Tourenplanung aufgrund der Komplexität und der großen zu verarbeitenden Datenmengen für maschinelle Informationsverarbeitungssysteme prädestiniert. Dabei darf allerdings nicht vergessen werden, daß die erforderlichen Strategien und Algorithmen vom „Informationsverarbeitungssystem" Mensch vorgegeben werden müssen.

[166] Vgl. die Gegenüberstellung ausgewählter Leistungseigenschaften von Mensch und Computer bei König, Wolfgang / Niedereichholz, Joachim: Informationstechnologie der Zukunft - Basis strategischer DV-Planung, Heidelberg: Physica, 1986, S. 109.

Die Ergebnisse menschlicher Informationsverarbeitung sind nicht determiniert[167], die erforderliche Zeit für die Bewältigung von Informationsverarbeitungsprozessen ist unterschiedlich lang. Informationsüberangebot und Beschränkungen der menschlichen Informationsverarbeitungskapazität können zu Informationsstreß führen. Daraus resultieren u.U. Fehler in der Informationsverarbeitung und/oder Veränderungen seiner Verhaltensweisen.[168] Auf der einen Seite erzeugen Fehler während der Informationsverarbeitung unterschiedlichen Output, auf der anderen Seite führen Unterschiede im Fachwissen zu unterschiedlicher Nutzung und Bewertung von Informationen. Das Wissen von Menschen unterliegt zeitlichen und kognitiven Beschränkungen und ist abhängig von Ausbildung und Erfahrung. Ingenieure und Naturwissenschafler im Produktionsbereich oder Betriebs- und Volkswirte in Marketingabteilungen verfügen über unterschiedliche analytische Methoden und Denkmodelle, welche die Fähigkeiten zur Informationsverarbeitung ganz erheblich bestimmen. Die sachlogische Entscheidungsrelevanz von Informationen kann aufgrund der genannten Besonderheiten menschlicher Informationsverarbeitung völlig verfälscht werden[169], was im Extrem dazu führt, daß wichtige Informationen nicht berücksichtigt oder falsch ausgewertet werden.

2.2.6   Bedeutung der Kommunikation

In modernen Organisationen arbeiten Menschen nicht isoliert, sondern sie stehen in Kontakt zu Mitmenschen und anderen Einrichtungen. Die Arbeitsteilung in Unternehmen, Volkswirtschaften und zunehmend auch in der Weltwirtschaft hat die Zahl der notwendigen Kontakte erhöht und die zu überbrückenden Entfernungen stark vergrößert. Entsprechend groß ist das Bedürfnis, diese Distanzen unter Zuhilfenahme moderner Informations- und Kommunikationstechniken wie Telefon, Telex, Telefax und Datenfernübertragung oder Satellitenkommunikation zu überwinden.

Die Notwendigkeit von Kommunikation ist Folge mehrerer Tatbestände. Neben der Realisierung des Prinzips der Arbeitsteilung, welches ohne Informationsaustausch nicht möglich ist, sind die Umweltverbundenheit von Unternehmen sowie die Verteilung von Informationen bzw. Informationsbeständen auf verschiedene Stellen innerhalb von Systemen und Organisationen maßgebliche Ursachen. Aus systemtheoretischer Sicht wird unter Kommunikation allgemein der Austausch von Informationen zwischen zwei Elementen eines Systems, auch als

---

[167] Auch bei klarer Vorgabe von Informationsverarbeitungsregeln sind z.B. infolge unterschiedlicher Assoziationen oder Fehlinterpretationen i.a. unterschiedliche Ergebnisse zu erwarten, wie z.B. Mathematikprüfungen immer wieder eindrucksvoll belegen. Zur vertiefenden Untersuchung des Zusammenhangs zwischen Persönlichkeitsmerkmalen und Informationsverarbeitung s. Hering, Franz Josef: Informationsbelastung in Entscheidungsprozessen - Experimental- Untersuchung zum Verhalten in komplexen Situationen, Frankfurt/Main: Lang, 1986, S. 62 ff.

[168] Zu unterschiedlichen Wirkungsweisen von Informationen auf das Verhalten des Empfängers s. Flechtner, H.J.: Grundbegriffe der Kybernetik, Stuttgart, 1969, S. 77.

[169] Hauke, P.: a.a.O., S. 196.

Sender (Quelle) und Empfänger (Senke) bezeichnet, verstanden.[170] Wesentliches Charakteristikum der Kommunikation als spezieller Informationsverarbeitungsprozeß ist der Austausch von Informationen durch Transport und Weiterleitung. Die Abb. 8 zeigt das Prinzip-Schema der Informations-Übertragung bzw. das Paradigma der Kommunikation bzw. Nachrichten-Übertragung zwischen einer Informations-Quelle (Sender) und einer Informations-Senke (Empfänger).

Unter dem Aspekt der Bewertung von Informationen bzw. der Bildung von Informationsketten ist es für die weiteren Überlegungen sinnvoll, beim Sender bzw. Empfänger die (System-) Elementtypen Mensch[171] und Maschine zu differenzieren, da sich die drei grundsätzlich möglichen Kommunikationspaare hinsichtlich der maßgeblichen Gestaltungsparameter wesentlich unterscheiden.

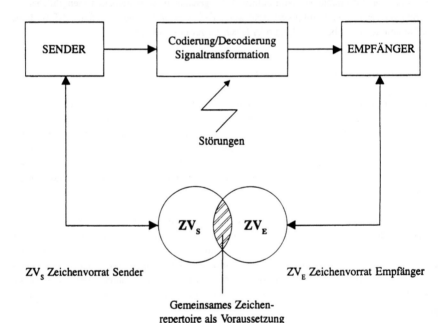

Abb. 8: Paradigma der Kommunikation bzw. Nachrichtenübertragung (Quelle: Eigene Darstellung)

---

[170] Hoffmann, F.: Computergestützte Informationssysteme, S. 6.

[171] Dem „Systemelement" Mensch kommt im Rahmen dieser Untersuchung, die sich nicht auf die Analyse maschinengestützter Informationsverarbeitungsprozesse beschränkt, eine wesentliche Bedeutung zu.

Während bei der Mensch-Mensch-Kommunikation die Wahl der Kommunikationskanäle[172] im Vordergrund steht, ist bei der Mensch-Maschine-Kommunikation die Gestaltung von Ein- und Ausgabegeräten bedeutsam. Aspekte der Rechner-(Maschinen)-Kopplung[173] bzw. Verbundlösungen wie Rechnernetzwerke sind bei der Maschine-Maschine-Kommunikation maßgebend.

Der semantische Aspekt der Kommunikation wird in der grafischen Darstellung in Abb. 8 ebenfalls verdeutlicht. Notwendige Bedingung für eine erfolgreiche Kommunikation bzw. das Zustandekommen von Kommunikation zwischen zwei (oder mehreren) Kommunikationspartnern ist die Existenz eines gemeinsamen Zeichenrepertoires (Zeichenvorrat) beim Sender und beim Empfänger.[174] Das bedeutet allerdings nicht, daß Kommunikationsstörungen im Sinne von Verständnisproblemen grundsätzlich ausgeschlossen werden können. Sind beispielsweise Zeichen semantisch nicht eindeutig belegt oder anders ausgedrückt, sind die Beziehungen zwischen Zeichen und Bezeichnetem nicht eindeutig, so erfüllt der Informationsaustausch die Zielsetzung der Kommunikation, den Austausch identischer Information, nicht.[175]

Die Hauptaspekte einer systemtheoretischen Analyse des in logistischen Ketten üblichen Informationsaustausches sind die Subjekte, Inhalte und Kanäle der Kommunikation. Zwischen zwei Kommunikationssubjekten werden verschiedene Informationen (Arten) über unterschiedliche Kommunikationskanäle ausgetauscht. Bei den Kommunikationskanälen können in erster Linie face-to-face-Kontakte (persönliche Gespräche), Briefe, Telefon, Telefax und andere Medien unterschieden werden. Kommunikationsinhalte sind Texte, Daten, Sprache und Bilder bzw. nonverbale Inhalte. Aus der Abb. 8 wird der begriffliche Zusammenhang zwischen Information bzw. Nachricht (als komprimierte Sachverhaltsdarstellung), Signal (als physikalisch dimensionierte und wahrnehmbare Größe) und Kommunikationskanal (als Medium der Informations-Transports) deutlich.

Unter funktionalen Gesichtspunkten können bei der Kommunikation zwei Aufgaben bzw. Funktionen unterschieden werden. Die instrumentale Funktion der Kommunikation bezieht sich auf den Zweck der Kommunikation als Beitrag zur Aufgabenerfüllung. Demgegenüber

---

[172] Die Informationsübertragung erfolgt i.a. auf optischem bzw. akustischem Weg.

[173] Das Problem der Kopplung von (Hardware-) Systemen wird allgemein als „Schnittstellenproblem" bezeichnet und ist vor allem durch technikorientierte Aspekte geprägt. Da i.a. nicht die gedankliche Schnittstellenbildung im Vordergrund steht, sondern die tatsächliche (physische) Verbindung von Systemen, ist in diesem Zusammenhang die Bezeichnung „Verbindungsstellenproblem" treffender. Bei der Gestaltung logistischer Ketten beinhaltet das Schnittstellenproblem die Vermeidung sog. Systembrüche wie z.B. den Wechsel von Transporteinheiten oder Lade- bzw. Transporthilfsmitteln. Vgl. hierzu auch Kap. 4.3.

[174] Die Schnittmenge aus den Zeichenvorräten des Senders (ZVS) und des Empfängers (ZVE) darf nicht leer sein.

[175] Bedeutsam sind derartige Überlegungen beispielsweise bei der Auswahl international gültiger (Verkehrs-) Zeichen, wobei vor dem Hintergrund z.B. kultureller oder ethnischer Besonderheiten bzw. Unterschiede die Möglichkeiten verschiedener („Fehl"-) Interpretationen zu beachten sind.

kann bei der Kommunkation zwischen Menschen auch der konsumatorische Aspekt im Vordergrund stehen, Kommunikation ist dann Selbstzweck zur Befriedigung menschlicher Grundbedürfnisse.[176]

Die Betrachtung von Informationen unter dem Aspekt der Kommunikation macht den dualen Charakter von Informationen deutlich. Informationen sind sowohl Objekt als auch Mittel der Kommunikation. Auf eine umfangreiche Sammlung von Merkmalen zur Unterscheidung von Kommunikationsarten wird an dieser Stelle verzichtet, die Tab. 5 gibt einige für die weitere Untersuchung bedeutsame Gliederungsmerkmale wieder.

Merkmal	Kommunikationsart
Aktivität der Kommunikationspartner	• einseitig[177] • wechselseitig
Richtung der Kommunikation	• vertikale • horizontal • lateral
Verbindung/Anzahl der Kommunikationspartner	• einstufig • mehrstufig
Regelgebundenheit	• gebunden • frei

Tab. 5: Merkmale zur Differenzierung von Kommunikation (Quelle: Eigene Zusammenstellung in Anlehnung an Hoffmann, F.: a.a.O., S. 7.)

2.2.7 Kommunikation und Organisation

Die enge Vernetzung inner- und überbetrieblicher Logistikprozesse haben viele Unternehmen als Rationalisierungs- und Anforderungsfeld entdeckt. Die damit verbundene Einführung integrierter Lager-, Transport- und DV-Systeme sowie neuer Organisationsformen erfordern umfangreiche Maßnahmen zur Organisationsentwicklung.

---

[176] So ist beispielsweise der sog. „Büroklatsch" dieser Kategorie zuzuordnen.

[177] Einseitige Kommunikation ist nach der obigen Definition streng genommen keine Kommunikation, da es zu keinem Informations-Austausch kommt. Statt von Austausch ist hier sinnvoller von Informations-Übermittlung zu sprechen. Kommunikation, wie sie hier verstanden wird, ist immer an (mindestens) zwei Partner gebunden. Wenn auch der Informations-Austausch einer lesenden Person auf sehr abstrakter Ebene als unidirektionale, intrapersonal verlaufende Kommunikation bezeichnet werden kann, so sollen derartige Informationsverarbeitungsprozesse im folgenden nicht als kommunikative Prozesse verstanden werden.

Der Einsatz moderner Informations- und Kommunikationstechnik stellt sowohl den Einzelnen als auch die Unternehmen zunehmend vor das Problem der Abhängigkeit von dieser Technik. Betriebswirtschaftliche Bedeutung erlangt dieser Tatbestand auf der Individualebene durch den kausalen Zusammenhang von Abhängigkeitsphänomenen und Akzeptanzproblemen, Formen der Arbeitsorganisation sowie Veränderungen von Arbeitsinhalten und -belastungen.[178] Für Unternehmen stehen hinsichtlich möglicher Abhängigkeiten Fragen der Verfügbarkeit und Beherrschbarkeit von Einsatzkonzepten für diese Technik im Vordergrund. Hier sind insbesondere neue Logistikformen sowie bereichs- und unternehmensübergreifende Informationskonzepte kritisch zu durchleuchten.

Kommunikation als Informationsaustauschprozeß zwischen Organisationsteilnehmern bzw. Entscheidungsträgern ist notwendig, weil die arbeitsteilige Erfüllung von Aufgaben in Organisationen beinhaltet, daß Informationen nach ihrer Beschaffung in der Organisation[179] verteilt sind und/oder an Entscheidungsprozessen mehrere Personen beteiligt sind. Zur Verbindung von logistischen Teilsystemen eines Unternehmens oder der Logistiksysteme mehrerer Unternehmen sind Schnittstellen erforderlich, über welche die Kommunikation und die Abstimmung von Material-, Waren- und Informationsfluß erfolgen kann.[180] Die Organisation der Kommunikation darf niemals Selbstzweck sein, sondern sie muß zum Ziel haben, die Mitglieder einer Organisation (Unternehmen) bei der Bewältigung ihrer Aufgaben bestmöglich zu unterstützen. Zusammenhänge zwischen der Informationsverarbeitung und der Struktur von Organisationen werden durch eine differenzierte Unterscheidung einzelner Informationsverarbeitungsprozesse wie Aufnahme, Speicherung, Transformation und Abgabe von Informationen sichtbar. Diese Analyse führt zu einer Reihe von Entscheidungstatbeständen, von

---

[178] Vgl. dazu Stauffert, Thomas K.: Informationstechnik und Abhängigkeit, ein Phänomen und seine Analyse aus der Individual- und Unternehmensperspektive, zugl., München, Univ. d. Bundeswehr, Diss., 1990, Reihe 5, Volks- und Betriebswirtschaft; Bd. 1160, Frankfurt am Main; P. Lang; 1991, S. 5 f.

[179] Zum Begriff der Organisation und der nicht immer einheitlichen Verwendung in unterschiedlichen Wissenschaftsdisziplinen s. z.B. Hoyer, Rudolf: Entwicklung eines Modells und Verfahrens zur rechnergestützten, prozeßorientierten Organisationsanalyse, Berlin, 1988, S. 21 ff. Zum Zusammenhang zwischen Aufbau- bzw. Ablauforganisation und Organisation des Informationswesens z.B. Gernet, E.: a.a.O., S. 72 ff. Dort werden zur Gliederung von Arbeitsplätzen unter dem Gesichtspunkt der Informationsverarbeitung die Kategorien informationsverarbeitende, -aufbereitende und -speichernde, -be-nutzende sowie -transportierende unterschieden. Zu grundsätzlichen organisations-, verhaltens-, entscheidungs- und systemtheoretischen sowie informationssystemorientierten und betriebswirtschaftlich-pragmatischen Ansätzen vgl. Frese, E. / Schmitz, P. / Szyperki, N.: Organisation, Planung, Informationssysteme, S. 118. Die Umsetzung moderner Organisationskonzepte durch Einsatz neuer Techniken der Informationsverarbeitung sollte konsequent den betrieblichen Geschäftsprozessen Logistik, Leistungsentwicklung sowie Information und Koordination folgen. Zu Aspekten einer geeigneten Architektur integrierter Informationssysteme und entsprechenden Unternehmensmodellen, die als Referenzmodelle für konkrete Anwendungen im Industriebetrieb dienen s. Scheer, A.-W.: Wirtschaftsinformatik, Referenzmodelle für industrielle Geschäftsprozesse, Heidelberg, Springer-Verlag, 4., vollst. überarb. u. erw. Aufl., 1994, S. 25 ff.

[180] Zum koordinationsorientierten Ansatz des Logistikmanagements s. Kummer, S.: a.a.O., S. 110 ff. Zur Abhängigkeit der Transaktionskosten bei verschiedenen Koordinationsformen (Markt und Hierarchie) vom Ausmaß der Informationsprobleme s. Picot, Arnold: Organisation, in: Vahlens Kompendium der Betriebswirtschaftslehre, München: Franz Vahlen, 1990, Band 2, S. 107.

deren Festlegung die Kommunikationsstruktur und die Versorgung der einzelnen Organisationseinheiten mit entscheidungsrelevanten Informationen abhängen.[181]

Gegenwärtig sind die Aufbauorganisationen[182] von Unternehmen vor allem durch das Verrichtungsprinzip, welches die Vorteile der Arbeitsteilung präferiert, gekennzeichnet. Veränderungen der Aufbauorganisation sind selten an den Notwendigkeiten der Informationsverarbeitung orientiert. Werden Abläufe lediglich auf DV-Systeme übertragen, ohne gleichzeitig Änderungen an Ablauf- und Aufbau-Organisation durchzuführen, kommt es statt Papierbergen zu elektronischen Informationshalden.[183] Aus dem zumeist unsystematischen Aufbau der Informationsstruktur resultieren Probleme, da bei gewachsenen Strukturen der Unternehmen[184] die Daten i.a. vor allem aus der Anwendungsperspektive der Organisationseinheiten (z.B Abteilungen) organisiert sind.[185] Das führt otmals zu mehrfacher Erfassung und Speicherung von Daten, sodaß die Vorteile einer einheitlichen Datenbasis wie redundanzfreie Speicherung und Erfassung i.a. nicht genutzt werden können. Der Einsatz von Informations- und Kommunikationstechnologien bringt eine Reihe von Vorteilen, macht jedoch auch Veränderungen gegenüber herkömmlichen Kommunikationswegen und Gewohnheiten erforderlich. Der Erfolg von Maßnahmen zur Verbesserung der Informationsverarbeitung hängt weniger von technischen Voraussetzungen als von den Einstellungen der betroffenen Mitarbeiter, d.h. der Akzeptanz ab.[186]

Der systematische Aufbau von Wissen sowie das Management der Informationsverarbeitung läßt sich als Koordinationsaufgabe interpretieren und kann als wesentliches Element für die Organisation der Informationsverarbeitung angesehen werden. **Hauke**[187] spricht von der

---

[181] Mrosek, Dietmar: Zurechnungsprobleme in einer entscheidungsorientierten Kostenrechnung, München: GBI, 1983, S. 15 ff.

[182] Zum Problemkreis Informationsverarbeitung und Aufbauorganisation vgl. auch Geissler, W.: Organisation der Informationsverarbeitung, in: VDI Bericht 647: Rechnerunterstützte Angebotserstellung, VDI-Verlag, Düsseldorf, 1987, S. 46 ff.

[183] Durch den Einsatz anderer Technik, z.B. elektronischer Datnverabeitung anstelle papiergebundener Informationsverarbeitung, kommt es i.d.R. nur zu einer Verlagerung des Problems statt zu einer Lösung.

[184] Aus Sicht der Informationsverarbeitung sind idealtypische Unternehmensstrukturen in der Wirtschaftspraxis nur selten zu finden.

[185] Scheer, August-Wilhelm: EDV-orientierte Betriebswirtschaftslehre, Berlin, Heidelberg, New York, Tokyo, Springer, 1985, S. 24. Aus dieser Anwendungsperspektive erklärt sich auch die typische Ebenenbildung der betrieblichen DV. Eine Klassifizierung von Unternehmensaufgaben nach dem Kriterium Strukturiertheitsgrad und die entsprechende Zuordnung zur operativen, dispositiven und strategischen Ebene findet sich bei Hoyer, R.: a.a.O., S. 82 ff. Zur Darstellung horizontaler und vertikaler Datenströme auf verschiedenen Unternehmensebenen im Rahmen der Datenkommunikation vgl. Klevers, Thomas: Systematik zur Analyse des Informationsflusses und Auswahl eines Netzwerkkonzeptes für den planenden Bereich, Aachen, 1990, S. 7 f.

[186] Geissler, W.: a.a.O., S. 51.

[187] Hauke, P.: a.a.O., S. 6 ff. In der Transaktionskostentheorie werden Transaktionskosten als Informationskosten bzw. als Kosten des Produktionsfaktors Organisation bezeichnet.

Metaaufgabe Koordination und interpretiert Personal- und Sachkosten sowie Organisations- und Koordinationskosten als Informationskosten. Das Informationsproblem als Problem der Festlegung der Informations- und Kommunikationsstruktur erfordert Entscheidungen über die Versorgung der einzelnen Organisationseinheiten mit Informationen. Diesen Entscheidungen liegen grundsätzlich Kriterien wie z.b. Wirtschaftlichkeit, Schnelligkeit oder Genauigkeit der Informations-Beschaffung und -Verteilung zugrunde.

Wesentliche Determinanten der Gestaltung von Organisationen sind die Entscheidungen hinsichtlich Beschaffung und Verteilung von Informationen in diesen Organisationen. Die Entscheidung über die Beschaffung von Informationen ist wegen des damit verbundenen Freiraumes wiederum selbst ein Entscheidungsproblem. Eine Gleichverteilung von Informationen in der gesamten Organisation und damit eine gleichverteilte „Informiertheit" aller an Entscheidungen Beteiligten ist, abgesehen von Wirtschaftlichkeitserwägungen, aufgrund der bereits angesprochenen begrenzten Verarbeitungskapazität sowie der unterschiedlichen Fähigkeiten menschlicher Informationsverbeitung nicht sinnvoll bzw. möglich. Die Verfügungsgewalt über bestimmte Informationen bzw. die Möglichkeit des Zugangs zu Informationen kann dazu führen, daß Informationen als Machtsymbole eingesetzt werden.

2.3 Informations- und Kommunikationssysteme
2.3.1 Aufgaben und Spektrum

Informationssysteme unterstützen im Rahmen des Managementprozesses die einzelnen betrieblichen Phasen der Planung, Entscheidung, Durchführung und Kontrolle.[188] Das Spektrum betrieblicher[189] Informationssysteme reicht von einfachen Abfragesystemen (wie beispielsweise Frage-Antwort-Systemen) über Kennzahlensysteme und das Meta-Informationssystem Rechnungswesen bis hin zu hochkomplexen Systemen wie z.B. Expertensystemen aus dem Bereich der Künstlichen Intelligenz. Die wesentlichen Funktionen von Informations- und Kommunikationssystemen sind in Analogie zu grundsätzlichen Informationsverarbeitungsprozessen das Sammeln, Erfassen, Speichern, Verteilen, Verarbeiten, Auswerten, Verdichten, Selektieren und Verknüpfen von Informationen.

---

[188] Vgl. Staehle, W.: Management - Eine verhaltenswissenschaftliche Einführung, München: Vahlen, 1985, S. 372 ff.

[189] Zu über- und zwischenbetrieblichen logistischen Informations- und Kommunikationssystemen vgl. Kap. 3.3.

Es können drei Hauptaufgabengebiete und somit drei Hauptgruppen von Informations- und Kommunikationssystemen unterschieden werden[190] :

- Erfassungs- bzw. Dokumentationssysteme
- Analysesysteme
- Steuerungssysteme.

- **Erfassungs- bzw. Dokumentationssysteme**

In Informationssystemen für Erfassungs- bzw. Dokumentationszwecke[191] (z.B. Datenbanken, Dokumentationssysteme) müssen Informationen erfaßt und so gespeichert werden, daß sie für spätere Verwendungen ohne großen Aufwand zur Verfügung gestellt werden können. Die Hauptaufgabe besteht darin, einem Informationsnachfrager die zur Bewältigung einer Aufgabe notwendigen Informationen bereitzustellen, d.h. zu informieren. Interpretiert man ein Informationssystem bzw. Auskunftsystem als Frage-Antwort-System[192] , so gestaltet sich der Ablauf der Informationsbeschaffung wie folgt: Der Informationsnachfrager stellt eine Frage an das Informationssystem und erhält eine mehr oder weniger passende Antwort. Er stellt eine weitere Frage und erhält erneut eine Antwort. Dieser Prozeß wird fortgesetzt, bis der Informationsnachfrager mit der Summe aller Antworten sowohl qualitativ als auch quantitativ zufrieden ist.

- **Analysesysteme**

Analysesysteme ermöglichen eine Auswertung von erfaßten Informationen durch Operationen wie beispielsweise Aggregation, Selektion oder Relativierung. Hier lassen sich allgemeine Informationssysteme zur Analyse von Informationen durch mathematische oder statistische Verfahren wie z.B. Datenbanksysteme, Tabellenkalkulationsprogramme und Expertensysteme unterscheiden.

---

[190] Die Gliederungs- und Systematisierungsmöglichkeiten von Informations- und Kommunikationssystemen mit Hilfe struktur- oder prozeßorientierter Analysen sollen hier nicht in extenso behandelt werden. Die bereits angestellten Überlegungen bezüglich Informationen, Informationsverarbeitung und Informationsverarbeitungsprozessen lassen sich entsprechend auf Informations- und Kommunikationssysteme übertragen. In der Literatur lassen sich viele weitere Ansätze zur Gliederung von Informations- und Kommunikationssystemen finden, wobei dichotome Aufspaltungen eindeutig dominieren. Vgl. hierzu z.B. Bierfelder, Wilhelm: Innovationsmanagement, München Wien: Oldenbourg, 1987, S. 105. Die genannten Vorschläge sind in unterschiedlichem Maß zur Klassifizierung geeignet. Das generelle Problem einer überschneidungsfreien Zuordnung ist nur selten zufriedenstellend gelöst.

[191] Zum Funktionsumfang und Spektrum von Datenbanken (Auskunft-, Mitteilungs- und Dialogsysteme) s. ERFA (Hrsg.): Datenbanken - Leitfaden zur Planung und Systemevaluation. Zur Beschreibung und Evaluation von Datenbanken anhand von Kriterienkatalogen und ausführlicher Kriterienbeschreibung s. Lutz, Theo: Das computerorientierte Informationssystem (CIS), Berlin New York: de Gruyter, 1973, S. 117. Zur Bedeutung einer effizienten Datenbankverwaltung s. z.B. Eberlein, Werner: Architektur technischer Datenbanken für integrierte Ingenieursysteme, in: Arbeitsberichte des Instituts für mathematische Maschinen und Datenverarbeitung, Erlangen, 1984, S. 85 ff.

[192] Vgl. Bauknecht, K./ Zehnder C.: a.a.O., S. 195.

- **Steuerungssysteme**

Steuerungssysteme lassen sich aus Analysesystemen ableiten, indem für bestimmte Parameter Zielwerte vorgegeben werden und somit die Beeinflussung von Prozessen in Richtung Zielerreichung möglich wird. Zu den Steuerungssystemen als Teilmenge betrieblicher Informationssysteme zählen in erster Linie Kennzahlensysteme und das Meta-Informationssystem Rechnungswesen.

Analyse- oder Steuerungssysteme sind die Hauptvarianten gesamtunternehmensbezogener Informationssysteme[193] und rücken das Unternehmen als Ganzes ins Blickfeld. Der von diesen Informationssystemen gelieferte Output besteht in erster Linie aus globalen Führungskennzahlen. Auf eine systematische Gliederung von Informations- und Kommunikationssystemen zur vollständigen Erfassung bzw. Berücksichtigung sämtlicher Systeme soll hier verzichtet werden. Grundsätzlich sind Kriterien wie Zeitbezug (zur Unterscheidung von (ex-ante-) Planungs- und (ex post-) Kontrollsystemen), Breite des Bezugsbereiches (zur Trennung von gesamtunternehmensbezogenen und bereichsbezogenen Informationssystemen) oder Benutzersichtweise bzw. -position (zur Unterscheidung von unternehmensinternen und -externen Informations- und Kommunikationssystemen) geeignet, Informations- und Kommunikationssysteme zu klassifizieren.

Vor allem in zwischen- und überbetrieblichen logistischen Systemen steht i.d.R der Austausch von Informationen[194] im Vordergrund und die Informationsverarbeitung i.e.S. ist sekundär. Demgegenüber haben „reine" Informationssysteme vor allem die Aufgabe der Informations-Bereitstellung[195] und der Informationsverarbeitung i.e.S..

Aus den mit dem Einsatz von Informationssystemen verfolgten Zielen ergeben sich Anforderungen an diese Systeme. Aus diesen Anforderungen lassen sich Kriterien ableiten, anhand derer eine Bewertung möglich ist. Im Vorgriff zu den noch folgenden Ausführungen sollen daher an dieser Stelle auch Aspekte der technisch-organisatorischen Realisierung von Informations- und Kommunikationssystemen betrachtet werden, da diese einen maßgeblichen Stellenwert im Rahmen der Bewertung von Informationssystemen besitzen.

---

[193] Geiß, Wilfried: Betriebswirtschaftliche Kennzahlen - Theoretische Grundlagen einer problemorietierten Kennzahlenanwendung. Frankfurt/Main: Lang, 1986, S. 368.

[194] Typisches Beispiel für den Austausch loistischer Informationen ist die Übermittlung von Aufträgen, Lieferscheindaten oder Statusdaten von Sendungen.

[195] Bei diesen Systemen steht aus der Sicht des Benutzers der Suchprozeß im Vordergrund.

2.3.2 Analyseansätze zur Gestaltung von Informations- und Kommunikations-systemen

Die Beschreibung von Informations- und Kommunikationssystemen[196] ist möglich anhand charakteristischer Merkmale. Zu den wichtigsten Hauptelementen von Informations- und Kommunikationssystemen zählen Kommunikations-Subjekte (die Kommunikationspartner, Quellen und Senken), Kommunikations-Inhalte (die Informationen) sowie Kommunikations-Kanäle (Übertragungswege und -arten). Bei der Gestaltung von Informations- und Kommunikationssystemen müssen einzelne Elemente und Komponenten festgelegt werden (vgl. Abb. 9). Ausgangspunkt sind die Funktionen und Prozesse, deren Abwicklung durch die Informations- und Kommunikationssysteme unterstützt werden sollen. Zur Bestimmung der Elemente und Komponenten von Informations- und Kommunikationssystemen bieten sich zwei grundsätzliche Möglichkeiten an. Zum einen die funktionalorientierte Analyse von Informations-und Kommunikationssystemen[197], die sich an den Aufgaben und Funktionen von Informations- und Kommunikationssystemen orientiert, zum anderen die prozeßorientierte Analyse, bei der die Analyse der Informationskette und die Identifizierung einzelner Informationsverarbeitungsprozesse im Vordergrund steht.

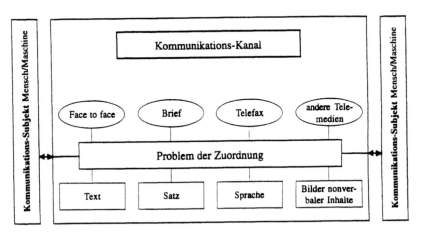

Abb. 9: Ebenen der Informations-Übertragung im Büro (Quelle: Eigene Darstellung in Anlehnung an Reichwald, Ralf: Kommunikation, in: Vahlens Kompendium der Betriebswirtschaftslehre, München: Franz Vahlen, 1990, Band 2, S. 416)

---

[196] Der Begriff Informationssystem wird im Folgenden als Oberbegriff für Informations- und Kommunikationssysteme verstanden. Eine Differenzierung erfolgt nur dann, wenn eine Unterscheidung von Systemen zur Informationsverarbeitung bzw. zur Kommunikation i.S. einer ausschließlichen Informationsübertragung zum Verständnis zwingend notwendig ist.

[197] Vgl. Klevers, T.: a.a.O., S. 78 ff.

Im Rahmen einer prozeßorientierten Analyse werden zunächst Quellen als Ausgangspunkte und Senken als Empfangspunkte des Informationsaustausches bestimmt. Zwischen diesen Elementen werden Teilmengen einer Informationsmenge (Datenbestand oder Informationsbasis) ausgetauscht. Zur Realisierung der informationellen Prozesse bedarf es des Einsatzes von Informations- und Kommunikationstechniken, zur Erreichung eines störungs- bzw. reibungsfreien Informationsaustausches sind Regeln notwendig. Diese Menge von Regeln zur Informationsverarbeitung bzw. Kommunikation kann als Methodensammlung bezeichnet werden und beschreibt, wer wie wo wann welche Informationen in welcher Menge kommunizieren kann bzw. darf.

Die Beschreibung von Informationsflüssen[198] als Summe aller Einzeldatenflüsse läßt sich aufgliedern in die Beschreibung der Transaktionen, aus welchen sich diese Informationsflüsse zusammensetzten, die Beschreibung der Relationen zwischen Informations-Quellen (Sendern) bzw. Informations-Senken (Empfängern) und die Beschreibung der Eigenschaften des Informationsflusses. Eine funktional-orientierte Analyse von Informations- und Kommunikationssystemen ist möglich auf Basis der bereits vorhergehend erläuterten Tab. 3.

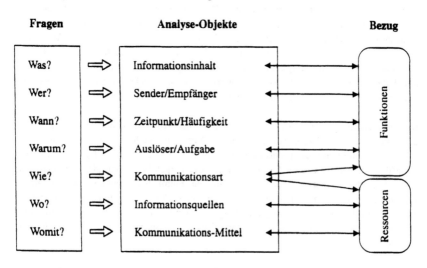

Abb.10: Synthese von funktions -und prozeßorientierten Ansätzen zur Analyse und Gestaltung von Informations- und Kommunikationssystemen (Quelle: Eigene Darstellung in Anlehnung an Klevers, Th.: a.a.O., S. 36)

Die Abb. 10 zeigt als Synthese von funktions- und prozeßorientierten Ansätzen einen allgemeinen Ansatz zur Analyse bzw. zur Gestaltung von Informations- und Kommunikationssystemen. Sie verdeutlicht gleichzeitig die Abhängigkeiten und Beziehungen zwischen In-

---

[198] Vgl. die Ausführungen zur Informationskette in Kap. 2.2.4.

formationen, Funktionen und Ressourcen. Dabei können über funktions-, objekt- oder prozeß-bezogene Fragen folgende Determinanten[199] von Informations- und Kommunikationssystemen ermittelt werden:

- Informationsinhalt
- Informationsspeicher
- Sender und Empfänger-Beziehungen
- Kommunikationsart und -mittel
- Zeitpunkt oder Häufigkeit der Kommunikationsverbindungen
- Anlaß bzw. Auslöser von Kommunikationsprozessen
- Regeln zur Steuerung der Kommunikation.

2.3.3 Aspekte der technisch-organisatorischen Realisierung

Die Struktur realer Unternehmen ist geprägt durch einen hohen Komplexitätsgrad, zu dessen wesentlichen Determinanten z.B. eine breite Diversifikation im Leistungsbereich, eine mögliche multinationale Ausprägung mit entsprechend weiter geografischer Streuung oder eine Vielzahl von Absatzkanälen zählen. Aufgrund der Komplexität hinsichtlich der Aufgaben und der abzubildenden Sachverhalte ergeben sich Probleme bei der Realisierung von Informations- und Kommunikationssystemen. Typische Komponenten von Informations- und Kommunikationssystemen sind Netzwerke, zentrale und dezentrale DV-Systeme sowie mobile Terminals für Daten- und Sprachkommunikation in beiden Richtungen.

Die technischen Anforderungen an Informations- und Kommunikationssysteme sind Abbild der organisatorischen Dezentralisierung in der Wirtschaft. Viele Unternehmen haben Werke, Filialen, Agenturen oder Betriebseinheiten an mehreren Standorten. Auf globaler Ebene sind die Möglichkeiten weltweiter Reservierungen oder bargeldloser Transaktionen Kennzeichen der bestehenden Vernetzung zur Überbrückung der räumlichen Trennung. Der Einsatz neuer Informations- und Kommunikationstechnologie und die Möglichkeiten der Vernetzung führen zu einem Wechsel von verrichtungs- zu vorgangsorientierter Verarbeitung, elektronische Post und die Abwicklung eines beleglosen Warenflusses sind Beispiele für neu gestaltete Arbeitsabläufe.

Die Techniken der Informationsweitergabe[200] müssen der vom Sachbearbeiter gewählten Kommunikationsform entsprechen. Hierbei sind im wesentlichen verbale Kommunikation, Text-, Bild- und Daten-Kommunikation zu unterscheiden. Die Auswahl der jeweils geeigne-

---

[199] Bromann, P.: a.a.O., S. 36, spricht in diesem Zusammenhang von einem Informationssystem-Beziehungsfeld mit bestimmten Bestandteilen (hier: Elemente).

[200] Zur Festlegung logischer und physischer Topologien sowie zu Standort- und Kapazitätsfragen in Rechnernetzen s. Demmer, Hans: Datentransportkostenoptimale Gestaltung von Rechnernetzen, Berlin: Springer, 1987. S. 16 ff.

ten Form nimmt der Sachbearbeiter anhand von Auswahlkriterien[201] wie z.B. Sachgerechtigkeit, Schnelligkeit oder Wirtschaftlichkeit vor. Besteht die Aufgabe eines Informationssystems vor allem in einer Abbildungs- und Dokumentationsfunktion, so ergibt sich daraus eine umfangreiche multidimensionale Datenstruktur. Moderne Informationssysteme müssen in der Lage sein, diese Komplexität und die sich daraus ergebende Datenvielfalt (vor allem die Anzahl von Verbindungen) zu berücksichtigen.[202]

Unter Wirtschaftlichkeitsaspekten gibt es bei der Planung und Realisierung von Informationssystemen unter der Zielsetzung einer Integration folgende Schwerpunkte[203] :

- die gemeinsame Benutzung von Daten und Programmen
- die mehrfache Inanspruchnahme von Hardware und Peripherie durch eine Vielzahl von Benutzern
  logische Datenunabhängigkeit mit Zugriffspfadunabhängigkeit und Datenstrukturun-abhängigkeit
- Zentralisierung der Daten
- synchronisierter Mehrfachzugriff auf einen zentralisierten Datenbestand
- Benutzeroberfläche (Kommando-, Menü- oder Grafik- Oberfläche)
- Vollständigkeit und Durchlässigkeit von Netzen[204]
- zeit- und sachgerechter Ablauf von Kommunikationsprozessen.

Interaktive Systeme erfordern beim heutigen Stand der Technik umfangreiche Programmsysteme, die auf gemeinsame Datenbestände mit flexiblen Datenstrukturen zugreifen können. Konventionelle Systeme, bei denen jedes Programm eine eigene Datenstruktur aufbaut und verwaltet, sind unter Wirtschaftlichkeitsaspekten eher ungeeignet.

---

[201] Vgl. den Kriterienkatalog zur Beurteilung von Informations- und Kommunikationssystemen in Tab. A2 im Anhang. Chorafas nennt zwei wesentliche Anforderungskategorien, denen ein Informationssystem genügen muß. Zum einen gibt es Anforderungen des Managements (Aufgaben- bzw. Zielbezug), zum anderen die Bedürfnisse der Benutzer dieser Systeme. Vgl. Chorafas, Dimitris: Computergestütztes Management, Hamburg: Mc Graw-Hill Book Company GmbH, 1987, S. 132.

[202] Die in diesem Zusammenhang wichtigen Aspekte des Datenmanagements sollen hier nicht weiter vertieft werden. Vgl. dazu und insbesondere zu Unterschieden zwischen dem Datenmanagement in ökonomischen und technisch-wissenschaftlichen Systemen Gault, F.D.: in Rumble, John R.Jr. / Hampel, Viktor E.: Database management in science and technology, Amsterdam New York Oxford: North-Holland, 1984, S. 39 ff. Zu organisatorischen Fragen der Datenbankadministration s. Wentzel, Christoph: Konzepte und Hilfsmittel der Datenadministration und deren Konsequenzen für die betriebliche Datenverarbeitung, Frankfurt/Main: FWI, 1984, S. 98 ff.

[203] Zum generellen Problem der Integration und zur Berücksichtigung von technischen, sozialen und organisatorischen Aspekten vgl z.B. Grochla, Erwin: Drei Dimensionen der informationstechnologischen Integration - Technologische, soziale und organisatorische Aspekte müssen berücksichtigt werden, in: Jahrbuch der Bürokommunikation, 1986, S. 98 - 100.

[204] Zu Anforderungen an Informationsnetze s. Schacknies, G: Anforderungen an Informationssysteme zur Angebotsbearbeitung, in: VDI Bericht 647: Rechnerunterstützte Angebotserstellung, VDI-Verlag, Düsseldorf, 1987, S. 29, sowie o.V.: Hausinterne Kommunikationsnetze, Baden-Baden: FBO, 1986 (AWV-Schrift 387), S. 11 f.

2.4 Information und Entscheidung
2.4.1 Grundmodell der Entscheidungstheorie

Informationen und Entscheidung stehen in enger Beziehung zueinander, da rationale Entscheidungen der Wirtschaftssubjekte an das Vorhandensein von Informationen gebunden sind. Eine Trennung von Information und Entscheidung ist unmöglich[205], Informationsverarbeitung und Informationsverarbeitungsprozesse sind im Kontext alternativer unternehmerischer Handlungsmöglichkeiten zu verstehen. Entscheidung ist ein Wahlakt, bei dem aus (mindestens zwei) Handlungsalternativen die zu ergreifende Wahlmöglichkeit festgelegt wird.

Die Beschreibung und Erklärung der betrieblichen Wirklichkeit erfolgt auf der Basis von Modellen und Theorien.[206] Zur Beurteilung von Handlungsalternativen in verschiedenen Entscheidungssituationen[207] bietet die entscheidungsorientierte Betriebswirtschaftslehre[208] eine Reihe von Methoden als Lösungshilfe an. Grundsätzlich sind zwei Grundtypen von Modellen zu unterscheiden:[209]

- Erklärungsmodelle
- Entscheidungsmodelle.

Erklärungsmodelle dienen der Abbildung der Wirklichkeit im nachhinein oder im voraus, d.h. ihre Aufgaben sind nachträgliche Erklärung oder Prognose. Sie enthalten Erklärungsgleichungen, welche die Handlungsmöglichkeiten (Handlungsvariable) und die auf Grund der Datenkonstellation der Umwelt (Koeffizienten) zu erwartenden Folgen der Handlungsweisen (Erwartungsvariablen) wiedergeben.[210] Entscheidungsmodelle werden aus Erklärungsmodellen abgeleitet, indem letztere durch das Einfügen von Zielfunktionen erweitert werden. Entscheidungsmodelle sind für die Entscheidungsfindung von unmittelbarer Bedeutung.

---

[205] Vgl. z.B. Dworatschek,S. / Donike: H.: a.a.O., S. 22.

[206] Mrosek, Dietmar, a.a.O., S. 17 ff. Die Komplexität der Untersuchungsobjekte bzw. des Entscheidungsfeldes zwingt zu Vereinfachungen. Dabei gilt es zu beachten, daß die Anwendbarkeit der Modellergebnisse vom Grad der Übereinstimmung zwischen Realität und ihrem vereinfachten Abbild abhängt.

[207] Eine übliche Modelleinteilung findet sich bei Geiß, W.: a.a.O., S. 234. Zur Klassifizierung von Entscheidungsproblemen s. z.B. Zangemeister, Christof: Nutzwertanalyse in der Systemtechnik, München: Wittemannsche Buchhandlung, 1976, S. 37. Zangemeister stellt die Merkmale von Entscheidungsproblemen in Form eines Baums zusammen und differenziert Entscheidungsprobleme mittels der Merkmale Zielsystem, Art der Maßskalen, Präferenzstruktur, Wahrscheinlichkeitsstruktur, Berücksichtigung der Zeit (vgl. hierzu Kap. 5.1.2.5), Anzahl der Entscheider und Art des Entscheidungskriteriums.

[208] Vgl. Heinen, E.: Der entscheidungsorientierte Ansatz der Betriebswirtschaftslehre, ZfB 1971, Nr. 7, S. 429 ff., sowie Staehle, W., a.a O., S. 64.

[209] Mrosek, D.: a.a.O., S. 19.

[210] Vgl. z.B. Kirsch, W.: a.a.O., S. 23 ff.

Bei der Entscheidungtheorie handelt es sich klassischerweise um eine formale, interdisziplinäre Theorie über die rationale Entscheidung eines Individuums oder eines sozialen bzw. sozioökonomischen Systems. Der klassische Ansatz der statistischen Entscheidungstheorie berücksichtigt das Risikoproblem durch die Annahme bestimmter Wahrscheinlichkeiten bzw. Wahrscheinlichkeitsverteilungen und führt im Ergebnis zu einer Maximierung des Erwartungswertes.[211] Die typische Entscheidungssituation ist durch folgende Elemente gekennzeichnet: Es existiert eine Nutzenfunktion, die durch zwei substituierbare Nutzenmerkmale gekennzeichnet ist (z.B. Gewinn und Sicherheitsstreben), es stehen mindestens zwei Handlungsalternativen zur Wahl und der Entscheider steht einer endlichen Menge von Umweltzuständen gegenüber.

Das Grundmodell der Entscheidungstheorie wird üblicherweise als Matrix formuliert (vgl. Abb. 11). Die zu fällende Entscheidung hängt von den möglichen Konsequenzen der Handlungsalternativen[212] (a_1 bis a_m), auch Aktionen genannt, bei mehr oder weniger zahlreichen Umweltzuständen[213] (Datenkonstellationen b_1 bis b_n) ab. Die Umweltzustände sind versehen mit Wahrscheinlichkeitverteilungen[214], wobei die Summe aller Wahrscheinlichkeiten gleich eins ist. Den Umweltzuständen sind eindeutige Ergebnisse[215] zugeordnet, welche der Entscheider nicht beeinflussen kann. Unter der Umwelt eines Aktors[216] sind die quantitativen und qualitativen Merkmale der Situation und die relevanten Gesetzmäßigkeiten zu verstehen.

---

[211] Zu klassischen Entscheidungsregeln bei Risiko wie etwa Bayes-Regel (auch Erwartungswert-Prinzip) oder μ-σ-Prinzip (zur Berücksichtigung unterschiedlicher Formen der Risikoeinstellung wie Risikofreude, - scheu und -neutralität) s. die Ausführungen von Kruschwitz, Lutz: Das Bernoulliprinzip, in: WISU 11/87, S. 567-570. Zu kritischen Bemerkungen hinsichtlich der praktischen Relevanz derartiger Entscheidungsregeln vgl. ders.: Klassische Entscheidungsregeln bei Risiko, in: WISU 2/87, S. 81 ff. Kruschwitz bezeichnet derartige Regeln „als allenfalls subjektiv vernünftig und plausibel akzeptierbar", ebenda, S. 85. Die Diskussion um das Bernoulli-Prinzip soll hier nicht weiter vertieft werden, vgl. dazu die kritische Auseinandersetzung bei Eekhoff, Johann / Heidemann, Claus / Strassert, Günter: Kritik der Nutzwertanalyse, Karlsruhe, 1981, sowie Dubber, Oliver / Franz, Peter: Über den Nutzen und Wert der Nutzwertanalyse in der öffentlichen Verwaltung, 1984 (Speyerer Arbeitshefte Nr. 56) bzw. Dyckhoff, H.: a.a.O., S. 858 ff.

[212] Beschränkungen hinsichtlich der Anzahl der Handlungsalternativen ergeben sich aus mehreren Gründen. Das subjektive Wissen (als Kenntnis von Sachzusammenhängen) läßt den Akteur von vornherein nur eine bestimmte Anzahl von Maßnahmen als Aktionsinstrumente ansehen. Weitere Einschränkungen der Anzahl der Handlungsmöglichkeiten liegen z.B. in gesetzlichen Verboten oder in der nicht vorhandenen Entscheidungsbefugnis über den Einsatz eines Aktionsinstrumentes.

[213] Vgl. auch die Ausführungen zu den „Informationsständen" Sicherheit, Risiko und Unsicherheit bei Velsinger, Max: Entscheidungen ohne explizit formulierte Ziele bei unvollkommener Information,S. 19 ff. Zu Anwendungsbeispielen des auf Basis des Entscheidungsmodells bei Unsicherheit entwickelten Theorie des Informationswertes s. Nieden, Manfred zur: Zur Anwendbarkeit von Informationswertrechnungen, in: ZfB, 1972, S. 508 ff.

[214] Bei ungenauen, komplexen Entscheidungssituationen werden die Wahrscheinlichkeiten i.a. willkürlich gewählt.

[215] Diese Ergebnisse sind als Konsequenzen bzw. Wirkungen der alternativen Zustände interpretierbar.

[216] Vgl. dazu auch Gäfgen, G.: Theorie der wirtschaftlichen Entscheidung, 2. erw. Auflage, Tübingen, 1968, S. 95.

Sie läßt sich auffassen als Menge von Bedingungen, welche die Handlungsmöglichkeiten des Aktors einschränkt.

In der Ergebnismatrix erfolgt die Darstellung der Alternativen durch Beschreibung der Ergebnisse (e) bzw. Nutzen (N) i.S. von durch die Alternativen hervorgerufenen Wirkungen. Die Beschreibung und Charakterisierung der im Rahmen des Entscheidungsprozesses zur Wahl stehenden Handlungsalternativen ist prinzipiell möglich anhand von Arten-, Höhen-, Zeit- und Sicherheitsmerkmalen, wobei nicht bei jeder Problemstellung alle Merkmale entscheidungsrelevant sind. Aus einer so formulierten Ergebnismatrix allein läßt sich die optimale Lösung nicht ablesen, dies ist erst möglich nach der Transformation der Entscheidungsmatrix in eine Nutzenmatrix mit Hilfe der Präferenzordnung des Entscheidungträgers. Die den (objektiven) Ergebnismerkmalen entsprechenden Präferenzen reflektieren die (subjektive) Wertordnung der Entscheidungsträger.

Zustände / Alternativen (1–m)	Umweltzustände (1–n)					
	b_1	b_2	...	b_j	...	b_n
a_1	e_{11}	e_{12}				
a_2	e_{21}	e_{22}				
...						
a_i				e_{ij}		
...						
a_m						e_{mn}

a_i = Alternativen
b_j = Umweltzustände
e_{ij} = Ergebnisse

Abb. 11: Matrix zur Darstellung des Grundmodells der Entscheidungstheorie (Quelle: Eigene Darstellung)

2.4.2 Entscheidung und Informationsarten

Zur Beschreibung von Randbedingungen, Restriktionen und Entscheidungsraum bedarf es faktischer Informationen, zur Definition des Zielsystems ist die Einbringung normativer Informationen unumgäglich. Die Ermittlung des Lösungsraums erfolgt mit Hilfe von logischen Informationen, d.h. anhand von Regeln zur Informationsverarbeitung. Eine Differenzierung zwischen Mittel- und Zielentscheidung korreliert demnach stark mit der verwendeten Informationsart.

Die Abb. 12 zeigt den Zusammenhang zwischen Entscheidungsraum (als Abbild des Möglichkeitsraums), Zielsystem (als Abbild des Präferenzsystems der Entscheider) und Restriktionen bzw. Randbedingungen. Mengentheoretisch betrachtet ist der gesuchte Lösungsraum (als Ergebnis des Entscheidungsprozesses) die Schnittmenge aus Entscheidungsraum, Zielsystem und Restriktionen.

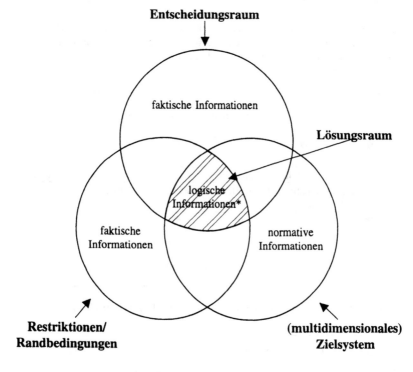

* zur Bestimmung des Lösungsraumes notwendig

Abb. 12: Zusammenhang zwischen Grundmodell der Entscheidungtheorie und Informationsarten (Quelle: Eigene Darstellung)

Ausgehend von der Problemstellung über die Formulierung der Handlungsalternativen bis hin zur Entscheidungsfindung und Vollzug der Aktionen werden den Phasen des Entscheidungsprozesses jeweils bestimmte Informationsarten zugeordnet.[217] Die begleitenden informatorischen Aktivitäten beziehen sich vor allem auf Alternativ-, Prognose-, Vorgabe-, Anregungs- und Kontrollinformationen. Während normative und daraus abgeleitete präskriptive Informationen bei der Zielfestsetzung dominieren, kommt den logischen, faktischen und prognostischen Informationen nur eine sekundäre Rolle zu.

Die Darstellung des betriebswirtschaflichen Entscheidungsprozesses mit den Hauptphasen der Willensbildung und Willensdurchsetzung macht die zentrale Stellung des Zielsystems im Entscheidungsprozeß deutlich.[218] Zum Entscheidungsprozeß in weiterem Sinne gehören neben dem eigentlichen Festlegungsakt (Wahl der Handlungsalternative[219]) die Vorbereitungsphase und die Entscheidungsrealisierung bzw. die Kontrolle der Entscheidung. Der Entscheidungsprozeß läßt sich als Folge von Informationsverarbeitungsprozessen interpretieren. Die Abb. 13 stellt die elementaren Phasen des Entscheidungsprozesses[220] dar und verdeutlicht den Zusammenhang zwischen Entscheidungsphasen und Zielsystem. Die einzelnen Phasen Zielbildung, Alternativensuche, Bewertung, Entscheidung, Realisierung und Kontrolle sind primär als Informations-verarbeitungsprozesse zu interpretieren. Informationen stellen Input- bzw. Outgrößen der einzelnen Entscheidungsteilprozesse dar.

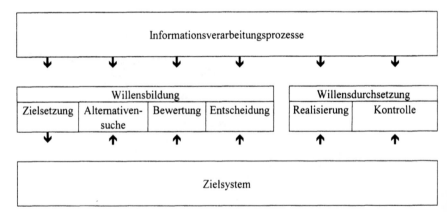

Abb. 13: Phasen des Entscheidungsprozesses (Quelle: Eigene Darstellung)

---

[217] Vgl. hierzu Hauke, P.: a.a.O., S. 176.

[218] Meffert, H., a.a.O., S. 21. Vgl. hierzu auch Mrosek, D., a.a.O., S. 9.

[219] Unter Handlungsmöglichkeiten sind dabei alle für den Akteur denkbaren Maßnahmen zu verstehen, die ergriffen werden können, um eine gegebene Situation in Richtung Zielerreichung zu verändern.

[220] Vgl. hierzu z.B. Hahn, D.: Führung des Systems Unternehmung, in: ZfO 4/1971, S. 161 ff.

In unmittelbarem Zusammenhang mit dem Entscheidungsprozeß steht der Prozeß der Bewertung, deren wesentliche Aufgabe die Entscheidungsvorbereitung ist. Durch Bewertung werden Alternativen (in Form der Bewertungsobjekte) vergleichbar und somit wird die Auswahl einer Alternative (identisch mit der Entscheidung) ermöglicht.

Das Grundmodell der praktisch-normativen Entscheidungstheorie unterscheidet zwei wichtige Informationskategorien.[221] Die erste Kategorie beinhaltet Informationen bezüglich des Zielfeldes (normative Informationen), die zweite Kategorie umfaßt Informationen hinsichtlich des Entscheidungsfeldes (faktische Informationen). Während im Modell die Zielinformationen den Entscheidungsträger selbst durch seine für die Entscheidungsfindung relevanten subjektiven Merkmale repräsentieren, bilden die Entscheidungsfeldinformationen den in der Realität objektiv bestehenden Möglichkeitsraum ab.

2.4.3 Die Informationsentscheidung

Die Qualität von Entscheidungen[222] wird wesentlich von Art bzw. Qualität[223] und Menge der während des Prozesses der Entscheidungsfindung verwendeten Informationen determiniert. Der Grad der Rationalität einer Lösung (als Ergebnis des Entscheidungsprozesses) wird beeinflußt durch den Informationsstand des Entscheidungsträgers. Je nach dem, wie hoch dieser Informationsstand des oder der Entscheidungsträger[224] ist, ergibt sich ein mehr oder weniger stark ausgeprägtes Informationsbedürfnis.

Die Informationsentscheidung, wie sie hier verstanden wird, kann sich bei input- bzw. outputorientierter Sichtweise auf zwei Entscheidungstatbestände beziehen. Zum einen auf die Entscheidung bezüglich des informationellen Inputs für Entscheidungsprozesse in qualitativer und quantitativer Dimension, d.h. hinsichtlich Art und Menge der zu beschaffenden Informationen. Zum anderen kann sich die Informationsentscheidung auf die Art des gewünschten informationellen Outputs bzw. Ergebnisses der Informationsverar-beitungsprozesse beziehen.

---

[221] Geiß, W.: a.a.O., S. 237, spricht in diesem Zusammenhang von zwei Klassen von Prämissen, den faktischen und wertenden Prämissen bzw. Zielen und Präferenzen.

[222] Vgl. Zahn E. / Dogan, D, a.a.O., S. 4 ff.

[223] Hauke, P.: a.a.O., S. 190, untersucht die Hypothese, daß die Qualität von Entscheidungen dann besser sei, wenn die Menge logischer und normativer Informationen größer ist als die Menge faktischer und prognostischer Informationen.

[224] Zur Problematik uni- und multipersonaler Entscheidungen vgl. z.B. Hauke, P., a.a.O, S. 177. Hier läßt sich das Phänomen beobachten, daß die Gruppe als Aggregat i.a. risikofreudiger entscheidet als das Individuum für sich allein. Demgegenüber ist das Risiko der Nichtbeachtung von Restriktionen bei Individualentscheidungen erheblich größer.

2.4.3.1 Die Beschaffung von Informationen - Inputorientierte Informationsentscheidung

Ausgangspunkt der Aktivitäten zur Informationsbeschaffung ist das Informationsbedürfnis von Entscheidungsträgern, welches als (Zwischen-) Resultante einer Aufgabenstellung[225] interpretiert werden kann. Die Beschaffung von Informationen ist wegen der vielfältigen Bezugsmöglichkeiten von Informationen ein eigenständiges Entscheidungsproblem. Entscheidungen können falsch sein, weil die zur Verfügung stehende Informationsmenge und -qualität unzureichend war oder die Regeln zur Informationsverbeitung nicht eingehalten wurden. Neben organisationsinternen Informationen müssen solche über organisationsexterne Sachverhalte gewonnen und systematisch ausgewertet werden. Dazu können betriebliche Informations- und Kommunikationssysteme herangezogen werden, die alle organisationsinternen und -externen Informationsverbindungen umfassen. Da die Beschaffung von Informationen i.d.R. mit Kosten verbunden ist, werden Informationskosten (als Kosten der Beschaffung von Informationen) Bestandteil dieser Art von Informationsentscheidung.

2.4.3.2 Art des gewünschten informationellen Outputs - Outputorientierte Informationsentscheidung

Das Informationsproblem beinhaltet auch die Frage nach der Art der zu „produzierenden" Informationen, d.h. Entscheidungen über das Erfassen und Verarbeiten von Informationen sowie die Festlegung einzelner Informationsverarbeitungsprozesse.[226] Welche Informationen entscheidungsrelevant sind und welche Informationsarten (z.B. Erlöse, Deckungsbeiträge, bewertete Güterverbräuche oder Auszahlungen) von einzelnen Organisationseinheiten benötigt werden, hängt von der Art der Entscheidungsprobleme bzw. der Aufgabenstellung ab.[227] Die Festlegung einzelner Informationsverarbeitungsprozesse ist u.a. deshalb notwendig, weil falsche Entscheidungen u.a. auch darin begründet sein können, daß falsche Informationen i.S. ungeeigneter Entscheidungungsgrundlagen produziert wurden.

---

[225] Informationsverarbeitung ist kein Selbstzweck, sondern stets im Zusammenhang mit der Erfüllung von Aufgaben bzw. des Erreichens von Zielen zu sehen.

[226] Vgl. Mrosek, D.: a.a.O., S. 16. Zu Entscheidungsproblemen innerhalb der Informationsauswertung s. auch Meffert, Heribert: Marktforschung - Grundriß mit Fallstudien, Wiesbaden: Gabler, 1986, S. 70 ff.

[227] Bei einer Entscheidung über die optimale Distributionsstruktur eines Unternehmens sind andere Informationen erforderlich als bei Entscheidungen über die optimale Losgröße oder die Dimensionierung von Lagerkapazitäten.

Der Einfluß von in Entscheidungsprozessen zusätzlich benutzten Informationen kann folgendermaßen umschrieben werden.[228] Bei hohem Informationsstand der Entscheidungsträger haben zusätzliche Informationen eher Bestätigungscharakter, bei niedrigem eher Veränderungscharakter, d.h. ihr Einfluß auf die zu fällende Entscheidung ist größer. Der Nutzen aus der Verarbeitung von weiteren Informationen entsteht dadurch, daß die unter Verwendung der zusätzlichen Informationen gefällte Entscheidung an Effektivität gewinnt.

2.4.4 Zum Problem der vollkommenen Information

Den in der Literatur vorhandenen Entscheidungsmodellen ist gemeinsam, daß sie auf Prämissen beruhen, die für reale Entscheidungssituationen nicht bzw. nur teilweise zutreffen.[229] Die Modelle gehen meist vom unipersonalen Entscheidungsträger aus, der - mit vollkommener Information ausgestattet - Entscheidungen zu fällen hat. Menschliche Unwägbarkeiten bzw. Imponderabilien werden bei der Fiktion des rational handelnden homo oeconomicus völlig eliminiert.

Im (Normal-) Fall komplexer Entscheidungen erfordert die zur Entscheidungsfindung notwendige Informationsbeschaffung, die Be- und Verarbeitung sowie Bewertung von Informationen eine Verarbeitungskapazität des Entscheidenden, welche die vorhandene, qualitativ und quantitativ begrenzte Kapazität i.a. bei weitem überschreitet. Wegen der mit der Informations-Beschaffung und -Verarbeitung verbundenen Kosten und Zeiteinbußen hat der Entscheidungsträger eine Entscheidung zu treffen, welchen Aufwand er betreiben möchte, um zu einem möglichst hohen Grad der Übereinstimmung zwischen Realität und seinem Umweltbild zu gelangen. Dieses Umweltbild, welches das subjektive Wissen des Entscheiders über die Umwelt darstellt, erhält der Entscheidungsträger durch das ihm zur Verfügung stehende Informationssystem.

Unabhängig von der Frage, bis zu welchem Perfektionsgrad Informations-Aktivitäten zu treiben sind, stellt sich grundsätzlich die Frage, welchen Nutzen ein „perfekter" Informationsstand hat. Vollkommene Information in Entscheidungen, d.h. sichere Erwartungen ohne Risiko bzw. sichere Kenntnis der Sachlage, ist keineswegs eine Garantie für rationales Verhalten der Entscheidungsträger. Aus den genannten Gründen ist die Erfüllung der Prämisse der vollkommenen Information somit unmöglich.

---

[228] Das Problem der Messung des Beitrags „einer" zusätzlichen Information (auf das Problem der Nichtzählbarkeit von Informationen wurde bereits hingewiesen) zur Verbesserung der zu fällenden Entscheidung ist nicht ohne weiteres lösbar. Der Wert einer Information (Informationserlös bzw. Informationsnutzen) besteht darin, daß die Qualität der mit Hilfe der Informationen gefällten Entscheidung tatsächlich besser ist oder auch nur in einer „vermuteten" Entscheidungsverbesserung. Diese Formulierung läßt zwei Interpretationen bzw. Schlußfolgerungen zu. Einerseits ist der Informationswert gleich Null, wenn die entsprechende Information keine Veränderung der Entscheidung hervorruft. Andererseits liegt der Wert der zusätzlichen Information in der Absicherung der zu fällenden Entscheidung bzw. der Reduzierung von Ungewißheit. Vgl. hierzu auch Kap. 7.2.

[229] Vgl. z.B. Boening, D.: a.a.O., S. 7, sowie die dort angegebene Literatur.

2.5 Informationsmärkte

Ebenso wie für Realgüter existieren auch für Informationen Märkte mit Anbietern (Produzenten) und Nachfragern (Konsumenten).[230] Für eine Bewertung von Informationen bzw. Informationsverarbeitungsprozessen in logistischen Systemen sind Aspekte der Ermittlung von Kosten- bzw. Nutzen von Informationen von Interesse. In Analogie zu güterwirtschaftlichen Prozessen ist die Betrachtung von Informationsmärkten sinnvoll, um z.B. das Wechselspiel zwischen Angebot und Nachfrage zu erklären[231] sowie Ansatzpunkte für die Ermittlung von Preisen für Informationen[232] zu finden. Informationen nachzufragen lohnt sich grundsätzlich nur solange, wie die Kosten hierfür den Nutzen nicht übersteigen. Theoretisch liegt das Informationsoptimum dort, wo der Grenzerlös (Grenzwert) aus einer zusätzlichen Information gleich den Grenzkosten dieser Information ist.[233] Für den Informationsnachfrager entspricht der Preis für die Information theoretisch dem Grenznutzwert. Dabei ist die Bestimmung des Informationsoptimums bezüglich der zu beschaffenden Informationen lediglich ein abgeleitetes oder Nebenoptimum; originär bzw. letztlich zu optimieren ist die Entscheidung.

Grundsätzlich können interne und externe Informationsmärkte unterschieden werden.

- **Außerorganisatorische oder externe Informationsmärkte**

Als Sonderfall existieren auf externen Informationsmärkten Informationen mit einem Marktpreis. Für die Informationsanbieter auf diesem Markt stellen Informationen ein Endprodukt dar, Informationen sind Leistungsergebnis von Informations-Produktionsprozessen.[234] Wesentliche Informationsanbieter bzw. -produzenten sind z.B. öffentlich angebotene Informationsdienste wie Bibliotheken oder i.d.R. privatwirtschaftlich organisierte Betreiber von Datenbanken oder Informationsdiensten.[235] Wenn auch für die von externen Märkten beschafften Informationen i.a. Marktpreise existieren, so stellt sich dennoch die Frage, ob derartige Preise eine ausreichende Meßgröße für den Wert dieser Informationen darstellen.

---

[230] Reichwald, Ralf: Kommunikation, a.a.O., S. 406 ff.

[231] Zur Übertragung mikroökomischer Ansätze (z.B. Theorie des Haushalt bzw. Theorie der Nachfrage) auf die Analye der Informationswirtschaft vgl. Mataré, Jürgen: Informationswirtschaft als Dienstleistung, in: Kuhlen, R.: a.a.O., S. 66 ff.

[232] Ein iteratives Verfahren zur Bestimmung von Preisen auf Märkten für Informationen stellen Bitz, Michael / Wenzel, Franz: Zur Preisbildung von Informationen, in: ZfbF, 1974, S. 451 - 472, vor.

[233] Diese auf den ersten Blick einleuchtende marginalanalytische Überlegung büßt jedoch schnell ihre Aussagekraft ein, wenn man sich die Prämissen dieser nutzentheoretischen Betrachtung vor Augen führt. Zum einen handelt es sich bei Informationen nicht um ein homogenes Gut, zum anderen existiert keine (zufriedenstellende) Einheit zur Beschreibung einer bestimmten Menge an Informationen.

[234] Der Produktionsprozeß beschränkt sich dabei nicht selten auf die Übertragung von Informationen auf elektronische oder optische Datenträger, es werden i.a. keine neuen Informationen generiert.

[235] Zu den Determinanten des Informationsabsatzes vgl. Hauke, P.: a.a.O., S. 154 ff.

- **Innerorganisatorische oder interne Informationsmärkte**

Auch innerhalb von Unternehmen und Organisationen lassen sich Informationsmärkte identifizieren, wenn auch die Möglichkeiten, innerorganisatorische Informationsmärkte abzugrenzen, eingeschränkt sind. Auf internen Informationsmärkten läßt sich das Phänomen der Existenz von Informationsmonopolen in einzelnen Unternehmensbereichen oder -abteilungen beobachten, welches insbesondere für die Logistik als nahezu alle Bereiche tangierende Querschnittsfunktion von nicht unerheblicher Bedeutung ist. **Gerpott/Fleischer/Domsch**[236] zeigen am Beispiel der Rolle von Mitarbeitern aus dem FuE-Bereich, daß potentielle Informationsnachfrager und -anbieter von diesem innerorganisatorischen (Teil-) Markt ausgeschlossen werden können. Im Zusammenhang mit den Mitarbeitern, die in der Informationsversorgung von Unternehmen oder Organisationen eine Schlüsselposition einnehmen können, spricht er von sog. technologischen Gatekeepern und weist auf die Doppelfunktion dieser Mitarbeiter hin, welche darin besteht, daß die betreffenden Mitarbeiter sowohl Informationsproduzent als auch Informationskatalysator (i.S. einer Weitergabe von Informationen) sind. Das Phänomen des Zurückhaltens von Informationen läßt sich, wenn auch in unterschiedlichster Ausprägung, in nahezu allen betrieblichen Bereichen finden.

---

[236] Gerpott, Torsten / Fleischer, Heike / Domsch; Michel: Technologische Gatekeeper, in: WISU 6/87, S. 307 ff.

3. Logistik

3.1 Einführung

Aufgrund der Vielfalt logistischer Systeme und Prozesse herrscht weder in der Wirtschaftspraxis noch in der Wissenschaft Konsens darüber, was unter dem Begriff Logistik zu verstehen ist.[237] Erscheinungsformen und Ausprägungen der Logistik innerhalb oder zwischen den Wirtschaftssubjekten sind so vielfältig und inhomogen wie diese selbst. Entsprechend der Vielfalt realer Unternehmen ist auch das Spektrum der Ausprägungen logistischer Systeme nahezu unüberschaubar.

Die Bezeichnung Logistik für ein System zur erfolgsoptimalen Steuerung der Material- und Warenbewegungen innerhalb und außerhalb eines Unternehmens ist im deutschen Sprachraum neu, hat sich aber schnell durchgesetzt.[238] Heute wird in diesem Bereich ein maßgebliches Rationalisierungspotential[239] gesehen. Der Logistikgedanke berücksichtigt einerseits das Potential zur Reduzierung von Kosten, andererseits das Potential zur Steigerung von Leistungen. Dieser duale Charakter der Logistik ist insbesondere bei der Gestaltung und Bewertung logistischer Prozesse[240] zu beachten.

Der Begriff Logistik, dessen Vielschichtigkeit und Inhaltsumfang ähnlich problematisch ist wie beim Informationsbegriff, soll im Folgenden genauer abgegrenzt werden. In der Literatur

---

[237] Das Spektrum der unterschiedlichen Meinungen hinsichtlich des Umfangs logistischer Funktionen reicht von Lagerwesen, Versandabwicklung, Materialwirtschaft über inner- bzw. außerbetrieblichen Transport und Auftragsabwicklung bis zu Einkauf oder Qualitätskontrolle. Zu verschiedenen Abgrenzungen des Funktionsumfangs s. Ihde, Gösta B.: Transport, Verkehr, Logistik - Gesamtwirtschaftliche Aspekte und einzelwirtschaftliche Handhabung, München: Vahlen, 1984, S. 166 ff, bzw. Felsner, Jürgen: Kriterien zur Planung und Realisierung von Logistik-Konzeptionen in Industrieunternehmen, Bremen, 1980 (Schriftenreihe der Bundesvereinigung Logistik e.V., Bd. 3) S. 43 ff. Danach gehören zu den logistischen Aufgaben: Bedarfsermittlung, Materialdisposition, Beschaffung, Materiallagerung, inner- und außerbetrieblicher Transport, Produktionsprogrammplanung, Fertigungssteuerung, Distributionsstrukturplanung, Fertigwarenlagerwesen, Bestandsmanagement Fertigwaren, Auftragsabwicklung, Materialflußplanung, Layoutplanung, Materials Handling. Diese Aufzählungen sind zwar nicht ganz überschneidungsfrei, vermitteln jedoch einen ersten Überblick über mögliche Inhalte der Logistik. Vgl. hierzu auch Roos: Logistik, Diskussion auf breiter Basis, in: Logistik Heute, 10/92, S. 41 - 44.

[238] Feierabend, Ralf: Moderne Konzepte in der Logistik - gezeigt am Beispiel eines Herstellers technischer Gebrauchsgüter, in: ZfbF, Heft 6, 1988, S. 542 f.

[239] Einkauf, Materialmanagement und Logistik verlangen in einer sich rasch wandelnden Welt Flexibilität und entsprechende Anpassungsmaßnahmen. Reichte in früheren Jahren der alte Kaufmannspruch „Im Einkauf liegt der Segen" aus, so haben die Marktveränderungen der letzten Jahre einen grundlegenden Wandel gebracht. Zu verschiedenen Entwicklungsstufen im Einkauf in den letzten Jahrzehnten s. Mittner, Kurt A.: Differenzierte Lieferantenpolitik, in: Beschaffung aktuell, 4/91, S. 21. Zum Wandel der Hersteller-Zuliefer-Beziehungen s. Fieten, Robert: Erfolgsstrategien für Zulieferer, Von der Abhängigkeit zur Partnerschaft, Automobil- und Kommunikationsindustrie, Wiesbaden, Gabler, 1991, S. 59. Zur Strategie und zu Vor- und Nachteilen des Global Sourcing s. Zeuch, Michael: Global Sourcing - Mit System und Methodik, in: Beschaffung aktuell, 7/90, S. 19 f.

[240] Die mit der Gestaltung logistischer Prozesse verbundenen Wirkungen wie Kosten oder Nutzen fallen in unterschiedlichem Umfang bei den wirtschaftlich verbundenen Partnern (den einzelnen Elementen der logistischen Kette) an. Eine eindeutige und verursachungsgerechte Verteilung bzw. Zuordnung ist nicht ohne weiteres möglich. Vgl. hierzu und zu Aspekten partnerschaftlichen Verhaltens die Ausführungen zur logistischen Kette in Kap. 3.3.2.

lassen sich unter dem Begriff Logistik[241] eine Vielzahl von Funktionen, Prozessen und Systemen finden, und demzufolge bereitet es gewisse Probleme, sich eine genaue Vorstellung bezüglich des Spektrums relevanter Bezugsfelder zu machen.

Für eine wissenschaftliche Betrachtung der Logistik ist die Anwendung von Methoden, Modellen und Verfahrenstechniken vor allem aus den Bereichen Betriebswirtschaftslehre und Systemtheorie[242] zur Lösung bestimmter Aufgabenstellungen charakteristisch. Die Erkenntnisse der Systemtheorie bzw. Kybernetik bilden den theoretischen Bezugsrahmen der folgenden Ausführungen. Das Aufgreifen von systemtheoretisch-kybernetischen Erkenntnissen im Rahmen ganzheitlicher Betrachtungen ermöglicht die Analyse von Material-, Waren-[243] und dazugehörigen Informationsflüssen sowie eine den Zielsetzungen entsprechende Optimierung. Bei der Analyse der verschiedenen Flüsse können grundsätzlich unternehmensinterne (z.B. Fertigwarentransporte von Produktionsstätten zu Versandstellen) oder auch unternehmens-übergreifende Flüsse (z.B. Betrachtung der gesamten Materialflußkette von Lieferanten über das Unternehmen bis zum (End-[244]) Kunden) differenziert werden.

Zum Verständnis der weiteren Ausführungen ist an dieser Stelle die Kennzeichnung der Betrachtungsweise bzw. des gedanklichen Ansatzes, unter dem Logistik hier untersucht werden soll, notwendig. Zentraler Ansatz der Logistik ist die Betrachtung komplexer, systemübergreifender Prozesse, die den Material-, Waren- und Informationsfluß betreffen. Hinter dem Begriff Logistik verbirgt sich vor allem eine Denkweise bzw. Philosophie des Denkens, welche sich durch folgende Attribute charakterisieren läßt:

- ganzheitliche bzw. holistische Ausrichtung
- Interdisziplinarität
- technisch-wirtschaftliches Effizienzdenken[245]

---

[241] Zum Gebrauch des Logistikbegriffes im deutschsprachigen Raum auf den Gebieten Militär und Wirtschaftswissenschaft vgl. z.B. Feldhahn, Karl-Andreas: Logistik-Management in kleinen und mittleren Unternehmen, Lübeck, 1991, S. 3 f.

[242] Vgl. zu ersten Ansätzen zu diesem Thema aus den 70er Jahren z.B. Kirsch, W.: Betriebswirtschaftslehre..., a.a.O., S. 17 ff. Zu kybernetischen Ansätzen einer Produktionsorganisation vgl. den mehrteiligen Aufsatz von Pawellek, G.: Jonglieren mit der Dynamik, in: Logistik heute, Nr. 1 bis 4/93.

[243] Während sich der Begriff Materialfluß im wesentlichen auf Roh-, Hilfs- und Betriebsstoffe sowie Halbfabrikate bezieht, umfaßt der Begriff Warenfluß in erster Linie Fertigwaren.

[244] In mehrstufigen logistischen Ketten können einzelne Elemente je nach ihrer Stellung gleichzeitig Kunde und Lieferant sein.

[245] Die technologische Dimension dieses Effizienzdenkens führt zu einem Denken in Mengen und Qualitäten, die ökonomische Dimension betont eher ein Denken in Werten.

- stark ausgeprägte Kundenorientierung (Servicedenken)[246]
- Denken in Systemen und Prozeßketten
- Gesamtkostendenken[247]
- Integration[248] von Teilsystemen.

Da diese Merkmale bzw. Attribute selbst abstrakt und vieldeutig sind, ist die Gefahr von Mißverständnissen hinsichtlich des Bedeutungsinhalts der Logistik gewissermaßen „systemimmanent". Insbesondere die drei letztgenannten Aspekte verdeutlichen die generelle Zielsetzung logistischer Aktivitäten, anstelle suboptimaler Lösungen in Teilbereichen eine Optimierung des Gesamtsystems zu erzielen. Logistische Aufgabenfelder ergeben sich einerseits durch eine horizontale (unternehmensübergreifende) Integration von Lieferanten, betrachteten Unternehmen sowie deren Kunden, andererseits durch eine vertikale (innerorganisatorische) Integration von physisch-administrativen Tätigkeiten über Logistikstrategien bis zur Unternehmensstrategie.

Auf die etymologische Herkunft[249] oder die Entwicklung des Logistikbegriffes[250] soll hier nicht näher einzugangen werden. Zunächst soll der Hinweis genügen, daß es eine Reihe von Definitionsansätzen gibt, die sich in drei Klassen[251] einteilen lassen. Logistik-Definitionen können sein:

- dienstleistungsorientiert
- prozeßkettenorientiert
- koordinationsorientiert.

---

[246] Die ausgeprägte Kundenorientierung moderner Logistikkonzepte in der Praxis ist ein wesentlicher Aspekt des konzeptionellen Ansatzes der Logistik. Neben der Produktqualität rücken immer mehr Entscheider den Kunden ins Blickfeld. Nachdem das „Made in Germany" seit ca. hundert Jahren als Aushängeschild im Weltmarkt glänzte, droht nun in der Diskussion um Fertigungstiefe, internationales Material-Management und Standortfaktoren die Bundesrepublik auf der Strecke zu bleiben. Vgl. hierzu o.V.: Der neue Qualitätskult, in: Absatzwirtschaft, Heft 6, 1988, S. 30-37.

[247] Weber, Jürgen: Logistik als Koordinationsfunktion - Zur theoretischen Fundierung der Logistik, ZfB 62. Jg. (1992), H. 8, S. 885.

[248] Auf die Gemeinsamkeiten von logistischen Ansätzen und Integrationskonzepten wie CIM wurde bereits hingewiesen. Vgl. zur Diskussion der Beziehungen zwischen CIM und Logistik, die mit unterschiedlicher Akzentuierung die prozessorientierte Gestaltung betrieblicher Abläufe für sich in Anspruch nehmen, vgl. z.B. Hackstein, R.: CIM und Logistik; in: Zeitschrift für Logistik, 1987, Nr. 3, S. 46 sowie zur Diskussion der Beziehungen zwischen Lean Production, CIM und Logistik z.B. Westkämper, E.: Lean-Production oder CIM, Müssen unsere Fertigungskonzepte geändert werden ?, in: Jahrbuch 1992, hrsg. vom VDI-FML, Düsseldorf, 1992, S. 171-197. Zum Integrationsgedanken unterschiedlicher Unternehmensbereiche vgl. auch Wojda, Franz / Friedrich, Gerhard: CIM, Logistik und Büroautomation integrieren, Die Gestaltungsmethodik als Erfolgsfaktor, in: Office Management, Heft 5, 1988, S. 24-30.

[249] Vgl. hierzu z.B. Bäck, Herbert: Erfolgsstrategie Logistik, München: GBI, 1984, S. 111 f.

[250] Vgl. hierzu z.B. Ihde, G.B.: Distributionslogistik, Stuttgart, New York 1978, S. 2 f., oder Semmelroggen, H.G.: Logistik-Geschichte: Moderner Begriff mit Vergangenheit; in: Logistik im Unternehmen, 1988, S. 6 ff.

[251] Vgl. Kummer, S.: a.a.O., S. 23 ff.

Auf eine umfangreiche Sammlung bzw. Darstellung von in der Literatur weit verbreiteten Definitionen, Abgrenzungsversuchen und Erläuterungen zum Logistikbegriff wird hier verzichtet. Die notwendige Differenzierung erfolgt im Rahmen der weiteren Ausführungen durch entsprechende system- und prozeßorientierte Analyseansätze. Dieses Vorgehen scheint geeigneter, das inhaltliche und begriffliche Spektrum der Logistik aufzuzeigen.

Logistik umfaßt alle Tätigkeiten, die sich auf die bedarfsgerechte, nach Art und Menge, Raum und Zeit[252] abgestimmte Bereitstellung von Realgütern beziehen, die für die Durchführung konkreter Aufgaben erforderlich sind,[253] einschließlich der nach der Aufgabenerfüllung möglicherweise notwendigen Entsorgung. Die Definition von Logistik als marktgerechte Gestaltung, Planung, Steuerung und Abwicklung aller Material-, Waren- und Informationsflüsse zur Erfüllung von Kundenaufträgen unterstreicht die ausgeprägte Kundenorientierung.

Logistische Prozesse haben große ökonomische Bedeutung, ohne Logistik ist keine Herstellung oder Verteilung von Gütern möglich. Die strategische Bedeutung der Logistik, die von der Geschäftsführung vorzugeben ist, wächst[254], und es scheint, als ob sich Logistik neben der Informationsverarbeitung[255] zum entscheidenden Wettbewerbsinstrument der 90er Jahre entwickeln wird. Die Logistik erfährt ihre Bedeutung auch deshalb, weil in vielen Branchen, wie z.B. der Automobil- oder Konsumelektronikindustrie, Möglichkeiten zur Differenzierung

---

[252] Umgangssprachlich wird diese Definition als Forderung nach den „vier R´s" der Logistik, die „richtige Ware (Art)" in der „richtigen Menge zur richtigen Zeit am richtigen Ort" zu haben, beschrieben. Wird das Attribut „richtig" im konkreten Anwendungsfall nicht operationalisiert, so gerät diese Forderung mehr zu einem Allgemeinplatz, als daß sie eine praktisch verwendbare Handlungsanweisung darstellte. Vgl. hierzu z.B. Straube, F. / Gudehus, T.: Auch die Logistik gehört auf den Prüfstand, in: Harvard Business Manager 7/1994, S. 74.

[253] Vgl. z.B. Bloech, Jürgen: Die Management-Aufgabe: Kostensteuerung in der Logistik, in: Beschaffung aktuell, Heft 12, 1990, S. 30 ff. sowie die dort angebenen Quellen.

[254] Basierend auf einem Untersuchungspanel von ca. 2500 Unternehmen schätzen ca. 93 % der befragten Manager die strategische Bedeutung der Logistik als zunehmend bis sehr stark ein. Vgl. hierzu Baumgarten, H. / Wolff, St.: a.a.O., S. 7 ff. Relativ weit verbreitet ist der Logistikgedanke in der Nahrungs- und Genußmittelindustrie und im Handel, was auch nicht sonderlich verwundert, als bei letzterem der überwiegende Teil der Wertschöpfungskette durch logistische Prozesse geprägt sind. Die Bedeutung der Logistik aus betrieblicher Sicht sei darüberhinaus mit den Ergebnissen von Unternehmensbefragungen belegt. Unter den häufigsten Nennungen zu grundsätzlichen Unternehmenszielen befinden sich meistens logistische Zielsetzungen wie Verringerung der Durchlaufzeit, Reduzierung der Lagerbestände oder Steigerung der Termintreue. Zu Häufigkeiten, mit denen grundlegende (logistische) Unternehmensziele den „Top Five" zugeordnet wurden vgl. auch Kemmner, A.: Investitions- und Wirtschaftlichkeitsaspekte bei CIM, in: CIM Management, 4/88, S.23. Diese Ergebnisse sind indiz dafür, daß in der bundesdeutschen Wirtschaft die Bedeutung der Logistik als Instrument zur Ausschöpfung von Rationalisierungspotentialen mittlerweile durchaus erkannt ist. Die Rolle der Logistik als Wettbewerbsinstrument wurde beispielsweise in den USA bereits sehr früh erkannt, vgl. dazu Heskett, J.L.: Logistics - essential to strategy; in: Harvard Business Review, Vol. 55 (1977), No 6, S. 85 f. Die zunehmende volkswirtschaftliche Bedeutung der Logistik ergibt sich vor dem Hintergrund der Prognosen bezüglich des Verkehrs- bzw. Transportaufkommens aus den zu erwartenden Strömen des verschiedenen Verkehrsträger, wobei insbesondere die Aufgabe einer optimalen Ausnutzung von (Transport-) Kapazitäten nicht nur aus ökologischen Erwägungen eine zentrale Stellung gewinnt. Zur strategischen Relevanz der Logistik s. auch Klöpper, H.-J.: Systemdenken in der Logistik, in: Jehle, Egon (Hrsg.): Wertanalyse optimiert Logistikprozesse, Köln: TÜV Rheinland, 1989, S. 80.

[255] In dieser Arbeit erfolgt keine prinzipielle Trennung zwischen Informationsverarbeitung und Logistik. Nach dem hier zugrundeliegenden Verständnis von Logistik ist Informationsverarbeitung integraler Bestandteil der Logistik.

von Wettbewerbern vor allem in Kriterien wie Liefer- bzw. Durchlaufzeit oder Qualität der logistischen Leistung liegen.

Umfang und Ausprägung logistischer Systeme sind nicht nur Folge unternehmensspezifischer Besonderheiten, sondern auch von einer Vielzahl von Kontextfaktoren abhängig. Der Stellenwert, den die Logistik in Unternehmen besitzt[256], wird vor allem bestimmt durch Faktoren wie Branche, Unternehmensgröße[257], Organisationsstruktur, Technologie, Produktspektrum und Leistungsbereiche, die zugleich die wesentlichen Determinanten[258] betrieblicher logistischer Systeme und Leistungen darstellen.

So unterscheiden sich logistische Systeme in der Konsumgüterindustrie deutlich von solchen in der Investitionsgüterindustrie, genauso wie sich die Logistik in Industrie-, Handels- oder Dienstleistungsunternehmen i.a. völlig anders darstellt. Ähnlich groß sind die Unterschiede, wenn logistische Systeme nach dem Kriterium Fertigungstyp (Einzel-, Serien- und Massengüterfertigung) differenziert werden. Die logistischen Anforderungen an eine Massenproduktion für einen anonymen Markt auf der einen und die Auftragsfertigung (mit der Losgröße Eins) für einen einzigen Kunden auf der anderen Seite sind naturgemäß für diese beiden Extreme völlig unterschiedlich, woraus sich erhebliche Unterschiede für die Logistiksysteme ergeben.

Sämtliche aufgeführten Determinanten müssen bei der Bewertung logistischer Systeme berücksichtigt werden. Eine Beschränkung auf zwei oder drei Variablen ist grundsätzlich nicht geeignet, eine ausreichende Differenzierung logistischer Systme zu erreichen und läßt nur pauschale Aussagen über die Wirtschaftlichkeit zu. Unabhängig davon, welche Faktoren im Einzelfall zur Differenzierung logistischer Systeme herangezogen werden, ist es unter ganzheitlichem Aspekt erforderlich, möglichst alle relevanten Faktoren einzubeziehen. Eine Reduzierung auf wenige Variablen ist i.a. zu stark vereinfachend und unzulässig.

---

[256] Der Beitrag der Logistik zum Unternehmenserfolg kann z.B. durch den Anteil der Logistikkosten an den Gesamtkosten ausgedrückt werden, wobei die Logistikkosten der Unternehmen in Deutschland je nach Branche bei ca. 10 bis 25 Prozent des Umsatzes liegen. Vgl. Weber, Hubert: Unternehmenslogistik im Umbruch, Prozessorientiert denken, in: Gabler's Magazin, Heft 4, 1994, S. 40-42. In anderen Quellen wird dieser Anteil je nach Branche in der Größenordnung zwischen 5 und über 50 Prozent der Gesamtkosten beziffert. Die große Bandbreite dieser Zahlen unterstreicht, ungeachtet des Umfangs und der Genauigkeit der diesen Zahlen zugrundeliegenden Erhebungen, die mangelnde Eindeutigkeit hinsichtlich dessen, was zur Logistik zu zählen ist und was nicht. Vgl. hierzu auch die Ausführungen in Kap. 7.1.2.

[257] Die Größe eines Unternehmens ist kein direkt physikalisch meßbarer Wert, sondern stellt einen Sammelausdruck für die Ausprägungen eines komplexen Systems von Merkmalen dar. Vgl. Bloech, J.: Betriebs- und Unternehmensgröße, in: HdWW, Bd. 1, Stuttgart, Tübingen, Göttingen, 1977, S. 556. Zu einer ausführlichen Untersuchung zur Logistik im Mittelstand, dem in der deutschen Industrie eine besondere Rolle zukommt, sowie empirischen Befunden s. Kummer, S.: a.a.O., S. 119 ff.

[258] Zu einer grundlegenden Diskussion der wichtigsten Determinanten logistischer Systeme s. Felsner, J.: a.a.O., S. 75 ff., zur weiteren Diskussion externer Einflußfaktoren der Logistikeffizienz s. Roell, Jan S.: Das Informations- und Entscheidungssystem der Logistik - Eine empirische Untersuchung in der Investitionsgüterindustrie, Frankfurt/Main: Lang, 1985, S. 62 ff.

Da Darstellungen und Untersuchungen zum Thema Logistik stark durch technische Aspekte[259] geprägt sind, was insbesondere in der logistischen Fach- sowie der Wirtschaftspresse immer wieder deutlich zu Tage tritt, soll in den folgenden Abschnitten eine Abgrenzung und Erläuterung des Logistikbegriffes durch die Beschreibung von Aufgaben, Zielen, Funktionen, Prozessen, Leistungen und Systemen der Logistik unter wirtschaftswissenschaftlichem Blickwinkel erfolgen. Durch unterschiedliche, primär system- und prozessorientierte Analyseansätze werden Möglichkeiten der Abgrenzung und Differenzierung logistischer Systeme aufgezeigt.

3.2 Abgrenzung des Logistikbegriffes

3.2.1 Grundsätzliche Aufgaben und Funktionen der Logistik

Logistik, wie sie hier verstanden werden soll, betrifft alle Prozesse innerhalb und außerhalb sozioökonomischer Systeme (Unternehmen[260]), die der Raumüberwindung und Zeitüberbrückung dienen sowie deren Planung, Steuerung und Kontrolle. Ursache gleichermaßen betriebs- und volkswirtschaftlich relevanter logistischer Prozesse sind Disparitäten der Güterherstellung und -verwendung, denn es kann grundsätzlich davon ausgegangen werden, daß die Orte der Güterherstellung und -verwendung (räumlicher Aspekt) sowie die Zeitpunkte von Güterherstellung und -verwendung (zeitlicher Aspekt) meist verschieden sind. Zum Ausgleich dieser Disparitäten sind in erster Linie Transport- und/oder Lagerprozesse zwischen logistischen Systemen (Unternehmen oder Teilbereichen davon) notwendig. Diese Abgrenzung der logistischen Hauptaufgaben korrespondiert mit den drei güterwirtschaftlichen Transformationsprozessen nach **Pfohl**[261], welcher im volkswirtschaftlichen System der Gütertransformationen folgende Prozesse unterscheidet:

- die Güterbereitstellung in Industrieunternehmen als **Produktionsprozesse**
- Transfer- bzw. **Logistikprozesse** in Logistikunternehmen (Prozesse des Transports und der Lagerung sind Hauptzwecke dieser Dienstleistungsunternehmen) oder in Industrie-, Handels- und Dienstleistungsbetrieben (Prozesse des Transportierens oder Lagerns sind Nebenaufgabe und nicht primärer Unternehmenszweck dieser Unternehmen)
- Güterverwendung in Haushalten oder Industrie-, Handels- und Dienstleistungsunternehmen als **Konsumtionsprozesse.**

---

[259] Dies gilt in ähnlichem Umfang für die meisten „C-Konzepte" wie CIM, CAD, CAM, CAI oder CAL.

[260] Der Schwerpunkt der Untersuchungen liegt in der betrieblichen Logistik, da die „Logistik" in Non-Profit-Organisation wie Behörden oder Vereinen vor allem durch Informationsverarbeitungs- und Kommunikationsprozesse geprägt ist und (physische) Waren- und Materialflüsse dort von untergeordneter Bedeutung sind.

[261] Pfohl, Hans Christian: Logistiksysteme - Betriebswirtschaftliche Grundlagen, Berlin: Springer, 1990, S. 4. Pfohl differenziert die logistischen Grundfunktionen Transport, Umschlag und Lagerung.

77

Mit Ausnahme der Transferprozesse[262] in Logistikunternehmen kann die Logistik in Industrie- und Handelsbetrieben als Hilfs- bzw. Querschnittsfunktion bezeichnet werden. Nur in Logistikunternehmen ist die Erbringung logistischer Leistungen primärer Unternehmenszweck bzw. dominierender Beitrag zum Unternehmensergebnis (Output).[263]

Zu den grundsätzlichen Logistikprozessen gehören Lager-, Transport- und Umschlags- bzw. Handlingprozesse. Umschlags- und Handlingsprozesse sind immer dann erforderlich, wenn ein Wechsel von Transport- zu Lagerprozessen und vice versa stattfindet. Neben den logistischen Kernprozessen des Transportierens, Umschlagens und Lagerns beinhaltet die Logistik auch Unterstützungsprozesse wie insbesondere das Kommissionieren, Verpacken, Palettieren, Beschriften bzw. Signieren sowie dem physischen Materialfluß (Güterfluß) vorauseilende, ihn überlagernde bzw. begleitende und/oder ihm nachfolgende Informationsströme. Basierend auf den genannten logistischen Prozessen lassen sich logistische Systeme in die funktionellen Subsysteme Transport und Lagerhaus (örtliche bzw. räumliche Komponente des Lagersystems), Bestandsmanagement (zeitliche Komponente des Lagersystems), Verpackung und Auftragsabwicklung untergliedern.[264]

Bei der verrichtungsorientierten Abgrenzung der Logistik werden allgemein die Hauptaufgaben dispositive, physische und administrative Logistik unterschieden.[265]

Die **dispositive Logistik** umfaßt in Analogie zur dispositiven Faktorkategorie[266] vor allem die Teilaufgaben integrative Gesamtsteuerung der Logistik, logistische Teilbereichssteuerung sowie die Steuerung der physischen und administrativen Logistikprozesse. Wichtige Aufgaben im Rahmen der dispositiven Logistik sind die Festlegung von Transport-, Handling-, Umschlags- und Lagersystemen sowie die Planung von (Rohwaren-, Halbfabrikaten- und Fertigwaren-)Beständen. Hohe Bestände in Verbindung mit großen Puffern entlang logistischer

---

262 Zu allgemeinen Transformations- und Transferprozessen der Logistik vgl. Ihde, G.B.: Transport ... , a.a.O., S. 1.

[263] Die Fragestellung, ob die Logistik einen entscheidenden Beitrag zum Unternehmenserfolg leistet, kann nur im konkreten Einzelfall beantwortet werden. Der relativ hohe Anteil der Logistikkosten am Umsatz in vielen Unternehmen bzw. Wirtschaftszweigen untermauert allerdings die These, daß Logistik erfolgsbestimmend sein kann.

[264] Vgl. Pfohl,H.-Chr.: a.a.O., S. 10.

[265] Vgl. z.B. Kummer, S.: a.a.O., S. 94 ff.

[266] Vgl. Gutenberg, E.: Grundlagen der Betriebswirtschaftslehre, Erster Band: Die Produktion, 24. Aufl., Berlin, Heidelberg, New York, 1983, S. 6.

Ketten sind Indiz dafür, daß die Feinabstimmung der Teilprozesse im Hinblick auf eine angestrebte Optimierung des Gesamtsystems nicht ausreichend erfolgt ist.[267]

Demgegenüber beinhaltet die **administrative Logistik** die Durchführung sämtlicher mit der physischen Abwicklung verbundenen Informationsflüsse. Auftragsbearbeitung und Auftragsabwicklung bilden den Kern der administrativen Logistik. Dazu zählen Prozesse wie Bestellabwicklung, Reklamationsbearbeitung, Erstellung von Fracht- und Versandpapieren sowie Belegen. Der Auftrag und dessen Abwicklung bildet die Grundlage für Informationsflüsse in logistischen Systemen.[268] Die effiziente Durchführung dieser administrativen Teilprozesse ist neben der optimalen Gestaltung der physischen Teilprozesse mitentscheidend für die (Auftrags-) Durchlaufzeit.[269]

Die **physische Logistik** bezieht sich in erster Linie auf die objektbezogenen Transport- und Lagerprozesse einschließlich notwendiger Unterstützungsprozesse wie Handhaben, Palettieren, Kommissionieren, Verpacken oder Etikettieren. Diese Teilprozesse können durch die Änderung verschiedener Parameter[270] wie Menge, Sorte, Raum oder Zeit charakterisiert werden. In der betrieblichen Praxis sind einzelne logistische (Teil-) Prozesse oder Systeme oft über das gesamte Unternehmen verteilt und werden teilweise nicht als eigenständige Prozesse bzw. Systeme betrachtet. So werden beispielsweise Transporte zwischen verschiedenen Bearbeitungsstätten einschließlich des erforderlichen Handlings als Bestandteile der Produktion aufgefaßt. Um eine Synchronisation von Material- und Informationsfluß zu erreichen, müssen Informationen zur richtigen Zeit, also „Just-in-Time" bereitgestellt werden.

Eine Definition logistischer Transformationsprozesse in sehr abstrakter und damit allgemeingültiger Form zeigt die Abb. 14: Nach dieser Definition erfahren Objekte (bezeichnet als Operanden im Zustand 1) wie Güter, Energie, Informationen, Personen (biologische Objekte) in einem Transformationsprozeß Veränderungen, wobei sich die Änderungen der Objekte grundsätzlich auf die Parameter Zeit, Ort, Menge, Qualität und Zusammensetzung beziehen können. Durch den logistischen Transformationsprozeß erfolgt eine Überführung der Objekte vom Zustand 1 in den Zustand 2, welcher durch Änderung mindestens einer dieser Parameter gekennzeichnet ist. Notwendige Operatoren (als Elemente logistischer Ketten) zur Durchführung dieser Transformationsprozesse sind (technische) Hilfsmittel wie Material-

---

[267] Die Aufgabenstellung der Ermittlung der (kosten-) optimalen Bestände ist ein höchst komplexes Entscheidungsproblem. Generell können logistische Aufgabenstellungen als schlecht strukturierte, komplexe Entscheidungsprobleme angesehen werden. Vgl. hierzu z.B. Eidenmüller, Bodo: Handeln im Verbund, Durchlaufzeit- und Bestandsreduzierung als Produktionsstrategie, in: Beschaffung aktuell, S. 46 ff.; Singer, Peter: Losgröße wirkt auf Durchlaufzeit, in: Logistik Heute 3/88, sowie Baumgarten, Helmut / Schwarting, Carsten: Bestandssenkung in Produktions- und Zulieferbetrieben, Bremen 1984 (Schriftenreihe der Bundesvereinigung der Logistik e.V., Bd.11).

[268] Vgl. Pfohl, H.-Chr.: a.a.O., S. 77.

[269] Vgl. zur Analyse der Durchlaufzeit Kap. 3.3.2.3.2.

[270] Vgl. die abstrakte Definition logistischer Prozesse in Kap. 3.3.2.

flußmittel, Informationsflußmittel, Produktionsmittel (Anlagen), Infrastruktur, Personen und Energie.

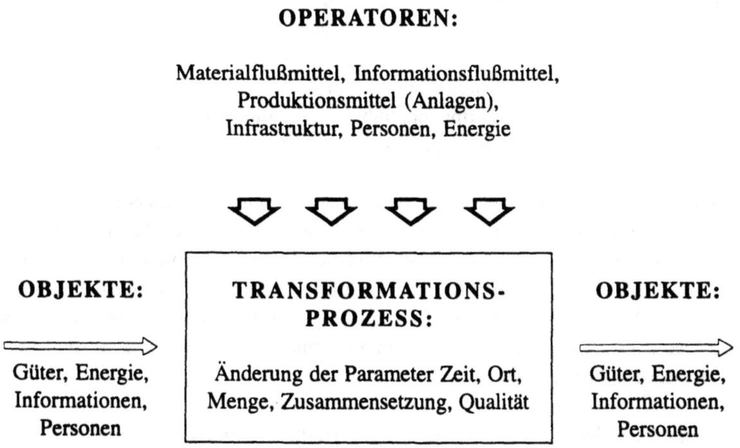

OPERATOREN:

Materialflußmittel, Informationsflußmittel, Produktionsmittel (Anlagen), Infrastruktur, Personen, Energie

$\Downarrow$ $\Downarrow$ $\Downarrow$ $\Downarrow$

OBJEKTE:	**TRANSFORMATIONS-PROZESS:**	**OBJEKTE:**
$\Longrightarrow$		$\Longrightarrow$
Güter, Energie, Informationen, Personen	Änderung der Parameter Zeit, Ort, Menge, Zusammensetzung, Qualität	Güter, Energie, Informationen, Personen

Abb. 14: Logistische Transformationsprozesse (Quelle: Eigene Darstellung in Anlehnung an Bäck[271] bzw. Jünemann[272])

Diese Definition aus systemtheoretischer Sicht ist Ausgangspunkt für die weiteren Begriffsbestimmungen und Bezugspunkt der folgenden Untersuchungsschritte. Werden in dieser Definition die Objekte Güter und Personen zu einem Objekttyp Stoff/Materie zusammengefaßt, so wird die Parallele zum vollständigen Analysekonzept der realen Welt[273] deutlich. Die oben angegebene Definition logistischer Prozesse stellt prinzipiell eine nur geringfügige Modifizierung bzw. Konkretisierung dieses abstrakten Analyseschemas dar. Der räumliche und zeitliche Aspekt sind dort explizit, die Änderungen der Parameter Menge, Qualität und Zusammensetzung entsprechend im sachlichen bzw. artmäßigen Aspekt dieser Analysekonzeption enthalten. Da auch Informationen zu den Objekten logistischer Prozesse zählen, schließt diese Definition Informationsverarbeitungsprozesse ein.

---

[271] Bäck, H.: a.a.O., S. 5.

[272] Vgl. Jünemann, R.: a.a.O., S. 34.

[273] Vgl. die Ausführungen zum vollständigen Analysekonzept der realen Welt in Kap. 1.3.

Grundsätzlich ist bei Untersuchungen realer logistischer Prozesse und Systeme die Unterscheidung von (physischen) Material- bzw. Warenflüssen[274] auf der einen Seite und Informationsflüssen auf der anderen Seite sinnvoll. Eine eindeutige Trennung und exakte Abgrenzung ist jedoch nicht immer möglich.[275] So ist der Transport von Warenbegleitpapieren sowohl Informationsfluß[276] als auch physischer Materialfluß. Je nachdem, welcher Aspekt bei der Betrachtung dominiert, steht der Material- bzw. Warenfluß oder der Informationsfluß im Vordergrund. So kann beispielsweise bei der Analyse von Kommissioniervorgängen[277] der Materialfluß oder auch der Informationsfluß (als ablauforganisatorische Komponente bzw. Folge von Informationsverarbeitungsprozessen) im Mittelpunkt der Betrachtung stehen.

Die Untersuchungen im Rahmen dieser Arbeit konzentrieren sich in erster Linie auf den Material- und Warenfluß, d.h. auf logistische Prozesse und Systeme, die sich auf Stoffe bzw. Güter beziehen; nicht ausführlich behandelt werden Energie[278], Nachrichten[279] oder Personen[280] als Objekte logistischer Prozesse. Diese Einschränkung der Untersuchungsobjekte auf Material- und Warenfluß (-systeme), die zugleich eine Einschränkung des weiten (abstrakten) Logistikbegriffes darstellt, erfolgt hier nicht aus prinzipiellen Erwägungen, sondern ist durch die Zielsetzung der Arbeit bedingt.

Eine Möglichkeit der Konkretisierung von Transformationsprozessen innerhalb des Materialflusses auf einer niedrigeren Abstraktionsebene zeigt die Tab. 6, welche, ausgehend von o.g. Definition, die elementaren Transformationsprozesse des Materialflusses (Materialflußoperationen) und die jeweils vorrangige Zustandsänderung darstellt. Diese Materialflußopera-

---

[274] Während sich der Begriff Materialfluß im wesentlichen auf Roh-, Hilfs- und Betriebsstoffe sowie Halbfabrikate bezieht, umfaßt der Begriff Warenfluß in erster Linie Fertigwaren. Diese Zuordnung ist lediglich als Polarität aufzufassen. Je nach Stellung in der logistischen Kette kann z.B. die Anlieferung des Endprodukts eines Zulieferers in der Automobilindustrie (z.B. Anlasser oder Scheinwerfer) als Warenfluß (aus Sicht des Zulieferers) oder Materialfluß (aus Sicht des Automobilproduzenten besitzen die gelieferten Komponenten den Charakter von Halbfabrikaten bzw. Bauteilen) bezeichnet werden.

[275] Zum Problem der Überlagerung von physischen und informationellen Prozessen s. die Ausführungen zu logistischen Ketten in Kap. 3.3.2.

[276] Dies entspricht der üblichen Betrachtungsweise, da beim Transport i.d.R. die Transportobjekte selbst interessieren.

[277] Unter Kommissionierung wird der mehr oder weniger komplexe Prozeß des physischen Handlings und Zusammenführens verschiedener Produkte für einen Kunden bzw. Auftrag verstanden. Kommissioniervorgänge besitzen in der Praxis außerordentliche Bedeutung, daß sie i.a. sehr personal- und damit kostenintensiv sind.

[278] Z.B. Transporte von Erdöl oder Gas in Rohrleitungssystemen.

[279] Hier sind z.B. Aspekte einer Informations-Logistik in Nachrichtensystemen oder DV-Anlagen, welche sich i.a. auf Fragen einer optimalen Hardware- bzw. Software-Architektur beziehen, bedeutsam. Informationen bzw. Informationsverarbeitungsprozesse dienen grundsätzlich zur Unterstützung logistischer Prozesse oder sind integrale Bestandteile.

[280] Diese Einschränkung hinsichtlich der Bezugsobjekte der Logistik ist in der Praxis weit verbreitet. Vgl. Grossmann, G.: Braucht Logistik Lager, in: Zeitschrift für Logistik, 1/94, S. 6.

tionen in Tab. 7 stellen eine weitere Möglichkeit dar, die logistischen Grundfunktionen Transport, Umschlag und Lagerung zu differenzieren bzw. zu konkretisieren.

Teilprozeß	Parameter-Veränderung	beispielhafte logistische Ausprägungen
Transport	Ort	Transportieren, Umschlagen, Fördern
Handling	Veränderung des Zustands oder der Beschaffenheit	Verpacken, Kommissionieren
Lagerung	Zeit (inkl. Warte- und Liege- zeiten z.b. in der Produktion)	Zwischenlagerung in Aufkommens-, Be- darfs- und Funktionspuffern,
Informations- verarbeitung	informatorische Beschaffen- heit oder Zustand	Quittieren von Aufträgen, Etikettieren, Än- derung des Transportstatus

Tab. 6: Konkretisierung von Transformationsprozessen innerhalb des Materialflusses (Quelle: Eigene Darstellung)

Die Ortsveränderung als grundlegender logistischer Transferprozeß kann auf einer nächsten Stufe der Konkretisierung auf verschiedenen Ebenen eines Systemmodells differenziert wer- den in die Prozesse Transportieren, Fördern und Handhaben. Die Abb. 15 zeigt exemplarisch eine mögliche Zuordnung der genannten logistischen Teilprozesse zu den Betrachtungsebenen Volkswirtschaft, Unternehmen und Produktion. Unter Transporten werden nach dieser Ab- grenzung Ortsveränderungen zwischen Unternehmen verstanden, während Förderprozesse in- nerhalb von Unternehmen ablaufen. Prozesse des Handhabens finden auf der nächstniedrigen Stufe bzw. (Teil-) Systemebene, der Produktionsebene statt, wobei Handhabungsprozesse grundsätzlich Bestandteil von Umschlagsprozessen und Voraussetzung für reine Lager- und Transportprozesse sind. Wird die Systemgrenze von Unternehmen als Kriterium zur Unter- scheidung von Transportprozessen herangezogen, so können innerbetriebliche und außerbe- triebliche Transporte unterschieden werden. Die innerbetrieblichen Transporte sind in diesem Fall identisch mit den Prozessen des Förderns.

82

Operation im Materialfluß	dominierender logistischer Grundprozeß	vorrangige Parameteränderung	beispielhafte logistische Ausprägungen
prüfen	Informationsverarbeitung	Erkennen eines Zustands	
lagern, puffern	Lagerung	Zeit (inkl. Warte- und Liegezeiten z.b. in der Produktion)	Zwischenlagerung in Aufkommens-, Bedarfs- und Funktionspuffern
fördern, transportieren	Transport	Ort	
handhaben	Handhabung	Veränderung des Zustands oder der Beschaffenheit (z.b. Wert und Gestalt), Lage, Ort	
umschlagen i. S. von Handhaben	Handhabung	Änderung der Lage im Raum	
umschlagen i. S. von Zusammenfassen oder Auflösen	Handhabung	Mengenänderung	
umschlagen i.s. von Sortieren	Handhabung	Sortenänderung	
signieren, Beschriften	Informationsverarbeitung	Änderung der informationellen Determiniertheit des Gutes	Etikettieren
bilden von Ladeeinheiten	Handhabung	Menge	Palettieren
verpacken	Handhabung	Änderung in den Transport-, Umschlags-und Lagereigenschaften	
Auftragsübermittlung und -bearbeitung	Informationsverarbeitung	Änderung in der logistischen Determiniertheit des Gutes	
kommissionieren	Handhabung	Sorte, Menge, Ort	
montieren, bearbeiten	Handhabung	Wert, Gestalt	

Tab. 7: Konkretisierung von Materialflußprozessen (Quelle: Eigene Zusammenstellung in Anlehnung an Jünemann, R.: a.a.O., S. 34)

3.2.2 Abgrenzung von Beschaffung, Materialwirtschaft und Logistik

Während der Begriff Beschaffung auf die Zuordnung zu den Funktionen oder Güterumlauf-phasen[281] der Unternehmung hinweist, bezieht sich die Materialwirtschaft[282] auf eine be-stimmte Einsatzgüter- bzw. Faktorart, das Material. Der Begriff der Materialwirtschaft ist demzufolge eng gefaßt, da andere Einsatzfaktoren wie z.B. Informationen, Energie oder die Bereitstellung von Produktionsanlagen nicht berücksichtigt werden.

Der Begriff Logistik ist gegenüber Beschaffung und Materialwirtschaft weiter gefaßt und be-inhaltet über die Bereitstellung der Einsatzfaktoren hinaus alle ein- und ausgehenden stoffli-chen/materiellen und informatorischen Flüsse einschließlich aller erforderlichen Prozesse zur Planung, Steuerung und Kontrolle. Logistik umfaßt sowohl die klassische Materialwirtschaft als auch die Transportwirtschaft. Der Gegenstand der Logistik ist in der hier vorgenommenen Beschränkung auf die genannten Güter (Rohstoffe, Halb- und Fertigfabrikate) einerseits enger als derjenige der Beschaffung, andererseits jedoch weiter durch Einbeziehung sämtlicher Flüs-se materieller und immaterieller Art in Produktion und Distribution.

Die betriebliche Logistik ist als Querschnittsfunktion zu verstehen, wie etwa die Personalwirt-schaft oder die Finanzwirtschaft. Objekte der Gestaltung dieser Querschnittsfunktion Logistik sind Materialfluß und Informationsfluß. Abgrenzungsprobleme zu anderen betrieblichen Be-reichen[283] sind stark ausgeprägt, und Überschneidungen mit anderen Teilwirtschaften (z.B. Informationswirtschaft) sind nicht immer zu vermeiden.

Weber[284] nennt zwei wesentliche Bereiche für die Probleme der Abgrenzung logistischer Funktionen und Leistungen in Material- und Informationsfluß:

- Probleme der Leistungsabgrenzung im Bereich der physischen Logistik (Material- bzw. Warenfluß)
- Leistungsabgrenzung im Bereich der dispositiven Logistik (Informationsfluß).

---

[281] Durch Betrachtung verschiedener Phasen des Güterflusses vom Beschaffungsmarkt zum Absatzmarkt lassen sich in einem ersten Schritt Beschaffungs-Logistik (Fluß von Roh-, Hilfs- und Betriebsstoffen, Kaufteilen und Handelswaren vom Lieferanten zum Beschaffungslager der Unternehmen), Produktions-Logistik (Güterfluß durch das Unternehmen) sowie Distributions-Logistik (Fluß der Handelsware, Fertigprodukte und Ersatzteile vom Unternehmen zum Abnehmer) unterscheiden. Vgl. Pfohl, Hans-Christian / Zöllner, Werner: Effizienzmes-sung der Logistik, DBW 51 (1991) 3, S. 324. Darüber hinaus sind auch die Entsorgungs- und Rückwärtslogistik (Material- oder Warenflüsse vom Markt zum Unternehmen zurück) zu nennen. Teilweise wird auch das Subsy-stem Ersatzteillogistik für die Instandhaltung im eigenen Unternehmen bzw. der Kunden gebildet.

[282] Vgl. Küpper, Hans-Ulrich: Beschaffung, in: Vahlens Kompendium der Betriebswirtschaftslehre, Verlag Franz Vahlen, München, 1990, Band 1, S. 196.

[283] So läßt sich beispielsweise die Frage, ob die Auftragsabwicklung der Administration oder der Logistik zuzu-ordnen ist, nicht allgemeingültig beantworten.

[284] Weber, Jürgen: Logistik-Controlling, Stuttgart, Poeschel, 1990, (Schriftenreihe der Wissenschaftlichen Hochschule für Unternehmensführung, Koblenz : Management/1), S. 45.

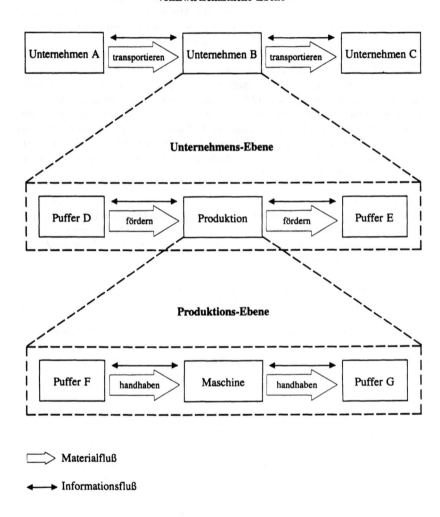

Abb. 15: Logistische Grundprozesse und Betrachtungsebenen (Quelle: Eigene Darstellung in Anlehnung an Jünemann, R.: a.a.O., S. 39)

Im Bereich der physischen Logistik (Material- bzw. Warenfluß) können sich Abgrenzungsprobleme bei unauflösbarer Verkettung von logistischen Prozessen mit anderen Leistungsarten (z.b. Transportvorgänge in Fertigungsautomaten) sowie bei unauflösbarer Überschneidung mit anderen Leistungsarten (so ist z.B. die Lagerung von Molkereiprodukten oder Sekt bzw. Wein in Reifelagern Bestandteil des eigentlichen Produktionsprozesses) ergeben. Im Bereich der dispositiven Logistik (Informationsfluß) sind Abgrenzungsprobleme bei unauflösbarer Überschneidung mit anderen Leistungsarten (die Festlegung von Fertigungsgrößen als Bestandteil der Fertigungsplanung wirkt sich unmittelbar auf die Lagerhaltung bzw. Bestandshöhe aus) oder bei Zuordnung anderer Leistungsbereiche zur Logistik (z.B. Bestelldisposition als bislang originäre Beschaffungsaufgabe) möglich..

Eine Erweiterung der Definition logistischer Funktionen um Informationsverarbeitungsprozesse findet sich bei **Ihde**.[285] Die Hauptaufgaben im Rahmen der Erstellung logistischer Dienstleistungen bzw. der Erfüllung logistischer Aufgabenstellungen sind demnach die körperliche Behandlung von Waren sowie die Disposition und ihre formale Abwicklung, d.h. die Bereitstellung aller erforderlichen Informationen. Während die körperliche Behandlung von Gütern in Transport, Umschlag und Lagerung einen primär physischen Prozeß darstellt, sind die Disposition und Informationsbereitstellung (einschließlich aller mit der Abwicklung verbundenen Informationsverarbeitungsprozesse wie z.B. Prozesse des Prüfens und Kommissionierens) in erster Linie informationsbezogene bzw. informationelle Prozesse. Auf die nahezu unlösbare Verknüpfung von physischen Prozessen mit Informationsverarbeitungsprozessen wurde bereits hingewiesen, geplante bzw. beabsichtigte physische Prozesse sind ohne Informationsverarbeitungsprozesse nicht denkbar.[286] Die Prozesse des Transportierens (zwischen Betriebsstätten bzw. -einheiten eines Unternehmens oder auch zwischen verschiedenen Unternehmen) und Umschlagens sind Indiz für einen Wechsel der Systemgrenze bzw. einen Übergang von einem Element der logistischen Kette zu einem anderen.[287]

Felsner[288] schlägt zur Bestimmung des Funktionsumfangs der Logistik eine Matrix vor, in welcher mit Hilfe logistischer Kriterien wie Logistikkosten, Lieferservice[289] oder physischer Struktur eine Abgrenzung vorgenommen werden kann. Auf die Möglichkeiten und besonde-

---

[285] Ihde, G.B.: Transport... , a.a.O., S. 5 ff.

[286] Ausnahmen bilden lediglich ungewollte Prozesse oder Bewegungen wie beispielsweise das Umstürzen oder Herunterfallen von Gegenständen.

[287] Vgl. hierzu und zum Schnittstellenproblem die Ausführungen zur logistischen Kette in Kap. 3.3.2.

[288] Felsner, J.: a.a.O., S. 98. Diese Matrix ist allerdings nur bedingt aussagekräftig, da die logistischen Kriterien nicht präzise definiert und operationalisiert sind. Sie ist lediglich beschreibend, eine Abgrenzung ist damit nicht möglich.

[289] Vgl. die Diskussion der Komponenten des Lieferservice in Kap. 7.1.3.

ren Aspekte der organisatorischen bzw. hierarchischen Eingliederung soll hier nicht näher eingegangen werden.[290]

3.2.3 Logistik als wissenschaftliche Teildisziplin

Je nach funktioneller und/oder institutioneller[291] Abgrenzung läßt sich die Logistik als mehr betriebswirtschaftlich orientierte oder eher volkswirtschaftliche Disziplin zur Beschreibung, Erklärung und Gestaltung logistischer Prozesse und Systeme definieren. Die drei wesentlichen Aufgabenfelder der Betriebswirtschaft in der Logistik unter entscheidungsorientiertem Ansatz[292] sind :

- die Planung, Steuerung und Überwachung der Wirtschaftlichkeit logistischer Leistungsprozesse der Unternehmen innerhalb eines Logistik-Controlling als Informations- und Bewertungssystem
- die Gestaltung der logistischen Funktions-, Entscheidungs- und Abwicklungsbereiche im Unternehmen unter Gesichtspunkten der Aufbau- und Ablauforganisation
- die Erarbeitung von Strategien und Konzepten zur Beantwortung der Frage, wie die Logistik im langfristigen Maßnahmen- und Wirkungsgefüge[293] die Unternehmensziele optimal erreichen kann.

Der Umfang der Inhalte dieser jungen Disziplin[294] wird durchaus unterschiedlich betrachtet. Bei **Domschke**[295] findet man eine Einschränkung der Inhalte der wissenschaftlichen Diszi-

---

[290] Zur Frage der optimalen Logistik-Organisationstruktur s. z.B. Felsner, J., ebenda, S. 15 ff. Kummer, S.: a.a.O., S. 80 ff., diskutiert die funktions- und verrichtungsorientierte Abgrenzung sowie den Organisationsentwicklungsprozeß einer Gestaltung der Logistik als Elemente eines Ansatzes für strategieadäquate Organisationskonzepte.

[291] Hier ist in Analogie zu betriebswirtschaftlichen Funktions- (z.B. Produktionswirtschaft) und Institutionslehren (z.B. Bank- oder Versicherungswirtschaft) eine Untergliederung nach der logistischen Dienstleistung möglich z.B. in Speditions-, Transport-, Paketdienst- oder Luftfracht-Unternehmen. Zu Potentialfaktoren, die zur Produktion verschiedener Logistikleistungen für die Verkehrsträger Schiene, Straße, Luft und Wasser notwendig sind, s. Altenburger, Otto A.: Ansätze zu einer Produktions- und Kostentheorie der Dienstleistungen, Berlin: Duncker & Humblot, 1980, S. 123 ff. Zu weiteren institutionellen Aspekten einer Abgrenzung von Logistiksystemen s. Pfohl, H. Ch.: a.a.O., S. 171 ff.

[292] Jünemann, R.: a.a.O., S. 68 f. Zum System der Zielfelder der Materialwirtschaft s. Stark, Heinz: Erfolgsmessung in der Materialwirtschaft, in: Beschaffung aktuell, 12/90, S. 25.

[293] Die systematische Analyse dieses Maßnahmen- und Wirkungsgefüges ist Hauptanliegen dieser Arbeit. Vgl. hierzu vor alle Kap. 6.

[294] Vgl. hierzu z.B. Weber, J.: Logistik als ... , a.a.O., S. 877 ff. Zum Versuch einer Einordnung der Logistik in langfristige Entwicklungslinien innerhalb der Betriebswirtschaftslehre s. Kummer, S.: a.a.O., S. 20 ff. Erste Veröffentlichungen zu diesem Thema, vor allem aus dem anglo-amerikanischen Raum, stammen aus den 60er Jahren (Ergebnisse verschiedener, vom Autor durchgeführter Recherchen).

[295] Domschke, Wolfgang: Logistik: Transport - Grundlagen, lineare Tranport- und Umladeprobleme, München Wien: Oldenbourg, 1981. Die Arbeiten von Domschke vermitteln einen guten Überblick über den derzeitigen Forschungsstand im Bereich der quantitativen Methoden in der Logistik.

plin Logistik auf die drei Problemkreise Transportplanung (einschließlich Tourenplanung), Standortplanung (einschließlich innerbetrieblicher Standortplanung im Sinne einer Layoutplanung bzw. im Rahmen von Fabrik- bzw. Werksplanungen) sowie Planung der Lagerhaltung.

Überschneidungen hinsichtlich funktioneller oder institutioneller Aspekte können zwischen den volkswirtschaftlichen Disziplinen Verkehrswirtschaft bzw. -wissenschaft und der betriebswirtschaftlich ausgerichteten Verkehrsbetriebslehre festgestellt werden. Je nach Festlegung der Systemebenen[296] sind Systeme der Mikro, Meso- bzw. Meta[297] -Logistik sowie der Makro-Logistik Gegenstand wissenschaftlicher Untersuchungen. Fragen eines logistischen Systemverbunds sowie die politisch-rechtliche Strukturierung von Transferprozessen oder Aspekte der Koordination und Kooperation[298] im Zusammenhang mit Aufgaben der Verkehrsteilung oder -zusammenfassung sind Gegenstand der volkswirtschaftlichen Disziplin Verkehrswissenschaft bzw. Verkehrswirtschaft. In Anlehnung an betriebs- und volkswirtschaftliche Teildisziplinen existieren zahlreiche Veröffentlichungen über spezielle „Logistiken".[299] Die Verwendung von Präfixen bzw. Affixen im Zusammenhang mit dem Logistikbegriff verdeutlicht dabei den Schwerpunkt der jeweiligen Betrachtungen.

Dem hier zugrundeliegenden konzeptionellen Ansatz entsprechend werden die Inhalte einer Logistik als Wissenschaft weiter gefaßt. Logistik wird hier verstanden als interdisziplinäre Wissenschaft[300] , in der betriebswirtschaftliche und volkswirtschaftliche Teildisziplinen einschließlich der Informationstheorie und Informatik Berücksichtigung finden. Dem ganzheitlichen Ansatz einer Logistik als Wissenschaft kann Rechnung getragen werden durch den Versuch, in integrativer Weise Erkenntnisse, Methoden und Modelle aus anderen Wissenschafts-

---

[296] Vgl. die systemorientierten Analyseansätze in Kap. 3.3.1.

[297] Systeme der Makro-Logistik sind gesamtwirtschaftlicher, Systeme der Mikro-Logistik einzelwirtschaftlicher Art. Demgegenüber sind metalogistische Systeme interorganisatorische Systeme, die eine Kooperation mehrerer Unternehmen bzw. Organisationen beinhalten. Vgl. Pfohl, H.-Chr.: a.a.O., S. 13.

[298] Aktuelle Entwicklungen in diesem Zusammenhang sind z.B. die Umsetzung von Just-In-Time-Konzepten vor allem in der Automobilindustrie oder Bestrebungen, die unter dem Begriff „Supply chain management" zusammengefaßt werden. Die gegenwärtig in der Wirtschaft zu beobachtende Zunahme der auf partnerschaftliche Zusammenarbeit ausgerichteten Aktivitäten ist Indiz dafür, daß die Kooperation zwischen Unternehmen, und damit zugleich Informations- und Kommunikationsprozesse, an Bedeutung gewinnen. Im Unterschied zur Beschaffung im traditionellen Sinn verbirgt sich hinter dem Konzept des „Supply Management" die Philosophie, durch Ablauf- und Prozeßoptimierung der gesamten Wertschöpfungskette Wettbewerbsvorteile zu schaffen. Gerade bei abnehmender Fertigungstiefe und verstärkter vertikaler Integration von Unternehmen wird „Supply Management" zum strategischen Erfolgsfaktor.

[299] Beispielhaft seien hier genannt: Krulis-Randa, Jan S.: Marketing-Logistik - Eine systemtheoretische Konzeption der betrieblichen Warenverteilung und Warenbeschaffung, Bern Stuttgart: Haupt, 1977; Rupper, Peter / Scheuchzer, Roland H. (Hrsg.): Produktionslogistik - Gestaltung von Material- und Informationsflüssen in der Logistik, Zürich: Industrielle Organisation, 1985; zum Begriff der Informationslogistik s. Zentes, Joachim: Nutzeffekte von Warenwirtschaftssystemen im Handel, in: Information Management 4/88, S. 58 - 67 bzw. derselbe, EDV-gestütztes... , a.a.O., S. 183 ff. Der in der vorliegenden Arbeit verfolgte integrative bzw. ganzheitliche Untersuchungsansatz ist in den genannten Publikationen nicht oder in geringerem Maße berücksichtigt.

[300] Vgl. die einzubeziehenden Disziplinen in Abb. 1.

gebieten, insbesondere der Systemtheorie[301] und Informationswissenschaft zu übernehmen und in geeigneter Form, d.h. unter Berücksichtigung der den theoretischen Erkenntnissen zugrundeliegenden Prämissen, auf logistische oder logistikrelevante Untersuchungsobjekte anzuwenden.

3.3 Analyseansätze zur Bestimmung von Inhalt und Umfang der Logistik
3.3.1 Logistiksysteme - Systemorientierte Betrachtung

Zur Reduzierung der i.a. hohen Komplexität logistischer Systeme müssen im Rahmen interdisziplinärer Untersuchungen zur Herausarbeitung spezieller Aspekte unterschiedliche Verständnisebenen gebildet werden. Nur eine systematische Vorgehensweise bietet die Möglichkeit, zu allgemeingültigen oder auch speziellen Aussagen zu gelangen und der Gefahr zu entrinnen, angesichts der Existenz vielfältiger Interdependenzen und teilweise schwer überschaubarer Zusammenhänge bereits im Vorfeld theoretischer Analysen vor dieser Komplexität zu kapitulieren. Der dieser Arbeit zugrundeliegende systemtheoretische Ansatz bietet die Vorteile, verschiedene Untersuchungs- und Betrachtungsebenen strukturieren und somit die vielfältigen Beziehungen zwischen den Elementen einer Ebene sowie zwischen Elementen auf verschiedenen Ebenen analysieren zu können.

Im Folgenden werden einige wichtige Möglichkeiten der Systematisierung bzw. Klassifizierung von Logistiksystemen bzw. zur Bildung von logistischen Systemhierarchien aufgezeigt. Eine eindeutige Zuordnung realer Systeme ist nicht immer möglich, so daß im Einzelfall Untersuchungsobjekte sowohl der einen als auch der anderen logistischen Systemklasse (in Abhängigkeit der betreffenden Systemebenen) zugeordnet werden können. Die Differenzierung von logistischen Systemen durch Unterscheidung verschiedener Ebenen ist bedeutsam für die noch folgenden Betrachtungen hinsichtlich der Bewertung logistischer Systeme, ihrer Wirtschaftlichkeit sowie der Analyse von Ursache-Wirkungs-Zusammenhängen.

Jedes logistische System, wie Lager-, Transport-, Kommissionier- oder Distributionssystem oder deren Kombination, läßt sich in einzelne Subsysteme[302] untergliedern oder zumindest gedanklich in Teilsysteme aufteilen. Grundsätzlich lassen sich bei der Modellbildung Material- und Informationsflußmodelle differenzieren, welche je nach Analysezweck kombiniert bzw. integriert werden können. Die grundsätzlichen Elemente eines allgemeinen Modells von Logistikprozessen sowie die korrespondierenden elementaren Informationsverarbeitungsprozesse auf volkswirtschaftlicher, Unternehmens- sowie Produktionsebene sind der bereits weiter oben dargestellten Abb. 15 zu entnehmen.

Zur Klassifizierung logistischer Systeme sind grundsätzlich inner-, zwischen- und überbetriebliche Ebenen bzw. Mikro-, Meso- und Makro-Ebenen von Bedeutung. Ausgehend vom

---

[301] Zum Variantenreichtum von Systemansätzen und dem damit verbundenen Interpretations- und Anwendungsspielraum vgl. Müller-Merbach, Heiner: Vier Arten von Systemansätzen, dargestellt in Lehrgesprächen, in: ZfB, 62. Jg., Heft 8, 1992, S. 853 ff.

[302] Andere Autoren sprechen auch von Strukturelementen oder von Struktureinheiten.

systemorientierten Ansatz unterscheidet **Ihde**[303] im System der Volkswirtschaft drei logistische Systeme:

- das **mikrologistische System** der einzelnen Betriebswirtschaften bzw. Unternehmen (als Ausschnitt des makrologistischen Systems)
- das **makrologistische System** der Gesellschaft einschließlich des gesamten Verkehrssystems (Güter-, Personen- und Nachrichtenverkehr)
- die **logistische Organisation** bzw. Betriebswirtschaft (mit dem Prototyp des Verkehrsbetriebes).

Entsprechend der Systemgliederung in Sub- und Supersysteme (als Systeme höherer und niedriger Ordnung) lassen sich beim mikrologistischen System Unternehmen in folgende (den physischen Materialfluß betreffenden) Subsysteme unterscheiden:

- das **physische Versorgungssystem** beinhaltet den Materialfluß von den Rohstoffquellen bis zum betrachteten Unternehmen und wird auch als Beschaffungslogistik bezeichnet,
- die **innerbetriebliche Logistik**, als Materialfluß vom Wareneingang über Rohwarenlager, Produktion, Fertigwarenlager bis zum Warenausgang, umfaßt sowohl die Produktionslogistik als auch den Bereich der innerbetrieblichen Transporte,
- das logistische Subsystem **physisches Distributionssystem** schließt die Waren- und Materialflüsse zwischen Lieferanten und Kunden ein und hat mehr oder weniger engen Bezug zum Marketing.

Das makrologistische Verkehrssystem kann als Subsystem von Wirtschafts- bzw. Gesellschaftssystemen[304] verstanden werden und läßt sich anhand des Kriteriums Transportobjekt aufteilen in die drei Subsysteme Personenverkehrssystem, Güterverkehrssytem und Nachrichtenverkehrssystem. Aufgabe des Verkehrssystems ist die Verkehrsteilung durch Koordination und Kooperation verschiedener Logistik-Unternehmen[305] oder Teilen davon, die jeweils als Anbieter oder Nachfrager von Logistikleistungen fungieren können. Werden in dieses System neben den Gütern, Personen und Informationen (oben als Nachrichten bezeichnet) als Objekte

---

[303] Ihde, G.B.: Transport ... , a.a.O., S. 36 ff. Zu einer vierstufigen Hierarchie von Logistiksystemen (Mikro-, Meta-, Meso- und Makrologistik) s. auch Drechsler, Wolfgang: Markteffekte logistischer Systeme - Auswirkungen von Logistik- und unternehmensübergreifenden Informationssystemen im Logistikmarkt, Göttingen: Vandenhoeck & Ruprecht, 1988, S. 22.

[304] Vgl. z.B. Claussen, Th.: Grundlagen der Güterverkehrsökonomie, Hamburg, 1979, S. 15 ff.

[305] In der Wirtschaftspraxis ist aus logistischer Sicht zunächst die Unterscheidung von Industrie,- Handels und (reinen) Logistikdienstleistungsunternehmen von Bedeutung. Neben der Unternehmenslogistik sind der Vollständigkeit halber noch die Krankenhaus- und Militärlogistik sowie die Logistik sonstiger Organisationen zu nennen. Im Zusammenhang mit der Kooperation zwischen (produzierenden) Industrieunternehmen und Logistikdienstleistern (wie Speditionen oder Transportunternehmen) ist der Begriff der „Verladenden Wirtschaft" (zur Kennzeichnung der Quelle bzw. des Ursprungs von Warenströmen) gebräuchlich.

der logistischen Prozesse auch die Informationsflüsse einbezogen, so ist das Verkehrssystem in diesem Fall identisch mit dem Logistiksystem einer Volkswirtschaft.[306]

Das Güterverkehrssystem[307] als Teilsystem des gesamtwirtschaftlichen Verkehrssystems[308] läßt sich untergliedern nach dem Kriterium Verkehrsmittel in Landverkehr (Straßen-, Schienengüter-, Rohrleitungsverkehr), Luftverkehr (Fracht- und Personenluftfahrt) und Wasserverkehr (Binnenschiffahrt und Seeverkehr).

Eine weitere Möglichkeit zur Unterscheidung bzw. zur Bildung von Logistiksystemen bzw. Grundstrukturen in mikrologistischen Systemen (Unternehmen) ist die Differenzierung nach dem Kriterium logistisches Objekt. Die Abb. 16 zeigt am Beispiel eines Warenhausunternehmens verschiedene Logistiksysteme, die sich durch eine entsprechende Unterscheidung der logistischen (Transport- bzw. Lager-) Objekte bilden lassen. Die Abb. 16 veranschaulicht exemplarische Aggregationsebenen zur eindeutigen Klassifizierung von Objekten (Produkten) und stellt zugleich eine Möglichkeit zur Strukturierung logistischer Systeme auf verschiedenen Ebenen dar.[309]

Diruf[310] unterscheidet folgende logistische Teilsysteme, deren Systemeigenschaften im Rahmen der logistischen Gestaltungsplanung festzulegen sind:

---

[306] Vgl. die abstrakte Definition logistischer Prozesse in Abb. 14. Zur Darstellung der Logistik als bedingender und resultierender Faktor sozioökonomischer Entwicklungen s. Ihde, G. B.: Transport ... , S. 102 ff.

[307] Da Personen und Nachrichten nach der hier vorgenommenen Abgrenzung nicht im Mittelpunkt der Betrachtung stehen, erfolgt an dieser Stelle keine weitere Klassifizierung logistischer Personen- oder Nachrichtensysteme.

[308] Zur Einbindung des Subsystems Verkehr in das volkswirtschaftliche Gesamtsystem und der daraus folgenden Problematik der Definition eines operationalen Zielsystems für den Verkehrssektor s. Seidenfus, Helmut-Stephan: Systemtheoretische Grundlagen der Verkehrpolitik, in: Systemorientierte Verkehrspolitik, Beiträge aus dem Institut für Verkehrswissenschaft an der Universität Münster, hrsg. von Helmut-Stephan Seidenfus, Heft 72, Göttingen, 1978, S. 19 f. Zu gesamtwirtschaftlichen Zielen der Verkehrspolitik sowie zu einzelwirtschaftlichen Zielen der an der Transportkette (in dieser Arbeit als Ausschnitt aus der logistischen Kette betrachtet) beteiligten Wirtschaftsubjekte s. Fiege, Hugo: Informationssysteme in Gütertransportketten - System-, Kosten- und Leistungsanalyse auf der Grundlage eines unternehmensübergreifenden Informationssystems, Frankfurt/Main: Lang, 1987, S. 65 ff.

[309] Ein weiteres Beispiel zur Gliederung von Logistiksystemen eines Warenhausunternehmens gibt Jünemann, R.: a.a.O., S. 708. Dort werden die Logistiksysteme Stapel, Mode, Lebensmittel, großvolumige Teile, Infoton sowie Korrektionsbrillen unterschieden. Diese Einteilung ist vor allem an den logistisch relevanten Eigenschaften der Güter orientiert, aus denen sich teilweise völlig unterschiedliche Anforderungen an Transport- oder Lagersysteme ergeben.

[310] Diruf, Günther: Computergestützte Planung kostenoptimaler logistischer Systeme für Unternehmen ohne eigenen Fuhrpark, in: Diruf, Günther (Hrsg.): Logistische Informatik für Güterverkehrsbetriebe und Verlader - Computergestützte Systeme zur Planung, Steuerung und Kontrolle verkehrsbetrieblicher Transport-, Umschlags- und Lagerleistungen, Berlin: Springer, 1985, S. 4 f. Diruf benutzt den Begriff System i.S. einer Planungs- bzw. Gestaltungsgröße bzw. als Aufgabe. Die aufgeführte Unterscheidung ist auf den Bereich Distribution beschränkt und schließt Bereiche wie Produktions- und Beschaffungslogistik aus. Die Begriffe Konfiguration und Strategie geben Hinweise auf die grundlegenden Informationsverarbeitungsprozesse Planung und Organisation, Transport, Verpackung und Umschlag beziehen sich auf das physische Handling; Lagersysteme sind nicht explizit genannt.

- Teilsystem Distributionskonfiguration
- Teilsystem Transport
- Teilsystem Bestandsstrategie
- Teilsystem Verpackung und Umschlag
- Teilsystem Information und Steuerung.

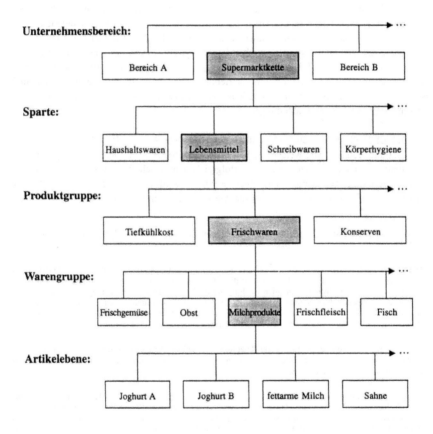

Abb. 16: Aggregationsebenen zur Bildung von Logistiksystemen am Beispiel Warenhausunternehmen (Quelle: Eigene Darstellung)

3.3.2 Die logistische Kette - Prozeßorientierte Betrachtung
3.3.2.1 Definition der logistischen Kette

Unter einer logistischen Kette[311] wird im Folgenden eine Folge von Ortsveränderungen (Umschlag- oder Transportprozesse), Handlingsvorgängen[312], Lager- und Informationsverarbeitungsprozessen verstanden, die zur Erfüllung der logistischen Aufgabe durchlaufen wird. Die logistische Kette umfaßt in ihrer einfachsten Form mindestens einen physischen Prozeß, besteht jedoch i.d.R. aus einer bestimmten Anzahl von Teilprozessen.

Grundsätzlich sind in logistischen Ketten ein- oder mehrstufige Beziehungen zwischen Quellen und Senken[313] zu analysieren, wobei die Quellen und Senken sowohl unternehmensintern als auch unternehmensextern sein können. Transporte von Einzelteilen oder Komponenten an die Fertigungsstraßen, Transporte zwischen Fertigungsstätten (von der Stanzerei zur Lackierung oder Galvanik) oder Transporte vom Fließband zum Auslieferungslager bzw. zur Bereitstellungsfläche sind Beispiele für innerbetriebliche logistische Ketten. Anbieter und auch Nachfrager von Logistikleistungen innerhalb der logistischen Kette sind Unternehmen oder Unternehmensbereiche und -abteilungen.

Der Begriff „logistische Kette" kann auch eine besondere Art von Beziehung[314] zwischen Lieferant und Kunde, hinter welcher sich eine gesamtheitliche Denk- und Handlungsweise der Marktpartner verbirgt, kennzeichnen.[315] Erfolgreiche Partnerschaften, in welcher der Zulieferer als langfristiger Wertschöpfungspartner verstanden wird, umfassen den gesamten Funktionsumfang des Unternehmens, wobei die Gesamtkostenminimierung innerhalb des Ferti-

---

[311] Vgl. Brauer, Karl M. / Krieger, Winfried: Betriebswirtschaftliche Logistik, Berlin: Duncker & Humblot, 1982, S. 92 ff.

[312] Bearbeitungsprozesse wie Fräsen, Bohren oder Schweißen in Fertigung bzw. Produktion zählen nicht zu den logistischen Grundprozessen. In der Praxis laufen diese Prozesse mehr oder weniger vermischt ab, so daß eine eindeutige Zuordnung nicht immer möglich ist. Eine gedankliche Trennung ist zwar möglich, da jedoch auch Produktions-, Fertigungs- und Montageprozesse i.a. mit Material- bzw. Warenbewegungen wie Vorgängen des Handlings oder Transporten von einer Fertigungsinsel zur nächsten verbunden sind, müssen bei der Planung und Optimierung logistischer Systeme sämtliche Prozesse berücksichtigt werden.

[313] Die Betrachtung von Sender-Empfänger-Relationen verdeutlicht Parallelen zu den prozeßorientierten Betrachtungen von Informationsverarbeitung bzw. Kommunikation in Kap. 2 und unterstreicht die Analogien zwischen Material- und Informationsfluß.

[314] Während vor ca. zehn Jahren Logistik-Allianzen noch relativ unbekannt waren, bilden sich mittlerweile immer mehr logistische Kooperationen. Diese tragen dazu bei, durch z.B. ein gemeinsames Lagerserviceunternehmen die Vertriebs- und Lagerhaltungskosten zu senken, wobei sich die Partner die Chancen und Risiken der Zusammenarbeit teilen. Vgl. dazu z.B. Harting, Detlef: Logistik-Allianzen: Besserer Service in der Logistikkette, in: Beschaffung aktuell, Heft 6, 1992, S. 36-42. Zum zunehmenden Trend zu logistischen Allianzen vgl. auch Bowersox, Donald J.: Logistische Allianzen machen Furore, in: Harvard Manager, Heft 2, 1991, S. 34-46. Zum ganzheitlichen Verständnis der Logistik als Querschnittsfunktion sowie zur partnerschaftlichen Dimension unter unternehmensübergreifendem Aspekt vgl. z.B. Rodens, Brigitta: Gewinnen kann man nur gemeinsam, in: Logistik Heute, 9/93, S. 79.

[315] Vgl. hierzu Hautz, Erich: Die logistische Kette, Fortschrittliche Betriebsführung und Industrial Engineering, Heft 1, 1992, S. 4-7.

gungsverbundes im Mittelpunkt steht. Die Sichtweise, daß jede Kooperation möglichst der Gewinnsicherung auf beiden Seiten dienen sollte, unterscheidet sich deutlich von den üblicherweise isolierten Kosten-Nutzen-Optimierungen einzelner Bereiche. Eine partnerschaftliche Zusammenarbeit funktioniert nur, wenn beide Partner aus der Zusammenarbeit Vorteile ziehen können und sich trotz Abhängigkeit auch gegenseitig respektieren. Entlang der logistischen Kette entstehen geringere Kosten durch den Wegfall vermeidbarer Koordinierungs- und Doppelaktivitäten im Informations- und Kontrollsystem, die informationstechnische Integration von Hersteller und Lieferant stellt einen weiteren maßgeblichen Wettbewerbsfaktor dar.[316] Durch die Reduzierung auf eine geringere Zahl von System- oder Komponentenlieferanten lassen sich Logistikkosten wie Transport-, Bestands- und Steuerungskosten einsparen.

Zur Verdeutlichung der mit einer Betrachtung logistischer Ketten verbundenen Komplexität diene exemplarisch die Automobilindustrie. Die Implementierung einer JIT-Produktion und -Beschaffung erfordert eine ganzheitliche Betrachtung der Auftragsabwicklung in einer „logistischen Kette", die z.B. Zulieferer, Rohmateriallager, Fertigung, Teilelager, Montage, Fertigwarenlager und die Warenverteilung bis hin zum Abnehmer umfaßt. Integraler Bestandteil veränderter Beschaffungsstrategien in der Automobilindustrie ist die informationstechnische Vernetzung von Abnehmer und Zulieferer, eine bestandsarme JIT-Produktion setzt die Eliminierung von Zeitverzügen bei der Informationsübermittlung voraus.[317] Während der Materialfluß vom Zulieferunternehmen zum Abnehmer gerichtet ist, verläuft der zur Koordination der Materialflüsse notwendige Informationsfluß entgegengesetzt und zeitlich vorgezogen vom Abnehmer zum Zulieferanten. Die Kette von Sublieferanten (Produzenten von einfachen Bauteilen), Automobilzulieferern (als Lieferant von Baugruppen oder ganzen Aggregaten), Automobilherstellern über Vertriebspartner bis zum Endkunden läßt sich als mehrstufige Folge von Quelle-Senke-Beziehungen interpretieren. In jeder Teilkette ist die Abwicklung eines oder mehrerer logistischer Grundprozesse erforderlich und demzufolge eine Vielzahl von Elementen involviert.

---

[316] Zum Begriff der logistischen Kette zur Abbildung der Beziehungen zwischen Herstellern und Zulieferern in der Automobilindustrie s. die differenzierte Analyse von Wildemann, H.: Entwicklungsstrategien... , a.a.O, S. 51. Zu einer empirischen Untersuchung von 182 JIT-Reorganisationskonzepten sowie zur Problematik allgemeingültiger Aussagen hinsichtlich grundsätzlich geeigneter Einführungsstrategien s. ders.: Einführungsstrategien für eine Just-in-Time-Produktion und -Logistik, ZfB, Heft 2, 1991, S. 149-169. Wildemann stellt eine Typologisierung von Zulieferunternehmen vor und differenziert Teilefertiger, Produktionsspezialisten, Entwicklungs- und Wertschöpfungspartnerschaften. Zur Unterscheidung von allgemeinen bedarfs- bzw. produktionsprogrammgesteuerten Materiallieferungen sowie einer strukturierten Analyse grundlegender Lieferbeziehungen s. Günter, Horst: Zur Abhängigkeit der Region Braunschweig von der Volkswagen AG, Technische Universität Braunschweig, 1993, S. 9 ff

[317] Wildemann, H.: Entwicklungsstrategien ... , ebenda, S. 29.

Teilprozeß	Parameter-Veränderung bezieht sich auf	beispielhafte logistische Ausprägungen
• Transport	Ort	Transportieren, Umschlagen, Fördern
• Handling	Veränderung des Zustands oder der Beschaffenheit	Verpacken, Kommissionieren
• Lagerung	Zeit (inkl. Warte- und Liegezeiten z.b. in der Produktion)	Zwischenlagerung in Aufkommens-, Bedarfs- und Funktionspuffern
• Informationsverarbeitung	informatorische Beschaffenheit oder Zustand	Quittieren von Aufträgen, Etikettieren, Änderung des Transportstatus

Tab. 8: Grundprozesse in der logistischen Kette (Quelle: Eigene Darstellung)

Teßmann/Krampe[318] definieren die logistische Kette als eine Folge ganzheitlicher - an den Schnittstellen aufeinander abgestimmter - Technologien, die mit dem Ziel höchster Gesamteffektivität die Produktions- und Konsumtionsprozesse mit den Transport-, Umschlag- und Lagerprozessen stofflich und informationell verknüpfen und dazu in der Regel moderne Förder- und Fahrzeugtechnik sowie leistungsfähige Informations- und Kommunikationssysteme nutzen.

Zur Durchführung bzw. zur Abwicklung der verschiedenen Teilprozesse in logistischen Ketten sind technische Systeme erforderlich. Unter technischen Gesichtspunkten läßt sich jedes Logistiksystem aus den Grundbausteinen Lager[319] -, Förder-, Handhabungs- und Umschlagstechnik[320] sowie der Informations- und Steuerungstechnik zusammensetzen. Dabei können ortsfeste (z.b. Transportbänder) und bewegliche bzw. ortsunabhängige (z.b. Verkehrsmittel wie LKW und Bahn oder Flurförderzeuge wie Gabelstapler) Technikelemente unterschieden werden. Falls die physischen Teilprozesse zeitlich nicht unmittelbar aneinander gereiht werden können, ist die Zwischenschaltung von Puffern notwendig, wobei sich die drei prinzipiellen Arten Aufkommens-, Bedarfs- und Funktionspuffer unterscheiden lassen.[321] Puffer die-

---

[318] Vgl. Teßmann, Günther / Krampe, Horst: Logistische Ketten, in: Krampe, Horst / Lucke, Hans-Joachim (Hrsg.): Einführung in die Logistik, München: Huss, 1990, S. 165.

[319] Zu den wichtigsten Parametern zur Gestaltung von Lagersystemen s. Tab. A3 im Anhang.

[320] Diese Grundelemente Lager-, Förder- und Umschlagstechnik werden bei Jünemann, R.: a.a.O., S. 34, als Operatoren in logistischen Transformationsprozessen bezeichnet und dienen der Entkopplung einzelner Prozesse.

[321] Zu einem Logistikstrukturmodell mit Bestands-, Funktions- und Bedarfspuffern s. Kuhn, Axel: CIM und Logistik, in: CIM Management, 4/91, S. 9.

nen grundsätzlich zum Ausgleich zeitlicher Disparitäten zwischen nicht abgestimmten Prozessen, ihr Vorhandensein läßt auf das Auftreten von Wartezeiten und damit auf (Zwischen-) Lagerprozesse in verbundenen Prozessen schließen.

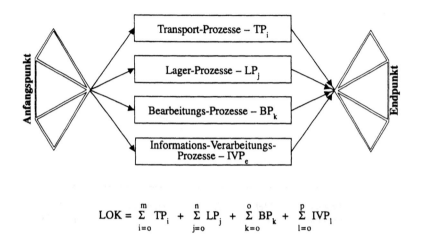

$$LOK = \sum_{i=0}^{m} TP_i + \sum_{j=0}^{n} LP_j + \sum_{k=0}^{o} BP_k + \sum_{l=0}^{p} IVP_l$$

Abb. 17: Die vier Grundprozesse zur Bildung logistischer Ketten (Quelle: Eigene Darstellung)

3.3.2.2 Spektrum logistischer Ketten

Besonders im Zusammenhang mit Distributionssystemen wird bezüglich der verschiedenen Vertriebs- und Distributionsmöglichkeiten auch von logistischen Kanälen gesprochen. Den grundlegenden Zusammenhang zwischen der Anzahl logistischer Kanäle, die jeweils als verschiedene Ausprägungen logistischer Ketten interpretiert werden können, und der Anzahl von Produkten (als Indikator für das Produktspektrum von Unternehmen) zeigt die Abb. 18. Die theoretisch mögliche Anzahl logistischer Ketten ist abhängig von der Anzahl der Stufen bzw. Elemente innerhalb der logistischen Kette und der Menge alternativer Ausprägungen je Element der logistischen Kette (z.B. Verkehrsmittel oder Transport- und Lagersystem).

Die Tab. 9 zeigt einige wichtige Kriterien zur Unterscheidung von logistischen Ketten. Die exponentiell steigende Zahl möglicher kombinatorischer Verknüpfungen der aufgeführten exemplarischen Elemente vermittelt eine Vorstellung von der Vielfalt realer Ausprägungen. So lassen sich allein durch eine dreistufige Verknüpfung von Verkehrsmitteln, für welche in der Tabelle sechs Realisierungsmöglichkeiten aufgeführt sind, bereits 216 verschiedene Kombinationen logistischer Ketten erzeugen.

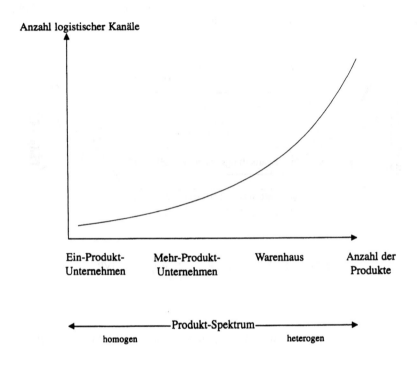

Abb. 18: Logistische Kanäle und Produktspektrum (Quelle: Eigene Darstellung)

Zur Verdeutlichung der Vielfalt möglicher Ausprägungen werden abschließend für den Bereich der Distribution einige typische logistische Ketten vorgestellt, wobei sich die Auswahl auf diejenigen Beispiele beschränkt, die in der Wirtschaftspraxis maßgebliche Bedeutung besitzen. Die Auswahl soll, im Vorgriff zu den Ausführungen bezüglich der Bewertung von Systemen, zugleich das Spektrum unterschiedlicher Standpunkte und Betrachtungsweisen veranschaulichen. Die Festlegung von Strukturen in Distributionssystemen kann als Festlegung der logistischen Kette interpretiert werden. Im Rahmen dieser Gestaltungsaufgabe müssen Entscheidungen bezüglich der Transportwege und Transportmittel sowie hinsichtlich Art, Anzahl und Standort von Lagern oder Verteilzentren getroffen werden.

Kriterium	Ausprägungen (beispielhaft)
logistischer Verkehrsträger	• Straße • Binnenschiffahrt • Eisenbahn • Luftfahrt • Seetransport • Leitungstransport
Branche	• Automobilindustrie • Maschinenbau • Chemie • Lebensmittelindustrie • Zulieferindustrie • Speditionen • Verkehrsbetriebe •
Einzugsbereich	• inner-, zwischen-, überbetrieblich • national, international
Anzahl der Elemente bzw. Stufen	• einstufige Systeme: direkter Transport vom Ort der Güterbereitstellung (Lieferpunkt) zum Ort der Güterverwendung (Empfangspunkt) • mehrstufige Systeme: zwischen Quelle und Senke sind ein oder mehrere Auflösepunkte (Aufteilung in einzelne Warenströme) bzw. Konzentrationspunkte (zur Zusammenfassung bzw. Bündelung von Warenströmen) zwischengeschaltet
Zugehörigkeit zum Unternehmensbereich	• Werkverkehr (Transporte zwischen Betriebseinheiten desselben Unternehmens) • Verladende Wirtschaft (Versender, Versandspediteur, Frachtführer, Empfangsspediteur - Empfänger/Kunde/Endverbraucher)

Tab. 9: Auswahl von Kriterien zur Klassifizierung logistischer Ketten und beispielhafte Erscheinungsformen. (Quelle: Eigene Darstellung)

In der Distribution lassen sich folgende Grundstrukturen[322] unterscheiden:

- einstufige Systeme
- mehrstufige Systeme
- kombinierte Systeme.

Einstufige Systeme beinhalten den direkten Transport vom Ort der Güterbereitstellung (Lieferpunkt, Quelle) zum Ort der Güterverwendung (Empfangspunkt, Senke). In einstufigen Distributionssystemen werden Güter in Form von Halb- und Fertigfabrikaten oder Bauteilen bzw. Systemkomponenten direkt vom Produzenten zum Empfänger transportiert. Beispielhaft seien hier genannt die Direktbelieferung von Gastronomiebetrieben durch Brauereien oder die direkte JIT-Anlieferung der Zulieferindustrie an die Montagebänder der Automobilproduzenten. Je nach Sichtweise bzw. Stellung in der logistischen Kette (als Quelle/Lieferant oder Senke/Abnehmer) sind die genannten Prozesse Distributions- bzw. Beschaffungsvorgänge.

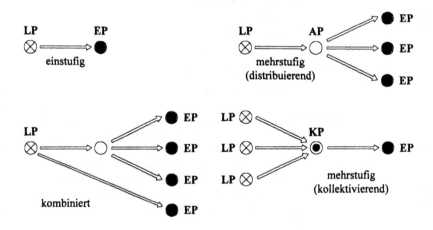

LP = Lieferpunkt
EP = Empfangspunkt
AP = Auflösepunkt
KP = Konzentrationspunkt

Abb. 19: Grundstrukturen der logistischen Kette in der Distribution (Quelle: Eigene Darstellung in Anlehnung an Pfohl, H.-Ch.: a.a.O., S. 6)

In **mehrstufigen Systemen** sind zwischen Quelle und Senke ein oder mehrere Auflösepunkte (zur Aufteilung in einzelne Warenströme) bzw. Konzentrationspunkte (zur Zusammenfassung

[322] Vgl. hierzu Pfohl, H. Ch.: Logistiksysteme ..., a.a.O., S. 12.

bzw. Bündelung von Warenströmen) zwischengeschaltet, die Warenverteilung kann z.B. über bestandsführende Außenlager oder bestandslose Umschlagspunkte erfolgen. In mehrstufigen Distributionssystemen erfolgt die Warenverteilung z.B. über Zentral-, Regional- und Auslieferungslager. In einem europaweiten Distributionssystem kann die Warenverteilung wie folgt organisiert werden. Ausgehend von mehreren Produktionsstandorten werden die Warenströme in einem europäischen Zentrallager zusammengefaßt. Von diesem Zentrallager werden nationale Lager, von diesen wiederum regionale Auslieferungslager bedient. Die Fragestellung, über welche Anzahl von Stufen und über welche Standorte die Distribution[323] kostenoptimal erfolgen kann, ist nur im konkreten Anwendungsfall zu beantworten. Zur Lösung dieses Optimierungsproblems ist die Formulierung von mehr oder weniger komplexen Modellen zur Berücksichtigung von vor allem Transport,- Handlings- und Lagerkosten erforderlich.

Kombinierte Systeme erlauben direkten (einstufigen) und indirekten (mehrstufigen) Güterfluß von der (Ursprungs-) Quelle (Lieferpunkt) bis zur Senke (letzter Empfangspunkt). In der Nahrungs- und Genußmittelindustrie beispielsweise sind kombinierte Systeme durchaus üblich, die Belieferung von Großkunden erfolgt direkt, während für die Warenverteilung an kleinere Kunden (mit entsprechend geringeren Mengen) die Einschaltung von Außenlagern oder Umschlagpunkten sinnvoll ist.

3.3.2.3 Der Faktor Zeit in der logistischen Kette

Zur Beschreibung der Leistungen bzw. des Outputs logistischer Systeme werden oft abstrakte Prädikate bzw. Attribute wie z.B. verbesserter Lieferservicegrad[324] oder höhere Liefertreue benutzt. In Ermangelung offensichtlicher Bewertungsmaßstäbe bzw. direkter Kriterien zur Beurteilung der Einflüsse der dispositiven Faktoren Organisation und Planung und damit i.w.S. von Informationsverarbeitung auf die effiziente Gestaltung logistischer Prozesse müssen Ersatzmaßstäbe gebildet werden.

Teilweise ist eine Quantifizierung und Operationalisierung logistischer Leistungsgrößen durch Kennzahlen möglich; wesentlicher Maßstab ist der Faktor Zeit.[325] Grundsätzlich können eine Reihe von Zeiten wie Lieferzeiten, Auftragsdurchlaufzeiten und Materialdurchlaufzeiten unterschieden werden. Die Lieferzeit beschreibt allgemein den Zeitraum zwischen Auftragseingang und Auslieferung des Auftragsgegenstandes. Die Auftragsdurchlaufzeit erstreckt sich zeitlich von den dispositiven, administrativen und organisatorischen Maßnahmen der Einsteuerung eines Auftrags in das Unternehmen bis zur Auftragsauslieferung. Die Materialdurchlaufzeit beginnt mit der Anlieferung (von Rohwaren, Halbfabrikaten, Komponenten

---

[323] Zu praktischen Relationsstrukturen in Logistikssystemen s. Drechsler, Wolfgang: a.a.O., S. 78.

[324] Größen wie Logistikkosten und Lieferservice zählen zu den logistischen Spitzenkennzahlen. Vgl. hierzu die Bemerkungen in Kap. 7.1.2.

[325] Vor allem für Direktvertriebsunternehmen ist Zeit ein wichtiger Faktor, weil dort weder Groß- noch Einzelhandel (mit entsprechenden Pufferbeständen) zwischen Produzent und Kunde geschaltet sind und eine schnelle Befriedigung der Kundenbedürfnisse für den Unternehmenserfolg maßgeblich sein kann.

bzw. Bauteilen) in das Unternehmen und endet mit der Auslieferung des Auftragsgegenstandes.[326]

Grundsätzlich können Prozesse in Teilprozesse untergliedert werden, die jeweils einen bestimmten Teil an der zur Durchführung des Gesamtprozesses notwendigen Gesamtzeit haben. Da die Untersuchung des Faktors Information wesentlicher Inhalt dieser Arbeit ist, soll im Folgenden die Fragestellung untersucht werden, welchen Beitrag die Informationsverarbeitung zur Verkürzung von (Teil-) Prozessen leisten kann. Um Ansatzpunkte für die zeitliche Reduzierung von Prozessen zu erhalten, ist es sinnvoll, die Möglichkeiten der Beeinflußung auf jeden Teilprozeß bezogen zu analysieren.

Im Rahmen der Aktivitäten zur Verbesserung und Rationalisierung von Prozessen und Systemen sind in der Wirtschaftspraxis die Größen Lieferservice und Durchlaufzeit von zentraler Bedeutung. Lieferzeit und Durchlaufzeit bieten sich als zentrale Kenngrößen zur Abbildung des Outputs der dispositiven Logistikfaktoren an.[327] Sie sind zugleich wesentliche logistische Schlüsselgrößen, da sie eine Bewertung der Qualität von Logistiksystemen bzw. logistischen Prozessen ermöglichen.

Die Durchlaufzeit hat unter dem Aspekt der Kapitalbindung entscheidende finanzwirtschaftliche Bedeutung[328], die Lieferzeit als Komponente des Lieferservice trägt entscheidend zur Wettbewerbsfähigkeit von Unternehmen bei. Die Verkürzung einzelner Teilprozesse oder Bestandteile von Durchlaufzeit und Lieferzeit bzw. die Verminderung einzelner Zeitanteile wie z.B. Übertragungszeiten zwischen den Gliedern einer logistischen Vorgangskette führt zu einer Verkürzung der Gesamtdurchlaufzeit und somit zu wirtschaftlichen Vorteilen. Dies soll anhand einiger Beispiele diskutiert werden.

Ausgangspunkt der folgenden Untersuchungen ist die These, daß sich die zum Durchlaufen der logistischen Kette erforderliche Gesamtzeit in dem Maß beeinflussen läßt, in dem einzelne Teilprozesse durch geeignete bzw. optimale Informationsverarbeitungsprozesse beeinflußt werden können. Es wird nachfolgend der Versuch unternommen, die Einflußmöglichkeiten des Faktors Information auf logistische Prozesse zu analysieren und somit den Stellenwert der Informationsverarbeitung innerhalb der Logistik herauszuarbeiten.

---

[326] Die genannten Begriffe werden nicht einheitlich verwendet. So betrachtet Krampe die Lieferzeit als Teil der Auftragsdurchlaufzeit. Vgl. Krampe, Horst: Qualitätssicherung - Service des Anbieters ist meßbar, Logistik Leitfaden, in: Logistik-Jahrbuch 1993 , S. 182.

[327] Vgl. dazu Pfohl, H.-Ch./ Zöllner, W. : a.a.O., S. 334.

[328] Die unternehmerische Relevanz der Auftragsabwicklung ergibt sich aus der Tatsache, daß der Kostenanteil branchenbezogen zwischen 15 und 30 % der Vollkosten beträgt. Vgl. hierzu Bumba, Frantisek: Jeder mit allen, weltweiter Datenaustausch, in: o.V.: Logistik - Lösungen für die Praxis, Berichtsband zum 11. Deutschen Logistik-Kongreß, (Hrsg: BVL), Huss-Verlag, München 1994, S. 487. Aus einer Reduzierung der Durchlaufzeit ergeben sich i.a. verminderte Kapitalbindungskosten (Umlaufvermögen), verminderte Lagerraum- und Handlingkosten, geringere Bestandsrisiken und Qualitätskosten sowie last but not least eine verbesserte Marktposition. Zu Aspekten einer Quantifizierung von Durchlaufzeitverkürzungen s. z.B. Horváth, P. / Mayer, R.: CIM-Wirtschaftlichkeit aus Controller-Sicht, in: CIM Management 4/88, S. 51 bzw. die Ausführungen in Kap. 5.1.2.3.

3.3.2.3.1 Zeitanteile der Lieferzeit

Die Lieferzeit[329] umfaßt das gesamte Zeitintervall von Auftragserteilung bis zum Empfang der Ware beim Kunden. Für eine ganzheitliche Analyse der logistischen Kette ist eine unternehmensübergreifende Betrachtung notwendig. Die nachfolgende Aufgliederung der Lieferzeit in einzelne Segmente oder Prozesse hat exemplarischen Charakter und stellt den Prototyp zur Beschreibung der zur Auftragsabwicklung erforderlichen physischen und informatorischen Prozesse dar. Das Beispiel gilt für den Fertigungstyp Massenfertigung und basiert demzufolge auf der Annahme, daß die zur Auftragserfüllung benötigten Produkte bereits in einem Fertigwarenlager verfügbar sind. Für den Spezialfall einer Auftragsfertigung ist eine entsprechende Modifizierung notwendig.

Die Lieferzeit wird im wesentlichen durch folgende logistische Teilprozesse bestimmt:

- Ausfertigen und Übermitteln des Auftrages durch den Kunden an ein regionales Verkaufsbüro
- Auftragsbearbeitung durch das regionale Verkaufsbüro des Lieferanten
- Übermittlung an die zentrale Auftragsbearbeitung
- Weitere Bearbeitung durch die zentrale Auftragsbearbeitung
- Übermittlung zum Auslieferungslager
- Kommissionieren (Zusammenstellen des Auftrags) und Verpacken im Auslieferungslager
- Beladen der Transportmittel
- Transport zum Kunden
- Entladen der Transportmittel
- Einlagerung der Ware bzw. Empfang beim Kunden.

Weitere Tätigkeiten wie Empfangsbestätigungen, Aushändigen von Lieferpapieren sowie Zahlungsströme sind hier zunächst aus Gründen der Übersichtlichkeit nicht berücksichtigt, wenngleich diese Prozesse, die in erster Linie Informationsverarbeitungsprozesse darstellen, in der Praxis nicht vernachlässigt werden dürfen.[330]

Die Abb. 20 zeigt exemplarisch den grundsätzlichen Ansatz zur zeitlichen Analyse logistischer Ketten und veranschaulicht am Beispiel der Lieferzeit prinzipielle Möglichkeiten zur

---

[329] Komplexe Größen wie Lieferzeit oder Lieferservice sind in der Literatur sehr unterschiedlich definiert. Zur Erläuterung der verschiedenen Komponenten der Lieferzeit als Outputgröße eines logistischen Gesamtsystems s. die Ausführungen zu Quantifizierungsansätzen komplexer Größen in Kap. 7.1.3. Zum Zusammenhang zwischen Zentralisierungsgrad und Einflüssen auf den Lieferservice s. z.B. Salzer, Jörg: Pro und Contra zur Zentralisierung der Warenverteilung, in: Zentralisierung der Warenlagerung ?, Düsseldorf, VDI, 1986 (VDI Berichte 625), S. 18 ff.

[330] Eine effiziente Auftragsbearbeitung und ein zügiger Versand zur Einhaltung kurzer Lieferfristen ist auch durch eine entsprechende Organisation möglich. Für eine funktionierende Logistik ist die schnelle und reibungslose Kommunikation eine conditio sine qua non. Zum administrativen Teil der Auftragsabwicklung sowie zu den Möglichkeiten der Unterstützung durch DFÜ s. Bumba, Frantisek: EDI in logistischen Leistungsketten, in: it 3/92, S. 162 ff. Ein Fallbeispiel für den Nutzen eines elektronischen Datenverbundes auf Lieferanten- und Kundenseite findet sich bei Schweichler, Norbert: Elektronische Partnerschaften: Euro-Logistik, Datenaustausch mit Kunden, in: Die Absatzwirtschaft, (35) Heft 19'0, 1992, S. 88 ff.

Beeinflussung einzelner logistischer Teilprozesse durch geeignete Informationsverarbeitung bzw. durch den Einsatz entsprechender Informationssysteme, die auf die Bedürfnisse bzw. Erfordernisse der logistischen Kette abgestimmt sind. Durch vergleichbare Analyseansätze lassen sich Ansatzpunkte für Verbesserungen in Prozessen bzw. Prozeßketten ermitteln.

3.3.2.3.2 Prozeßanalyse der Durchlaufzeit

Die Durchlaufzeit ist wichtige Einflußgröße für andere logistisch relevante Kennzahlen (Kosten- und Leistungsgrößen) wie Umschlagshäufigkeit oder Lieferservice. Definitionen und Inhalte der Durchlaufzeit sind weder in der Literatur noch in der Wirtschaft einheitlich. Als wesentlicher Bestandteil der gesamten Liefezeit sind vor allem die Durchlaufzeiten in der Produktion sowie die Auftragsdurchlaufzeit interessant. Die Auftragsdurchlaufzeit kann definiert werden als die Zeitspanne von Auftragserteilung (eines Kunden oder auch einer Unternehmensabteilung) bis zum Abschluß der Auftragsabwicklung, die i.a. mit der physischen Übergabe an den Abnehmer (Kunde oder Abteilung) endet.

Pfohl/Zöllner[331] weisen auf zwei Aspekte der Durchlaufzeit hin, den Realgüterstrom und durch den Realgüteraustausch induzierte Zahlungsmittelströme. Während die durchschnittliche Durchlaufzeit der Realgüter die vorzuhaltende Lagerkapazität sowie die Flexibilität der Produktion beeinflußt, wirkt sich die durchschnittliche Durchlaufzeit der Zahlungsmittel (von der Bezahlung an den Lieferanten bis zur Zahlung durch den Endabnehmer) unmittelbar auf die durchschnittliche Kapitalbindung aus.

Die Verantwortung für die Durchlaufzeit liegt i.d.R. nicht (allein) bei den für die Logistik zuständigen Stellen. Zur ganzheitlichen Beurteilung des gesamten Unternehmens kann die gemeinsame Betrachtung beider Durchlaufzeit-Größen (physische und monetäre Ströme) beitragen und gleichzeitig eine einseitige Konzentration auf den physischen Material- und Warenfluß vermieden werden. So wird einerseits erheblicher Aufwand betrieben für die Einhaltung vorgegebener zeitlicher Rahmen (sog. „Zeitfenster") für die Anlieferung von Waren, während andererseits der Kontrolle der Einhaltung von Zahlungszielen nur wenig Aufmerksamkeit gewidmet wird. Der ganzheitliche Ansatz der Logistik verbietet eine beschränkte Betrachtung isolierter Zielgrößen und eine daraus möglicherweise resultierende einseitige Ausrichtung von Maßnahmen.

---

331 Pfohl, Hans-Christian / Zöllner, Werner: a.a.O., S. 335.

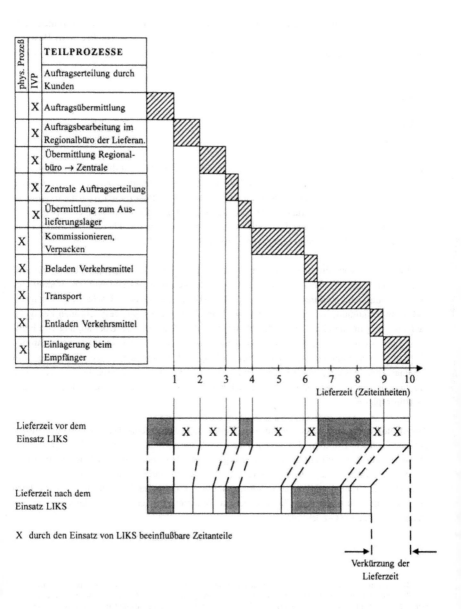

Abb. 20: Prinzipieller Ansatz zur Verkürzung der Lieferzeit durch den Einsatz logistischer Informations- und Kommunikationssysteme bzw. logistikadäquate Informationsverarbeitung (Quelle: Eigene Darstellung)

Die Auftragsdurchlaufzeit in der Produktion[332] setzt sich zusammen aus den einzelnen Zeitabschnitten, die zum Durchlaufen der vom Auftrag betroffenen Arbeitsplätze bzw. Bearbeitungsstationen notwendig sind. Dabei sind folgende grundsätzlichen Zeitelemente zu unterscheiden:

- Auftragszeit[333]
- Transportzeit
- Wartezeit
- Liegezeit.

Ein weiterer Ansatzpunkt für diese Optimierung der Durchlaufzeit ist die Wertzuwachskurve, deren Fläche unterhalb der Kurve das im Umlaufvermögen gebundene Kapital widerspiegelt. Die Wertzuwachskurve stellt die Kostenentwicklung z.B. eines Produktes über die gesamte Durchlaufzeit dar. Eine Verkürzung der Durchlaufzeit ist abgesehen vom Aspekt der Kapitalbindung auch interessant unter Flexibilitätsgesichtspunkten, da eine kürzere Durchlaufzeit in aller Regel auch kürzere Planungshorizonte ermöglicht.

Die Verkürzung von Durchlaufzeiten ist eine wichtige logistische Zielsetzung. Um dieses Zeil zu erreichen, sind eine Reihe von Konzepten und Strategien entwickelt worden. Während es bei herkömmlichen Verfahren zur sequentiellen Abfolge der Phasen Beschaffung, Fertigung und Montage kommt, beginnt demgegenüber beim Prinzip der montagesynchronen Fertigung nach einer bestimmten Zeit bereits die Montage, so daß eine teilweise Überlappung von Fertigung und Montage auftritt. Beim Übergang zum Verfahren der produktionssynchronen (fertigungs- und montagesynchronen) Beschaffung und montagesynchronen Fertigung wird die Phase der Fertigung zeitlich vollständig von der Beschaffung überdeckt, Fertigung und Montage beginnen jeweils mit kurzer zeitlicher Verzögerung unmittelbar nach Beginn der Beschaffungsphase.

Ansatzpunkte für eine Verbesserung bzw. Verkürzung der Durchlaufzeit sind immer situationsspezifisch zu ermitteln. Empirisch belegt und unbestritten ist jedoch, daß der weitaus überwiegende Zeitanteil auf unzureichend organisierte Abstimmungs- und Koordinationsprozesse zurückzuführen ist. Untersuchungen in der metallverarbeitenden Industrie offenbaren hohe Durchlaufzeiten von Fertigungsaufträgen, die vor allem durch extrem hohe Wartezeiten des Materials verursacht sind. Für verschiedene Zeitanteile an der gesamten Durchlaufzeit ergaben sich folgende Größenordnungen:

---

[332] Bäune, Rolf / Martin, Heinrich / Schulze, Lothar: Handbuch der innerbetrieblichen Logistik, Logistiksysteme mit Flurförderzeugen, Hrsg: Jungheinrich AG, Hamburg, 1991; Anhang S. 6. Zu weiteren Beispielen für strukturierte Durchlaufzeitanalysen s. z.B. Götz, K. / Möser, H.: Optimierte Material- und Informationsflüsse im Wareneingang und Warenausgang, S. 103-116, in: Jehle, Egon (Hrsg.): Wertanalyse optimiert Logistikprozesse, Köln: TÜV Rheinland, 1989.

[333] Die eigentliche Auftragsbearbeitungszeit kann weiter in Haupt-, Neben-, Rüst- und Verteilzeit unterteilt werden.

Zeitanteil	typische Werte in der metall-verarbeitenden Industrie
• Bearbeitungszeit	3% bis 30%
• Warten auf Bearbeitung	60% bis 85%
• Warten nach der Bearbeitung	8% bis 23%
• Transportzeit	1%bis 2%

Tab. 10: Zeitanteile der Durchlaufzeit (Quelle: Gerlach, Horst-Henning / Bobenhausen, Frank: Durchlaufzeit-Analyse bei Einzel- und Kleinserienfertigung, in: FB/IE 35 (1986), Nr. 2, S. 83 f.)

Grundsätzlich bietet sich im Rahmen einer Analyse einzelner Zeitanteile die Differenzierung in wertsteigernde Zeiten (z.B. Einwirk- oder Bearbeitungszeit), nicht wertsteigernde Zeiten (z.B. Abstimmungs-, Such-, Archivierungs- oder Kontrollzeit), Transport-, Rüst- sowie Liegezeiten an. Eine Bestimmung und Untersuchung der wesentlichen Einflußgrößen auf der Basis prozeßorientierter Betrachtungen von Wertzuwachskurven bzw. Wertschöpfungsketten[334] liefert zugleich Ansatzpunkte einer Reduzierung der Durchlaufzeit.

3.3.2.3.3 Zeitanteile des Kommissioniervorgangs

Die zeitliche Analyse logistischer Ketten abschließend soll hier der typische logistische Teilprozeß des Kommissionierens[335] vorgestellt werden. Kommissioniervorgänge sind i.a. personal- und somit kostenintensive Vorgänge und stehen daher im Mittelpunkt prozeßorientierter Optimierungen. Die häufigsten bei der Kommissionierung auftretenden Fehler[336] sind vergessene Positionen (45 %), vertauschte Artikel (20 %), falsche Artikel (30%) sowie falsche Mengen (5 %). Zeitvergleiche des Kommissioniervorgangs zwischen einer geübten und ungeübten Person[337] unterstreichen die Bedeutung, die einer optimalen Informationsverarbeitung zukommt. Geeignete Informationsverarbeitung kann in diesem Fall bereits dadurch zum Aus-

[334] Zur Ableitung und Diskussion verschiedener Wertzuwachskurven im Zusammenhang mit Just-in-Time-Konzepten s. z.B. Zibell, Roland M.: Just-in-Time - Philosophie, Grundlagen, Wirtschaftlichkeit, München: Huss, 1990 (Schriftenreihe der BVL), S. 185 ff.

[335] Der logistische Teilprozeß Kommissionierung kann als eigenständige innerbetriebliche logistische Kette betrachtet werden.

[336] Vogt, Gert: Kommissionierhandbuch, Verlag moderne industrie, Landsberg, 1989, S. 81.

[337] Der Zeitbedarf für Kommissioniervorgänge kann bei ungeübten Personen das zwei- bis dreifache einer geübten Person betragen.

druck kommen, daß beipielsweise Kommissionierunterlagen (sog. Picklisten) oder auch Lagerortkennzeichnungen einfach, eindeutig und verständlich gestaltet sind.

Speziell im Kommissionierbereich existieren zahlreiche Materialflußbeziehungen und es ist die Koordination einer großen Anzahl von Schnittstellen erforderlich. Zu den wichtigsten Funktionen und damit zugleich zu den wesentlichen Inhalten der Informationsverarbeitung innerhalb der Kommissionierung gehören der Antransport bzw. die Bereitstellung der Kommissionierpapiere, der Abtransport der kommissionierten Artikel (z.b. durch Handgabenhubwagen oder stationäre Fördertechnik), der Zutransport von Verpackungsmaterial oder Leergut, das Bereithalten von Versandpapieren (falls während des Kommissioniervorganges verpackt wird), die Organisation des Nachschubs sowie der Abtransport von ggf. entstehendem Abfall. Folgende grundsätzliche Teilprozesse[338] sind Elemente der logistischen Kette Kommissioniervorgang:

- Bewegung der Güter zur Bereitstellung
- Bereitstellung
- Fortbewegung des Kommissionierers zur Bereitstellung
- Entnahme der Güter durch den Kommissionierer
- Transport der Güter zur Abnahme
- Abgabe der Güter
- Transport der Kommissioniereinheit zur Abgabe
- Abgabe der Kommissioniereinheit
- Rücktransport der angebrochenen Ladeeinheit.

Im Hinblick auf eine optimale bzw. wirtschaftliche Gestaltung der Kommissionierung[339] stellt sich grundsätzlich die Frage, welche Zeitanteile durch eine verbesserte Informationsverarbeitung beeinflußbar sind.

Ein Vergleich konventioneller Kommissionierung mit Hilfe von Auftrags- oder Kommissionierlisten mit belegloser Kommissionierung offenbart teilweise gravierende Unterschiede im Zeitbedarf für die Kommissionierteilprozesse Information, Bewegung und Greifen. Der Rationalisierungseffekt durch beleglosen Kommissionieren kann, bezogen auf die Auftrags-

---

[338] Berücksichtigt man die materialflußtechnischen Grundfunktionen der Kommissionierung mit ihren alternativen Realisierungsmöglichkeiten und generiert alle möglichen Kombinationen anhand eines morphologischen Schemas, so wird sofort das enorm große Spektrum realer Kommissioniersysteme deutlich. Vgl. hierzu die Tab. A4 im Anhang.

[339] Infolge der Heterogenität der Unternehmen und der Vielfalt realer Kommissioniersysteme sind Aussagen über die Wirtschaftlichkeit nur im Einzelfall und unter Berücksichtigung der spezifischen Randbedingungen möglich. Die Produktivität von Kommissioniersystemen läßt sich darstellen z.B. durch die Kennzahl Picks pro Mitarbeiter und Stunde, wobei die Abhängigkeiten dieser Kenngröße von Faktoren wie Auftragsgröße, Organisationsform oder Grad der Automatisierung und Unterstützung durch technische Systeme bei der Beurteilung nicht vernachlässigt werden dürfen. In der Praxis ist die Unterscheidung statischer und dynamischer Kommissionierprinzipien (umgangssprachlich als Prinzip „Mann-zur-Ware" bzw. „Ware-zum-Mann" bezeichnet) bedeutsam.

kommissionierzeit, durchaus 50 % betragen.[340] Durch die Bereitstellung von Artikel- und Bedarfsinformationen mit Hilfe elektronischer Picklisten auf z.B. Datenfunkterminals kann die Auftragskommissionierzeit deutlich reduziert werden. Eindeutiges und schnell erkennbares Anzeigen von Quelle-/Senke-Beziehungen vermindert Orientierungs- und Artikelsuchzeiten. Durch sofortiges Quittieren bzw. Fertigmeldung eines Kommissionierauftrages kann unmittelbar der Druck von Liefer- bzw. Versandpapieren veranlaßt werden, was im Ergebnis ebenfalls zu einer Reduzierung von Wartezeiten führt. Neben der Verringerung manueller Tätigkeiten wie Erstellung und Kontrolle von Kommissionierlisten bzw. generell des Handlings von Papieren werden Wartezeiten auch dadurch reduziert, daß Transportaufträge zum Nachschub von Kommissionierware online und damit zeitnah generiert werden. Der Kommissionierteilprozeß Bewegung kann minimiert werden, indem das Kommissionierpersonal innerhalb der Kommissionierzone durch sequentielles Anzeigen der einzelnen Pickpositionen wege- und damit letztlich zeitoptimiert geführt wird.[341]

Die Tab. 11 vermittelt einen Überblick über die typische Struktur der Kommissionierzeitblöcke, die Tab. 12 gibt Hinweise auf die Möglichkeiten zur Beeinflussung einzelner Zeitkategorien innerhalb der Kommissionierung.

	typisches Zeitbudget bzw. Parameter zur Ermittlung des Zeitbudgets	Rationalisierungs- potential	Zeitanteil
Information	2 bis 4 Sekunden pro Position	normalerweise hoch	ca. 10 bis 20 % der Entnahmezeit
Bewegung	Laufen ca. 1 bis 1,4 m pro Sekunde, Fahren ca. 0,7 bis 2,5 Meter pro Sekunde	Haupteinflußfaktor für Kosten der Kommissionierung	50 bis 70 % der Zeit
Greifen	pro Griff ca. 2 bis 6 Sekunden für Menschen	eher gering	20 bis 30 % der Gesamtzeit

Tab 11: Hauptblöcke des Kommissioniervorgangs (Quelle: eigene Darstellung in Anlehnung an Vogt, G., a.a.O., S. 78 bzw. Bäune, R. / Martin, H. / Schulze, L., a.a.O., Anhang S. 58)

---

[340] Erfahrungswerte aus verschiedenen vom Autor durchgeführten Projekten.

[341] Zu weiteren Effekten DV-gestützter Kommissionierung wie Fortfall manueller Kommissionierauftragsauflösung, Aufteilung in zonenbezogene Unteraufträge und anschließender Auftragszusammenführung s. z.B. Kern, Aeisso: Transportsteuersysteme - Konzeption, Realisierung und Systembeurteilung für den wirtschaftlichen logistischen Einsatz, München: Huss, 1991, S. 175 ff.

Kategorie	typische Tätigkeiten	durch Informationsverarbeitung beeinflußbar ?	Beispielhafte Unterstützung durch Informationsverarbeitungs-prozesse
Basiszeit	• administrative Tätigkeiten	ja	Online-Bestätigung der Auftragsannahme
	• Aufnahme von Behältern	nein	
	• Abgabe der Waren	nein	
Wegzeit	• Fortbewegung zwischen zwei Entnahmestellen	ja	Wegeoptimiertes Führen des Kommissionier-Personals
Greifzeit	• Hinlangen	nein	
	• Aufnehmen	nein	
	• Befördern	nein	
	• Ablegen	nein	
Totzeit	• Suchen/Finden eines Artikels	ja	Bereitstellung von Informationen zum Lagerort
	• Zählen/Kontrollieren/ Vergleichen/Lesen	ja	
	• Etikettieren	nein	

Tab. 12: Möglichkeiten der Beeinflussung einzelner Zeitkategorien der Kommissionierung durch Informationsverarbeitungsprozesse (Quelle: Eigene Darstellung)

3.4 Typische Zielkonflikte in der Logistik

Logistik und die mit ihr verbundenen Prozesse sind nicht Selbstzweck, sondern dienen der Erreichung gesetzter Ziele. Aufgrund ihres Charakters als bereichs-, unternehmens- oder organisationsübergreifende Querschnittsfunktion wird sie mehr als andere betriebliche Funktionen häufig mit der Existenz von Zielkonflikten konfrontiert. Die Problematik der Existenz von Kostenkonflikten bzw. Interdependenzen in Kostenfunktionen soll anhand einiger Beispiele erläutert werden, wobei diese Überlegungen teilweise einen Vorgriff auf die Ausführungen zur Analyse von Ursache-Wirkungs-Zusammenhängen[342] darstellen.

Kostensenkungen in einzelnen Bereichen können Kostensteigerungen in anderen Berei- chen zur Folge haben. Die Tab. 13 veranschaulicht anhand wichtiger Zielgrößen einige für die Logistik typische Zielkonflikte zwischen Organisationseinheiten bzw. betrieblichen Funktionsbereichen wie Produktion, Marketing und Finanzen. Da es dem ganzheitlichen Ansatz entsprechend Aufgabe der Logistik ist, unter Vernachlässigung von Einzel- bzw. Bereichs-Egoismen (mit bereichsbezogener Teiloptimierung und Beschränkung auf Teilaspekte) logistische Systeme und Prozesse im Hinblick auf eine Gesamtoptimierung zu gestalten, müssen derartige Zielkonflikte gelöst werden. Diese Optimierung des gesamten Aufgabenkomplexes durch Be-

---

[342] Vgl. hierzu die Ausführungen in Kap. 5 und 6.

achtung der unterschiedlichen und teilweise konfliktären Ziele von Teilbereichen führt i.a. zu einer besseren Lösung, da die optimierten Teillösungen in der Summe meist unterhalb eines erreichbaren Gesamtoptimums liegen.

Logistikkosten[343] setzen sich aus einer Vielzahl von Bestandteilen zusammen, wobei Transport- und Lagerkosten i.a. zu den wichtigsten logistischen Kostenkategorien zählen. Die Abb. 21 vermittelt einen Überblick über einige typische elementare Gesamtkostenverläufe als Summe von Lager- und Transportkosten[344] in Abhängigkeit verschiedener Kosteneinflußgrößen und veranschaulicht somit grundlegende Kostenzusammenhänge, die bei der Ermittlung von Ursache-Wirkungs-Zusammenhängen zu berücksichtigen sind. Die Betrachtung von Kostenabhängigkeiten bzw. Einflußgrößen auf Kosten- und Leistungsgrößen ist wesentlicher Bestandteil von Wirtschaftlichkeitsanalysen. Die Kenntnis von Kostenzusammenhängen ist von fundamentaler Bedeutung für die Gestaltung bzw. Optimierung logistischer Systeme und Prozesse (i.S. einer Optimierung von Gesamtsystemen). Sie ist ausschlaggebend bei der Festlegung einzelner logistischer Entscheidungstatbestände und zugleich wichtiges Element der Entscheidungsfindung.[345]

Zielgröße	Bereichsziele der Ressorts		
	Produktion	Absatz	Finanzen
Bestände	ausreichend	höher	geringer
Lagerstandorte	produktionsnah	kundennah	optimale Anzahl
Auftragsabwicklung	langsam	schnell	langsam*)
Transportmethode der Auslieferung	unwichtig	schnell	langsam*)
Losgröße	groß	bedarfsgerecht	kostenminimal

*) unter der Prämisse, daß eine schnellere Prozeßabwicklung teurer ist

Tab. 13: Zielkonflikte zwischen Teilbereichen (Quelle: Eigene Darstellung)

---

[343] S. die Ausführungen zu Problemen einer Logistikkosten- und Leistungsrechnung in Kap. 7.

[344] Zur ausführlichen Diskussion von Transportkostenfunktionen s. Blöte, Volker: Planung optimaler Transport- und Lagermengen, Düsseldorf: Mannhold, 1981, S. 54 ff.

[345] Vgl. Kap. 2.6.

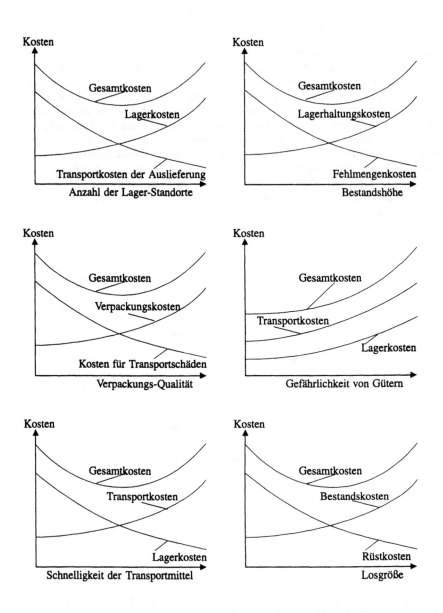

Abb. 21: Typische logistische Kostenfunktionen (Quelle: Eigene Darstellung)

Die Tab 14. zeigt exemplarisch die konkurrierenden Forderungen, welche sich aus der Zielsetzung niedriger Bestände und den jeweiligen Zielen der Bereiche Absatz, Produktion und Beschaffung ergeben.

Bereichsziele	Konkurrierende Forderungen		Bestandsziel
Absatz: schnelle und individuelle Erfüllung der Kundenwünsche	• hohe Lieferbereitschaft • Sortimentsausweitung, Spezialanfertigungen • häufige und schnelle Einführung neuer Produkte	• lange Lieferzeiten gegenüber den Kunden • Sortimentsbereinigung • seltener Produktwechsel	niedrige Bestände
Produktion: hohe und gleichmäßige Auslastung der Kapazitäten	• Abbau von Überkapazitäten • große Puffer, große Lose • Abweichen vom Produktionsplan • große Bestellmengen	• Kapazitätsreserven statt Bestände • bedarfsgerechte Fertigung • Materialversorgung nach Produktionsplan • kleine Anliefermengen	niedrige Bestände
Beschaffung: Wirtschaftliche und sichere Versorgung	• Sicherheitsbestände	• kurze Wiederbeschaffungszeiten	niedrige Bestände

Tab. 14: Zielkonflikte im Bereich des Bestandsmanagements[346] (Eigene Darstellung in Anlehnung an Avonda, T.: Was tun mit den Vorräten, Bestandsmanagement im Handel, in: Logistik Heute, Nr. 1/2-91, S. 24.)

Logistische Konzepte zur Reduzierung von Logistikkosten lassen sich charakterisieren durch ein ausgeprägtes Gesamtkostendenken, wodurch die Berücksichtigung aller durch logistische Entscheidungen beeinflußten Kosten erreicht werden soll. Stellt die Minimierung von Logistikkosten bei definierten Leistungskenngrößen (z.B. 24-Stunden-Lieferservice oder wöchent-

---

[346] Zur Beeinflußung von Lagerbeständen durch alternative Dispositionsverfahren s. Ullrich, Manfred: Bestandssenkung durch Einsatz moderner Dispositionsmethoden, in: CIM Management, 4/88, S. 65-70.

liche Belieferung aller Kunden) das zu erreichende Ziel dar, so kann eine Reihe unterschiedlicher Maßnahmen dazu beitragen:[347]

- Automatisierung von Lager-, Kommissionier- und Umschlagsprozessen
- Errichtung von Zentrallagern
- Konsolidierung von Warenströmen zur Verrringerung von Transportkosten
- Auswahl kostenoptimaler Transportmittel
- Verringerung von Lieferanten
- Reduzierung der Sortimentsbreite.

Zur Beurteilung der Eignung beabsichtiger Maßnahmen ist eine ganzheitliche Betrachtung des gesamten Maßnahmenmixes erforderlich, insbesondere deshalb, weil Maßnahmen sich gegenseitig bedingen und positiv oder negativ (i.S. der Zielerreichung) beeinflussen.

3.5 Spektrum logistischer Problem- und Entscheidungsklassen

Im folgenden Kapitel wird zur Charakterisierung logistischer Aufgabenstellungen das Spektrum typischer logistischer Entscheidungsfelder und Modelle aufgezeigt, um über die bereits genannten Beispiele hinaus besonders anschaulich die Mächtigkeit des Themenkomplexes Logistik zu verdeutlichen.[348] Die genannten Beispiele stellen wesentliche logistische Problem- und Entscheidungsklassen dar und sind im Kontext der Triade Logistik - Information - Entscheidung zu sehen. Insbesondere soll die Vielschichtigkeit und Variabilität im Zusammenhang mit Bewertungsfragen bzw. umfassenden Wirkungs-Analysen, die vor allem aus der Tatsache resultieren, daß es sich bei logistischen Aufgaben i.a. um schlecht strukturierte, komplexe Entscheidungsprobleme handelt, verdeutlicht werden. Die Tab. 15 gibt einen Überblick über wichtige Problemklassen und Entscheidungsmodelle der betrieblichen Logistik.[349]

---

[347] Vgl. Kummer, S.: a.a.O., S. 55 ff, der anhand exemplarischer Kosten-/Servicegradfunktionen bzw. Erlös-/Servicefunktionen die Frage des optimalen Lieferservice diskutiert. Das Spektrum der Logistiksystemlösungen wird dabei anhand der Kriterien Bestandshöhe, Transportqualität und Geschwindigkeit der Auftragsbearbeitung als Kontinuum dargestellt. Die Extremwerte der Lieferservicegrade reichen in dieser Darstellung von geringen Beständen, „Low-cost"-Transporten und langsamer Auftragsbearbeitung bis hin zu hohen Beständen, hochwertigen Transporten und schneller Auftragsbearbeitung.

[348] Die einzelnen Problemfelder und Aufgabenstellungen werden hier nur grob skizziert, zur Vertiefung sei auf die jeweils angegebene Literatur verwiesen.

[349] Zu weiteren logistischen Entscheidungsproblemen s. z.B. Teichmann, Stephan: Quo Vadis, Logistikkostenrechnung?, in: Zeitschrift für Logistik, 6/1988, S. 49. Teichmann differenziert Entscheidungen konstitutiver und dispositiver Art. Zum Spektrum des logistischen Handlungsfeldes vgl. auch Servatius, H. G.: a.a.O., S. 62.

Entscheidungs-tatbestand	Inhaltliche Kurzbeschreibung des Entscheidungs-gegenstands
Logistik-Konzeption	• Bestimmung der hierarchischen Einordnung (z.B. auf Bereichs-, Hauptabteilungs- und Abteilungsebene) • Bestimmung des Zentralisationsgrades (Alternativen: Zentrale Logistik, dezentrale Logistik, Zentrale Logistik mit dezentralen Anforderungen) • Bestimmung der Organisationsform (differenziert nach Stab- und/oder Linienorganisation, Zentralbereich, Matrixorganisation und Ausschuß
Distributions-System	• Lösung von Anzahl-, Stufen-, Standort- und Zuordnungsproblemen
Produktions-Anlieferung	• Realisierung von JIT-Konzepten (z.B. blockgerechte oder sequenzgerechte Anlieferung mit abnehmernaher oder -ferner Fertigung • Realisierung von Kanban-Konzepten zur Verkürzung von Durchlaufzeiten in der Produktion
Make-or-Buy (Eigen- oder Fremdbezug)	• Entscheidung über Angliederung oder Aufgabe von Produktionsstufen bzw. der Leistungserfüllung durch Dritte
Lagerbewirtschaftungs-Strategie	• Festlegung von Lagerplatzvergabestrategien (z.B. Querverteilung, freie Lagerordnung innerhalb fester Bereiche, feste Lagerzuordnung, vollständig freie Lagerordnung,) • Bestimmung von Ein-, Auslagerstrategien (z.B. Fifo, Lifo, Mengenanpassung, wegeoptimiert) • Lagereinteilung nach verschiedenen Zuordnungsprinzipien (z.B. nach der Größe der Lagergüter)
Standortwahl	Analyse inputbezogener Determinanten (wie z.B. Arbeitsmarktbedingungen, Zulieferer, Verkehrsinfrastruktur) und outputbezogener Determinanten (wie z.B. Absatzmärkte und Konkurrenzsituation)

Tab. 15: Beispielhafte Auswahl wichtiger Entscheidungsprobleme der Logistik (Quelle: Eigene Darstellung)

Entscheidungs-tatbestand	Inhaltliche Kurzbeschreibung des Entscheidungs-gegenstands
Bestandsmanagement	• Lösung des Zielkonfliktes zwischen hoher Lieferbereitschaft und möglichst niedrigen Beständen
Entwurf des logistischen Systems	• Orientierung am Zielsystem der Unternehmen (Kundenservice, Logistikkosten)
Dispositionsmethode	• einfache, kostenorientierte oder exakte Optimierungsverfahren (z.b. basierend auf der Andler-Formel)
Beschaffungspolitik	• optimale Bestellmenge, Auswahl von Methoden zur Bedarfsermittlung, Lieferantenbewertung
Festlegung des Dispositionsmodells	• Segmentierung des Gesamtsortiments (in z.B. regelmäßige, saisonale, Kleinmengen-, Aktions- oder Sonder-Artikel) durch artikelbezogene Einzelanalyse mit anschließender Selektion des Bewirtschaftungsverfahrens
Die Bestimmung von Absatzkanälen eines Distributionssystems	• Transportwege und Transportmittel • Art, Anzahl und Standort von Lägern oder Verteilzentren • Zentralisierung bzw. Dezentralisierung • Regional-, Zwischen-, Auslieferungslager • Organisationsform: Makler, Einzel- und Großhandel, Vertriebsgesellschaften, Handelsvertreter, Kommissionäre
Konzeption von Materialflußsystemen	• Bildung von Lager- und Transportsystemen aus Subsystemen bzw. Technik-Elementen (wie Ladehilfsmittel, Regale und Förderzeuge)

Tab. 15 (Fortsetzung): Beispielhafte Auswahl wichtiger Entscheidungsprobleme der Logistik (Quelle: Eigene Darstellung)

3.5.1 Standortplanung

Im Zusammenhang mit der Wahl von Produktionsstandorten ist in der Literatur der Begriff des „Launhardt'schen Trichters" bzw. die Bezeichnung als Steiner-Weber-Problem[350] zu finden. Kern dieser Aufgabenstellung ist die Bestimmung eines Standortes in der Ebene, von dem aus die Summe der (i.a. gewichteten Luftlinien-) Entfernungen zu einer Anzahl vorgegebener Orte minimal ist. Klassisches Beispiel für die Anwendung dieses Modells ist die Eisen- und Stahlindustrie[351] mit der Einrichtung von Hüttenwer- ken in der Nähe von Abbaugebieten. Mit der Lösung des Problems wird die Zielsetzung verfolgt, Absatzmarktregionen unter Berücksichtigung von Distributionskosten zu bilden. Das Verhältnis von Distributionskosten zu Gesamtkosten ist wesentlich für die Beurteilung der Konkurrenzsituation.[352] Bei der Bündelung von Güterströmen gilt es, die Transportkosten pro Gütereinheit zu minimieren. Im einfachen Modell werden die gegenläufigen Kosten für Lagerung und Transport zusammengefaßt und das Gesamtkosten-Minimum ermittelt.

Im Grundmodell der Standortplanung wird zur Berücksichtigung von Kollektionskosten zwischen einem Gut am Verwendungsort und einem Gut am Entstehungort unterschieden. Die Produktionskosten im Modell sind unabhängig vom Produktionstandort[353], so daß für die Wahl des Produktionsstandortes nur die Transportkosten relevant sind. Der Preis am Absatzort ergibt sich als Summe von „Ab-Werk-Preis" und den Transportkosten (als Produkt aus Entfernung und Kostensatz pro Wegstrecke). Ziel ist die Ermittlung eines Produktionsstandortes, so daß bei bekannten (Herkunfts-) Orten und bekannten Mengen zu transportierender Einsatzfaktoren die Gesamttransportkosten zu diesem Standort minimal werden.

Die Grenzen der Anwendbarkeit und Aussagefähigkeit des Steiner-Weber-Problems (einschließlich der Erweiterungen des Grundmodells) stellen ein generelles Problem kontinuierlicher Standort-Planungsansätze dar. Sie abstrahieren von realen Verkehrs- und Infrastrukturbedingungen sowie geografischen Verhältnissen. Die geringe Aussagekraft der Ergebnisse des Grundmodells läßt sich steigern, indem derartige Restriktionen [354] durch die Formulierung von Nebenbedingungen in die Analyse einbezogen werden.

---

[350] Delfmann, W.: Das Steiner-Weber-Problem, in: WISU 6/87 (18), S. 291.

[351] Vgl. Brauer, K.M. / Krieger, W.: a.a.O. S. 20 ff.

[352] Die Relation von Distributionskosten zu Produktionskosten kann je nach Wirtschaftszweig erheblich schwanken.

[353] Die Diskussion der diesem Modell zugrundeliegenden (mehr oder weniger) realitätsfernen Prämissen bzw. der Grenzen der praktischen Anwendbarkeit dieses Modells soll hier nicht vertieft werden. Der gegenwärtig in einigen Industriezweigen zu beobachtende Trend zur Verlagerung (von Teilen) der Produktion in sog. Billigoder Niedriglohnländer ist ein Indiz, daß den Produktionskosten (hier vor allem den Personalkosten) ein deutlich höherer Stellenwert beigemessen wird als den Distributionskosten.

[354] Heute stehen zur Abbildung realer Verhältnisse z.B. detaillierte Entfernungsdatenbanken zur Verfügung, welche Besonderheiten wie Verkehrsdichten oder topologische Daten berücksichtigen.

3.5.2 Vehicle Scheduling Problems

Die Problemklasse der Vehicle Scheduling Problems oder auch Truck Dispatching Problems ist bedeutsam vor allem für Verkehrs- und Handelsbetriebe. In der Kurzbeschreibung lautet das Problem[355] folgendermaßen: Eine endliche Zahl von Empfängern, deren Standorte und Bedarfsmengen bekannt sind, sollen von einem oder mehreren Standorten beliefert werden. Ziel der Optimierung ist grundsätzlich die Minimierung der Gesamttransportkosten, wobei teilweise auch die Minima anderer Zielgrößen wie Transportentfernungen oder Arbeitsstunden gesucht werden können. Die Lösung dieser Klasse von Problemen wird angestrebt durch den Einsatz heuristischer Methoden. Ohne den Einsatz geeigneter EDV-Systeme ist die Lösung der zu behandelnden komplizierten Gleichungssysteme kaum möglich. Praktikable Ergebnisse können erzielt werden, wenn Restriktionen wie Kapazitätsgrenzen von Transportmitteln oder zeitliche Begrenzungen (z.B. des Personaleinsatzes oder für Be- und Entladevorgänge) einfließen. Wenn auch die optimale Lösung nicht immer gefunden wird, so sind die erreichbaren Ergebnisse i.a. deutlich besser als solche, welche auf Intuition oder Erfahrung beruhen.

3.5.3 Das Travelling-Salesman-Problem

Das Travelling-Salesman-Problem[356], auch Rundreiseproblem oder Problem des Handlungsreisenden genannt, beinhaltet im wesentlichen die Aufgabenstellung, bei vorgegebenem Startort eine optimale Reiseroute zu ermitteln. Auch Reihenfolgeprobleme der Produktionsplanung lassen sich als Travelling-Salesman-Problem formulieren. Die formale Erfassung der Aufgabe erfolgt mit Hilfe der Instrumente der Graphen-Theorie. Dabei werden die anzusteuernden Orte als Knoten, die Strecken zwischen den Knoten (Orte) als Kanten dargestellt. Die Kanten werden im Hinblick auf das vorgegebene Zielkriterium (z.B. Distanz, Zeitbedarf, Kosten) mit Bewertungen versehen. Ist die Bewertung der Kanten von der Richtung des Durchlaufs einer Strecke abhängig, so spricht man von asymmetrischer, andernfalls von symmetrischer Bewertung der Kanten. In der klassischen Formulierung des Travelling-Salesman-Problems wird jeder Knoten genau einmal durchlaufen.[357]

Eine exakte Lösung des Travelling-Salesman-Problems hat sich wegen des kombinatorischen Charakters bisher als außerordentlich hartnäckig erwiesen. Die Lösung der Aufgabenstellung wird noch schwieriger, wenn weitere Nebenbedingungen oder Restriktionen wie etwa Kapazitätsbeschränkungen (Volumen- oder Gewichtsgrenzen von Transportmitteln), Zeitschranken (z.B. sog. „Zeitfenster" in der Automobilindustrie für die Anlieferung von Teilen), Entfernungsgrenzen, Arbeitszeitbegrenzungen (z.B. Einhaltung gesetzlich vorgeschriebener Pau-

---

[355] Vgl. die vollständige Darstellung bei Brauer, K.M. / Krieger, W.: a.a.O., S. 94 ff.

[356] Vgl. Brauer, K.M. / Krieger, W.: a.a.O., S. 103 ff.

[357] Zu einer vertiefenden Betrachtung des Travelling-Salesman-Problems vgl. Domschke, W.: Logistik, Rundreisen und Touren, München, Wien, 1982, S. 56 ff., sowie Müller-Merbach. H.: Optimale Reihenfolgen, Berlin, Heidelberg, Nex York, 1970, S. 65 ff.

senregelungen für Fahrer) etc. vorliegen. Restriktionen dieser Art sind bei praktischen Aufgaben eher die Regel als die Ausnahme.

3.5.4 Das Lagerzyklusmodell von Metzler

Das Lagerzyklusmodell von Lloyd A. Metzler[358] bildet ein vor allem volkswirtschaftlich relevantes logistisches Problem ab. Es gehört zur Klasse der Multiplikator-Akzelerator-Modelle der modernen Konjunkturtheorie und unterscheidet passive und aktive Vorratsänderungen. Ein Marktausgleich zum Ausgleich von Angebots- oder Nachfrageveränderungen ist grundsätzlich möglich durch Preisänderungen oder durch Veränderungen vorhandener Lagerbestände. Die sich daraus ergebenden Lagerzyklen sind jedoch nicht nur ein Symptom von Konjunkturschwankungen (i.S. einer Wirkung)[359], sie können auch Auslöser dieser Schwankungen (i.S. einer Ursache) sein. [360]

Die Bedeutung dieses Modells läßt sich zusammenfassend wie folgt darstellen. Aus einzelwirtschaftlicher Sicht dienen die Lagerhaltung und die Absicht, Bestände auf einem gewünschten Maß[361] zu halten, dazu, Nachfrageschwankungen aufzufangen und die Produktion zu verstetigen.[362] Unter gesamtwirtschaftlichen Aspekten können sich diese Dispositionen allerdings destabilisierend auswirken. Und zwar deshalb, weil einerseits die zyklischen Schwankungen der Gesamtnachfrage durch die reagiblen Vorratsinvestitionen eher verstärkt werden, während andererseits das Auf und Ab der Vorratsproduktion sich unmittelbar auf das volkswirtschaftliche Produktionsvolumen auswirkt. Der beschriebene Sachverhalt ist ein Beispiel dafür, daß individuell durchaus zweckrational erscheinende Verhaltensweisen eine gegenteilige Wirkung entfalten können, wenn sie allgemein bzw. von einer Mehrzahl der Wirtschaftssubjekte und insbesondere gleichzeitig praktiziert werden. Dies für den Fall der Vorrat-

---

[358] Vgl. Metzler, L.A.: The Nature and Stability of Inventory Cycles. In: The Review of Economics and Statistics, Vol. 23 (1941), S. 113 ff., deutsche Übersetzung: Natur und Stabilität von Lagerzyklen. In: Weber, W. (Hrsg.): Konjunktur- und Beschäftigungstheorie. Köln, Berlin, 1967, S. 242 ff.

[359] Zum methodischen Konzept einer Wirkungsanalyse zur Untersuchung von Ursache-Wirkungs-Zusammenhängen s. Kap. 6.3.

[360] Die Bewertung von Sachverhalten wie z.B. Bestandsschwankungen ist demzufolge stark abhängig von der jeweiligen Betrachtungsebene. Aus mikro- bzw. makroökonomischer Sicht ergibt sich u.U. eine völlig konträre Bewertung. Vgl. zu grundsätzlichen Problemen der Bewertung die Anmerkungen in Kapitel 5.1.2. sowie als konkretes Anwendungsbeispiel die Diskussion der JIT-Konzeption in Kap. 6.4.

[361] Zu den Möglichkeiten der Übertragung von Erkenntnissen und Lösungskonzepten der Portfolio-Selection-Theorie auf die Beurteilung und Berücksichtigung von Risiken in mehrstufigen logistischen Systemen s. z.B. Inderfurth, Karl: Portfoliotheoretische Überlegungen zum Risikomanagement in der Produktionslogistik, in: ZfB, Heft 10, 1992, S. 1085-1104.

[362] Eine kapazitive, intensitätsmäßige oder zeitliche Anpassung der Produktion an Nachfrageänderungen ist nicht in allen Industriezweigen, z.B. der Prozeßindustrie, möglich.

sinvestitionen aufgezeigt und für eine Erklärung des Konjunkturzyklus nutzbar gemacht zu haben, macht die Bedeutung des Metzler-Modells aus.[363]

3.5.5 Elementare Dispositionsprobleme

In der Literatur[364] wird das sog. „Knapsack-Problem" oder „Rucksack-Problem" als elementares Dispositionsproblem beschrieben. Es beinhaltet folgende Aufgabenstellung. Aus einem Bestand von Transportaufträgen mit je einer Stückguteinheit Nr. i vom Gewicht g_i sollen einige Aufträge so ausgewählt werden, daß die Gewichtskapazität G eines Transportmittels möglichst gut ausgelastet wird. Diese Aufgabe gehört zur Klasse der Probleme der binären Optimierung. Die Zielfunktion Summe g_i mal x_i ist zu maximieren unter Beachtung von Nebenbedingungen. Bei einer größeren Zahl von Neben- und Beziehungsbedingungen ist der Einsatz quantitativer Methoden zur Ermittlung der optimalen Lösung unverzichtbar.

3.5.6 Zuordnungsprobleme

Abschließend sei auf das „klassische" Transportproblem des Operations Research, die Verteilung von Transportaufgaben bzw. die Zuordnung von Transportaufträgen auf Versandorte und Transportmittel, eingegangen. Diese Klasse von Zuordnungsproblemen[365] läßt sich wie folgt charakterisieren: An mehreren Lagerorten sind Güter einer bestimmten Art mit bestimmten Gewichten vorhanden. Für eine Periode, in welcher der Transportmitteleinsatz zu planen ist, liegen Aufträge von Kunden zur Lieferung unterschiedlicher Mengen des Gutes vor. Die Kosten für den Transport einer Gewichtseinheit von jedem Lagerstandort zum Kunden sind bekannt. Unter Beachtung der Lagerbestände ist die transportkostenminimale Verteilung der Waren auf verschiedene Lagerstandorte zu ermitteln. Im Modell wird bei dieser typischen Aufgabenstellung der linearen Optimierung vorausgesetzt, daß einzelne Lieferaufträge auch geteilt aufgeführt werden können. Diese Annahme ist jedoch bei realen Aufgabenstellungen meist nicht zulässig, da die Abnehmer Teillieferungen der bestellten Mengen nicht akzeptieren.[366]

---

[363] Obwohl dieses Modell bereits relativ komplex ist, stützt es sich dennoch auf stark vereinfachende Annahmen. Modifikationen des Modells müssen durch eine noch höhere Komplexität, verbunden mit den bereits oben angesprochenen Problemen einer exakten mathematischen Formulierung und anschließender Lösung erkauft werden.

[364] Vgl. Brauer, K.M. / Krieger, W.: a.a.O., S. 96 ff.

[365] Auch in deutschsprachiger Literatur unter dem Begriff „assignment-problems" zu finden.

[366] Zur Vertiefung der Diskussion spezieller Probleme wie Berücksichtigung transportmittelindividueller Kostencharakteristika, Problematik der Aufteilung von mehreren Kundenaufträgen auf eine Fahrt, Abhängigkeit der Transportkosten und des zeitlichen Aufwandes von der Reihenfolge vgl. Brauer, K.M. / Krieger, W.: a.a.O., S. 103 ff. In der Praxis ist eine Vielzahl von Reihefolgenproblemen in Be- und Entlade-, Kommissionier- oder Produktionsvorgängen zu finden.

4 Logistik und Information

4.1 Stellenwert der Informationsverarbeitung in der Logistik

Die gegenwärtigen wirtschaftlichen Rahmenbedingungen, mit denen sich Unternehmen auseinandersetzen müssen, unterstreichen bei näherer Betrachtung insbesondere die Bedeutung einer effizienten Informationsverarbeitung. Zu den wichtigsten beobachtbaren Entwicklungen bzw. Trends in der Wirtschaft und damit zugleich zu den Haupteinflußfaktoren logistischer Informationsverarbeitung zählen:

- höhere Produkt- und vor allem Variantenvielfalt[367]
- kürzere Produktlebenszyklen
- verschärfte Lieferzeitanforderungen
- erhöhte Lieferzyklen infolge kleinerer Liefermengen
- Internationalisierung und Globalisierung der Märkte
- Reduzierung der Fertigungstiefe.[368]

Alle genannten Entwicklungen führen tendenziell zu einer Vermehrung von Informations-, Kommunikations- und Koordinationsprozessen[369], die unter dem Begriff Informationsfluß subsumiert werden können. Für die Unternehmen ergibt sich daraus die Notwendigkeit, immer mehr Informationen in immer kürzeren Zeiträumen bzw. -abständen verarbeiten zu müssen.

Die technologischen Entwicklungen der letzten Jahre[370] im Bereich der Informations- und Kommunikationstechnologie haben zur Weiterentwicklung der Logistik entscheidend beigetragen und haben dazu geführt, daß heute Informationsflüsse und (physische) Materialflüsse mehr und mehr von einander getrennt bzw. entkoppelt[371] werden können. Die Fortschritte auf diesem Gebiet eröffnen neue Möglichkeiten der Gestaltung betrieblicher Abläufe bzw. haben erst die Voraussetzungen geschaffen, daß eine Reihe von Logistikstrategien (z.B.

---

[367] Es kann von einer wahren Varianten- und Typenexplosion der Fertigprodukte gesprochen werden, da die Anzahl der Produktvarianten in den letzten 10 bis 15 Jahren um ca. 400 % zugenommen hat. Vgl. hierzu Schuh, G: Gestaltung und Bewertung von Produktvarianten. Ein Beitrag zur systematischen Planung von Serienprodukten, Aachen, 1988, S. 53 ff.

[368] Zur Entwicklung und zu den Ursachen für Fertigungstiefenabbau bzw. Fertigungstiefenerhöhung bei Zulieferunternehmen s. Wildemann, H.: Entwicklungsstrategien ..., a.a.O., S. 49 ff.

[369] Vgl. hierzu die koordinationsorientierten Ansätze zur Definition der Logistik bei Kummer, S.: a.a.O., S. 26 ff.

[370] In diesem Zusammenhang sind beispielsweise die Möglichkeiten des Aufbaus einer Online-Kommunikation mit Lieferanten zu nennen.

[371] Die damit verbundenen Gestaltungsmöglichkeiten werden umgangsprachlich mit dem Begriff „Information vor Ware" umschrieben.

Gebietsspeditionenkonzepte, Sourcing-Konzepte[372] oder Einsatz externer Dienstleister) umgesetzt werden kann. Vor allem im Bereich der Kommunikation bewirken genormte, offene Übertragungsprotokolle den weltweit sekundenschnellen Austausch von Geschäftsdaten, papierlos und direkt von Computer zu Computer, ohne Neuerfassung beim Empfänger. Nur so ist es möglich, schnell und flexibel den erhöhten Anforderungen des Marktes zu begegnen, der Einsatz von EDI wird in Zukunft zu einem wichtigen Wettbewerbsfaktor in allen Branchen.[373]

In der Wirtschaft existieren vielfältige Datenaustausch- bzw. informatorische Beziehungen zwischen Produzenten/Herstellern, Liefereranten und Abnehmern/Käufern sowie den am logistischen Prozeß beteiligten Unternehmen und Institutionen (Versicherungen, Behörden, Banken etc.). Ökonomische Prozesse sind ohne den Austausch von Informationen nicht denkbar. Der Erfolg eines Unternehmens hängt neben anderen Faktoren wesentlich ab von der Flexibilität, mit der das Unternehmen auf Veränderungen reagieren kann. Diese Flexibilität wiederum ist determiniert vor allem durch die Gestaltung bzw. Organisation von Informationsverarbeitungsprozessen. Präzise und schnell verfügbare Informationen können dazu beitragen, Bestände zu reduzieren. Vor dem Hintergrund der steigenden Anforderungen eines globalen Wettbewerbs einerseits und der Potentiale weltweiter informations- und kommunikationstechnischer Infrastrukturen andererseits wird ein effizientes Konzept der Informationslogistik zum absoluten Muß. Die Überprüfung dieser thesenförmigen Behauptungen bildet den Schwerpunkt der folgenden Betrachtung. Die Koordination verschiedener Informationsverarbeitungsprozesse ist wesentlicher Inhalt des Logistik- und Informationsmanagements, die Koordination einer Vielzahl von Prozessen ist grundlegende logistische Aufgabe.

4.2 Aufgaben logistischer Informations- und Kommunikationssysteme

Ziel des Einsatzes logistischer Informationssysteme ist eine effiziente Informationsverarbeitung zur Unterstützung logistischer Teilprozesse bzw. deren optimalen Abwicklung. Diese Unterstützungsfunktion kann als primäre Aufgabe von logistischen Informations- und Kommunikationssystemen bezeichnet werden. Darüber hinaus kann die Ermittlung von Inputdaten für andere Informationssysteme als sekundäre Aufgabe von logistischen Informations- und Kommunikationssystemen angesehen werden. Neben der Unterstützung der originären logistischen Aufgabe Güterverteilung erfüllt ein Vertriebs- bzw. Distributionssystem auch Aufgaben aus administrativen Bereichen, die nicht direkt logistischen Funktionen zugeordnet werden können. Die bei einer Touren- oder Fuhrparkanalyse ermittelten Daten fließen in das Rech-

---

[372] Zur Diskussion alternativer Beschaffungskonzepte s. z.B. Eicke, Henning von / Femerling Christian: Modular sourcing, Ein Konzept zur Neugestaltung der Beschaffungslogistik, Eine empirische Analyse in der Automobil- und Automobilzulieferindustrie, Schriftenreihe der Bundesvereinigung Logistik (BVL), hrsg. von Helmut Baumgarten und Gösta B. Ihde, Band 24, Huss-Verlag München, 1991.

[373] Die Automobilindustrie und ihre Zulieferer planen und realisieren derzeit intensiv DFÜ-Lösungen für den zügigen Austausch von Bestell-, Bedarfs-, Liefer- und Rechnungsdaten, der elektronische Datenaustausch ist bereits zum absoluten Muß geworden. Vgl. hierzu Seeburger, B.: Ohne EDI läuft nichts mehr, in: Beschaffung aktuell, Heft 3, 1994, S. 56-59, oder o.V.: Mit DFÜ mitten in die Logistik, Vertriebs-Informations-System, in: Logistik heute, Heft 7/8, 1988, S. 64-65.

nungswesen (Finanzbuchhaltung, Lohn- und Gehaltsabrechnung, Kostenrechnung usw.) ein oder finden auch Verwendung in (logistikfremden) Bereichen wie z.B. Marketing. Der wirtschaftliche Nutzen einer automatischen Auftragsannahme kann u.U. erst durch Vorteile bei - der Auftragsannahme (zeitlich) - nachgeschalteten Tätigkeiten wie Auftragsbestätigung, Kommissionierung, Tourenplanung oder Fakturierung zum Tragen kommen.

Die Gestaltung logistischer Informations- und Kommunikationssysteme wird im wesentlichen determiniert durch die zu erfüllenden Aufgaben bzw. durchzuführenden Prozesse innerhalb logistischer Systeme, durch logistikspezifische Inhalte und Aufgaben ist eine Abgrenzung zu allgemeinen Informationssystemen möglich. Aufgrund funktionaler Überschneidungen bzw. der Multifunktionalität von Informationssystemen sind Probleme der Bewertung bzw. der Zuordnung von Effekten bei logistischen Informations- und Kommunikationssystemen besonders stark ausgeprägt. Anstelle einer weiteren Trennung von Funktionen und Abläufen besteht die Tendenz, diese in ein gemeinsames System zu integrieren, um somit vor allem Synergieeffekte nutzen zu können.

Real existierende logistische Informations- und Kommunikationssysteme treten nicht nur in „funktionsreiner", d.h. ausschließlich für logistische Zwecke konzipierter Form, sondern auch als multifunktionelle Systeme auf. Hauptursachen dafür sind einerseits die oft mehr oder weniger unsystematisch und ungeplant gewachsenen DV- bzw. Informationsverarbeitungsstrukturen in den Unternehmen und andererseits die infolge der technischen Entwicklung stark zunehmende Multifunktionalität der DV-Systeme. So ist die Abwicklung von Aufgaben wie Lagerverwaltung, Bestandsführung, Disposition und Buchhaltung durch ein einziges System keine Seltenheit. Die Nutzung von Informations- und Kommunikationstechnologien beschränkt sich nicht nur auf die Abwicklung innerbetrieblicher Aufgaben, neben der Erfüllung und Verknüpfung verschiedener betrieblicher Funktionen müssen durch logistische Informations- und Kommunikationssysteme auch andere Unternehmenseinheiten bzw. branchenfremde Unternehmen verbunden werden. Grundsätzlich müssen alle Stellen, die innerhalb einer logistischen Kette in die Abwicklung der logistischen Aufgabe involviert sind, in das Informationssystem einbezogen werden.

Ohne EDV-gestützte Informationssysteme ist eine Industrielogistik heute undenkbar. Besonders im Bereich der werksübergreifenden Logistik spielen die integrierten Telekommunikationssysteme der Zukunft - so etwa ISDN - eine wesentliche Rolle. In zwischenbetrieblichen logistischen Informations- und Kommunikationssystemen müssen unterschiedliche Betriebseinheiten wie Lager-, Produktions- oder Fuhrparkstandorte innerhalb von Gesellschaften und Konzernen, in überbetrieblichen logistischen Informations- und Kommunikationssystemen externe Stellen wie Lieferanten, Verlader, Kunden und Speditionen informatorisch verknüpft werden.[374] Warenwirtschaftssysteme liefern dem Handel artikelspezifische Informationen und ermöglichen über ein computergestütztes Bestandsmanagement die Umsetzung von Just-in-Time-Konzepten. Eingang in die Überlegungen sinnvoller Neuorientierungen finden Modelle des Fremdbezugs logistischer Leistungen von unternehmensfremden Dienstleistern, im

---

[374] Zu einer Übersicht typischer Kommunikationsverbindungen eines übertrieblichen Transportsteuerungssystems und zu bestehenden Normen bzw. Richtlinien zur Datenübetragung s. z.B. Kern, A.: a.a.O., S. 73 ff.

Hinblick auf europaweite Distributionsnetze werden mehr und mehr kooperative Belieferungskonzepte entwickelt.

Eine starke DV-technische Durchdringung aller Unternehmensbereiche ermöglicht erst das Realisieren von kurzen Durchlaufzeiten. Entsprechend aufgebaute logistische Informationssysteme erlauben den schnellen Zugriff auf alle wichtigen Informationen, die zur Abwicklung einzelner logistischer Teilprozesse notwendig sind. So reicht beispielsweise das Spektrum der verschiedenen Möglichkeiten der Auftragsabwicklung von batchorientierten Verfahren bis zu vollkommen zeitaktuellen online-Verfahren. Letztere beinhalten die Möglichkeiten, jederzeit in bestimmte Prozesse eingreifen zu können und steuernd in Richtung Zielerreichung, wie beispielweise Durchlaufzeitverkürzung, zu wirken.

Zur Einhaltung kurzer Lieferzeiten und hoher Termintreue müssen die richtigen Informationen schnell und vollständig ausgetauscht werden. Der automatische Datenaustausch eröffnet zwar vielfältige Perspektiven, erfordert aber erhebliche organisatorische Vorleistungen.[375] Um die allgemein formulierten Ziele der Logistik, die richtige Waren in der richtigen Menge zum richtigen Zeitpunkt am richtigen Ort[376] zur Verfügung zu stellen, erreichen zu können, bedarf es einer Kette von Aktivitäten, die man auch als logistisches Netz[377] bezeichnen kann. Dieses logistische Netz braucht als Pendant eine entsprechende informationstechnische Infrastruktur. Die Art der Realisierung durch entsprechende Hard- und Softwarekomponenten bzw. die Einbindung lokaler oder weltweiter Netze ist zunächst sekundär, solange die Kommunikation, als wesentliches Element logistischer Informationsverarbeitung, schnell und einwandfrei funktioniert.

Das abstrakte und damit für viele Bereiche gültige Postulat nach den „richtigen vier R´s" der Logistik gilt ohne Einschränkungen auch für die Informationsverarbeitung. Zu den wichtigsten Aufgaben von Informationssystemen zählt, die richtigen (zur Lösung von Aufgaben erforderlichen und mit entsprechendem Aktualiätsgrad versehenen) Informationen in der richtigen Menge (hier ist das Problem der begrenzten menschlichen Verarbeitungskapazität angesprochen) zur richtigen Zeit (rechtzeitig vor Entscheidungen oder Handlungen) am richtigen Ort (beim Entscheider oder Planer) zur Verfügung zu stellen. Es darf durchaus bezweifelt werden, ob Informationssysteme in der Praxis diesen Anforderungen immer gerecht werden, geschweige denn dementsprechend konzipiert und aufgebaut sind.

Die Notwendigkeit, Waren- und Informationsströme in Unternehmen optimal zu koordinieren, um im sich stets verschärfenden Wettbewerb mithalten zu können, gilt nahezu für alle Bereiche. So führt beispielsweise in der Produktion die umständliche Steuerung der Fertigung mit Hilfe von Karteikarten zu hohen Lagerbeständen, teurer Mehrfacherfassung von Daten und mangelhafter Flexibilität. In der Distribution können durch Tourenplanungsprogramme die

---

[375] Vgl. hierzu die Ausführungen im Kap. 2.2.7 Kommunikation und Organisation.

[376] Diese stark vereinfachende Definition der Logistik erfreut sich nicht zuletzt wegen des großen Interpretationsspielraumes in der Praxis großer Beliebtheit.

[377] Der Begriff Netz soll die Mehrdimensionalität und die vielfältigen Verknüpfungen verdeutlichen.

kürzesten Routen für Fahrzeuge ermittelt werden, durch eine Überwachung per Satellit lassen sich Fahrer, Fahrzeug und Ladung lückenlos kontrollieren. Die Tab. 16 zeigt exemplarisch den Informationsbedarf in den Unternehmensbereichen Beschaffung, Produktion, Distribution und Entsorgung.

Unternehmensbereich	Informationsbedarf bezieht sich auf
Beschaffung	Lieferantenbeziehungen, Anteil an Fremdbezugsstellen, Preiskonditionen, Lieferkonditionen, Qualität, Termintreue, Bestände im Lager, ...
Produktion	Kapazitäten von Arbeitsmitteln, Termine, Qualität, Instandhaltungszustand, Bestände an Durchlaufmaterial, Durchlaufzeiten, ...
Entsorgung	Abfallaufkommen, Sondermüllaufkommen, Größe des Deponieraumes, Recyclingaufwand, ...
Distribution	Bestände, Umschlagszeiten, Lagernutzungsgrad, Lieferbereitschaft, Reichweiten, ...

Tab. 16: Exemplarische Darstellung des Informationsbedarfs in den Bereichen Beschaffung, Produktion, Distribution und Entsorgung (Eigene Darstellung in Anlehnung an Jünemann, R.: a.a.O., S. 476)

4.3 Schnittstellen in logistischen Systemen

Prinzipiell können innerbetriebliche, zwischen- und außer- bzw. überbetriebliche logistische Ketten bzw. logistische Ketten zwischen Güterherstellern und Güterverwendern unterschieden werden. Die Verknüpfung der einzelnen Glieder bzw. Elemente erfolgt physisch/materiell und/oder informatorisch vom Anfang (Versender) bis zum Ende (Empfänger) über sog. Schnittstellen.[378] Die Betrachtung und Optimierung von Schnittstellen ist über die Optimierung einzelner Teilprozesse bzw. die Abstimmung zwischen allen Teilprozessen bzw. -systemen ein weiterer Ansatzpunkt zur Optimierung logistischer Ketten.[379] Die Abb. 22 zeigt exemplarisch den Umschlag als Schnittstelle zwischen inner- und außerbetrieblicher logisti-

---

[378] Pfohl definiert Schnittstellen generell als Systemgrenzen und differenziert Schnittstellen verschiedener Ordnung. Vgl. Pfohl, H.-Ch.: Logistiksysteme, a.a.O., S. 216 ff.

[379] Vgl. zu Vorteilen durchgängiger Kommunikation wie verbesserter Kundenservice oder geringere Logistikkosten in der Logistikkette Verlader / Logistikdienstleister / Transportunternehmer / Warenempfänger s. z.B. Berner, Manfred: Standort- und Wettbewerbsaspekte logistischer Kommunikationssysteme, in: o.V.: Logistik - Lösungen für die Praxis, Berichtsband zum 11. Deutschen Logistik-Kongreß, (Hrsg: BVL), , München: Huss, 1994, Band 1, S. 533. Zu Formen vertikaler und horizontaler Zusammenarbeit s. Drechsler, W.: a.a.O., S. 74 f.

scher Kette und veranschaulicht wichtige logistische Teilprozesse innerhalb der Informations-
und Warenflusses.

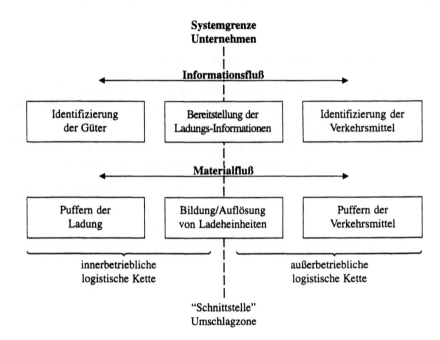

Abb. 22: Umschlag als Schnittstelle zwischen inner- und außerbetrieblicher logistischer Kette
(Quelle: Eigene Darstellung)

Über die Definition von logistischen Ketten als Folge logistischer Teilprozesse hinausgehend
kann die logistische Kette auch als Gesamtheit aller an der Durchführung logistischer Prozesse beteiligten Elemente bzw. Systeme verstanden werden. Bei der Verbindung der Elemente
bzw. Systeme lassen sich gedankliche Schnittstellen als Systemgrenzen zwischen zwei in der
logischen oder physischen Reihenfolge benachbarten Systemen bilden. Eine typische
(physische) Schnittstelle ist beispielsweise die Verladerampe eines produzierenden Unternehmens (Verladers), welche das System der innerbetrieblichen Logistik vom
(unternehmensexternen) Transportsystem abgrenzt.[380]

---

[380] Andere Autoren definieren die Speditionsunternehmen als Schnittstelle zwischen Produzenten und Kunden.
Es ist festzustellen, daß der Begriff der Schnittstelle zwar weit verbreitet ist, Bedeutungsinhalt und -umfang je
nach Situation jedoch beachtlich differieren können.

Als Ergänzung zu den weiter oben dargestellten theoretischen Ansätzen zur Systematisierung logistischer Ketten sowie den Möglichkeiten zeitlicher Analysen, welche erste Anhaltspunkte für auftretende Schnittstellenprobleme liefern, sollen einige Praxisbeispiele die Darstellung abrunden. Die Tab. 17 zeigt die Ergebnisse empirischer Untersuchungen bezüglich einer Schwachstellenanalyse logistischer Ketten und listet typische Ursachen für suboptimale Geschäftsprozesse entlang logistischer Prozeßketten auf.

Problemkreise in logistischen Ketten	wesentliche Ursachen
• Probleme der DFÜ	• Heterogenität von Hardware- und Softwaresystemen
• Vielfalt verwendeter Formulare und Belege	• nicht abgestimmte Form und Inhalt von Informationen • zu viele und zu unterschiedliche Belege
• Auftragsabwicklung	• kurzfristige, unabgestimmte Auftragsänderungen • Bestellverhalten von Kunden (z.B. täglich mehrere kleine Aufträge)
• bereichsübergreifende Kommunikation und Kooperation	• fehlende Zuständigkeiten • Kompetenzstreitigkeiten
• multimodaler Transport	• fehlende Integration verschiedener Verkehrsträger
• Status von Sendungen	• fehlende zeitnahe Informationen bezüglich Übergabe bzw. Übernahme
• Standardisierung	• unterschiedliche Nummernsysteme
• Änderung von Touren	• Spedition ändert kurzfristig Reihenfolge und Zeiten nach eigenen Optimierungskriterien
• LKW-Wartezeiten bei der Warenannahme	• unzureichende Information über Lieferzeiten von Unterlieferanten

Tab. 17: Exemplarische Problemkreise in der logistischen Kette (Quelle: Eigene Zusammenstellung an Anlehung an Thienel, A.: Kommunikation und Kooperation zwischen logistischen Partnern, CIM Management, 4/91, S. 21)

4.4 Kommunikation und Kooperation in logistischen Ketten

Nachdem im vorangegangenen Kapitel grundsätzliche Problembereiche der Kommunikation und Kooperation in logistischen Ketten aufgezeigt wurden, soll nachfolgend kurz skizziert werden, an welcher Stelle der logistischen Kette Probleme besonders häufig auftreten. Je nach Stellung innerhalb der logistischen Kette ergeben sich daraus für einzelne Elemente u.U. andere Schwerpunkte der Schnittstellenoptimierung.[381]

Empirische Untersuchungen zur Kommunikation in logistischen Ketten[382] offenbaren eine Reihe von typischen Problembereichen, die hier für Zulieferer, Verlader bzw. logistischen Dienstleister sowie für Speditionen bzw. Endkunden im Überblick dargestellt werden. Zu den typischen Schnittstellenproblemen bei den jeweils Beteiligten zählen:

bei den Zulieferern

- zu viele und zu unterschiedliche Belege
- falsche, zu wenige und zu späte Informationen
- kurzfristige, unabgestimmte Auftragsänderungen
- unangekündigte Lageraufträge
- unzureichende Information über Lieferzeiten von Unterlieferanten

beim produzierenden Unternehmen bzw. logistischen Dienstleister

- Außendienst bestellt zu spät
- zu viele Bestellungen mit zu kleinen Auftragsmengen
- unzureichende Abstimmung zwischen Einkauf und Lagerdisponent führt zu Behinderungen im Lager durch Ware zum ungünstigen Termin und/oder Menge
- unzureichend abgestimmte Produkteinführung und Sonderaktionen
- zu lange Abstimmungprozesse zwischen Arbeitsplätzen
- unzureichend organisierte Instandhaltung, Wartung
- Mitarbeiter melden die Umgehung von DV-Systemen nicht

bei der Spedition bzw. beim Kunden

- Spedition ändert kurzfristig Touren (z.B. Reihenfolge und Zeiten nach eigenen Optimierungskriterien)
- Bestellverhalten von Kunden (z.B. täglich viele, kleine Aufträge)

---

[381] Die Diskussion der bei dieser Verknüpfung auftretenden sog. „Schnittstellenproblematik", die treffender „Verbindungsstellenproblematik" genannt werden sollte, soll hier nicht vertieft werden. Es sind in diesem Zusammenhang vor allem Fragen der (informations-) technischen Gestaltung (Aspekte der Kompatibilität von Hard- und Softwaresystemen) zu klären oder auch die Vereinheitlichung technischer Hilfsmittel und Komponten anzustreben.

[382] Vgl. hierzu z.B. Thienel, A.: a.a.O., S. 21 ff.

- LKW-Wartezeiten an der Warenannahme, immer kürzer werdende Warenannahmezeiten (z.B. sog. „Zeitfenster" bei den Automobilproduzenten).

4.5 Gestaltung logistischer Informations- und Kommunikationssysteme
4.5.1 Der Informationsbedarf der einzelnen Elemente der logistischen Kette

Unter einer logistischen Kette, die zur Erfüllung der logistischen Aufgabe teilweise sequentiell, teilweise parallel durchlaufen wird, soll nachfolgend über die Definition als Folge von Ortsveränderungen, Arbeitsvorgängen, Lager- und Informationsverarbeitungsprozessen hinausgehend auch die Gesamtheit aller an der Durchführung dieser Prozesse Beteiligten verstanden werden. Der Informationsbedarf der Elemente und einzelne Informationsverarbeitungsprozesse sind teilweise sehr unterschiedlich. Das folgende Kapitel stellt einige Möglichkeiten zur Ermittlung des jeweiligen Informationsbedarfs der Elemente der logistischen Kette bzw. zur Abwicklung logistischer Teilprozesse vor und beschreibt die wesentlichen Informationsinhalte innerhalb der logistischen Kette. Daraus ergeben sich zugleich Anforderungen an ein integriertes Informationssystem, welches einen geschlossenen Informationsfluß innerhalb der logistischen Kette ermöglicht. Ausgangspunkt ist die Fragestellung, welche Informationen für welche Teilprozesse erforderlich sind.

Zur Bestimmung des Informationsbedarfs der einzelnen Elemente der logistischen Kette existieren in der Literatur[383] eine Vielzahl von Ansätzen, die jeweils bestimmte Aspekte hervorheben. **Gast**[384] analysiert Informationsfluß und -verarbeitung im Rahmen der Logistik, **Feierabend**[385] differenziert verschiedene Informationsarten wie Planungs-, Vollzugs-, Service- und dispositive Informationen in Abhängigkeit logistischer Schnittstellen unterschiedlicher Ordnung[386], und **Eberle**[387] stellt ein integrales Konzept zur Gestaltung technikgestützter Informationssysteme vor.

Als Ausgangspunkt für die Gestaltung bzw. Konzipierung logistischer Informations- und Kommunikationssysteme ist neben der Analyse der Materialflusses auch die Betrachtung der

---

[383] Zu einer Kurzbeschreibung ausgewählter Modelle zur Gestaltung von Informations- und Kommunikationssystemen wie Kölner Integrationsmodell (KIM), Business Office Systems Planning (BOSP) oder Critical Success Factors (CSF) s. Hoyer, Rudolf / Kölzer, Georg: Ansätze zur Planung eines innerbetrieblichen Informations- und Kommunikationssystems, in: Krallmann, Hermann (Hrsg.): Informationsmanagement auf der Basis integrierter Bürosysteme, Berlin: Schmidt, 1985, S. 25-40.

[384] Gast, Ottmar: Entwicklung eines Instrumentariums zur Analyse und Grobprojektierung von Logistik-Informations-Systemen, Berlin Heidelberg: Springer, 1985, S. 175.

[385] Feierabend, R.: a.a.O., S. 59.

[386] Zur Klassifikation logistischer Schnittstellen unterschiedlicher Ordnung s. Kummer, S.: a.a.O., S. 110 ff. bzw. Richter, Klaus-Jürgen / Lucke, Hans-Joachim: Grundlagen logistischer Systeme, in: Krampe, Horst / Lucke, Hans-Joachim (Hrsg.): Einführung in die Logistik, München: Huss, 1990, S. 38.

[387] Eberle, M.: a.a.O., S. 170 ff.

Informationsflüsse entlang der Logistikkette bzw. eine Informationsflußanalyse geeignet. **Klevers**[388] unterscheidet drei wesentliche Elemente zur Beschreibung des Informationsflusses:

- **Beschreibung des Informationsflusses** durch die Beschreibung von Transaktionen[389], aus welchen sich der Informationsfluß zusammensetzt
- **Beschreibung der Relationen** zwischen den einzelnen Funktionen, differenziert nach Informations-Quelle (Informations-Sender) bzw. Informations-Senke (Informations-Empfänger)
- **Beschreibung der Eigenschaften** der Informationsflusses.

Die Ermittlung von Informationsbedarf und Informationsinhalten einzelner Elemente der logistischen Kette bzw. die Festlegung der informationellen Input-Output-Beziehungen, d.h. die Beantwortung der Frage, welche Information, wann, in welcher Menge, in welcher Form, wie oft, woher, wohin fließen sollen, kann durch eine systematische Datenflußanalyse[390] erfolgen. Dabei ist die Unterscheidung von Informationsinhalten und Datenfluß[391] (i.S. der technischen Übermittlung von Informationen) einer Transportkette sinvoll.

Bei einer isolierten Betrachtung von Material- und Informationsflüssen lassen sich grundsätzlich drei verschiedene Arten bzw. Teilflüsse von Informationen unterscheiden:

- dem Material (Gütern) **vorauseilende** Informationen (z.B. Lieferavis, Auftragsdaten)
- den Materialfluß **begleitende** Informationen wie Frachtbriefe, Lieferscheine oder Ladelisten
- dem Materialfluß **nachfolgende** Informatonen wie z.B. Rechnungen und Empfangsbestätigungen.

In der logistischen Kette werden Informationen in Form von Angeboten, Bestellungen, Lieferscheinen, Rechnungen, Transportbegleitpapieren etc. ausgetauscht. Die Tab. 18 zeigt stereotype in der logistischen Kette verwendete Belege und Papiere und ordnet sie nach dem zeitlichen Bezug in dem Materialfluß vorauseilende, begleitende und nacheilende Informationen. Der gemeinsame Transport von Papieren und Waren ist eine Form paralleler Informationsverarbeitung, der voraus- oder nacheilende Papier- bzw. Informationsfluß ist identisch mit zeitlich versetzter Informationsverarbeitung.

---

[388] Klevers, Th.: a.a.O. S. 45.

[389] Diese Transaktionen können sich sowohl auf einzelne Informationsverarbeitungsprozesse als auch auf Einzeldatenflüsse beziehen.

[390] Vgl. hierzu z.B. Binner, Hartmut: Prozeßkettenmodellierung, in: CIM Management, 4/91, S. 33 f.

[391] Städtler, Martina: Stand und neuere Konzeptionen der zwischenbetrieblichen Integration der EDV im Güterverkehr, in: Diruf, G. (Hrsg.): Logistische Informatik für Güterverkehrsbetriebe und Verlader - Computergestützte Systeme zur Planung, Steuerung und Kontrolle verkehrsbetrieblicher Transport-, Umschlags- und Lagerleistungen, Berlin: Springer, 1985, S. 54 f.

zeitlicher Bezug von Informationen zum Materialfluß	typische Belege bzw. Papiere
vorauseilend	• Angebote • Bestellungen Vorgaben im Lieferabrufsystem
transportbegleitend	• Frachtbrief • Abliefernachweis • Ladelisten Ausfuhrpapiere
nacheilend	• Lieferscheine • Übergabebescheinigung Übernahmebescheinigung

Tab. 18: Papiere und Informationen im Materialfluß (Quelle: Eigene Darstellung)

4.5.2 Ebenen der logistischen Informationsverarbeitung

Zur Abbildung des Informationsflusses[392] lassen sich administrative, dispositive, Steuerungs- und operative Ebene zur Gestaltung von Informationssystemen unterscheiden. Die Unterscheidung von administrativer, dispositiver und operativer Ebene ist das Paradigma einer ebenenorientierten Betrachtung betrieblicher Datenverarbeitung.[393] Zur Abbildung von DV-Strukturen in Materialfluß -und Lagersystemen hat sich in der Praxis ein funktionales 4-Ebenen-Modell bzw. -Konzept durchgesetzt.[394] Den einzelnen Ebenen werden i.a. folgende Funktionen bzw. Bereiche[395] zugeordnet:

---

[392] Zu unterschiedlichen Ebenen der Abstraktion zur Betrachtung von Daten und Datenstrukturen wie semantische, logische, Zugriffs- und Speicherungsstruktur z.B. Eberlein, W.: a.a.O., S. 33 ff. Vgl. auch die Ausführungen zu Informations- und Kommunikationssystemen in Kap. 2.3.

[393] Vgl. Jansen, R.: Das Lager innerhalb der Logistik, in: Beschaffung aktuell 10/85, S. 70-71. Zu einem idealisierten hierarchischem Aufbau von Logistikinformationssystemen mit Materialfluß-, Logistik- und Managementebene s. Jünemann, R.: Flexible Automatisierung in der Produktion, in: Zeitschrift für Logistik 11 (1990), Nr. 5, S. 19-24, zur Kommunikationsvernetzung der Transportsteuerung Kern, A.: a.a.O., S. 108.

[394] Vgl. hierzu z.B. die Darstellungen der Schittstellenkonfigurationen von Lagerverwaltungsrechnern bei Bernard, J.: Lager- und Kommissioniersystem mit autonomen Lagerfahrzeugen,in: Zeitschrift für Logistik, 2/92, S. 36. oder Broggi, Mario: Der Informatikeinsatz im Lagerbereich, in: Management Zeitschrift io, Heft 3, 1992, S. 39-43.

[395] Die Auflistung erhebt keinen Anspruch auf Allgemeingültigkeit, sie hat lediglich exemplarischen Charakter.

- **Administrative Ebene**
Wareneingang, Qualitätskontrolle, Bestellwesen, Fertigungsplanung, Bestandsführung, Stammdatenverwaltung

- **Lagerverwaltungsebene**
Identifizierung der Lagerobjekte, lagerplatzbezogene Bestandsführung, Lagerspiegel, Kommissionierung, Auftragssteuerung, Bewegungsdisposition

- **Steuerungsebene**
Materialflußüberwachung, Bewegungskoordinaten, Anlagenssteuerung, Störungsbehandlung

- **Unterlagerte Steuerung**
Bewegungssteuerung und -durchführung (auf Motorenebene).

4.6 Spektrum logistischer Informations- und Kommunikationssysteme

Das Spektrum logistischer Informations- und Kommunikationssysteme ist ähnlich vielfältig wie die logistischen Aufgabenstellungen selbst, die wiederum von der Art der Unternehmen, den einbezogenen Funktionsbereichen und den branchenspezifischen Anforderungen abhängen. Die Erscheinungsvielfalt logistischer Informations- und Kommunikationssysteme in Industrie-, Dienstleistungs- oder Handelsbetrieben wird nachfolgend anhand einer beispielhaften Sammlung bestehender Informationsysteme aufgezeigt.[396] Zu diesem Zweck werden Ansätze für eine Systematisierung bzw. Klassifizierung logistischer Informations- und Kommunikationssysteme genannt.

Die Tab. 19 zeigt Kriterien für sinnvolle Einteilungen bzw. Gliederungskriterien für logistische Informations- und Kommunikationssysteme, die Auflistung erhebt keinen Anspruch auf Vollständigkeit. Eine überschneidungsfreie Klassifizierung wird insbesondere durch die in Folge der Multifunktionalität real existierender logistischer Informations- und Kommunikationssysteme große Zahl betroffener Bereiche erschwert.

4.7 Exkurs: Expertensysteme und Logistik

Um die Komplexität logistischer Systeme und Prozesse in den Griff zu bekommen, gibt es seit längerem Versuche, bei der Lösung logistischer Aufgaben Unterstützung durch den Einsatz spezieller DV-Systeme zu erhalten. Die großen Fortschritte, die in den letzten Jahren auf

---

[396] Im Rahmen dieser Arbeit erfolgt die Auflistung mehr i.S. eines „state of the practice" als i.S. eines „state of the art". Zum Realisationsstand unternehmensübergreifender logistischer Informations- und Kommunikationssysteme s. z.B. Drechsler, W.: a.a.O., S. 199 ff. sowie Grandjot, Hans-Helmut / Ruhnow, Dieter: Informatik im Güterverkehr - Übersicht betriebsübergreifender Projekte, in: Reihe Rationeller Transport 32, Frankfurt/Main, 1984.

Gliederungskriterium	Ausprägungen	Beispiele
logistischer Verkehrs-träger	• Straße • Binnenschiffahrt • Eisenbahn • Luftfahrt • Seetransport • Leitungstransport	COMPASS DAKOSY LOG SEDAS FACTS USAS-Cargo MOSAIK
Branche	• Speditionen • Verkehrsbetriebe • Reiseunternehmen • Werkverkehre	SWIFT START Amadeus
in erster Linie betroffene betriebliche Funktion	• Beschaffung • Produktion • Distribution • Marketing	Personalinformationssysteme Entscheidungsunterstützungs-systeme Produktionsplanungs- und -steuerungssysteme
primäre logistische Aufgabe	• Transportsysteme • Lagersysteme • Distributionssysteme	Tourenplanung Lagerverwaltungs- und -steuerung
Bezug zum Fahrzeug-einsatz	• Fahrtvorbereitung, Durchführung und Nachbereitung • Tourenplanung	Fuhrpark- bzw. Tankstellenabrech-nung
Einzugsbereich	• national, international • inner-, zwischen- bzw. überbetrieblich	EDIFACT VDA ODETTE
Unternehmenstyp	• Handelsbetriebe • Produktionsunternehmen • Versandhandel	Btx-gestützte Warenwirtschaftssy-steme Produktionsplanungs- und -steuerungssysteme in Produktions-systemen Systeme zur Warenpräsentation

Tab. 19: Exemplarische Gliederungskriterien zur Systematisierung logistischer Informations-
und Kommunikationssysteme (Quelle: Eigene Darstellung)

diesem Gebiet erzielt wurden, gebieten es an dieser Stelle, die Möglichkeiten des Einsatzes von Expertensysstemen in der Logistik bzw. die Thematik der sog. künstlichen Intelligenz[397] kurz zu beleuchten.

Ein Expertensystem ist ein interaktives Computerprogramm zur Lösung von Problemen aus einem ausgewählten Anwendungsgebiet und verhält sich beim Problemlösen so wie ein menschlicher Experte dieses Anwendungsgebiets.[398] Diese Definition ist jedoch nur bedingt befriedigend, da das menschliche Verhalten beim Problemlösen keinesfalls soweit erforscht und gesichert ist, als daß daraus eine Art "Anleitung zu einem technischen Handeln" ableitbar wäre. Eine andere Definition vermittelt mehr Klarheit, da sie den methodischen Ansatz von Expertensystemen sichtbar macht: ein Expertensystem ist ein interaktives, wissensbasiertes Computerprogramm, es enthält Wissen über einen Anwendungsbereich und die darin praktizierten Problemlösungsstrategien. Der Unterschied beider Definitionen liegt im Begriff wissensbasiert.

Wissensbasierte Systeme können helfen, die Schwächen konventioneller Datenzugriffskonzepte, wie z.b. notwendige Kenntnisse über Datenstrukturen oder Abfragesprachen, zu überwinden.[399] Eine breitere Anwenderschicht erhält damit Gelegenheit, auch in umfangreicheren Datenbeständen erfolgreich Informationen aufzufinden.

Das Expertensystemen zugrundeliegende Wissen läßt sich unterteilen in Fakten und Regeln. Es gibt zwei grundlegende Arten von Regeln, Auswahlregeln mit Zuordnungen und Generierungsregeln. Jede Regel hat den gleichen Aufbau, sie besteht aus einem "Wenn-Zweig" und einem "Dann-Zweig". Für die praktische Anwendbarkeit ist wichtig, daß die Verarbeitungsregeln und die Formulierung von Daten für den Anwender überschaubar bleiben und mit Hilfe der Erklärungskomponente nachvollziehbar werden. So wird die Akzeptanz von Seiten der Anwender (Experten und Sachbearbeiter) gesteigert.

Expertensysteme bestehen im wesentlichen aus vier Komponenten:

- Dialogkomponente
- Wissensbasis
- Deduktionskomponente
- Erklärungskomponente.

---

[397] Zur „Definition" der künstlichen Intelligenz mit Hilfe des Turing-Tests s. z.B. Däßler, Klaus: Künstliche Intelligenz, Entwicklung und Umfeld, in: PIK, Nr. 10, 1987, S. 297.

[398] Müller, Gerd H.: „Expertensysteme, Stand und Perspektiven", in: VDI-Nachrichten Nr.24/88, S. 42 f. Expertensysteme werden vor allem dort eingesetzt, wo es noch keine exakten Theorien bzw. ausgearbeiteten Algorithmen, sondern nur Erfahrungswerte oder Heuristiken gibt. Vgl. Schnupp, Peter / Leibrandt, Ute: Expertensysteme - Nicht nur für Informatiker, Berlin: Springer, 1986, S. 11

[399] Schöder, Detlef: Wissensbasierter Zugriff auf relationale Datenbestände - Überwindung immanenter Schwächen des konventionellen Datenzugriffskonzepts - Lohnt der Aufwand?, in: Information Management, Heft 4, 1993, S. 40 f.

Während die Dialogkomponente die Interaktion mit dem Benutzer steuert, enthält die Wissensbasis alle Regeln und Fakten, d.h. das Wissen, das für die spezifische Anwendung notwendig ist und sie charakterisiert. Die Deduktionskomponente, auch Theorembeweiser oder Inferenzmaschine genannt, benutzt das gespeicherte Wissen, um daraus Aussagen abzuleiten (zu beweisen) oder zu entkräften (einen Widerspruch der Aussage zum gespeicherten Wissen festzustellen). Die Erklärungskomponente schließlich kann bei Bedarf diese Aussagen durch die Angabe des bei der Herstellung der Aussage benutzten Wissens und der Beweisführung begründen. Insbesondere die vierte Komponente stellt eine neue Qualität bei interaktiven Anwendungsprogrammen dar. Diese Qualität des Problemlösungsdialogs wird besonders deutlich im Vergleich mit den Möglichkeiten, die die Befragung einer reinen Fakten-Datenbank bietet.

Als Beispiel eines logistischen Expertensystems sei hier ein System zur Unterstützung der Einkaufsabteilung eines Unternehmens angeführt.[400] Das „Wissen" eines derartigen Informationssystems besteht aus Fakten über Lieferanten (Namen, Adressen, Artikel, Lieferbedingungen ...) und Bestellungen (Lieferant, Datum, Artikel, Menge,...) sowie aus den Regeln der Beschaffungspolitik dieses Unternehmens. Diese Regeln legen fest, unter welchen Bedingungen was, wann, bei wem bestellt werden soll.

In der Erforschung und Erprobung von Expertensystemen wurden in den letzten drei Jahrzehnten die verschiedenartigsten Anwendungsbereiche[401] untersucht:

• Diagnoseanwendungen (bekannt sind hier aus dem medizinischen Bereich das System MYCIN[402] zur Diagnose infektiöser Bluterkrankungen oder Diagnosesysteme zur Untersuchung von Fehlverhalten technischer Systeme wie etwa Autogetriebe oder Plattensteuereinheiten

• Interpretation gemessener Daten (sehr häufig dort eingesetzt, wo Messungen besonders teuer sind wie z.B. in der Erdölexploration)

---

[400] Zu einem Beispiel von Expertensystemen für den Einkauf auf der Basis einer SQL-Datenbank s. O.V. : Integrierte EDV im Einkauf, in: Beschaffung aktuell, Heft 3, 1988, S. 33-49.

[401] Zu den Anwendungsmöglichkeiten wissensbasierter Systeme vgl. z.B. Puppe, Frank: Einführung in Expertensysteme, Universität Karlsruhe, 1988; zur allgemeinen Struktur und zu Einsatzgebieten von Expertensystemen s. z.B. Grabowski, H. / Zschoch, H.: Wissensbasierte Systeme und ihre Anwendungsmöglichkeiten, in: Rechnerunterstütze Angebotsbearbeitung, Tagung Karlsruhe, 9/87, S. 117-122; zu einer kritischen Betrachtung möglicher Einsatzfelder zu Lösung betriebswirtschaftlicher Aufgabenstellungen s. insbesondere Weller, Frank: Expertensysteme in der Betriebswirtschaft - Plädoyer für eine realistischere Einschätzung der Leistungspotentiale von Expertensystemen, in: Information Managment, 1/91, S. 18 - 23; zur Eignung von Expertensystemen in gut strukturierten Problembereichen wie z.B. CIM s. Krallmann, Hermann: Wissensbasierte Systeme in der computerintegrierten Fertigung (CIM), in: innovation, 2/86, S. 108 - 114.

[402] Zu einem der populärsten, in der Mitte der 70er Jahre entwickelten Expertensystem, MYCIN, s. z.B. Stender, Joachim: MYCIN-artige Shells, in: Krallmann, Hermann (Hrsg.): Expertensystemen in Unternehmen, Möglichkeiten, Grenzen, Anwendungsbeispiele, Betriebliche Informations- und Kommunikationssysteme, Bd. 6, Erich Schmidt Verlag, Berlin, 1986, S. 45-54.

- Steuerung von Prozessen (diese Klasse von Anwendungen stellt besonders hohe Anforderungen an die technisch-organisatorische Realisierung der Expertensysteme, weil die Reaktionen auf außergewöhnliche Systemzustände in Echtzeit erfolgen müssen)
- Unterstützung von Prognosen. (hier sind beispielsweise auch die Dienstleistungen von Banken wie Vermögens- und Anlageberatungen bzw. Vertragsprüfungen von Versicherungspolicen zu nennen)
- Planung von Experimentserien (Biotechnologie und Molekularbiologie)
- Sammeln, Strukturieren und Beschreiben von betriebswirtschaftlichen Kennzahlen[403]
- Entwurf technischer Objekte[404]
- Problemanalyse im weitesten Sinn
- Gemeinkostenmanagement[405]
- Aus- und Weiterbildung (Computergestützter Unterricht)
- Computerunterstützte Materialflußplanung
- Auswahl von Verpackungen
- Ermittlung von Frachttarifen
- Frachtladungsprobleme
- Verschnittprobleme
- Transportmittelauswahl
- Wissensbasierte Grobplanung von Lagersystemen.[406]

Diese Aufzählung macht, auch wenn sie keinen Anspruch auf Vollständigkeit erhebt, deutlich, für welche Anwendungsfelder Expertensysteme gedacht bzw. konzipiert sind. Expertensyste-

---

[403] So ist z.B. das DATEV-Programm „Unternehmensreport zur Erfolgs-, Vermögens- und Finanzlage" ein Angebot an den steuerberatenden Berufsstand, um die Beratungstätigkeit mit modernster EDV-Technologie von den Routineaufgaben wie Sammeln, Strukturieren und Beschreiben von betriebswirtschaftlichen Kennzahlen zu entlasten. In diesem Programm finden sich Kennzahlen wie Anlagenintensität, Überschuldungsgrad oder Liquiditätsgrade und vieles mehr. S. hierzu Rade, Jürgen: Unternehmensreport, in: Datenverarbeitung, Steuer, Wirtschaft, Recht, (DSWR), Heft 3, 1992, S. 62-63.

[404] Der Entwurf technischer Objekte z.B. in CAD-/CAM-Systemen zählt zu den wichtigsten Anwendungskategorien von Expertensystemen.

[405] Als verursachungsgerechter Kostenrechnungsansatz wird aktuell das Verfahren der Prozeßkostenrechnung diskutiert. Zu Beispielen für die Unterstützung dieses prozeßorientierten Kalkulationsprinzips mit verteilten Systemkomponenten der künstlichen Intelligenz und zur Frage, wie dieser Ansatz durch den Einsatz moderner Informationstechnologien wirtschaftlich und durch methodische Benutzerunterstützung für den Anwender handhabbar umgesetzt werden kann s. Berkau, Carsten / Scheer, A.-W.: Verteiltes, wissensbasiertes Prozeßkostenmanagement, in: Information Management, Heft 3, 1993, S. 40-49 bzw. Scheer, August-Wilhelm / Berkau, Carsten : Wissensbasierte Prozeßkostenrechnung - Baustein für das Lean Controlling, in: Kostenrechnungspraxis, Heft 2, 1993, S. 111-119.

[406] Vgl. z.B. Becker, Bernd-Dieter / Walderich, Wolfgang.: Rechnergestützte Planung von Lagersystemen, in: Zeitschrift für Logistik, 4/93, S. 38-44. Zu einer Übersicht typischer Expertensystemanwendungen und einer Beschreibung der Leistungspotentiale wissensbasierter Systeme für logistische Aufgabenstellungen s. Borkowski, Volker: Expertensysteme für Planungsaufgaben in der Logistik, in: Zeitschrift für Planung, Heft 3, 1991, S. 189-208.

me sind Intelligenz- und Effizienzverstärker[407] des Menschen und können den Menschen nicht ersetzen. Sie ermöglichen eine Informationsverarbeitung auf einer sehr hohen semantischen Ebene, was wissenbasierte Systeme für ihre Nutzer sehr wertvoll macht. Dies gilt weniger für routinemäßig programmierbare Abläufe als für intellektuell anspruchsvolle Anwendungen wie (innovative) Problemlösungen. Der große Vorteil von Expertensystemen besteht in der Synthese des Sachverstandes, der Intuition und der Kreativität des Menschen mit den rechnerspezifischen Merkmalen bzw. Fähigkeiten, große Wissensmengen ökonomisch verwalten sowie effizient und präzise nach exakt vorgegebenen Kalkülen verarbeiten zu können.

---

[407] Zur Wirkung von Expertensystemen als Intelligenzverstärkern, dort als „Brain Amplifier" bezeichnet, s. Mertens, Peter / Allgeyer, Karlheinz / Däs, Harald: Betriebliche Expertensysteme in deutschsprachigen Ländern - Versuch einer Bestandsaufnahme, in: ZfB, 56. Jg., Heft 9, 1986, S. 935. Zu den Grenzen algorithmischer Modelle s. Konrad, E.: Grenzen der Anwendbarkeit von Expertensystemen, in: Krallmann, Hermann (Hrsg.): Expertensystemen in Unternehmen, Möglichkeiten, Grenzen, Anwendungsbeispiele, Betriebliche Informations- und Kommunikationssysteme, Bd. 6, Erich Schmidt Verlag, Berlin, 1986, S. 156.

5. Problematik der Bewertung komplexer Systeme
5.1 Bewertung
5.1.1 Theoretische Grundlagen der Bewertung
5.1.1.1 Grundsätzliche Vorgehensweise bei der Bewertung

Wie in den vorangegangenen Kapiteln dargestellt, besitzen Informationsverarbeitung und Logistik in der Wirtschaft erhebliche Bedeutung. Um die Bedeutung dieser Faktoren beurteilen zu können, sind Bewertungen notwendig. Da in dieser Arbeit die Problematik der Bewertung komplexer Systeme unter besonderer Berücksichtigung des Faktors Information erörtert wird und methodischen Aspekten besondere Aufmerksamkeit zukommt, sind an dieser Stelle einige grundsätzliche Bemerkungen zum Prozeß der Bewertung notwendig.

Unter Bewertung wird grundsätzlich die Zuordnung bzw. das Zueinander-in-Beziehung-Setzen einer oder mehrerer Größen auf Objekte bzw. Handlungsalternativen verstanden.[408] Die Wahl der Bewertungsgrößen wie z.B. Geldeinheiten oder Nutzwerte sowie die Auswahl der Kriterien zur Bewertung erfolgt aus dem Blickwinkel des oder der Bewertenden[409] und richtet sich nach dem Zweck der Betrachtung. Jedem Bewertungsprozeß liegt das Wertesystem des Bewertenden zugrunde.

Die prinzipielle Vorgehensweise zur Abbildung und Bewertung ökonomischer Sachverhalte läßt sich folgendermaßen beschreiben.[410] Ausgehend von einer nicht meßbaren empirischen Struktur wird ein theoretisches Konstrukt entworfen[411] in welchem komplexe Prozesse und Systeme in einzelne Komponenten zerlegt werden. Dieser Prozeß der Dekomposition in unterschiedliche Aggregationsstufen entspricht der Zerlegung komplexer Systeme in Subsysteme bzw. Elemente.[412] Die Abbildung der zu bewertenden Objekte erfolgt über die Beschreibung ihrer Merkmale. Je nach Zweck der Betrachtung sind verschiedene Eigenschaften zur näheren Kennzeichnung von Objekten geeignet, aus der Vielzahl möglicher Beschreibungsmerkmale

---

[408] Die Begriffe Wert und Bewertung sind der Kostentheorie, in der das Aufdecken von Ursache-Wirkungs-Ketten des um den Wertaspekt erweiterten Gütereinsatzes im betrieblichen Transformationsprozeß im Vordergrund steht, entnommen. Vgl. hierzu Dellmann, K.: Zur Theorie der Kostenrechnung, in: ZfB, 49 Jg., 1979, S. 321 ff.

[409] Besonderheiten und Unterschiede zwischen uni- und multipersonalen Entscheidungsprozessen sollen hier nicht näher betrachtet werden.

[410] Geiß, W.: a.a.O., S. 285.

[411] Zur Diskussion des methodischen Problems einer Erfaßbarkeit von Phänomenen auf objektive Weise im Rahmen der klassischen Meßtheorie vgl. ebenda, S. 212.

[412] Zur Problematik der Amalgamation und Unabhängigkeit von Merkmalen vgl. Eekhoff, Johann / Heidemann, Claus / Strassert, Günter: Kritik der Nutzwertanalyse. IfR Diskussionspapier Nr. 11, (Hrsg.) Institut für Regionalwissenschaft der Universität Karlsruhe, 1981, S. 19 ff.

sind die geeigneten[413] Kriterien zur Bewertung herauszusuchen. **Amler**[414] spricht im Zusammenhang mit der Auswahl von Beurteilungskriterien vom „Prinzip der relevanten Daten". Danach sind bei der Bewertung von Altenativen nur solche Wirkungen (wie Kosten und Leistungen) zu berücksichtigen, die durch die Wahl der Handlungsalternativen auch tatsächlich tangiert werden.[415]

Für eine objektive ökonomische Bewertung müssen die Eigenschaften bzw. die vom Bewertungobjekt ausgehenden Wirkungen meßbar sein und in vergleichbaren Dimensionen vorliegen. Unter Messen wird allgemein die regelhafte Zuordnung von Zahlen zu Ausprägungen von Variablen verstanden, die Erfassung von Sachverhalten erfolgt immer durch indirekte Messung.[416] Zur Messung ökonomischer Sachverhalte stehen grundsätzlich Mengen- und Wertschlüssel zur Verfügung.[417]

Im Verlauf der ökonomischen Bewertung werden die Meßgrößen (Eigenschaften von Systemen und Prozessen bzw. die von diesen ausgehenden bzw. verursachten Wirkungen) entweder auf eine einzige Dimension reduziert (z.b. Geldeinheiten) oder die nicht monetär erfaßbaren Effekte werden in dimensionslose Beurteilungspunkte (z.b. Nutzwerte oder Wirksamkeiten) umgewandelt[418] und den monetären Größen gegenübergestellt.

Zur Skalierung von Merkmalen bzw. zur Quantifizierung und Messung von Wirkungen stehen verschiedene metrische und nicht-metrische Maßstäbe bzw. unterschiedliche Skalentypen zur Verfügung: Nomimal-, Ordinal- und Kardinalskalen. Bei metrischen Kardinalskalen, die eine quantitative Bewertung ermöglichen, können Intervall- und Verhältnis[419] - oder Rationalskalen (mit definiertem Nullpunkt und Additivität) unterschieden werden. Nicht-metrische Skalen zur qualitativen Bewertung von Objekten sind Ordinal-skalen und Nominalskalen. Während Nomimalskalen Aussagen über die Gleichheit bzw. Ungleichheit und eine Klassifizierung von Objekten anhand qualitativer Eigenschaften bzw. Merkmalsausprägungen er-

---

[413] Kriterien wie Farbe oder Form sind für ökonomische Bewertungen i.a. ungeeignet, wenngleich sie in Entscheidungsprozessen eine nicht unerhebliche Rolle spielen können. Aussagen über die Eignung von Kriterien und ihre Bedeutung in Entscheidungs- bzw. Bewertungsprozessen sind letztendlich nur im Einzelfall möglich.

[414] Amler, R: a.a.O. S. 109 ff.

[415] Hiermit wird nur ein Aspekt des Problems der Vollständigkeit von Bewertungen angesprochen. Vgl. die Ausführungen in Kap. 5.1.2.1.

[416] Geiß, W., a.a.O, S. 212 f.

[417] Zur weiteren Differenzierung von Meßgrößen sowie zu Beispielen von für Bewertungen geeigneten Größen s. Tab. 29 in Kap. 7.1.2.3.

[418] Vgl. die Quantifizierungsansätze in Kap. 7.1.3.

[419] Die Verhältnisskala stellt die stärkste Form der Skalierung dar. Zur Anwendungshäufigkeit von Nominal-, Ordinal- und Kardinalskalen s. z.B. Rinza, P./ Schmitz, H.: Nutzwert-Kosten-Analyse, VDI-Verlag. Düsseldorf, 1977, S. 118.

möglichen, erlauben Ordinalskalen darüber hinaus das Aufstellen einer Rangordnung mit Hilfe von Ordinalzahlen sowie Aussagen über die Richtung von Unterschieden.

5.1.1.2 Zielsetzung der Bewertung

Der Prozeß der Bewertung steht in unmittelbarem Zusammenhang mit dem Entscheidungsprozeß, wesentliche Aufgabe der Bewertung ist die Entscheidungsvorbereitung. Durch Bewertung werden Alternativen (in Gestalt der Bewertungsobjekte) vergleichbar und somit wird die Auswahl einer Alternative (identisch mit der Entscheidung) ermöglicht. Bewertung kann grundsätzlich im Rahmen von Planungen (ex ante-Betrachtung) oder zu Kontrollzwecken (ex post-Betrachtung) erfolgen. Unter dem Aspekt des sinnvollen Einsatzes von Ressourcen ist eine prospektive Betrachtung grundsätzlich einer retrospektiven Analyse vorzuziehen.

Im Bewertungsprozeß erfolgt über die Auswahl von Kriterien hinaus auch deren Gewichtung[420] Diese Gewichtung ist nur dann sinnvoll bzw. nachzuvollziehen, wenn auch der Brückenschlag zur Entscheidung bzw. zum Entscheidungserfolg gelingt, d.h. wenn die zu erfüllenden Aufgaben bzw. die verfolgten Ziele nicht aus den Augen verloren werden. Der Sinn von Bewertungen besteht nicht zuletzt in ihrer Lenkungsfunktion, ihre Bedeutung steigt in dem Maße, in dem sie entscheidungsbeeinflussend sind.

Hauptaufgabe und zugleich wesentliches Problem im Rahmen der Bewertung von Informationen in logistischen Systemen und Prozessen ist die Zurechnung von Input- und Outputgrößen (wie z.B. Kosten und Leistungen) auf Bezugsobjekte. Dabei sind rechenbare und nicht rechenbare Größen zu berücksichtigen, die in das Gesamtergebnis der Bewertung einfließen. Quantitative Größen stellen weniger ein Erfassungs- als ein Bewertungsproblem dar. Für eine vollständige Bewertung sind neben den quantitativen Effekten auch die qualitativen in die Betrachtung einzubeziehen.

5.1.1.3 Bewertungskategorien

Grundsätzlich ist eine Vielzahl von Bewertungskategorien, die auch als Dimensionen der Wirkungsbetrachtung bezeichnet werden können, denkbar. Eine Bewertung von Objekten und Systemen kann unter ökonomischen, technischen, sozialen, juristischen, ergonomischen oder auch psychologischen und ethisch-moralischen Aspekten erfolgen. Wenn auch der Schwerpunkt der Betrachtung in dieser Arbeit auf der ökonomischen Bewertung liegt, so werden andere Gesichtspunkte jedoch implizit mehr oder weniger stark einfließen. Eine vorwiegend technikorientierte Bewertung, die in Veröffentlichungen über Untersuchungen logistischer Systeme dominiert, steht hier nicht im Vordergrund. Allerdings läßt sich in vielen Fällen die ökonomische nicht völlig von der technischen Bewertung lösen, da die Kosten und auch die

---

[420] Vgl. zu diesen subjekten Momenten des Bewertungsprozesses die Ausführungen in Kap. 5.1.2.2.

Leistungen logistischer Systeme nicht unwesentlich von der Qualität ihrer (technischen) Komponenten beeinflußt werden.

5.1.2 Spezielle Bewertungsprobleme

Nachdem in den vorangehenden Kapiteln die Vorgehensweise der Bewertung sowie grundsätzliche Bewertungskategorien diskutiert wurden, sollen zur Erarbeitung der Grundlagen für die methodischen Arbeitsschritte[421] im Rahmen umfassender input-, output- und prozeßbezogener Wirtschaftlichkeitsermittlungen wie Unterscheidung und Abgrenzung von Wirkungsspektren in diesem Kapitel folgende spezielle Probleme der Analyse von Ursache-Wirkungs-Zusammenhängen näher betrachtet werden:

- Schwierigkeiten der Datenerfassung einschließlich der Probleme hinsichtlich Umfang und Auswahl von Informationsquellen
- Probleme der Identifizierung und Beobachtung von Wirkungen
- Aspekte der Erfassung, Messung, Skalierung, Quantifizierung und Zurechnung von Effekten
- Existenz funktionaler und zeitlicher Interdependenzen
- der Einfluß der Zeit bzw. Zeitabhängigkeit der Bewertung
- Probleme der Vollständigkeit von Bewertungen
- Subjektivität jeglicher Bewertung sowie
- grundsätzliche Probleme der Kosten- und Nutzenermittlung.

5.1.2.1 Vollständigkeit der Bewertung

Unter der Zielsetzung einer ganzheitlichen Bewertung sind in eine umfassende Betrachtung (möglichst) sämtliche Effekte (vom Untersuchungsobjekt ausgehende Wirkungen nicht nur i.S. ökonomischer Konsequenzen) in die Betrachtung einzubeziehen und in den Bewertungsprozeß zu integrieren. Dabei stellt sich die grundsätzliche Frage, wie detailliert und vollständig eine Bewertung unter Berücksichtigung des erforderlichen Aufwandes vorzunehmen ist. Eine Vollständigkeit der Bewertung im Sinne einer Erfassung aller Wirkungen ist unrealistisch und entspräche dem - auch bei den meisten Investitions- bzw. Wirtschaftlichkeitsberechnungsverfahren vorausgesetzten - Zustand der vollkommenen Information. Abgesehen vom Postulat der Wirtschaftlichkeit des Bewertungsprozesses selbst ist eine vollständige Bewertung auch deshalb als theoretischer Grenzfall zu betrachten, weil unterstellt wird, daß alle Effekte bzw. Wirkungen erfaßt werden können.

Nahezu alle sozialen Strukturen innerhalb von Organisationen, individuelle Kommunikationsgewohnheiten sowie persönliche Arbeitsweisen werden durch den Einsatz von Infor-

---

[421] Die grundsätzlich erforderlichen methodischen Arbeitsschritte im Rahmen umfassender Wirtschaftlichkeitsermittlungen werden in Kap. 6 vorgestellt.

mationssystemen[422] beeinflußt. Der „Wirkbereich" bzw. die Gesamtheit aller Bereiche, in denen die von (logistischen) Informationssystemen ausgehenden Wirkungen identifiziert werden können, ist praktisch unendlich groß. Die Größe bzw. Ausdehnung des Wirkungsbereiches hängt stark von der (realisierten) Ausprägung des (logistischen) Informationssystems ab. Handelt es sich um eine sehr spezielle Form eines logistischen Informationssystems wie z.b. ein Lagerverwaltungs- und steuerungssytem, so sind Auswirkungen auf den Bürobereich bzw. die dortigen Kommunikationsvorgänge unwahrscheinlich oder völlig auszuschließen.[423]

Im Normalfall der Untersuchung komplexer Systeme kann weder der Ertrag (Output) noch der Aufwand (Input) objektiv und vollständig erfaßt werden. Es ist davon auszugehen, daß in der Realität grundsätzlich nur unvollständiges Wissen über Potential und Kosten bestimmter Maßnahmen sowie deren Wirkungen vorliegt. Leistungs- und Effizienzsteigerungen bei Prozessen, die nicht primär von den logistischen Informationssystemen unterstützt werden - z.B. eine bessere Nutzung einzelner betrieblicher Ressourcen - stellen zunächst einmal lediglich ein Nutzenpotential dar, das, wenn überhaupt, nur indirekt über quantifizierbare Hilfsgrößen erfaßt werden kann.

Aufgrund der Unmöglichkeit einer Berücksichtigung sämtlicher Wirkungen ist in der Wirtschaftspraxis folgende pragmatische Vorgehensweise zu finden. In einem mehr oder weniger unformalisierten Analogieschluß werden zu bewertende Projekte bzw. Bewertungsobjekte mit bereits realisierten, ähnlichen Aufgaben verglichen in der Annahme, alle wesentlichen Einflußgrößen bzw. Auswirkungen zu berücksichtigen. Der Grad der Genauigkeit dieser Schätzung ist jedoch in starkem Maß von der Erfahrung der beurteilenden Personen abhängig und unterliegt somit u.U. erheblichem subjektivem Einfluß.

5.1.2.2 Subjektivität

Jede Bewertung ist zunächst subjektiv bzw. subjektabhängig, d.h. sie unterliegt dem Einfluß der persönlichen Einstellung und des Wissens desjenigen, der das zu bewertende System nutzt oder bewertet.[424] Jedem Bewertungsprozeß liegt das Wertesystem des Bewertenden zugrunde. Daher stellt sich die grundsätzliche Frage, ob die aus wissenschaftlicher Sicht notwendige Objektivität unmöglich und Bewertung folglich per se nicht immer subjektiv ist. Grundlage von Bewertungen sind die verfolgten Ziele, was dazu führt, daß (subjektive) Schätzungen und Bewertungen immer durch persönliche Interessen geprägt sind. Tendenziell besteht die Gefahr, daß erwünschte Wirkungen überschätzt, unerwünschte Wirkungen unterschätzt wer-

---

[422] Der Einsatz von Informationssystemen steht in dieser Arbeit i.a. synonym für Informationsverarbeitung.

[423] Abgesehen von der Schwierigkeit, diese Effekte zu identifizieren, ist eine direkte (monetäre) Bewertung nur in Ausnahmefällen möglich.

[424] Es ist grundsätzlich davon auszugehen, daß die Bewertung von Systemen durch Betroffene (Systemnutzer) und Nicht-Betroffene (Nichtanwender) unterschiedlich ausfällt.

den.[425] Nicht unproblematisch ist bei der Analyse der positiven und negativen Effekte eine projektbezogene und damit zumeist eingeengte Sichtweise. Diese kann dazu führen, daß der für zukünftige oder andere, zeitgleich durchgeführte, Projekte erzeugte „Nebennutzen" positiver wie negativer Art vernachlässigt wird. Aus dieser Erkenntnis folgt, daß zur Objektivierung der Bewertung möglichst alle Interessen- bzw. Betroffenengruppen zu beteiligen sind.

Die Struktur kognitiver Modelle (als Abbild der Bewertungsobjekte) wird durch die persönliche Beurteilung der Entscheidungssituation des Entscheidungsträgers bestimmt, Entscheidungen durch Menschen haben also stets subjektiven Charakter. „Objektive Modelle" enthalten demgegenüber keine persönlichen Wertungen und besitzen daher eine interpersonell nachprüfbare Struktur. Neben objektiven, d.h. intersubjektiv überprüfbaren Aspekten gibt es auch subjektive Werte und Zielvorstellungen wie ethische, moralische, religiöse, politische und soziale Aspekte. Eine Möglichkeit, Objektivität bei der Bewertung zu erreichen, liegt darin, den Bewertungsprozeß durch die Vorgabe einer Methodik bzw. eines Schemas zur Konzipierung eines individuellen Modells zu unterstützen.

Bei Vorgabe von Informationsverarbeitungregeln bzw. Hinweisen zur Informationsverarbeitung[426] sind allgemein rationalere und objektivierte Bewertungsprozesse zu erwarten, weil dadurch der Zufälligkeit der (Nicht-) Berücksichtigung wichtiger bzw. unwichtiger Faktoren begegnet werden kann. Diese Vorgabe von Regeln zur Informationsverarbeitung ist neben der Offenlegung der mit einem Projekt verbundenen positiven und negativen Wirkungen i.S. erhöhter Transparenz ein Hauptvorteil normierter Verfahren wie z.B. der multiattributiven Nutzwertanalyse.

Der Grundsatz der Objektivität von Bewertungen verlangt, daß die Ermittlung der den Bewertungen zugrundeliegenden Inputdaten sachbezogen, nachprüfbar oder, falls dies nicht möglich ist, zumindest nach normierten, d.h. allgemein anerkannten Regeln zu erfolgen hat. Aus der Menge aller denkbaren Beschreibungs-Merkmale sind die zur Bewertung geeigneten herauszusuchen. Das Wertesystem des Bewertenden fließt ein durch die Auswahl der relevanten oder geeigneten (geeignet erscheinenden) Merkmale sowie die Festlegung der Bewertungskategorien, die schließlich zu einem Urteil führen.

Grundsätzlich unterliegt jede Bewertung subjektiven Vorstellungen, es gibt keine Wertkalküle, ohne daß Zielfunktionen existieren. Ziele sind normative Aussagen über beabsichtigte Zustandsänderungen von Systemen oder Prozessen. Neben der Auswahl der Bewertungskriterien und -kategorien ist insbesondere die Gewichtung der Zielkriterien in höchstem Maß subjektiv. Unter Gewichtung ist die Festlegung der relativen Bedeutung eines Zielkriteriums im Hinblick auf die Erreichung des Haupzieles zu verstehen. Sie drückt die Präferenzen der Entscheidungsträger aus. Die verbale Begründung von Zielbeiträgen und Kriteriengewichtung

---

[425] Frese, E. / Schmitz, P. / Szyperki, N.: a.a.O., S. 52.

[426] So kann beispielsweise durch die Anwendung von Checklisten erreicht werden, daß wesentliche Bereiche bzw. Bewertungsaspekte nicht außer Acht gelassen werden.

bzw. die Offenlegung der einer Bewertung zugrundeliegenden Wertprämissen ist eine Möglichkeit, eine gewisse Objektivierung des Bewertungsprozesses zu erzielen.

5.1.2.3 Aspekte der Quantifizierung

Für eine objektive ökonomische Beurteilung der Wirkungen des Einsatzes logistischer Informationssysteme bzw. logistischer Informationsverarbeitung müssen diese meßbar sein und in vergleichbaren Dimensionen vorliegen. Die Messung ökonomischer Wirkungen erfolgt mit Hilfe monetärer Größen bzw. Wertschlüssel; technische Größen oder physische Prozesse können mit Hilfe physikalischer Maßstäbe abgebildet werden. Für bestimmte Wirkungen ergibt sich mangels direkter Maßstäbe die Notwendigkeit, geeignete Indikatoren und Meßgrößen zu finden. Daraus folgt unmittelbar das Problem der Transformation von nicht meßbaren Wirkungen in quantitative Größen. Erst wenn nicht präzisierte Begriffe wie Qualität, Lieferservice oder Flexibilität ähnlich wie physikalische oder andere betriebswirtschaftliche Größen quantifizierbar werden, ist eine Bewertung möglich. So ist beispielsweise Flexibilität als Eigenschaft von Systemen ein sehr vielschichtiger Begriff. Es gibt nicht nur eine, sondern viele verschieden Formen von Flexibilität, die sich auf folgende Sachverhalte beziehen können:

- zeitliche Anpassungsfähigkeit
- Variation des Outputs
- Art und Umfang von Leistungen
- Änderungen von Faktoreinsatzarten.[427]

Den einzelnen Formen entprechend ist Flexibilität auch jeweils getrennt zu bewerten.[428]

Indikatoren haben grundsätzlich drei Aufgabenstellungen: die Messung von Effekten, die Beobachtung des Wandels sowie die Prognose und Steuerung von Prozessen. Allein die Beobachtung und Identifizierung von Wirkungen kann bereits problematisch sein, da bei bestimmten Effekten die Wirkung u.U. so schwach ist, daß sie nicht feststellbar ist oder erst nach einem gewissen Zeitraum in Erscheinung tritt. Wenn auch Indikatoren bzw. Kennzahlen nicht immer geeignet sind, komplexe Sachverhalte abzubilden, so ermöglichen sie zumindest die Identifizierung von Veränderungen im Zeitablauf. Typische Beispiele für die Anwendung von Indikatoren zur Erfassung komplexer Sachverhalte sind Größen wie Bruttosozialprodukt (als Indikator für die Leistung einer Volkswirtschaft), Intelligenzquotienten (zur Abbildung der Gesamtheit geistiger Fähigkeiten, die unter dem Begriff Intelligenz zusammengefaßt werden)

---

[427] Insbesondere in logistischen Systemen ist die Substitution von Personal durch technische Systeme wie z.B. hochautomatisierte Lagersysteme ein wichtiger Ansatzpunkt zur Steigerung der Wirtschaftlichkeit. Zur Bedeutung menschlicher Arbeit im System der betrieblichen Produktionsfaktoren s. z.B. Reichwald, Ralf: Arbeit als Produktionsfaktor - Ein kritischer Grundlagenbeitrag zur betriebswirtschaftlichen Produktionstheorie, München: Reinhardt, 1977, S. 19 ff.

[428] Da Ziele bzw. Zielsysteme keine Konstante im Zeitablauf darstellen, sind auch verschiedene Formen der Zielflexibilität zu finden. Diese Flexibilität kann sich einerseits auf das Zielsystem als Ganzes (Aufgabe oder Hinzunahme von Zielen bzw. Veränderung der Rangfolge in der Zielhierarchie) und andererseits auf einzelne Ziele (Variation von Zielinhalt, Ausmaß und zeitlichem Bezug) beziehen.

sowie Lieferservice[429] oder Durchlaufzeiten (zur Kennzeichnung der Gesamtleistungsfähigkeit logistischer Systeme).

Bestimmte Größen erfordern zur monetären Bewertung eine Transformation, bei welcher die nicht-ökonomischen (nicht-monetären) Größen in ökonomische (monetäre) überführt werden. Bewertung ist oft nur über mehrere Transformationsprozesse hinweg möglich, da bestimmte Effekte einer direkten (monetären) Bewertung nur bedingt zugänglich sind. Zur Umrechnung verschiedener (Meß-) Dimensionen ist eine Skalentransformation erforderlich. Mit Hilfe einer Transformationsfunktion[430] erfolgt eine Umwandlung von der originären Maßskala auf die gemeinsame (derivative) Bewertungsskala, d.h. den der Bewertung zugrundegelegten Maßstab. Die Auswahl der Transformationsfunktion bzw. ihr Verlauf ist ein weiteres wesentliches subjektives Element im Bewertungsprozeß.

Ein wichtiger Maßstab bzw. Bezugsgröße zur Bewertung logistischer Systeme und Prozesse ist der Faktor Zeit. Die Quantifizierung verkürzter Durchlaufzeiten als Folge des Einsatzes logistischer Informationssysteme bzw. einer veränderten Informationsverarbeitung ist beispielsweise über folgende Transformation möglich: Über verkürzte Lagerzeiten und daraus resultierenden Veränderungen des Lagerbestands können Zinsvorteile berechnet werden.[431]

5.1.2.4 Interdependenzen

Die Größen Kosten, Zeit und Qualität stellen ein in der Wirtschaft weit verbreitetes Zieldreieck und zugleich wesentliche Bewertungskategorien dar. In der Praxis wird allerdings oftmals außer Acht gelassen, daß diese gemeinsame Nennung impliziert, es handele sich bei diesen um von einander unabhängige Größen. Davon kann grundsätzlich jedoch nicht ausgegangen werden. Die Qualität von Produkten oder die zur Durchführung von Produktions- und Logistikprozessen erforderlichen Zeiten beeinflussen unmittelbar die Kosten und somit die Wirtschaftlichkeit von Systemen und Prozessen.

Infolge funktionaler (sachlicher) und zeitlicher Interdependenzen ergeben sich im Prozeß der Bewertung Probleme einer eindeutigen Abgrenzung sowie der verursachungsgerechten Zuordnung von Wirkungen und den diese Wirkungen verursachenden Maßnahmen. Vorhandene Interdependenzen einerseits und Zweckpluralismus bzw. Multifunktionalität von Systemen andererseits führen dazu, daß eine isolierte Maßnahmenbeurteilung oft nicht möglich ist, da Projekte bzw. Maßnahmenbündel (Bewertungsobjekte) i.d.R. mehreren Zwecken dienen.

Von Systemen ausgehende Effekte bzw. Wirkungen sind umso schwerer zu erfassen und zuzurechnen, je komplexer die betrachteten Systeme (Unternehmen) sind bzw. je mehr

---

[429] Vgl. hierzu die Ausführungen in Kap. 3.3.2.3.2 sowie 7.1.3.

[430] Vgl. hierzu die Abb. 24 in Kap. 5.5.3.2.

[431] U.a. auf diesen grundlegenden, stark vereinfachenden, Annahmen beruhen die klassischen Lagerhaltungsmodelle bzw. Modelle zur Ermittlung der optimalen Losgröße.

(Unternehmens-) Ebenen oder Bereiche tangiert bzw. beeinflußt werden. Je genauer sich das Untersuchungsobjekt[432] isolieren und abgrenzen läßt, desto einfacher und eindeutiger können auch die von ihm ausgehenden Wirkungen betrachtet werden. In der wirtschaftlichen Praxis ist es jedoch nur in wenigen Fällen möglich, derartige isolierte Betrachtungen durchzuführen, zumal oftmals funktionale Interdepenzen vertikal und horizontal bestehen. Darüber hinaus erfolgt etwa der Auf- oder Ausbau eines logistischen Informationssystems kombiniert mit anderen organisatorischen Veränderungen, so daß bestimmte Wirkungen u.U. nicht einzelnen Maßnahmen zugerechnet werden können.

Grundsätzlich sind für die Erfüllung logistischer Funktionen bzw. die Durchführung logistischer Prozesse bestimmte Informationsverarbeitungsprozesse notwendig und dementsprechend sind logistische Informationssysteme oftmals modular aufgebaut. Da einzelne Module logistischer Informationssysteme (z.B. automatische Fakturierung bei Lieferabruf mittels Datenfernübertragung) Unterstützungs- und Zubringerfunktionen[433] für andere Unternehmensbereiche (z.B. die Buchhaltung) beinhalten können, ist das Problem zu lösen, welchen Bereichen und nach welchem Schlüssel z.B. Kosten zuzuordnen oder zu verteilen sind. Ob derartige Hilfsfunktionen bei einer Bewertung zu berücksichtigen sind, hängt darüber hinaus im Einzelfall davon ab, ob diese Zusatzfunktionen nur ein Nutzungspotential darstellen, für das kein aktueller Bedarf vorhanden ist, oder ob sie tatsächlich genutzt bzw. in Anspruch genommen werden. Für den Fall einer „Nur-Bereitstellung bzw. Vorhaltung eines Nutzungspotentials" wären diese bewertungstechnisch neutral und somit nicht in die Bewertung einzubeziehen.

Der Grad der Ausnutzung eines neuen, erweiterten Nutzenpotentials, definiert als Verhältnis von genutzter zu möglicher Systemleistung, liegt theoretisch im Intervall zwischen Null und Eins. Ist der Ausnutzungsgrad eines logistischen Informationssystems Null, so läßt sich dies derart interpretieren, daß lediglich eine Bereitstellung für eine spätere Nutzung erfolgt. Ein Ausnutzungsgrad von Eins ist (als theoretischer Grenzfall) demnach identisch mit der vollen Ausschöpfung bzw. Inanspruchnahme aller Möglichkeiten eines Systems.

5.1.2.5 Zeitabhängigkeit der Bewertung

Der Faktor Zeit ist im Bewertungsprozeß in mehrerer Hinsicht bedeutsam. Bei der Bewertung von Systemen sind unter zeitlichem Aspekt zeitpunkt- und zeitraumbezogene Betrachtungen zu unterscheiden. Während zeitpunktbezogene Betrachtungen nur Momentaufnahmen erlauben, ermöglicht eine Betrachtung zu verschiedenen Zeitpunkten eine Identifizierung von Veränderungen sowie eine Beurteilung von Entwicklungen. Auch Unterschiede zwischen den

---

[432] Die Abgrenzung logistischer Informationssysteme von anderen Informationssystemen ist infolge der i.a. vorhandenen Multifunktionalität sowie der vielfältigen Einflußbereiche der Querschnittsfunktion Logistik mit erheblichen Schwierigkeiten behaftet.

[433] Vgl. zu primären und sekundären Aufgaben und Funktionen logistischer Informationssysteme die Bemerkungen in Kap. 4.2.

Zeitpunkten der Datenerhebung und der Durchführung der Bewertung sind zu beachten.[434] Bei sehr dynamischen Prozessen bzw. Systemen mit hoher Veränderungsgeschwindigkeit sind den Bewertungen zugrundeliegende Daten u.U. nicht mehr repräsentativ bzw. gültig. Die Bedeutung bzw. Berücksichtigung des zeitlichen Aspekts jeder Bewertung wird dadurch zum Ausdruck gebracht, daß zwischen statischer und dynamischer bzw. kurz- und langfristiger Betrachtung unterschieden wird. Um die Vergleichbarkeit von zu verschiedenen Zeitpunkten auftretenden Effekten zu erreichen, ist eine Diskontierung auf einen einheitlichen Bezugspunkt erforderlich.

Art, Umfang und Ausprägungen einzelner Wirkungen und damit ihre Vergleichbarkeit hängen sehr stark vom Zeitpunkt der Datenerhebung ab.[435] So können Wirkungen zum Zeitpunkt der Erhebung von Daten, welche zur Erfassung von Wirkungen notwendig sind, bereits verpufft und damit nicht mehr identifizierbar oder im anderen Extrem aufgrund eines timelags[436] noch nicht zur Entfaltung gekommen sein. Die Problematik der Disparitäten einer Wirkungsentfaltung in zeitlicher, örtlich-räumlicher sowie sachlich-funktionaler Hinsicht wird überlagert durch die Problematik inhomogener Kosten- und Nutzenverläufe im Laufe der Systemnutzungsdauern.[437] Der letztgenannte Aspekt ist besonders bedeutsam für solche Systeme, bei denen die wirtschaftliche Nutzungsdauer durch das, auf einzelne Systemelemente bzw. -komponenten bezogene, sich ständig erhöhende Innovationstempo[438] beeinflußt wird.

Für die Entfaltung des vollen Wirkungsspektrums logistischer Informationsysteme ist oftmals ein erheblicher Einarbeitungs- bzw. Eingewöhnungsaufwand notwendig und die aus dem Einsatz resultierenden Synergieeffekte kommen erst wesentlich später als zum Zeitpunkt der Einführung dieser Systeme zum Tragen. So treten bestimmte Effekte sofort, d.h. zeitlich unmittelbar auf, während andere erst langfristig bemerkbar sind. Bei der Einführung neuer Systeme sind neben Eingewöhnungsprozessen und daraus resultierenden Effektivitätsverlusten auch sog. „Strohfeuer-Effekte"[439] zu berücksichtigen. Letztere sind auf die in aller Regel hohe Motivation von Erst- bzw. Pilotanwendern zurückzuführen. Dieses timelag des verzögerten

---

[434] Vgl. Kap. 5.1.2.5.

[435] Zu grundsätzlichen Problemen der Datenerfassung zur Bildung von Bewertungsgrundlagen vgl. Anselstetter, Reiner: Betriebswirtschaftliche Nutzeffekte der Datenverarbeitung - Anhaltspunkte für Nutzen-Kosten-Schätzungen, Berlin: Springer, 1984, S. 12.

[436] Die verzögerte Wirkungsentfaltung ist ein grundsätzliches Problem wirtschaftswissenschaftlicher Analysen.

[437] Horváth, P. / Mayer, R.: a.a.O., S. 50 ff.

[438] Aufgrund der technologischen Entwicklungen ist dieser Einfluß bei Informationssystemen besonders hoch. Dies bezieht sich jedoch nicht nur auf technische Komponenten, auch Informationen unterliegen, je nach Informationsart, u.U. einem Wertverlust. Die „Halbwertzeit" des Wissens wird nach gängiger Meinung stets kürzer. Vgl. zur Zeitabhängigkeit des Informationswertes die Bemerkungen in Kap. 7.2.2.

[439] Mertens, Peter: Forschungsergebnisse zum Nutzen-Kosten-Verhältnis der computergestützten Informationsverarbeitung, in: Ballwieser, Wolfgang / Berger, Karl Heinz (Hrsg.): Information und Wirtschaftlichkeit, wiss. Tagung Hannover, Verband der Hochschullehrer für Betriebswirtschaft e.V. an d. Univ. Hannover 1985, Wiesbaden: Gabler, 1985, S. 53.

oder verspäteten Eintretens von Wirkungen ist in logistischen Systemen besonders stark ausgeprägt. Die Bedeutung des zeitlichen Horizonts von Projekten im Bewertungsprozeß ergibt sich aus der Tatsache, daß mit zunehmendem Planungshorizont, wie z.b. bei langwierigen Projekten oder auch Pilotprojekten, die Prognosegenauigkeit abnimmt und der (kumulative) Aufwand immer schwieriger abzuschätzen ist.

Über die bereits genannte Problematik des unterschiedlichen Auftretens von Wirkungen hinausgehend ist der Zeitpunkt von Bewertungen auch aus folgendem Grund bedeutsam: Eine im Rahmen des Aufbaus eines logistischen Informationssystems durchgeführte Schwachstellenanalyse offenbart Mängel in der bisherigen Organisation bestimmter Abläufe, welche durch das neue logistische Informationssystem und die damit verbundenen Veränderungen innerhalb der Organisation beseitigt werden sollen. Nach einer gewissen Anlaufphase ist u.U. nicht mehr genau nachvollziehbar, welche Wirkungen lediglich der veränderten (effizienteren) Aufbau- und Ablauforganisation zuzuschreiben sind - somit auch ohne das logistische Informationssystem möglich gewesen wären - und welche Veränderungen (i.S. positiver oder negativer Wirkungen) dem Einsatz des logistischen Informationssystems zuzurechnen sind. Organisatorische Veränderungen sind aber gerade im Bereich der Logistik oft Voraussetzung für den Einsatz logistischer Informationssysteme und demzufolge unverzichtbares Element der neuen Lösungen.

Desweiteren liegt ein wesentlicher Grund für die Probleme einer Evaluierung der Wirkungen logistischer Informationsysteme darin begründet, daß nicht nur die Bewertungsobjekte selbst sondern auch die Bewertenden einem Wandel unterliegen. So sind Systeme vor der Installation, nach der Inbetriebnahme sowie nach mehrjähriger Nutzung u.U. völlig anders zu beurteilen.[440] Diese Problematik einer veränderten Einschätzung der Charakteristika von Systemen durch den Benutzer zu verschiedenen Zeitpunkten wird überlagert vom Problem der Nichtkonstanz von Systemleistungen bzw. Eigenschaften im Zeitverlauf. Der Grad der Ausnutzung des Leistungspotentials eines Systems wird infolge der Variabilität menschlicher Leistungsfähigkeit bei jeder Anwendungssituation neu bestimmt bzw. definiert und stellt somit keine Konstante im Zeitablauf dar. Bewertung ist auch von der Erfahrung und damit vom Informationsstand des Bewertenden abhängig.

5.1.2.6 Zur Problematik der Nutzenbestimmung

Nutzen, in der wirtschaftswissenschaftlichen Theorie als Maß für die Bedürfnisbefriedigung aus dem Konsum von Gütern einschließlich Dienstleistungen definiert, läßt sich auch als Zustand oder Ergebnis interpretieren, bei dem die Vorteile (i.S. einer positiven Gesamtwirkung) die Nachteile (i.S. einer negativen Gesamtwirkung) überwiegen. Wie oben gezeigt, ist der Nutzen nicht nur abhängig von den Eigenschaften eines Systems bzw. Produktes, sondern

---

[440] Zu einem Beispiel der unterschiedlichen Einschätzung von Beurteilungskriterien im Zeitwandel vgl. Senn, Herold: CAD/CAM: Eine dringende Aufgabe auch für das Management, in: Rupper, Peter / Scheuchzer, Roland H. (Hrsg.): Produktionslogistik - Gestaltung von Material- und Informationsflüssen in der Logistik, Zürich: Industrielle Organisation, 1985, S. 203.

auch vom Grad der Ausnutzung dieser Eigenschaften durch den Anwender bzw. Nutzer. In der wirtschaftswissenschaftlichen Theorie sind als Grundlage von Bewertungen ordinale und kardinale Nutzenkonzepte zu finden. Zum Verständnis der folgenden Ausführungen zur Bestimmung des Nutzens i.S. einer Bewertung positiver Effekte sollen die Möglichkeiten und Grenzen eines ordinalen oder kardinalen Vergleichs kurz skizziert werden.

Das ordinale Nutzenkonzept geht davon aus, daß Wirtschaftssubjekte oder Individuen nur über eine ordinale Präferenzordnung[441] verfügen, und somit nur Aussagen über (Rang-) Ordnungen von Alternativen möglich sind. Als Konsequenz daraus ergibt sich, daß die interpersonelle Vergleichbarkeit bzw. Aggregierbarkeit von individuellen Nutzen per se ausgeschlossen ist. Die Existenz von Nutzenabständen wird somit negiert.

Im Gegensatz dazu ermöglicht das kardinale Nutzenkonzept über die Angabe von Ordnungen hinaus auch Aussagen über die Größe von Nutzenunterschieden. Das „1. Gossen'sche Gesetz der Bedürfnisbefriedigung" (Gesetz vom abnehmenden Grenznutzen) besagt, daß der Grenznutzen eines Gutes mit wachsender verfügbarer Menge dieses Gutes abnimmt. Das „2. Gossen'sche Gesetz von Ausgleich der Grenznutzen" beinhaltet die Aussage, daß das Maximum der Bedürfnisbefriedigung dann erreicht ist, wenn die Grenznutzen der zuletzt beschafften Teilmengen der Güter gleich sind. Der Grenznutzen wird in der modernen Wirtschaftstheorie im Rahmen marginalanalytischer Betrachtungen als partieller Differentialquotient[442] aufgefaßt. Nutzenfunktionen, welche die Präferenzstruktur des Individuums widerspiegeln sollen, sind keine Konstante im Zeitablauf.[443]

Bei der Bestimmung von Kosten und Nutzen (i.S. positiver bzw. negativer Wirkungen) ergibt sich eine Reihe methodischer Schwierigkeiten. Während die Bewertung von Kostenwirkungen über Marktpreise erfolgt, fehlt Nutzenbeiträgen oft die Marktfähigkeit. Nutzenmessung setzt voraus, daß eine dem Nutzen proportionale Bezugsgröße gefunden werden kann. Nach dem Kriterium Meßbarkeit bzw. Quantifizierbarkeit lassen sich zwei grundsätzliche Arten von Nutzen unterscheiden. Nutzen ist entweder meßbar und damit quantifizierbar oder nicht meßbar und somit nur qualitativ angebbar. Die Quantifizierung des Nutzens ist prinzipiell möglich durch Schätzung, Messung und ordinalen bzw. kardinalen Vergleich. Während Schätzungen im Regelfall zu mehr oder weniger willkürlichen Ergebnissen führen, stellt sich bei der Messung die Frage, mit welchen Meßgrößen diese durchgeführt werden kann. Mit der Suche nach einer geeigneten Bezugsgröße sind zugleich Skalierungsprobleme, d.h. die Frage, wie Nutzenzuwächse oder Nutzenabnahmen zu messen und zu skalieren sind, verbunden.

---

[441] Zur Erläuterung von Arten-, Höhen-, Zeit- und Sicherheitspräferenzen und entprechenden Beispielen vgl. z.B. Schildbach, Thomas: Entscheidung, in: Vahlens Kompendium der Betriebswirtschaftslehre, Verlag Franz Vahlen, München, 1990, Band 2, S. 1 f.

[442] Vgl. hierzu Kap. 7.2.1.

[443] Die Diskussion des Verlaufs von Nutzenfunktionen mit konvexen und/oder konkaven Abschnitten soll hier nicht vertieft werden.

Der Nutzen von nur qualitativ beschreibbaren Wirkungen wie z.B. Erhöhung der Flexibilität oder ein Mehr an Komfort, Service oder Sicherheit besteht oft daran, daß sie ein Signal für die zu treffende Entscheidung geben, qualitative Kriterien sind somit entscheidungsrelevant. Auch wenn keine direkte Möglichkeit besteht, konkrete Zahlen zu ermitteln wie bei unmittelbar quantifizierbaren Nutzenkomponenten, dürfen die Schwierigkeiten der Erfassung des qualitativen Nutzens nicht dazu führen, diese im Rahmen einer Bewertung nicht weiter zu verfolgen bzw. außer Acht zu lassen.

5.2 Ansätze zur Bestimmung der Wirtschaftlichkeit
5.2.1 Zum Begriff der Wirtschaftlichkeit

Der theoretische Begriff der Wirtschaftlichkeit ist schillernd und schwer operationalisierbar.[444] Wirtschaftlichkeit ist ein relatives und dimensionsloses Maß und beschreibt das Verhältnis von Input zu Output (Ergebnis zu Einsatz). Unter Input wird dem Systemansatz folgend die Summe aller Einsatzfaktoren, unter Output die Summe aller Ergebnisse bzw. Wirkungen verstanden. Daher wird den nachfolgenden Ausführungen ein weiter Wirtschaftlichkeitsbegriff zur Erfassung möglichst aller Wirkungen zugrundegelegt. Die Größe Wirtschaftlichkeit drückt im Gegensatz zur Produktivität, die ein mengenmäßiges Verhältnis repräsentiert, ein wertmäßiges Verhältnis aus und stellt als Erfolgsmeßzahl das Verhältnis von Leistungen (Output) und Kosten (Input) gegenüber. Bei der Ermittlung der Kennzahl Produktivität steht i.a. die Untersuchung von Teilbereichen und damit die Ermittlung von Teilproduktivitäten wie z.B. Arbeitsproduktivität im Vordergrund. Grundsätzlich setzt die Kennzahl Produktivität zwei (mehr oder weniger) isolierte Größen zueinander in Beziehung. Die Beschreibung des Outputs erfolgt durch eindimensionale Kennzahlen bzw. monokriterielle Abgrenzungen (wie z.B. produzierte Stückzahlen), die Darstellung des Inputs ist durch bestimmte Einsatzfaktoren quantifizierende Größen wie z.B. Arbeitsstunden oder Energiemengen möglich. Der Begriff der Wirtschaftlichkeit ist von weitaus höherer Komplexität als der Begriff der Produktivität, da die komplexen Größen Input und Output jeweils als Gesamtheit einer Vielzahl von Komponenten aufgefaßt werden können.

Während der Begriff Effektivität den Grad der Zielerreichung ausdrückt und somit Hinweise auf die Leistungsfähigkeit eines Systems gibt, drückt der Begriff Effizienz i.S. von Wirtschaftlichkeit einen Vergleich von Mitteleinsatz und Zielerreichung aus. Durch die Angabe der relativen Größe Wirtschaftlichkeit kann der (outputbezogene) Ergiebigkeits- bzw. der (inputbezogene) Sparsamkeitsgrad bei der Erstellung einer Leistung ausgedrückt werden. Die Wirtschaftlichkeit zeigt an, inwieweit nach dem ökonomischen Prinzip gehandelt, d.h. ob der größtmögliche Wirkungsgrad erreicht wurde. Das ökonomische Prinzip fordert als Maximum-Prinzip mit gegebenen Mitteln bzw. Input das größtmögliche Ergebnis (Output) zu

---

[444] Vgl. zum Begriff der Wirtschaftlichkeit als Kosteneffizienz bzw. als Verhältnis von Sollkosten zu Istkosten Dellmann, Klaus: Kosten- und Leistungsrechnungen, in: Vahlens Kompendium der Betriebswirtschaftslehre, Band 2, Verlag Franz Vahlen München, 1990, S. 336 f.

erzielen, als Minimum-Prinzip verlangt es, einen bestimmten Output mit den eringstmöglichen Input zu erlangen.

Sowohl Input (Kosten) als auch Output (Leistungen) logistischer Systeme sind schwer zu quantifizieren. Bereits mit der Definition des Umfangs der Logistik beginnt die Frage nach den einzubeziehenden Kostenkomponenten. Jedoch bereitet nicht nur die Ermittlung der Logistikkosten, die heute noch in den wenigsten Unternehmen transparent sind, Probleme. Auch die Quantifizierung logistischer Leistungen, d.h. der Output logistischer Systeme, ist mit Schwierigkeiten verbunden. Es ist fraglich, ob Kennzahlen wie beispielsweise bewegte Paletten, abgefertigte LKW pro Stunde, Tonnagen bzw. zurückgelegte Transportkilometer oder (für einzelne logistische Teilprozesse) verbrauchte Arbeitsstunden geeignet sind, logistische Leistungen präzise zu beschreiben. Weiterhin ergeben sich Bewertungsprobleme aus der Tatsache, daß Dienstleistungen bzw. nichtmaterielle Prozesse der Informationsverarbeitung schwerer zu messen sind als materielle Prozesse z.B. in der Produktion.

5.2.2 Grundsätzliche Aufgaben von Wirtschaftlichkeitsrechnungen

Wirtschaftlichkeitsrechnungen haben die Aufgabe, die zur Erreichung gesetzter Ziele realisierten oder geplanten Maßnahmen zu bewerten. Die grundsätzliche Orientierung am (einzel- oder gesamtwirtschaftlichen) Zielsystem ist notwendig, um die Frage zu beantworten, ob die eingesetzten Mittel bzw. Maßnahmen[445] geeignet sind, die Ziele (als beabsichtigte Zustandsänderungen eines Systems) zu erreichen. Fällt der Vergleich der Summe aller negativen Effekte (als Kosten) und der Summe aller positiven Effekte (als Nutzen) negativ aus, ist es nicht sinnvoll, das angestrebte Ziel weiter zu verfolgen. Im Verlauf einer Wirtschaftlichkeitsanalyse ist zu klären, welches die Haupteinflußgrößen bzw. die wesentlichen Determinanten für Kosten[446] (negative Wirkungen) und Nutzen (positive Wirkungen) sind.

Wirtschaftlichkeitsrechnungen dienen einerseits als Entscheidungshilfe zur Bewertung und Auswahl von vorgesehenen Maßnahmen (Ex-ante-Untersuchung) und andererseits als Mittel der Erfolgskontrolle bzw. Ergebnisüberprüfung bei laufenden oder bereits abgeschlossenen Maßnahmen (Ex-post-Untersuchung). Wirtschaftlichkeitsanalysen sollten vor der Einführung von Systemen durchgeführt werden, da getroffene Entscheidungen meist irreversibel (u.a. wegen bereits entstandener Kosten) sind. Durch Wirtschaftlichkeitsrechnungen lassen sich grundsätzlich folgende Entscheidungsprobleme lösen:
- Beurteilung von Einzelmaßnahmen (ist der Nutzen einer Maßnahme größer als die durch die Realisierung bzw. Umsetzung verursachten Kosten?)
- Reihung verschiedener Maßnahmen nach der Dringlichkeit (Erstellen einer Prioritätenreihenfolge)
- Vergleich zwischen alternativen Maßnahmen.

---

[445] Im Verlauf der weiteren Ausführungen wird keine Differenzierung zwischen den Begriffen Mittel und Maßnahmen getroffen, sie werden, sofern nicht ausdrücklich vermerkt, synonym verwendet.

[446] Eine vorwiegend kostenorientierte Analyse hat die Aufgabe, die als sog. Kostentreiber bezeichneten Haupteinflußgrößen auf die Kosten zu ermitteln.

Die Vorteilhaftigkeit oder Vorziehenswürdigkeit einer Alternative bestimmt sich grundsätzlich nach dem ökonomischen Prinzip.[447] Wirtschaftlichkeitsrechnungen sollen klären, welche ökonomisch relevanten Auswirkungen der Einsatz bestimmter Inputfaktoren (z.b. Informationen in logistischen Systemen) hat und wie sich die sich daraus ergebenden Wirkungen ökonomisch (durch z.b. monetäre Bewertung) abbilden lassen. Sie dienen als Entscheidungshilfe i.s. der Aufbereitung entscheidungsrelevanter Informationen, die eigenverantwortliche Entscheidung der Entscheidungsträger bleibt unabhängig vom angewendeten Verfahren bestehen.

5.2.3 Notwendigkeit objektivierter und umfassender Wirtschaftlichkeitsanalysen

Die Notwendigkeit der Ermittlung von betriebs- oder volkswirtschaftlich bedeutsamen Effekten im Rahmen von Wirtschaftslichkeitsuntersuchungen ergibt sich als Folge begrenzter finanzieller, materieller, personeller und informationeller Ressourcen. Sind Projekte mit hohem (finanziellen) Aufwand verbunden, ergibt sich für die Entscheidungsträger die Verpflichtung, die verfügbaren Ressourcen sinnvoll einzusetzen. Für die Auswahl von Projekten bzw. die einzusetzenden Ressourcen sind umfassende und detaillierte Entscheidungsgrundlagen zu erarbeiten.

Insbesondere für den Faktor Information gibt es Defizite bei der Ermittlung der mit seinem Einsatz verbundenen Auswirkungen. Im deutschsprachigen Raum durchgeführte empirische Erhebungen zur Informationsverarbeitung bzw. zum Einsatz von DV-Systemen[448] hatten u.a. zum Ergebnis, daß nur etwa in jedem zweiten Fall die Wirkungen des EDV-Einsatzes quantifiziert und überwacht wurden.

Die Forderung nach optimalem Mitteleinsatz gilt grundsätzlich sowohl für einzel- als auch gesamtwirtschaftliche Aktivitäten (öffentliche bzw. privatwirtschaftliche Investitionen); es werden lediglich verschiedene Zielsetzungen verfolgt. Aus einzelwirtschaftlicher Sicht überwiegt die Aufgabenstellung, den für die Zielerreichung (z.B. Gewinnmaximierung) optimalen Mitteleinsatz zu finden. Aus gesamtwirtschaftlicher Sicht gilt es, Methoden und Werkzeuge anzuwenden, um mögliche Fehlentwicklungen rechtzeitig aufzeigen und somit die Vergeudung von Ressourcen verhindern zu können. Staatliche Projekte haben den Zweck, der Allgemeinheit zu Gute zu kommen und die Wohlfahrt einer Bevölkerung zu erhöhen.

Bei der gesamtwirtschaftlichen Betrachtung kommt erschwerend hinzu, daß sich der um externe Effekte erweiterte Zielkatalog nicht mehr auf ein relativ leicht zu ermittelndes Gesamtziel reduzieren läßt und zudem die ursprünglichen (originären) Dimensionen der einzelnen Meßgrößen verschieden sind. So sind beispielsweise nicht alle Auswirkungen geplanter Maßnahmen monetarisierbar, d.h. in Geldeinheiten auszudrücken. Über die rein wirtschaftliche

---

[447] Die Tatsache, daß in der Realität u.U. auch andere, nicht-ökonomische Zielsetzungen dominieren, sei hier nur der Vollständigkeit halber genannt.

[448] Vgl. dazu die Darstellung der NSI- (Nutzen und Schaden der Informationsverarbeitung)-Untersuchung bei Mertens, Peter: Forschungsergebnisse ..., a.a.O., S. 61 ff. Die Ergebnisse dieser Studien besitzen ungeachtet der inzwischen eingetretenen technischen Entwicklung nach wie vor Gültigkeit.

Beurteilung von Konzepten wie JIT, Güterverkehrszentren oder logistisch bedeutsame Investitionen in die Verkehrsinfrastruktur hinaus sind weitere Wirkungsbereiche[449] zu erfassen, sodaß sich das Beurteilungsspektrum um Bereiche wie volkswirtschaftliche Effizienz, Umweltverträglichkeit, regionale Entwicklung oder Wohlfahrtssteigerung auf nationaler und/oder partialer Ebene erheblich ausweiten kann.

Die im Zusammenhang mit der Bewertung gebrauchten Begriffe wie Produktivitäts- und Flexibilitätssteigerungen, Steigerung der (internationalen) Wettbewerbfähigkeit zur Beschreibung von z.b. mit dem Einsatz von logistischen Informations- und Kommunikationssystemen verbundenen Vorteilen (i.S. positiver Wirkungen) sind wenig operational. Die Vagheit dieser Begriffe ist letztlich Ausdruck der Schwierigkeiten, bestimmte Sachverhalte qualitativ zu beschreiben und darüber hinaus quantitativ zu bewerten. Die mangelnde Schärfe der in der Praxis verwendeten Begriffe kann als Indiz dafür betrachtet werden, daß die Probleme systematischer Ursache-Wirkungs-Analysen nicht ausreichend berücksichtigt werden. Bei kritischer Betrachtung der verbalen Formulierung zur Beschreibung von Wirkungen[450] wird offenbar, daß diese oft wenig mehr als Leerformelcharakter besitzen oder in mehrfacher Weise interpretierbar sind. Dadurch entziehen sie sich, was allerdings u.U. auch beabsichtigt sein kann, einer exakten Evaluierung.

Werden Aussagen zur Wirtschaftlichkeit logistischer Systeme[451] bzw. von logistischen Informations- und Kommunikationssystemen in der Fachpresse untersucht, so läßt sich feststellen, daß die betroffenen Interessengruppen vielfach zu einer Übertreibung bzw. Überbewertung oder insbesondere auch Außerachtlassen bestimmter Effekte neigen. Je nach Interessenlage bzw. Stellung (innerhalb der logistischen Kette) wird versucht, Dritte für die eigene Sache einzunehmen bzw. den eigenen Standpunkt als mehr oder weniger unumstößlich darzustellen. Derartige einseitige Darstellungen können folglich nicht als repräsentativ betrachtet werden. Darüber hinaus kann allgemein davon ausgegangen werden, daß über die positiv verlaufene Einführung logistischer Informations- und Kommunikationssysteme eher berichtet wird als über weniger erfolgreiche. Hinzu kommt die Tendenz, Projekte zu verschönen, da neben einer im Grundsatz zu unterstellenden Informationsabsicht auch andere Gesichtspunkte, wie z.B. Aspekte einer Vermarktung, zu berücksichtigen sind. Aus den genannten Gründen, die insbesondere bei empirischen Untersuchungen stark ausgeprägt sind, ergibt sich die Notwendigkeit einer objektiven bzw. objektivierten Bewertung.

---

[449] Zur Aufbereitung der Informationen sowie zur Erhöhung der Transparenz bietet sich eine Erfassung der Wirkungen in einzelnen Wirkbereichen auf getrennten Konten an. Vgl. dazu das methodische Vorgehen in Kap. 6.

[450] Eine Auswahl stereotyper Überschriften in der logistischen Fachpresse wie „Logistik steigert Wettbewerbsfähigkeit" oder „Informationssysteme erhöhen Flexibilität" soll an dieser Stelle zur Verdeutlichung der genannten Problematik ausreichen.

[451] Dabei handelt es sich in nicht wenigen Fällen lediglich um Darstellungen und partielle Bewertungen logistischer Sub- bzw. Teilsysteme, ein ganzheitlicher Ansatz ist nur selten erkennbar.

5.2.4 Schwierigkeiten von Wirtschaftlichkeitsbetrachtungen

Die Zusammenhänge in logistischen Systemen sind meist zu vielschichtig, als daß sie durch ein einziges Kriterium (wie z.B. Geldeinheiten) abgebildet werden könnten. Die betriebliche Logistik durchdringt wegen ihrer Eigenschaft als Querschnittsfunktion nahezu sämtliche Unternehmensbereiche. An über- und zwischenbetrieblichen logistischen Systemen sind unterschiedliche Unternehmen bzw. insbesondere Unternehmensbereiche beteiligt. Eine rein partialanalytische Betrachtung wird dieser - logistischen Systemen immanenten - Vernetzung nicht gerecht und führt daher notwendigerweise zu falschen oder wenig aussagekräftigen Ergebnissen. Das Hauptproblem ganzheitlicher Betrachtungen besteht in der Formulierung von Modellen mit eindeutiger Zuordnung von Input- und Outputgrößen. Eine exakte und umfassende Bewertung sämtlicher Wirkungen in Querschnittbereichen, d.h. nicht direkt einer leistungswirtschaftlichen Einzelfunktion zuzuordnenden Bereichen, wie sie die Logistik darstellt, ist sehr problematisch. Die Identifizierung und Analyse von Ursache-Wirkungs-Beziehungen ist ein wesentliches Anliegen dieser Arbeit und soll später an den zentralen logistischen Größen Durchlaufzeit und Lieferzeit analysiert werden; sie sind zugleich die eigentlichen Probleme von Wirtschaftlichkeitsbetrachtungen

Eine Reduzierung der innerbetrieblichen Durchlaufzeit (interpretiert als Parameteränderung eines betrachteten logistischen Systems) kann auf verschiedene Faktoren zurückzuführen sein. Einerseits können organisatorische Maßnahmen wie z.B. in der Produktion der Wechsel vom Prinzip der Bringsteuerung zum Prinzip der Holsteuerung verantwortlich sein, andererseits sind auch technologiebedingte Faktoren wie z.B. Investitionen in flexibel automatisierte Systeme als Ursachen denkbar. Die vielfältigen Beziehungen zwischen Input- und Outputgrößen und die Notwendigkeit einer Beachtung einer Vielzahl qualitativer Effekte verbieten eine isolierte Betrachtung nur einer Zielgröße und erfordern - dem Postulat einer ganzheitlichen Betrachtung entsprechend - eine umfassende Analyse auf unterschiedlichen Ebenen und insbesondere unter Berücksichtigung von Ursache-Wirkungs-Zusammenhängen bzw. Kausalketten.[452]

Über eine isolierte Betrachtung bzw. Bewertung einzelner Elemente logistischer Systeme hinaus müssen die Wechselbeziehungen bzw. Wechselwirkungen zwischen diesen Elementen berücksichtigt werden. Eine isolierte Bewertung einzelner Komponenten ergibt keine aussagekräftige Wirtschaftlichkeit. In eine umfassende input-, output- und prozeßbezogene Betrachtung sind alle Einsatzfaktoren (Input) und sämtliche Wirkungen (Output), die vom Untersuchungsobjekt ausgehen, einzubeziehen. So müssen insbesondere Wirkungen wie Synergieeffekte oder der Nutzen aus der Integration von Teilsystemen in die Bewertung einfließen. Bei isolierter Betrachtung von nur Teilaspekten bzw. Teilsystemen finden diese Überlegungen keine Berücksichtigung.

Nutzenfaktoren (wie z.B. Kosteneinsparungen) können sich u.U. erst durch eine Integration von Teilsystemen ergeben, isolierte Bewertungen oder Wirtschaftlichkeitsnachweise für Ein-

---

zelsysteme können eventuell zu falschen Schlußfolgerungen und Entscheidungen führen. Die Integration bzw. das Zusammenwirken von Teilsystemen kann einen Produktivitätsvorsprung des Gesamtsystems bewirken, der i.a. als Synergieeffekt bezeichnet wird. Trotz mangelnder Wirtschaftlichkeit eines Teilsystems oder einzelner Elemente kann die Gesamtwirtschaftlichkeit durchaus positiv sein. Die mangelnde Wirtschaftlichkeit von Teilsystemen kann u.U. auf eine falsche Abgrenzung zurückgeführt werden. So werden z.b. Logistikabteilungen als unwirtschaftlich eingestuft, weil sie Kosten zu tragen haben, die in anderen Abteilungen verursacht werden. Der Identifizierung von Kostenverursachern und der sachgerechten Zuordnung zu Leistungserbringern ist größte Aufmerksamkeit zu widmen.

5.3   Methoden der wirtschaftlichen Bewertung
5.3.1 Übersicht Bewertungsverfahren

Zur Wirtschaftlichkeitsrechnung im Rahmen der Investitionsplanung gibt es Vielzahl statischer und dynamischer Verfahren, die sich hinsichtlich Randbedingungen, praktischer Durchführbarkeit und Genauigkeit unterscheiden. Wirtschaftlichkeitsgrößen wie Kosten oder Nutzen stellen nur Anhaltspunkte dar, die im nächsten Schritt der wirtschaftlichen Bewertung je nach konkreter Ausgestaltung der logistischen Systeme bzw. des logistische Informationssystems detailliert werden müssen. Die Methoden, mit denen die in logistischen Systemen relevanten Kategorien von Wirtschaftlichkeitsgrößen beurteilt werden können, lassen sich in zwei Gruppen einteilen:[453]

- Methoden bei einfacher (monetärer) Zielsetzung[454]
- Methoden bei mehrfacher Zielsetzung.

Diejenigen Methoden, die bei einfacher (monovariabler) Zielsetzung in Frage kommen, sind an die klassische Investitionsrechnung angelehnt und dienen dazu, von den zulässigen Alternativen diejenige auszuwählen, die hinsichtlich des gesetzten Zieles bzw. des zu optimierenden Kriteriums den günstigsten Wert aufweist. Sie können qualitative und nicht-monetäre Größen kaum berücksichtigen. Die bekanntesten eindimensionalen Verfahren sind Vergleichsrechnungen (wie Kosten-, Gewinn- oder Rentabilitätsrechnungen), die zur Auswahl von Alternativen mit identischen Leistungsmerkmalen dienen oder Ersparnisrechnungen wie die Annuitäten- und Barwertmethode, welche auch die zukünftigen (quantifizierten) Nutzen berücksichtigen. Bei der in der Praxis weit verbreiteten Methode der Annuitätenrechnung werden die Anschaffungsbeträge der Investitionen unter Einbeziehung des kalkulatorischen Zinssatzes und der wirtschaftlichen Nutzungsdauer annuisiert und damit zu den jährlichen

[453] Vgl. zu einer synoptischen Darstellung von Bewertungsmethoden bzw. Methoden zur Nutzenanalyse Nagel, Kurt: Nutzen der Informationsverarbeitung - Methoden zur Bewertung von strategischen Wettbewerbsvorteilen, Produktivitätsverbesserungen und Kosteneinsparungen, München: Oldenbourg, 1988. S. 41 ff. Nagel differenziert im Unterschied zur hier dargestellten Einteilung in ein- und wenigdimensionale sowie mehrdimensionale Verfahren.

[454] Vgl. hierzu z.B. Blohm, Hans / Lüder, Klaus: Investition - Schwachstellen im Investitionsbereich des Industriebetriebes und Wege zu ihrer Beseitigung, München: Vahlen, 1988, S. 54 ff.

Betriebskosten[455] für Personal, Energie, Instandhaltung etc. addierbar. Im Ergebnis führt die Annuitätenrechnung zu einer Gegenüberstellung der durchschnittlichen jährlichen Gesamtkosten der betrachteten Alternativen bezogen auf den Preisstand eines Bezugsjahres.

5.3.2 Elementare Methoden zur Bewertung von Alternativen

Im folgenden Abschnitt soll eine grobe Übersicht über einige einfache, grundsätzliche (elementare) Bewertungsmöglichkeiten, die aufgrund der Einfachheit in der Anwendung relativ weit verbreitet sind, gegeben werden. Die einfachste Form des Vergleichs bzw. der Bewertung von Alternativen ist das Aufstellen einer sog. Argumentebilanz. In Anlehnung an die stichtagsbezogene Gegenüberstellung von Vermögen und Kapital im Rechnungswesen werden in der Argumentebilanz Vor- und Nachteile von Alternativen aufgelistet. Die Bewertung der Alternativen erfolgt durch einfache Aufzählung bzw. Auszählung der am häufigsten genannten Effekte.[456] Wegen der Allgemeinheit bzw. mangelnden Präzisierung der zur Kennzeichnung der Vor- und Nachteile gebrauchten Begriffe und wegen der fehlenden Gewichtung der einzelnen Punkte führt diese Bewertungsmethode allerdings nur unter bestimmten Bedingungen zu eindeutigen Ergebnissen. Die Tab. 20 zeigt weitere elementare Methoden bzw. Regeln zur Bewertung von Alternativen.[457]

5.3.3 Kosten-Nutzen-Untersuchungen

Weil klassische Verfahren zur Ermittlung der Wirtschaftlichkeit wie Gewinn- oder Kostenvergleichsrechnungen zur Bewertung komplexer Systeme nicht ausreichen bzw. infolge der Prämissen hinsichtlich ihrer Anwendbarkeit relativ enge Grenzen haben, wird nachfolgend der Versuch unternommen, theoretische Anleihen bei den Verfahren der Kosten-Nutzen-Untersuchungen zu machen. Es soll untersucht werden, welche Instrumente und Hilfsmittel eingesetzt werden können bzw. welchen Beitrag die genannten Verfahren zur Bewertung logistischer Systeme liefern können. Der Bezug zu logistischen Systemen und Prozessen steht dabei stets im Vordergrund.

Bei der Untersuchung der Wirtschaftlichkeit von Systemen ist zwischen einzelwirtschaftlicher (betriebswirtschaftlicher) und gesamtwirtschaftlicher (volkswirtschaftlicher) Betrachtungsweise zu unterscheiden. Bei der gesamtwirtschaftlichen Betrachtung werden im Gegensatz zur

---

[455] Eine überschlägige Ermittlung von Betriebskosten in erster Näherung durch Bildung des Produkts aus Menge und Einheitspreis kann im Einzelfall ausreichend sein, um bestimmte Alternativen bereits vorzeitig auszuschließen.

[456] Ein Beispiel für eine derartige Aufzählung von Vor- und Nachteilen von CIM-Investitionen in der Form einer „Argumente-Bilanz" findet sich bei Albach, Horst / Wildemann, Horst: Strategische Investitionsplanung für neue Technologien, ZfB-Ergänzungsheft 1/86, S. 33.

[457] Zu grundsätzlichen Entscheidungsregeln s. z.B. Wöhe, Günter: Einführung in die Allgemeine Betriebswirtschaftslehre, 14., überarb. Auflage, Verlag Franz Vahlen, München, 1981, S. 135 ff.

Bewertung erfolgt anhand der	Kurzbeschreibung
Regel der befriedigenden Lösung (Simon-Regel)	• Bildung von zwei Klassen • alle Kriterien mindestens befriedigend bzw. Bewertungsniveau nicht erreicht
Majoritäts-Regel	• besser abschneiden in mehr als 50% der Kriterien als die Alternative • für K.O-System geeignet
Copeland-Regel	• Vergabe von Plus- und Minuspunkten
Rangordnungssummenregel	• Rangplätze der einzelnen Kriterien werden addiert • man geht davon aus, daß die Wertunterschiede zwischen den Rängen für sämtliche Kriterien gleich groß sind
Additionsregel bei absoluter Skalenfixierung	• allen Einzelwerten wird dieselbe Bewertungseinheit und derselbe Skalennullpunkt zugrunde gelegt • Einzelwerte werden dadurch direkt vergleichbar

Tab. 20: Elementare Methoden zur Bewertung von Alternativen (Quelle: Eigene Darstellung)

einzelwirtschaftlichen zusätzlich zu den internen Effekten auch externe Effekte[458] berücksichtigt. Es handelt sich hierbei um Effekte, die indirekte Wirkungen auf Dritte darstellen und somit nicht in der Wirtschaftlichkeitsrechnung des Verursachers erscheinen. Derartige Effekte spielen auch bei logistischen Projekten eine große Rolle.

Beispielhaft für externe Effekte als Folge einer Verkehrswegeinfrastrukturinvestition des ÖPNV (z.B. Errichtung einer Neubaustrecke zwischen zwei Städten einer Wirtschaftsregion) seien genannt Auswirkungen auf:

• die Verkehrskunden
• die Wirtschaftsstruktur allgemein
• andere Verkehrswege und Verkehrsträger
• die Umwelt.

Da ein objektiver Vergleich geplanter Maßnahmen eine multidimensionale Betrachtungsweise erfordert, wurden für die gesamtwirtschaftliche Wirtschaftlichkeitsermittlung Verfahren ent-

---

[458] Die Zuordnung von Effekten zur Klasse der externen Effekte kann auch von der Wahl der Systemgrenze abhängen. Vgl. dazu die Ausführungen in Kap. 6.3.1.1.

wickelt, die eine, wenn auch nicht vollkommen objektive, zumindest aber weitgehend nachvollziehbare Entscheidungsfindung ermöglichen. Aus den unterschiedliche Zwecken und Zielsetzungen und durch die Berücksichtigung von einzel- und gesamtwirtschaftlichen Aspekten ergibt sich die Abgrenzung von privatwirtschaftlich orientierten Investitionsrechnungsverfahren und auf gesamtwirtschaftlicher Ebene angewendeten Verfahren. Auf volkswirtschaftlicher Ebene werden vor allem drei Verfahren von Kosten-Nutzen-Untersuchungen[459] angewendet:

- die Kosten-Nutzen-Analyse
- die Kosten-Wirksamkeits-Analyse
- die Nutzwert-Analyse. [460]

Die genannten Verfahren werden im Folgenden in ihren Grundzügen dargestellt, da sie vom methodischen Ansatz grundsätzlich zur Wirtschaftlichkeitsanalyse der Informationsverarbeitung in logistischen Systemen geeignet sind. In der Praxis ist zur Bewertung komplexer Systeme ggf. die Kombination von Einzelschritten aus mehreren Verfahren sinnvoll.

5.3.3.1 Kosten-Nutzen-Analyse

Die Kosten-Nutzen-Analyse[461] ist ein auf der Wohlfahrtsökonomik beruhendes Verfahren zur Bestimmung der gesamtwirtschaftlichen Effizienz insbesondere öffentlicher Infrastrukturinvestitionsvorhaben. Nach ihrem urspünglichen Ansatz soll mit dieser Wirtschaftlichkeitsrechnung unter verschiedenen Investitionsalternativen die beste herausgefunden werden, indem jeweils alle zu erwartenden Kosten und Nutzen einander gegenübergestellt und anschließend mit Hilfe eines Effizienzkriteriums auswählt werden.[462] Die Kosten-Nutzen-Analyse ist ein Analyseinstrument für geeignete Maßnahmen von erheblicher finanzieller Bedeutung[463], sie leistet einen Vergleich von Alternativen mit gleicher Zielsetzung. Danach ist

---

[459] Zu einer Kurzbeschreibung der Verfahren s. z.B. Mildner, Raimund: Leitfaden für Kosten-Wirksamkeits-Analysen im Gesundheitswesen, Hrsg.: SNV Studiengesellschaft Nahverkehr mbH, S. 6 ff.

[460] Zur Vermeidung von Mißverständnissen sei hier das Verfahren der Wertanalyse von der Nutzwertanalyse abgegrenzt. Das Verfahren der Wertanalyse ist eine systematische Vorgehensweise zur Verbesserung vorhandener Strukturen und Abläufe sowie zur Entwicklung von Produkten. Durch die Ermittlung von Haupt-, Neben- und unnötigen Funktionen werden durch die Anwendung von Kreativitätstechniken Ansatzpunkte für einen ganzheitlichen Problemlösungsprozeß gefunden. Zum Standardverfahren der Wertanalyse s. Korte, Jürgen: Verfahren der Wertanalyse - Betriebswirtschaftliche Grundlagen zum Ablauf wertanalytischer Entscheidungsprozese, Berlin: Schmidt, 1977, S. 47 ff.

[461] Vgl. zu den theoretischen Grundlagen z.B. Hanusch, H.: Nutzen-Kosten-Analyse, München, 1986, S. 34 ff. Zur betriebswirtschaftlichen Relevanz der Nutzen-Kosten-Analyse s. Obermeier, Georg: Nutzen-Kosten-Analyse zur Gestaltung computergestützter Informationssysteme, München: Florentz, 1977 (Schriftenreihe wirtschaftswissenschaftlicher Forschung und Entwicklung, Bd. 5), S. 45 ff.

[462] Recktenwald, Horst Claus: Kosten-Nutzen-Analyse und Programmbudget, S. 4 ff.

[463] §6 des Haushaltsgrundsätzegesetzes sowie §7 der Bundeshaushaltsordnung schreiben die Durchführung von Kosten-Nutzen-Analysen für geeignete Maßnahmen von erheblicher finanzieller Bedeutung vor.

unter mehreren Projekten dasjenige auszuwählen, bei dem die Differenz zwischen gesamtwirtschaftlichen Nutzen und Kosten am größten ist, wobei Nutzen und Kosten auf den gleichen Zeitpunkt diskontiert werden. Sie ist ungeeignet beispielsweise für die Aufteilung der staatlichen Ressourcen auf die Teilbudgets bzw. die Aufteilung eines Teilbudgets auf Projekte mit unterschiedlicher Zielsetzung.

Zur gesamtheitlichen Beurteilung von Investitionen sind alle positiven und negativen Wirkungen, unabhängig davon, bei wem sie anfallen, zu erfassen. Es sind sowohl trägerbezogene (interne) als auch externe[464] Effekte zu berücksichtigen.[465] In der Kosten-Nutzen-Analyse werden alle Effekte, die die Entscheidung für eine der betrachteten Alternativen bestimmen, in Geldeinheiten ausgedrückt. Überwiegen die positiven Effekte einer Alternative, weist diese einen „Geld-Nutzen" auf, umgekehrt entstehen bei Überwiegen der negativen Effekte „Geld-Kosten". Alle Effekte, die keiner Monetarisierung zugänglich sind, werden als intangible Effekte bzw. Imponderabilien (nicht kalkulierbare Faktoren) zwar erfaßt, aber nicht weiter behandelt. Es erfolgt allenfalls eine verbale Beschreibung, die jedoch nicht in das Entscheidungskalkül der Kosten-Nutzen-Analyse eingeht.

Ziel der Kosten-Nutzen-Analyse ist die optimale Allokation der Ressourcen, Zielgröße ist die Maximierung des Sozialprodukts. Die Kosten-Nutzen-Analyse findet dort Anwendung, wo die Faktorallokation nicht über den Markt erfolgt, wie es für reine öffentliche bzw. meritorische Güter der Fall ist. Die Produktionsfaktoren werden danach bewertet, wie viele „Gelegenheiten" (Opportunitäten) zur Produktion entgehen. In der Kosten-Nutzen-Analyse werden betriebswirtschaftliche Kostenbewertungen mit gesellschaftlichen Überlegungen verbunden. Man verrechnet den der Gesellschaft entstehenden Nettonutzen mit dem durch das Projekt verursachten Nutzenentgang. So sind beispielsweise bei Verkehrswegeinvestitionen[466] folgende Kosten und Nutzen zu berücksichtigen:

- **direkte Kosten**: Planungs-, Entwicklungs-, Bau-, Verwaltungskosten
- **direkte Nutzen**: Zeit-, Betriebskosten-, Unfallersparnisse; Verringerung des Park-raumbedarfs; Beitrag zu Umweltschutz und Verkehrssicherheit
- **indirekte Kosten**: durch induzierten Verkehr entstandene Kosten
- **indirekte Nutzen**: „Folge-Nutzen", die sich für den Raum (z.B. regionale Wirtschaftsentwicklung, Beschäftigungswirkungen) ergeben.

Das Dilemma der Kosten-Nutzen-Analyse besteht darin, daß die wohlfahrtstheoretische Begründung von Annahmen ausgeht, welche die Funktionsfähigkeit der (vollständigen) Marktkonkurrenz, die Vollbeschäftigung sowie das Fehlen externer Effekte postulieren. Zur Durchführung von Kosten-Nutzen-Analysen sind Vollkosten notwendiger Bestandteil, die Praxis der

---

[464] Ob Effekte als intern oder extern zu bezeichnen sind, hängt in erster Linie von der Stellung des Betrachters in der logistischen Kette ab.

[465] Blohm / Lüder: a.a.O., S. 197.

[466] Vgl. hierzu die aktuelle Diskussion um die Referenzstrecke der Magnetschwebebahn zwischen Hamburg und Berlin.

Kosten-Nutzen-Analyse geht jedoch darüber hinweg und rechnet mit vorliegenden Marktpreisen. Betriebswirtschaftliche Kosten sind den gesellschaftlichen Opportunitätskosten[467] aber nur in der vollständigen Konkurrenz gleich. Weiterhin müssen die Produktionsfaktoren voll ausgelastet sein, und es darf keine externen Effekte geben, die sich nicht in den Preisen niederschlagen. Trotz der engen Prämissen und der genannten Defizite liegt der Hauptvorteil der Kosten-Nutzen-Analyse in der Offenlegung der positiven und negativen mit einem Projekt verbundenen Wirkungen. Sie erhöht die Transparenz und unterstützt somit die Entscheidungsvorbereitung. Ihre Hauptprobleme sind die Quantifizierung des sozialen Nutzens und der sozialen Kosten sowie die Bestimmung des Zinssatzes.[468]

Die Abb. 23 zeigt in einem formalen Aufriß die wesentlichen Bestandteile der Kosten-Nutzen-Analyse. Nach diesem Konzept[469] werden unter bestimmten Einschränkungen (C) alle Vor- (N,Z) und Nachteile (K,M) eines öffentlichen Projektes für einen Zeitraum erfaßt und bewertet. Die unterschiedlichen Kosten und Nutzen, in Geldeinheiten ausgedrückt, können auf einen Zeitpunkt diskontiert und gegenübergestellt werden. Dabei wird die Unsicherheit soweit wie möglich berücksichtigt.

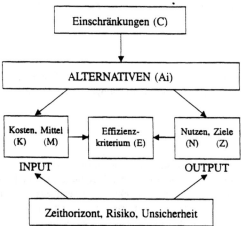

Abb. 23: Formale Darstellung der Kosten-Nutzen-Analyse (Quelle: Eigene Darstellung in Anlehnung an Recktenwald: a.a.O., S. 3 ff.)

---

[467] Zum Begriff sowie zu unterschiedlichen Definitionen von Opportunitätskosten s. Dittmann, Sebastian: Das Opportunitätskostenkalkül - Eine Bestimmung optimaler Kosten und Leistungswerte, Frankfurt/Main: Peter Lang, 1985, S. 19 ff. Zur Abgrenzung zwischen pagatorischen Kosten und Opportunitätskosten vgl. z.B. Hax, Herbert: Bewertungsprobleme bei der Formulierung von Zielfunktionen für Entscheidungsmodelle, in: ZfbF, 1967, S. 752.

[468] Vgl. hierzu z.B. Götz, Gisela: Evaluierung ökonomischer Projekte in Entwicklungsländern mit Hilfe von Kosten-Nutzen-Analysen, Krefeld: Marchal-und-Matzenbacher-Wissenschaftsverlag, 1984, S. 57 ff.

[469] Zu einer detaillierten Verfahrensbeschreibung und Darstellung des 6-Phasen-Schema der Kosten-Nutzen-Analyse vgl. Hofmann, Jürgen: Erweiterte Kosten-Nutzen-Analyse - Zur Bewertung und Auswahl öffentlicher Projekte, Göttingen: Vandenhoek & Ruprecht, 1981, S. 12 ff.

Im Vergleich mit Alternativprojekten (A) wird dasjenige ausgewählt, welches nach dem jeweiligen Effizienzkriterium (Effizienzmaß E) am meisten zur sozialen Wohlfahrt beiträgt. Insofern unterscheidet sich diese Wirtschaftlichkeitsrechnung fundamental von denen für privatwirtschaftliche, da es sich um öffentliche Güter handelt.[470] Anstelle der privaten treten die sozialen Kosten und Nutzen. Da nicht alle positiven und negativen Wirkungen bzw. Kosten und Nutzen monetär bewertbar sind, finden in Ergänzung zur Kosten-Nutzen-Analyse die nachfolgend skizzierten Verfahren wie die Kosten-Wirksamkeits-Analyse und die Nutzwertanalyse Anwendung.

5.3.3.2 Kosten-Wirksamkeits-Analyse

In der Kosten-Wirksamkeits-Analyse werden diejenigen Effekte von Alternativen, die unmittelbar in Geld anfallen (z.b. Investitionen, Betriebskosten, Einnahmen), auch als monetäre Größen erfaßt. Effekte, die sich nicht in Geldeinheiten ausdrücken lassen, werden so weit wie möglich quantifiziert und mit Hilfe von Bewertungsfunktionen bzw. Bewertungsrangreihen in Wirksamkeiten überführt. Die Abb. 24 skizziert die nachfolgend beschriebenen Verfahrensstufen.[471]

- **Problemdefinition**

Erkennen und Beschreiben der zu verändernden Situation. Je klarer und präsizer, d.h. je enger und konkreter die Problemdefinition ist, desto geringer ist die Zahl der Handlungsalternativen zur Problemlösung.

- **Definition eines Wertesystems**

Im Wertesystem erfolgt die Offenlegung der normativen Prämissen bzw. die Festlegung der Präferenzstruktur der Entscheidungsträger. Durch Erstellung eines Zielsystems erfolgt die systematische Festlegung aller verfolgten Zwecke. Ausgehend von Gesamtziel werden Ober- und Teilziele gebildet und somit eine Zielhierarchie ermittelt. Einzelne Zielkriterien werden über Indikatoren mit entsprechenden Meßdimensionen abgebildet.[472]

---

[470] So merkt Recktenwald: a.a.O., S. 4, auch folgerichtig an: „In diesem Unterschied der privaten zu den sozialen Kosten und Nutzen (Erträgen) liegen gleichermaßen Chance und Schwäche der Methode. Während in der Marktwirtschaft das Preis- und Wettbewerbssystem laufend die projektbezogenen Kosten und Nutzen bewertet und im Idealfalle für privatwirtschaftliche Effizienz und ökonomisch gerechte Verteilung sorgt, fehlt in der Staatswirtschaft ein solcher Mechanismus."

[471] Zur Erläuterung der einzelnen Verfahrensstufen der Kosten-Wirksamkeits-Analyse vgl. z.B. Mildner, R.: a.a.O., S. 15 ff.

[472] Vgl. hierzu weiter unten die Abb. 26, welche exemplarisch ein logistisches Zielsystem und die entsprechende Konkretisierung und Detaillierung auf verschiedenen Ebenen zeigt.

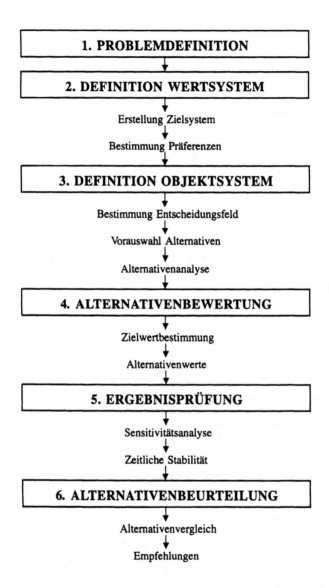

Abb. 24: Verfahrensstufen der Kosten-Wirksamkeits-Analyse (Quelle: Eigene Darstellung in Anlehnung an Mildner, Raimund: Leitfaden für Kosten-Wirksamkeits-Analysen im Gesundheitswesen, Hrsg.: SNV Studiengesellschaft Nahverkehr mbH., S. 16)

162

- **Definition des Objektsystems**

Die Bestimmung der objektiv gegebenen Umweltbedingungen, die den Entscheidungsspielraum begrenzen, führt zur Ausssonderung unmöglicher Alternativen. Im Objektsy stem werden alle vom Entscheidungsobjekt ausgehenden Wirkungen erfaßt und über die entsprechenden Indikatoren beschrieben.

- **Alternativenbewertung**

Die ermittelten Zielbeiträge werden mit Hilfe definierter Bewertungsfunktionen und Bewertungsrangreihen in Zielwerte bzw. Zielbeiträge überführt. Die einzelnen Zielwerte werden unter Berücksichtigung der jeweiligen Gewichtungsfaktoren zu einem Gesamtzielwert zusammengefaßt.

- **Ergebnisprüfung**

Überprüfung von Risiko- bzw. Unsicherheitsaspekten bei den ermittelten Alternativenwerten durch z.B. Sensitivitätsanalysen und Überprüfung der zeitlichen Stabilität der Wirkungen.

- **Alternativenbeurteilung**

Erarbeitung von Entscheidungsgrundlagen für die Entscheidungsfindung auf der Grundlage sämtlicher Bewertungsaspekte.

Für einen Alternativenvergleich lassen sich zwei Erscheinungsformen, die informationsorientierte und die entscheidungsorientierte Kosten-Wirksamkeits-Analyse unterscheiden. In der informationsorientierten Ausprägung dient die Kosten-Wirksamkeits-Analyse als Ordnungsschema, um die Komplexität des Entscheidungsproblems transparenter zu machen. Es wird unmittelbar noch keine Entscheidung angestrebt. Demgegenüber ist die entscheidungsorientierte Kosten-Wirksamkeits-Analyse direkt auf die objektivierte Herbeiführung einer Entscheidung abgestellt. Ziel ist die Rationalisierung des Entscheidungsprozesses durch die systematische Zusammenführung von Sachinformationen und normativen Ziel- bzw. Wertvorstellungen. In Bezug auf die anzuwendenden Entscheidungsprinzipien wird innerhalb der entscheidungsorientierten Kosten-Wirksamkeits-Analyse unterschieden zwischen dem kostenbezogenen Konzept (fixed-cost-approach) und dem wirksamkeitsbezogenen Konzept (fixed-effectiveness-approach).[473]

Die Abb. 25 veranschaulicht am Beispiel der Lieferzeit die Umwandlung von Zielbeiträgen in Wirksamkeiten mit Hilfe einer linearen Bewertungsfunktion. Durch die Auswahl entsprechender, linearer oder auch nicht-linearer Bewertungsfunktionen wird erheblicher Einfluß auf den Bewertungsprozeß genommen.

---

[473] Mildner, R.: a.a.O., S. 60.

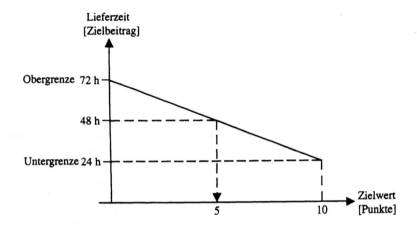

Abb. 25: Beispielhafte Bewertungsfunktion zur Bewertung der Lieferzeit (Quelle: Eigene Darstellung)

Die Verbesserung des Lieferservice ist nur eine Zielsetzung, die bei der optimalen Gestaltung logistischer Systeme und Prozesse verfolgt wird. Grundsätzlich ist ein ganzes Bündel von Zielen zu berücksichtigen. Die verschiedenen Ober- und Teilziele sind bei ganzheitlicher Bewertung in ein Zielsystem zu integrieren. Die Abb. 26 zeigt exemplarisch die Möglichkeiten zur Bildung verschiedener Zielebenen bzw. eine beispielhafte Konkre tisierung eines hierarchisch gegliederten Zielsystems zur Gestaltung logistischer Systeme und Prozesse.[474] Die Abbildung verdeutlicht die Problematik der Reduktion eines multidimensionalen Beurteilungsproblems (auf der Globalebene) auf eine Vielzahl eindimensionaler Betrachtungen (auf Unterzielebene). Die Darstellung veranschaulicht schematisch den Zusammenhang zwischen verschiedenen Zielebenen und der daraus entwickelten Zielhierarchie (einschließlich der zur Bewertung notwendigen Indikatoren sowie (Meß-)Dimensionen).

Diese Form der Dekomposition ist eine Möglichkeit, komplexe Ziel- bzw. Bewertungsgrößen zu differenzieren und erlaubt die Ermittlung von Grundlagen zur (quantifizierenden) Bewertung einzelner Komponenten. Die Teil-Wirksamkeiten in einzelnen Bereichen ergeben sich dabei als Produkt aus den Zielwerten und den Zielgewichtsfaktoren. Der Zielwert ist dabei die Ausprägung des betreffenden Indikators zur Abbildung einer bestimmten Wirkung in einem Bereich bzw. einer Zielebene. Der Zielwert wird einheitlich ausgedrückt in dimensionslosen

---

[474] Zur Problematik der bei der Aufstellung einer Kriterienhierarchie zu berücksichtigenden Interdepenzen sowie zu einem konkreten Beispiel einer Bewertung von Drehmaschinen s. Bäuml, Johann / Lukas, Bernd: EDV-gestützte Entscheidungstechniken zur Beurteilung von Investitionsalternativen, Sindelfingen: Expert, 1986, S. 26 ff. Die Autoren sprechen in diesem Zusammenhang von Kriterienkorrelation, ebenda, S. 29.

Punktwerten, den Wirksamkeiten. Die Summe aller Teil-Wirksamkeiten ergibt die (Gesamt-) Wirksamkeit einer Alternative.

5.3.3.3 Nutzwertanalyse

Zangemeister definiert die „Nutzwertanalyse als Analyse einer Menge komplexer Handlungsalternativen mit dem Zweck, die Elemente dieser Menge entsprechend den Präferenzen des Entscheidungsträgers bezüglich eines multidimensionalen Zielsystems zu ordnen. Die Abbildung dieser Ordnung erfolgt durch die Angabe der Nutzwerte (Gesamtwerte) der Alternativen."[475] Die Nutzwertanalyse ist ein Verfahren zur Beurteilung auch qualitativer Eigenschaften von Investitionen und sie wird eingesetzt vor allem bei sehr komplexen Entscheidungsproblemen, bei denen nicht quantifizierbare Kriterien eine wichtige Rolle spielen. In der Nutzwertanalyse werden alle Effekte, auch monetär erfaßbare Größen, einer Alternative einheitlich mit Hilfe von Nutzwerten (vergleichbar den Wirksamkeiten der Kosten-Wirksamkeits-Analyse) ausgedrückt. Monetär nicht quantifizierbare Kriterien wie beispielsweise die Aspekte Sicherheit, Flexibilität, Komfort, Betriebsklima, Qualität werden als qualitative Kriterien[476] bezeichnet.

Die Eigenschaften von Objekten und die sich daraus ergebenden Wirkungen bestimmen seinen Nutzwert. Ein Problem der Nutzwertanalyse besteht darin, relevante Eigenschaften bzw. Bewertungskriterien auszuwählen. Es gilt, diese Eigenschaften in Nutzwerten abzubilden bzw. für die einzelnen Bewertungskriterien Teilnutzwerte zu ermitteln und zu einem Gesamtnutzwert zu aggregieren.[477] Für die Aggregation hat sich in der Praxis[478] bewährt, daß sich der Gesamtnutzwert aus der Summe der für die einzelnen Bewertungskriterien ermittelten Teilnutzwerte zusammensetzt. Dabei wird vereinfachend davon ausgegangen, daß jedes Merkmalskriterium einer Alternative isoliert und eindimensional bewertbar ist, und daß die Summe der Teilbewertungen zu einer sinnvollen Gesamtbewertung der jeweiligen Alternative führt. Für eine Gesamtbeurteilung dürfen bestehende Interdependenzen[479] zwischen einzelnen Bewertungkriterien nicht vernachlässigt werden.

---

[475] Zangemeister, Ch.: a.a.O., S. 45.

[476] Die Beantwortung der Frage, ob bestimmte Effekte qualitativer oder quantitativer Natur sind, erfolgt weder in der Praxis noch der Wissenschaft eindeutig.

[477] Zur Diskussion der Additivitäts-Prämisse vgl. Eekhoff, J. / Heidemann, C. / Strassert, G.: a.a.O., S. 15 f.

[478] Zu Beispielen für die Anwendung der Nutzwertanalyse im Bereich der Beschaffung s. Harting, Detlef: Wertgestaltender Einkauf, Lieferantenauswahl mit Hilfe der Nutzwertanalyse, in: Beschaffung aktuell , Heft 8, 1990, S. 39-42; zu Kriterien der Lieferantenbewertung s. de Vries, Helmer: Lieferantenbewertung, in: Beschaffung aktuell, 1989, S. 26-28. Zu einer Anwendung der Nutzwertanalyse zur Beurteilung von Lagertypen s. Pörsch, Martin: Lagertypen im Nutzwertvergleich in: Rupper, Peter / Scheuchzer, Roland H. (Hrsg.): Lager- und Transport-Logistik - Planung, Steuerung und Kontrolle von Lager- und Transportvorgängen, Zürich: Industrielle Organisation, 1988, S. 123-184; zur Bewertung von CAD-Systemen z.B. Plammer, Alfred: Wie rechtfertige ich die Einführung von CAD-Systemen?, in: io Management Zeitschrift 56, Nr. 5, 1987, S. 268-272.

[479] Vgl. die Diskussion in Kap. 5.1.2.4.

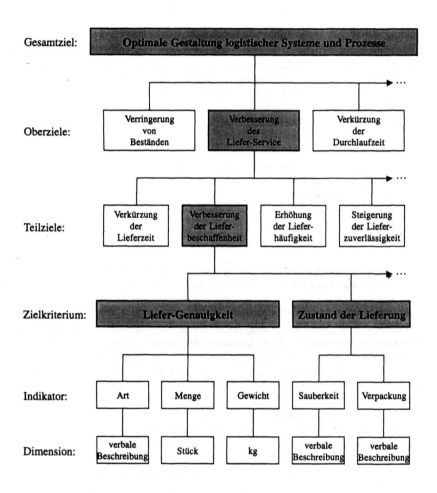

Abb. 26: Exemplarische Zielhierarchie logistischer Systeme und Prozesse (Quelle: Eigene Darstellung)

Grundsätzlich unterliegt jeder Verfahrensschritt der Nutzwertanalyse subjekten Vorstellungen.[480] Darüber hinaus ist die Gewichtung der Zielkriterien der Schritt innerhalb der Nutzwertanalyse, in welchem wertungsbestimmende Voraussetzungen für die nachfolgenden Verfahrensschritte (vor allem die Berechnung der Teilnutzen) geschaffen werden.

Die Nutzwertanalyse ist die Verbindung eines Objektsystems in Form der Entscheidungsalternativen mit einem Wertsystem, welches in den Zielen und Präferenzen des Entscheiders zum Ausdruck kommt. Nach der Bestimmung der situationsgerechten Ziele und Zielkriterien erfolgt die Beschreibung der Zielerträge der Alternativen. Im eigentlichen Prozeß der Bewertung erfolgt die präferenzgerechte Ordnung der Alternativen aufgrund ihrer Zielerträge. Die Zielertragsmatrix wird über den Zwischenschritt der Bildung einer Zielwertmatrix in die Nutzwertmatrix überführt. Die Methodologie des Verfahrens stellt sich zusammenfassend wie folgt dar:

- Festlegung und Strukturierung der Bewertungskriterien
- Festlegung der Zielgewichtung
- Aufstellung der Wertetabellen
- Bewertung der Alternativen
- Berechnung der Nutzwerte.

5.4 Gemeinsamkeiten und Probleme von multidimensionalen Verfahren

5.4.1 Allgemeine Bestandteile von Wirtschaftlichkeitsverfahren

Nutzwertanalyse und Kosten-Wirksamkeits-Analyse sind inhaltlich identisch, und formal unterscheidet sich die Durchführung einer Nutzen-Kosten-Analyse nicht von der Durchführung einer Kapitalwertrechnung.[481] In der Kosten-Nutzen-Analyse werden alle von den betrachteten Maßnahmen verursachten Effekte monetarisiert, d.h. in Geldeinheiten ausgedrückt. Ist eine Monetarisierung nicht möglich, so erfolgt zwar eine Erfassung als sog. intangible Effekte, für die nachgeschalteten Prozesse der Entscheidungsfindung werden sie aber nicht weiter berücksichtigt. Bei der Kosten-Wirksamkeits-Analyse werden diejenigen Wirkungen, die unmittelbar als Kosten (in Geldeinheiten) anfallen als monetäre Größen erfaßt. Effekte, die nicht monetarisierbar sind, werden so weit wie möglich quantifiziert und mithilfe von Bewertungsfunktionen bzw. Bewertungsrangreihen in Wirksamkeiten überführt.

Die Vorteile der Kosten-Wirksamkeits-Analyse gegenüber der Kosten-Nutzen-Analyse liegen darin, daß sie eine zwangsweise Monetarisierung aller Effekte vermeidet, gegenüber der Nutzwertanalyse vermeidet die Kosten-Wirksamkeits-Analyse die Verknüpfung von in Geldeinheiten ausgedrückten Kosten und Erträgen mit nicht-monetären Größen. Die Reduzierung der Bewertungskategorien auf monetär bewertbare Kosten und Nutzen in der Kosten-Nutzen-Analyse stellt eine bei der Gesamtbeurteilung nicht zu vernachlässigende Einschränkung dar.

[480] Dubber, O. / Franz, P.: a.a.O., S. 17.

[481] Blohm / Lüder: a.a.O. , S. 97.

Kosten und Nutzen sind die wichtigsten, aber nicht immer die einzigen anzuwendenden Auswahlkriterien. Gegenüber Kosten-Nutzen-Analyse und Kosten-Wirksamkeits-Analyse werden in der Nutzwertanalyse alle Effekte einer Alternative, einschließlich der monetären Größen, mithilfe von Nutzwerten ausgedrückt.

Die mangelnde Eignung traditioneller Investitionsrechnungsverfahren zur Bestimmung der Wirtschaftlichkeit komplexer Systeme ist Ausgangspunkt der folgenden Überlegungen. Die Defizite traditioneller Investitionsrechnungsverfahren zur Bestimmung der Wirtschaftlichkeit liegen vor allem in der Ausklammerung nicht-monetärer Zielvorstellungen wie z.b. Prestige, Macht, Unabhängigkeit, Flexibilität und der ausschließlichen Berücksichtigung quantifizierbarer Faktoren. Oft sind jedoch schwer quantifizierbare Kriterien bzw. Imponderabilien wie z.b. Betriebssicherheit, guter Ruf, hohe Lieferbereitschaft, leichte Ersatzteilbeschaffung oder Umweltfreundlichkeit[482] zur Beurteilung von Produkten oder logistischen Prozessen bzw. für Entscheidungen ausschlaggebend. Eine konventionelle Fragestellung, welchen monetären Rückfluß beispielsweise ein Lagerverwaltungssystem während seiner Nutzungszeit bringt, wie sie bei klassischen Investitionsrechnungsverfahren üblich ist, führt zu unzureichenden Ergebnissen, falls nicht alle Wirkungen, die mit dem Einsatz dieses logistischen Informationssystems verbunden sind, berücksichtigt werden. Für eine umfassende Wirtschaftlichkeitsbetrachtung komplexer Systeme sind die klassischen Investitionsrechnungsverfahren nur begrenzt geeignet, weil die Kosten- und Erlöswirkungen[483] logistischer Systeme oft sehr viel schwieriger zu erfassen sind als bei anderen betrieblichen Investitionen.[484]

Da sich Informationsverarbeitungsprozesse und logistische Prozesse über alle Unternehmensbereiche von der Beschaffung über die Produktion zum Absatz ebenso wie den Büro- und Verwaltungsbereich erstrecken, können die ökonomischen Implikationen in anderen Bereichen oftmals nur mit erheblichem Aufwand ausreichend berücksichtigt werden. Neben prozeßbedingten Kosten und leistungsbezogenen Erträgen sind beispielsweise durch den Einsatz eines logistischen Informationssystems bedingte Änderungen im Leistungsspektrum einzubeziehen. So kann ein mit der ursprünglichen Zielsetzung Bestandsführung oder Staplersteuerung eingesetztes Lagerverwaltungssystem durchaus Nebeneffekte wie z.B. eine erhebliche Steigerung der Auftragsbearbeitungszeit bewirken. Für eine umfassende Bewertung ist das

---

[482] Die in den letzten Jahren zunehmende Diskussion von Konzepten zur stärkeren Berücksichtigung der Umweltrelevanz von Maßnahmen (Stichwort: Ökoauditing) ist Indiz für eine Zunahme des Umweltbewußtseins in Wirtschaft und Wissenschaft. Zur Einordnung der Materialwirtschaft in die Kreislaufökonmonie s. z.B. Adams, Heinz W.: Materialwirtschaft ein Baustein des Umweltschutzes - Der Kreis schließt sich, in: Beschaffung aktuell, Heft 12, 1991, S. 33. Die ökologische Relevanz der Logistik diskutieren auch Pfohl, Hans-Christian / Hoffmann, Armin / Stölzle, Wolfgang: Umweltschutz und Logistik - Eine Analyse der Wechselbeziehungen aus betriebswirtschaftlicher Sicht, in: JfB, 2/92, S. 86 ff.

[483] Ungeachtet des holistischen Ansatzes liegt der Schwerpunkt in dieser Arbeit bei der Betrachtung ökonomisch relevanter Wirkungen.

[484] So ist z.B. die Fragestellung des Ersatzes oder des weiteren Betriebs einer Maschine ein vergleichsweise einfaches Entscheidungsproblem.

Aufstellen von Wirkungskonten hilfreich, so daß die Vielzahl von Wirkungen[485] in den einzelnen Bereichen erfaßt werden und in die Bewertung einfließen können.

Die heute in der Praxis üblichen Wirtschaftlichkeitsbetrachtungen werden meist auf der Basis vordergründiger, einfach nachweisbarer Kosten- und Leistungsindikatoren durchgeführt. Gründe dafür sind einerseits mangelnde Kenntnis über Wirkungszusammenhänge oder andererseits Unsicherheit bezüglich der zu erwartenden und für die Bewertung relevanten Wirkungen. Entweder sind diese nur vage bekannt bzw. werden nur vermutet oder sie werden nur unvollständig erfaßt. Diese „Ad-hoc-Verfahren" genügen zwar nicht immer methodischen Ansprüchen und entbehren teilweise einer umfassenden theoretischen Fundierung, sind jedoch besonders ökonomisch.[486] Aufgrund der Schwierigkeiten einer exakten Beschreibung und Ermittlung von Ursache-Wirkungs-Zusammenhängen einerseits und infolge der Probleme bezüglich der Quantifizierung von Wirkungen andererseits werden Abhängigkeiten zwischen Input- und Outputfaktoren der Einfachheit halber undifferenziert behandelt oder sogar völlig vernachlässigt. Die weite Verbreitung monovariabler Ansätze liegt neben der einfachen Anwendbarkeit, was sie scheinbar besonders ökonomisch macht, auch am vergeblichen Versuch, eine hinreichend genaue funktionale Abhängigkeit zwischen relevanten, frühzeitig bewertbaren Einflußgrößen und zu erwartendem Aufwand allgemeingültig zu ermitteln.

Monovariable bzw. eindimensionale Bewertungsverfahren gestatten nur die isolierte Betrachtung einzelner Wirkungen, die sich unmittelbar aus dem Einsatz von Systemen ergeben. Zur vollständigen Erfassung sämtlicher Auswirkungen sind sie unzureichend, daher ist die Anwendung mehrdimensionaler Verfahren zwingend notwendig. Die Anwendung mehrdimensionaler Verfahren ist auch deshalb notwendig, weil komplexe Größen i.a. viele Eigenschaften besitzen, deren Beschreibung nicht auf einen einzigen Maßstab reduziert werden kann. Zwar können auch bei der Anwendung mehrdimensionaler Verfahren nicht alle Wirkungen quantifiziert werden, jedoch führen diese Verfahren i.a. zu einer erheblichen Verbesserung von Entscheidungen, indem sie die Transparenz erhöhen. Mit den Methoden, die bei mehrfacher Zielsetzung einsetzbar sind, können auch nicht-monetäre Größen berücksichtigt werden. Sie sind aufwendiger als eindimensionale Verfahren, entsprechen aber im Rahmen der Bewertung logistischer Systeme eher der gestellten Zielsetzung einer möglichst vollständigen Bewertung. Mehrdimensionale Verfahren sind eher in der Lage, die vielfältigen Auswirkungen von Maßnahmen auf beispielsweise Ablauf-, Aufbauorganisation sowie Prozesse und Tätigkeiten abzubilden. Sie ermöglichen die Beurteilung von Objekten, bei denen nicht-monetäre Zielsetzungen[487] vorgegeben sind bzw. nicht monetär bewertbare Komponenten bzw. Wirkungen einbezogen werden sollen.

---

[485] Bei der Bewertung von Maßnahmen zur Umsetzung von JIT-Konzepten sind neben einzel- u.U. auch gesamtwirtschaftlich relevante Wirkungen einzubeziehen. Vgl. hierzu die Ausführungen in Kap. 6.4.

[486] Hauke, P.: a.a.O., S. 194, weist zurecht auf deren fehlende meßtheoretische Fundierung hin.

[487] Nicht-monetäre Zielvorgaben wie z.B. eine Erhöhung des Lieferservice, die Reduzierung von Beständen oder die Steigerung der Lagerkapazitätsauslastung sind allerdings letztlich auch in monetären Überlegungen begründet.

Die Anwendung der o.g. Verfahren ist aus mehreren Gründen problematisch. Zunächst besteht das grundsätzliche Problem, daß die zugrundeliegenden Prämissen i.a. realitätsfern sind. So ist beispielsweise die Voraussetzung der sicheren Erwartung, gleichzusetzen mit dem Zustand der vollkommenen Information, nicht erfüllbar. Bei den Kapitalwertmethoden ist die Höhe des Kalkulationszinssatzes maßgebend für das Ergebnis, Kriterien zu dessen Bestimmung fehlen aber weitgehend. Ein weiterer Nachteil dieser Rechenverfahren besteht darin, daß sie zeitlich horizontale und vertikale Interdependenzen unberücksichtigt lassen. Zeitlich horizontal bedeutet, daß Investitionen in die bereits vorhandene Kombination von Betriebsmitteln bzw. logistische Infrastruktur eingebettet werden. Zeitlich vertikale Interdependenzen beziehen sich auf Folgemaßnahmen, die im Zusammenhang mit dem eigentlichen Untersuchungsobjekt stehen. Dieses Problem ist insbesondere bei der stufenweisen Realisierung von Projekten zu beachten.

Im Folgenden sollen die Gemeinsamkeiten der vorgestellten Verfahren herausgestellt und somit in einer Synthese prinzipielle Bausteine bzw. Elemente für Verfahren zur Bewertung (komplexer) logistischer Systeme bzw. der Informationsverarbeitung in logistischen Systemen erarbeitet werden. Für die Anwendung der genannten Verfahren wird i.a. das Vorhandensein eines Zielsystems vorausgesetzt. Der Erfüllungsgrad des Zielsystems durch verschiedene Alternativen wird ausgedrückt entweder in dimensionslosen Wirksamkeiten bzw. Nutzwerten, welche nicht auf einem absoluten Maßstab beruhen, oder in Geldeinheiten.

Folgende wesentliche Elemente von Nutzen-Kosten-Untersuchungen lassen sich abgrenzen:

- der Zielkatalog bzw. das **Zielsystem** und die daraus abgeleitete Zielhierarchie
- das **Objektsystem** zur (qualitativen) Beschreibung der Eigenschaften von Alternativen, welches als Grundlage zur Quantifizierung der von diesen Alternativen ausgehenden Effekte dient
- der **Bewertungskomplex** zur Beurteilung monetär erfaßbarer, monetär bewertbarer und intangibler Wirkungen.

- **Zielkatalog und Zielsystem (Zielhierarchie)**

Um die Wirkungen von Maßnahmen erfassen, quantifizieren und vergleichend bewerten zu können, ist es erforderlich, zunächst die Ziele zu bestimmen, welche - ausgehend vom Bewertungsobjekt oder Planungsvorhaben - mit Hilfe der Maßnahmen erreicht werden sollen. Die Zusammenstellung von Zielen erfolgt zweckmäßigerweise in einem Zielkatalog, aus dem ein hierarchisch geordnetes Zielsystem abgeleitet werden kann. Das Zielsystem besteht aus mehreren Zielebenen, bei welchen beispielsweise Hauptzielebene, Oberzielebene, Zwischenzielebene und Unterzielebene unterschieden werden können.

- **Objektsystem**

Für die Quantifizierung der Effekte im Bereich einzelner Zielkriterien ist es im Einzelfall notwendig, auf zahlenmäßig erfaßbare Meß- bzw. Hilfsgrößen[488] zurückzugreifen. Mit Hilfe von Indikatoren ist es möglich, Effekte indirekt zu messen und somit quantitativ darzustellen.

- **Bewertungskomplex**

Die Effekte im Bereich der Zielkriterien (Unterziele) lassen sich in folgende wesentliche Kategorien einteilen:
- monetär erfaßbare Effekte (z.B. Erlöse, Investitionen)
- monetär bewertbare Effekte (z.B. Vermeidung von Reklamationsbearbeitungen, Verkürzung von Wartezeiten oder Reduzierung von Umweltbelastungen)
- intangible Effekte bzw. Imponderabilien (z.B. Steigerung der Kundenzufriedenheit).

5.4.2 Anwendungsprobleme
5.4.2.1 Methodische Probleme von Nutzen-Kosten-Untersuchungen

Wenn auch die Anwendung der genannten Verfahren auf den ersten Blick einfach erscheint, so beinhalten die Kosten-Nutzen-Analyse, Kosten-Wirksamkeits-Analyse und Nutzwertanalyse jedoch einige methodisch bedingte Schwierigkeiten. Diese Schwierigkeiten sind bei der Anwendung der Verfahren, wenn auch jeweils in unterschiedlicher Intensität und Ausprägung, zu berücksichtigen. Als methodische Probleme grundsätzlicher, d.h. aufgabenunabhängiger Art können folgende Punkte genannt werden:

- die unvollständige Berücksichtigung wesentlicher Einflußfaktoren
- die Nichtberücksichtigung von Wahrscheinlichkeiten
- die Abhängigkeit der Ergebnisse von den an der Durchführung beteiligten Personen.

Grundsätzlich unterliegen fast alle Verfahrensschritte der Kosten-Nutzen-Analyse, Kosten-Wirksamkeits-Analyse und Nutzwertanalyse[489] subjektiven Vorstellungen. Insbesondere die Auswahl und Gewichtung der Zielkriterien sind die Schritte, in welchen wertungsbestimmende Voraussetzungen für die nachfolgenden Verfahrensschritte (vor allem die Berechnung von Teilbeiträgen wie Teilnutzwerte oder Teilwirksamkeiten und die anschließende Zusammenfassung zum Gesamtergebnis) geschaffen werden. Diese subjektive Ausrichtung kann jedoch auch als vorteilhaft angesehen werden, da sie die zweifelsfrei jeder komplexen Entscheidung innewohnenden subjektiven Momente berücksichtigt. Diese fließen gewöhnlich gedanklich unkontrolliert und nicht sichtbar in die Entscheidungsfindung ein. So

---

[488] Vgl. hierzu Kap. 7.12 sowie 7.1.3.

[489] Dubber, Oliver / Franz, Peter: a.a.O., S. 17.

schreibt **Recktenwald**[490] zur Würdigung der Kosten-Nutzen-Analyse: „Auch wenn nicht alle Daten quantifizierbar sind, führt dieses Verfahren, problemorientiert und kritisch angewandt, zu einer erheblichen Verbesserung staatlicher Entscheidung und Planung, indem es die Transparenz erhöht und zum alternativen Denken erzieht, ja zwingt."

Der Wert der genannten Verfahren liegt vor allem in der systematischen Durchleuchtung der Gesamtsituation. Aus diesem Grund sind sie eher in der Lage, dem Anspruch einer ganzheitlichen bzw. umfassenden Bewertung gerecht zu werden, als es bei eindimensionalen Verfahren der Fall ist. Die mit diesem Verfahren erzielberen Ergebnisse sind nur so aussagefähig und eindeutig wie die zugrundeliegenden faktischen und normativen Informationen. Das Problem der Existenz von Interessen- und Zielkonflikten sowie unterschiedlicher Gestaltungsvorstellungen kann durch diese Verfahren nicht gelöst werden. Ihr Wert liegt darin, die letztgenannten Konflikte transparent zu machen und deren Stellenwert in Entscheidungsprozessen zu verdeutlichen.

Kosten, Nutzwerte und Wirksamkeitswerte sind einfache Zahlenangaben, die versuchen, komplizierte ökonomische oder soziale Sachverhalte darzustellen. Die Problematik der Reduktion komplexer Sachverhalte auf eindimensionale Kennzahlen sei hier am Beispiel der Wohlstandsmessung nur kurz angerissen. Als Indikator zur Messung des Wohlstands einer Gesellschaft wird in internationalen Vergleichen üblicherweise das Pro-Kopf-Einkommen der Bevölkerung herangezogen. Der Aussagewert eines derartigen Indikators ist jedoch aus mehreren Gründen begrenzt, von denen beispielhaft an dieser Stelle nur die Eindimensionalität des Indikators, die Vernachlässigung von Verteilungsaspekten sowie die Nichteinbeziehung nichtökonomischer Größen genannt seien. Probleme in ähnlicher Form ergeben sich grundsätzlich auch bei der Bewertung komplexer Größen wie Logistikkosten oder Lieferservice mit Hilfe einfacher Kenngrößen .

Die Addition von mehreren Einzelwerten zu einem Gesamtwert ist wegen bestehender Interdependenzen zwischen den Einzelkriterien problematisch. Die formale Reduktion einer Mehrfachzielsetzung auf eine Einfachzielsetzung ist zwar möglich[491] , die Annahme bzw. Unterstellung, die einzelnen Teilziele seien unabhängig voneinander, ist i.a. nicht haltbar. Eine gründliche Analyse der Zielbeziehungen ist daher zwingend notwendig. Ein weiteres Problem resultiert aus der erzwungenen Unterordnung sämtlicher Kriterien in ein hierarchisches Zielsystem. Alle Auswahlkriterien sollen - können aber nicht immer - einem Zielrahmen untergeordnet werden. Mathematische Modelleigenschaften und die Einführung formaler Lösungsansätze mit Hilfe vereinfachter Algorithmen können zu einer Verfälschung der Ergebnisse führen. Bei der vergleichenden Bewertung von Alternativen sind i.a. unterschiedliche Dimensionen (Geldeinheiten, Indikatoren) zu betrachten, in das Gesamtergebnis fließen sowohl rechenbare als auch nicht rechenbare Größen ein. Eine direkte Verrechnung ver-

[490] Recktenwald: a.a.O., S. 15. Zu den Grenzen der Anwendbarkeit der Kosten-Nutzen-Analyse vgl. ders., S. 365 ff. Zu einer kritischen Analyse der Prämissen und der Anwendbarkeit der Nutzwertanalyse vgl. Strassert, Günter, in: Eekhoff, Johann / Heidemann, Claus / Strassert, Günter: a.a.O., S. 19. Strassert spricht in diesem Zusammenhang von „Bewertungshokuspokus", Heidemann, ebenda, S. 8, von „Zahlenmagie".

[491] Hauke, P.: a.a.O., S. 201.

schiedener Konten, auf denen die Wirkungen in bestimmten (Wirk-) Bereichen aufgeführt werden, ist nicht immer möglich, aber auch nicht wünschenswert, weil durch diese Form der Informationsverarbeitung Informationen verloren gehen.

- **Methodische Schwierigkeiten bei der Wahl des Zielkomplexes**

Aus den begrenzten menschlichen Fähigkeiten hinsichtlich präziser Zieldefinition, Beschreibung der Umweltsituation oder objektiver Betrachtung resultieren grundsätzliche Bewertungsprobleme. Die Umsetzung von Maßnahmen dient i.d.R. mehreren Zielsetzungen, die bei der Bewertung zu berücksichtigen sind. So dürfen beispielsweise die mit der Realisierung von staatlichen Projekten verfolgten Zwecke nicht losgelöst von anderen wirtschaftspolitischen und gesellschaftlichen Zielen[492] betrachtet werden. Daraus ergeben sich Konsequenzen für:

- die Auswahl einer entsprechenden, die Intention der Projekte berücksichtigenden, zweckmäßigen Zielsetzung,
- die Berücksichtigung der Interdependenzen der (Projekt-) Teilziele mit anderen wirtschaftspolitischen und gesellschaftlichen Zielen,
- die Festlegung eines Zielrahmens für den Zeitpunkt der Verfügbarkeit des Projektes bzw. für die Lebensdauer.

- **Methodische Schwierigkeiten bei der Definition der Handlungsalternativen und Auswahlkriterien**

Multidimensionale Bewertungsverfahren sollen die Entscheidungsfindung erleichtern helfen und die optimale Lösung eines Problems ermöglichen. Dabei gilt es zu berücksichtigen, daß nichterdachte Alternativen nicht als wünschenswert erkannt werden können. Das bedeutet, daß es unter Umständen nur zu einer suboptimalen Entscheidung kommt, wenn eine bessere Alternative, aus welchen Gründen auch immer, nicht in den Auswahlprozeß miteinbezogen wurde.

- **Einfluß von Entscheidungsregeln auf das Untersuchungsergebnis**

Zusätzlich zu den aufgeführten Schwierigkeiten ist die Tatsache zu berücksichtigen, daß unterschiedliche Entscheidungsregeln[493] zu unterschiedlichen Ergebnissen führen können. Werden Bewertungsmaßstäbe wie Kosten, Nutzwerte und Wirksamkeitswerte gegenüberge-

---

[492] Zu gesellschaftlichen Zielkatalogen und zur Diskussion einer Einbeziehung derartiger Zielsetzungen in ökonomischen Bewertungen vgl. z.B. Sieben, Günter: Rechnungswesen bei mehrfacher Zielsetzung: Möglichkeiten der Berücksichtigung gesellschaftsbezogener Ziele durch die Betriebswirtschaftslehre, in: ZfbF, (1974), S. 694 ff.; sowie Bartholomäi, R. Chr.: Das Social Indicator Movement in den USA, in: Kirsch, Guy / Wittmann, Walter (Hrsg.): Nationale Ziele und soziale Indikatoren, Stuttgart: Gustav Fischer, 1975, S. 40 ff.

[493] Vgl. die elementaren Entscheidungsregeln in Kap. 5.3.2.

stellt, so sind u.U. andere Reihenfolgen bzw. Rangfolgen möglich. Ein einfaches Beispiel einer Kosten-Nutzen-Analyse möge dies veranschaulichen. Es existieren die beiden Alternativen A und B mit entsprechenden in Geldeinheiten (GE) ausgedrückten Nutzen und Kosten.

Alternativen	Nutzen	Kosten	Regel 1: Nutzen-Kosten-Differenz	Regel 2: Nutzen-Kosten-Verhältnis
Alternative A	1,5 Mio GE	1,0 Mio GE	0,5 Mio GE	1,5
Alternative B	3,0 Mio GE	2,4 Mio GE	0,6 Mio GE	1,25

Tab. 21: Entscheidungsregeln zur Bewertung von Alternativen mit Hilfe von Kosten und Nutzen (Quelle: Eigene Darstellung)

Es stehen zwei Entscheidungsregeln zur Verfügung, die Bildung der Nutzen-Kosten-Differenz (Regel 1) sowie die Ermittlung des Nutzen-Kosten-Verhältnisses (Regel 2). Eine Entscheidung nach Regel 1 (Berechnung der Nutzen-Kosten-Differenz) läßt Alternative B (Nutzen-Kosten-Differenz ist höher als bei Alternative A) vorteilhaft erscheinen, die Anwendung von Regel 2 (Ermittlung des Nutzen-Kosten-Verhältnisses) favorisiert die Alternative A.

5.4.2.2 Bemerkungen zur Anwendung der genannten Verfahren in der Praxis

Rationale und nachprüfbare Entscheidungen sind nur möglich, wenn Planungs- und Entscheidungsprozesse eine größtmögliche Durchsichtigkeit besitzen. Die formale Einfachheit verschiedener Verfahrensschritte darf nicht darüber hinwegtäuschen, daß die Qualität von Ergebnisaussagen von der Sicherheit und Qualität der Informationsbasis sowie den Regeln zur Informationsverarbeitung abhängt. An die Phasen der Informationsbeschaffung und Informationsauswertung werden bei mehrdimensionalen Verfahren extrem hohe Anforderungen gestellt.[494] Bei Anwendung der genannten Verfahren in der Praxis ist auf ein angemessenes Verhältnis zwischen Aufwand und Ergebnissen zu achten.

Die Schwierigkeiten der Durchführung von Nutzen-Kosten-Untersuchungen, aber auch deren Genauigkeit und Aussagefähigkeit, steigen mit dem Grad an Vollständigkeit und Genauigkeit der verwendeten Daten. Dabei treten hauptsächlich folgende Probleme auf:

---

[494] Vgl. zum Problem der Informationsverdichtung die Ausführungen in Kap. 2.2.3.2.

- Es herrscht häufig Unklarheit über die mit einer Maßnahme verbundenen direkten und indirekten (Folge-) Wirkungen und deren Zusammenhänge (Interdependenzen), so daß Menge und Beschaffenheit[495] der zu verarbeitenden Daten bzw. Informationen nicht genau festgelegt werden können.

- Aus Gründen der Wirtschaftlichkeit können im Normalfall begrenzter Untersuchungskapazität Informationen nur teilweise und für einen relativ kleinen Zeitraum erfaßt werden.

Bei der praktischen Durchführung der dargestellten Nutzen-Kosten-Untersuchungen ist besondere Aufmerksamkeit zu legen auf eine strenge methodische Unterscheidung zwischen der Aufbereitung von Sachinformationen auf der einen Seite und der normativen Wertung auf der anderen Seite. Nur wenn diese Trennung konsequent beachtet wird, ist das Zustandekommen von Ergebnissen nachvollziehbar und damit auch kontrollierbar. Die einzelnen Verfahrensschritte von einerseits objektiver Erfassung, Quantifizierung und formalisierter Bewertung von Informationen sowie andererseits der subjektiven Einbringung normativer Interessen hinsichtlich der Ziele, der Zielgewichte, der Bewertungs- bzw. Transformationsfunktionen sowie der Gesamtbeurteilung sind systematisch zu ordnen.

Da Zielerträge und Zielwerte mit Unsicherheiten behaftet sind, ist die Durchführung von Sensitivitätsanalysen bzw. eine 3-Punkt-Schätzung mit der Ermittlung von wahrscheinlichen, optimistischen und pessimistischen Werten empfehlenswert. Die Bedeutung von Sensitivitätsanalysen liegt darin, daß sie die Transparenz bezüglich des Spektrums möglicher Konsequenzen verschiedener Maßnahmen vergrößert. Die Implikationen vorsichtig-konservativer als auch risikofreudig-innovativer Handlungsmöglichkeiten werden dadurch systematisch aufgedeckt.

Alle genanten Verfahren der Kosten-Nutzen-Untersuchungen sind letztlich methodische Ordnungsmuster und dienen dazu, die Komplexität der Bewertungsobjekte transparent zu machen. Insgesamt dienen die genannten Verfahren als Entscheidungshilfe im Sinne der Aufbereitung entscheidungsrelevanter Informationen, die eigenverantwortliche Entscheidung der Entscheidungsträger bleibt jedoch bestehen.

---

[495] Hier wird die qualitative und quantitative Dimension von Informationsverarbeitungsprozessen angesprochen.

6. Methodik zur Bewertung komplexer Systeme
6.1 Zielsetzung der entwickelten Methodik

Abgesehen von zahlreichen grundsätzlichen Bewertungsproblemen werden Verfahren zur Beurteilung der Wirtschaftlichkeit als teilweise zu aufwendig und kompliziert beurteilt.[496] Die Reduktion der Komplexität zur Bewertung logistischer Systeme ist zwar aufwendig, es gibt jedoch keine Alternative, wenn diese einer objektiven ökonomischen Bewertung unterzogen werden sollen. Die hier entwickelte Methodik ist ein Lösungsansatz zur Bewältigung der vielfältigen Bewertungsprobleme.

Die in den vorhergehenden Kapiteln vorgestellten Differenzierungen und Systematisierungsvorschläge der komplexen Untersuchungsobjekte Information und Logistik sowie die Ausführungen zur Bewertungsproblematik stellen in ihrer Gesamtheit die Grundlagen des entwickelten und nachfolgend beschriebenen Konzepts zur ganzheitlichen Beurteilung komplexer Systeme dar. Aufgabe einer umfassenden Bewertung komplexer Systeme und Prozesse ist der Übergang von der isolierten zu einer ganzheitlichen Sichtweise über verschiedene Ebenen wie z.B. Technikebene, Arbeitsprozeßebene, Aufgabenebene bis zur Unternehmensebene. Das Ziel der input-, output-und prozeßorientierten Konzeption zur Ermittlung der Wirtschaftlichkeit komplexer Systeme besteht darin, einen generellen Ansatz zur Verfügung zu stellen, welcher im konkreten Anwendungsfall folgendes ermöglicht:[497]

- Zusammenstellung relevanter Kosten- und Leistungskriterien in monetärer und nichtmonetärer Form
- Bezugnahme auf ablauf- und prozeßbezogene Effekte durch Kriterienbildung und Betrachtung auf verschiedenen Ebenen
- Verringerung von Restriktionen für die Berücksichtigung zeitlich oder räumlich auseinanderliegender Ursache-Wirkungs-Beziehungen
- Einbeziehung von über technikbezogene Kosten- und Leistungsgrößen hinausgehenden Effekten auf allen Ebenen wie z.B. organisatorische Veränderungen sowie Auswirkungen auf Qualifikation, Arbeitsbedingungen oder Humanfaktoren.

Die Vorgabe eines variablen Schemas zur Ermittlung der Wirtschaftlichkeit eröffnet die Möglichkeit, sowohl Objektivität bei der Bewertung zu erreichen als auch spezifische Gegebenheiten im konkreten Anwendungsfall zu berücksichtigen. Das Aufstellen von Wirkungskonten zur Beschreibung positiver und negativer Wirkungen ist methodisches Hilfsmittel zur Schaffung der notwendigen Transparenz. Das im folgenden vorgestellte input-, output- und prozeßorientierte Analysekonzept stellt ein methodisches Vorgehen zur Identifizierung und Analyse von Ursache-Wirkungs-Zusammenhängen dar. Das Konzept ermöglicht die Erarbei-

---

[496] Vgl. hierzu z.B. Mertens, P./ Anselstetter, R./ Eckardt, Th.: Wirkungen von DV-Anwendungen - Ergebnisse einer Feldstudie. IBM-Nachrichten 31(1981), S. 256 ff; Scheer, A.W. / Brandenburg, V./ Krcmar, H.: Fünf Thesen zur Wirtschaftlichkeitsrechnung von EDV-Systemen - Ausweg durch Simulation, Online 18(1978), S. 792 ff.

[497] Vgl. hierzu den Ansatz von Reichwald, R.: Kommunikation ... , a.a.O., S. 413 ff.

tung von Bewertungsgrundlagen und erlaubt somit die Integration aller[498] wichtigen Bewertungsaspekte in den Bewertungsprozeß. Die einzelnen Analyseschritte bzw. die Vorgehensweise sind vor allem als Plädoyer für Ganzheitlichkeit und Systematik bei Bewertungen bzw. Wirtschaftlichkeitsanalysen zu verstehen.

6.2 Probleme umfassender Wirkungsanalysen

Ein wesentliches Problem der Wirkungsbetrachtung im Rahmen umfassender Wirkungsanalysen besteht in der Schwierigkeit der Identifizierung eindeutiger Kausalzusammenhänge. Die Ermittlung von Ursache-Wirkungs-Beziehungen und die Reduktion vielfältiger Zusammenhänge auf einen oder wenige Faktoren ist in komplexen Systemen und Prozessen nur in wenigen Fällen möglich, da grundsätzlich von multikausalen bzw. multifaktoriellen Zusammenhängen auszugehen ist. Die mangelnde Korrelation zwischen Input- und Outputgrößen bereitet Probleme hinsichtlich einer Erfassung und Beschreibung aller Zusammenhänge. Aufgrund der heterogenen Erscheinungsformen und der hohen Komplexität logistischer Systeme sind exakte, durch eine allgemeingültige Formel repräsentierbare, Zusammenhänge nur selten zu erkennen. Nur in Ausnahmefällen sind in logistischen Systemen direkte, z.B. durch mathematisch-statistische Funktionen beschreibbare, Abhängigkeiten zwischen verschiedenen Faktoren zu finden.

Infolge der Komplexität ist im Zusammenhang mit der Analyse und Bewertung logistischer Systeme statt von Kausalzusammenhängen zweckmäßigerweise von Kausalketten i.S. mehrstufiger und vernetzter Ursache-Wirkungs-Zusammenhänge zu sprechen. Diese sind als Ausschnitt des gesamten Wirkungsgefüges, welche sämtlichen Interdependenzen berücksichtigt, zu betrachten. Der Begriff Wirkungsgefüge ist Ausdruck der zu berücksichtigenden Vielschichtigkeit bezüglich der Ursache-Wirkungs-Zusammenhänge bzw. der Interdependenzen.[499] Er impliziert zugleich die Berücksichtigung sämtlicher, sowohl direkter als auch indirekter, Wirkungen, was letztlich nur als theoretischer Grenzfall zu betrachten ist.

Die Abb. 27 veranschaulicht exemplarisch einen Ausschnitt des bei der Bewertung des Einsatzes logistischer Informationssysteme prinzipiell zu berücksichtigenden Wirkungsgefüges zwischen logistisch relevanten Determinanten bzw. Einflußgrößen. In der Abbildung sind einige Abhängigkeiten zwischen logistischen Zielgrößen wie Lieferzeit, Beständen oder Durchlaufzeit dargestellt. Dieses Wirkungsgefüge ist je nach Zielsetzung der Untersuchung um Auswirkungen in anderen Bereichen zu erweitern. So können beispielsweise die aus veränderter Informationsverarbeitung resultierenden Auswirkungen auf Bereiche wie Ablauforganisation oder Tätigkeitsbereiche von Mitarbeitern einbezogen werden. Der Einsatz eines

---

[498] Die Berücksichtigung sämtlicher Ursache-Wirkungs-Zusammenhänge ist mit diesem Vorgehen zumindest theoretisch möglich.

[499] Vgl. in diesem Zusammenhang auch das Modell des Wirtschaftsglobus zur Gestaltung der gesamten Wertschöpfungskette vom Lieferanten über den Produzenten bis zum Abnehmer als integriertes Netzwerk bei Pfeiffer, Werner / Weiß, Enno: Lean Management, Grundlagen der Führung und Organisation industrieller Unternehmen, Berlin: Erich Schmidt, 1992, S. 65 ff.

logistischen Informationssystems steht hier synonym für Änderungen der Informationsverarbeitung (i.S. einer Ursache) gegenüber einem definierten Ausgangszustand.

Über die Bestimmung der bei Bewertungen zu berücksichtigenden Bereiche hinaus bereiten vor allem die möglicherweise auftretenden Rück- und Wechselwirkungen zwischen den betreffenden Bereichen Probleme. Hier bietet die Anwendung von Methoden und Instrumenten aus Kybernetik und Systemtheorie einen Ausweg aus der Schwierigkeit, sämtliche relevanten Auswirkungen in einen ganzheitlichen Bewertungsprozeß zu integrieren. Die Vorteile einer systemtheoretischen Betrachtung bestehen in erster Linie darin, die Analyse vermaschter Ursache-Wirkungs-Beziehungen und darüber hinaus die Berücksichtigung sog. intangibler Faktoren[500] zu ermöglichen.

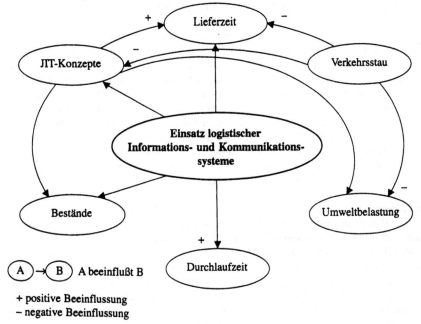

Abb. 27: Prinzipieller Ansatz zur Analyse von Wirkungsgefügen (Quelle: Eigene Darstellung[501])

---

[500] Diese intangiblen Faktoren sind oft nur Inbegriff sämtlicher Residualfaktoren bzw. Wirkbereiche, die mit konventionellen Kategorien oder Verfahren nicht erfaßt werden können.

[501] Eine vergleichbare exemplarische Darstellung eines Wirkungsgefüges für den Bereich Verkehr findet sich z.B. bei Jehle, Egon (Hrsg.): Wertanalyse optimiert Logistikprozesse, Köln: TÜV Rheinland, 1989, S. 20 f. Zu einer ähnlichen Darstellung von Ursache-Wirkungs-Beziehungen innerhalb der Informationsverarbeitung s. auch Conrath, D.W. / Montazemi A.R. / Higgins C.A.: Evaluating Information in Ill Structured Decision Environments, Journal of the Operational Research Society Vol. 38, No. 5, S. 377. Diese Form der Darstellung wird dort treffend als „cognitive map" bezeichnet.

Um der Forderung nach ganzheitlicher Bewertung gerecht zu werden, sind zur Analyse (komplexer) logistischer Systeme folgende Schritte notwendig:

- die Analyse der Prozesse innerhalb logistischer Ketten
- die Analyse der Wirkungen auf die an der Durchführung logistischer Prozesse beteiligten (bzw. nicht-beteiligten) Elemente und Systeme
- die Untersuchung von Ursache-Wirkungs-Zusammenhängen
- die Herausarbeitung der Auswirkungen optimierter Informationsverarbeitung in der Logistik.

6.3 Input-, output- und prozeßorientierte Analysekonzeption

Unter Wirtschaftlichkeit wird, wie bereits weiter oben definiert, in dieser Arbeit das Verhältnis von Output zu Input bzw. Ergebnis zu Einsatz verstanden. Eine Steigerung der Wirtschaftlichkeit logistischer Systeme oder Prozesse kann grundsätzlich folgendermaßen erreicht werden. Einerseits durch Verminderung des Inputs bzw. durch Reduzierung der Einsatzfaktoren (z.b. Senkung von Logistikkosten durch reduzierten Personaleinsatz), andererseits durch Erhöhung des Outputs (z.b. Steigerung von Leistungen bzw. Verbesserung einzelner logistischer Leistungsmerkmale wie Lieferfristen oder Durchlaufzeiten). Und schließlich können auch Veränderungen bzw. Optimierungen des Kombinationsprozesses, z.B. durch eine Verbesserung der Faktoren Organisation und Informationsverarbeitung, zur Steigerung der Wirtschaftlichkeit beitragen. Ansatzpunkte für Verbesserungen in logistischen Systemen ergeben sich aus einer Analyse des Wertschöpfungsprozesses.[502]

Im Rahmen einer schrittweise durchgeführten Wirtschaftlichkeitsanalyse müssen die komplexen Größen Input und Output weiter differenziert werden. Inputfaktoren können in einem ersten Schritt nach Produktionsfaktorgruppen[503] wie beispielsweise Personal, Arbeitsmittel, Rohstoffe oder Halbfertigwaren differenziert werden. Eine Differenzierung des Outputs bzw. der Leistungen von Systemen kann nach bestimmten Bezugsobjekten wie Kunden, Produkten, Aufträgen, Regionen etc. erfolgen.[504] Zur Beschreibung des Kombinationsprozesses[505] sind z.B. logistische Prozeßindikatoren bzw. Kenngrößen wie Durchlaufzeiten und Umschlagshäufikeiten geeignet. Maßgebliche allgemeine Effizienzfaktoren des Kombinationsprozesses sind Technologie, Organisation und Humanfaktoren.

---

[502] In der Literatur wird in diesem Zusammenhang auch von logistischen Strategiepotentialen gesprochen. Vgl. hierzu z.B. Jünemann, R.: a.a.O., S. 82 oder Bäck, H.: a.a.O., S. 3.

[503] Vgl. hierzu z.B. das System industrieller Produktionsfaktorgruppen bei Kern, W.: Industrielle Produktionswirtschaft, 3., völlig neu bearbeitete Auflage von Industriebetriebslehre, Stuttgart, 1980, S. 13 ff.

[504] Auf eine systematische Differenzierung wird an dieser Stelle verzichtet. Vgl. hierzu die Lösungsansätze zur input- bzw. outputbezogenen Betrachtung von Logistik und Informationen in Kap. 7.

[505] Die gebräuchlisten allgemeinen Leistungsindikatoren bzw. Parameter zur Beschreibung von Prozessen sind Größen wie Effizienz, Durchlaufzeiten, Umschlagshäufigkeiten, Produktivität oder auch Nutzungsgrade.

Bei der Ermittlung der Wirtschaftlichkeit von Systemen kommt der Untersuchung von Ursache-Wirkungs-Zusammenhängen eine grundlegende Bedeutung zu. Die Wechselwirkungen zwischen Input und Output verbieten eine isolierte Betrachtung nur einer Zielgröße bzw. von Ausschnitten komplexer Systeme und erfordern eine umfassende Analyse der Kausalzusammenhänge[506], sofern die Analyse dem Ganzheitsanspruch gerecht werden soll. Ursachen und Wirkungen sind vor dem Hintergrund des abstrakten, systemtheoretisch fundierten Untersuchungsansatzes folgendermaßen zu verstehen. Der Einsatz bestimmter Mittel, die Durchführung von Maßnahmen oder die Aktion bzw. Aktivität eines Systems oder seiner Elemente hat - als Ursache - bestimmte Wirkungen zur Folge. Diese Wirkungen oder Effekte[507] sind als Zustandsänderungen von Systemen bzw. Reaktionen von Systemen (ablesbar in der Änderung von Zustands- oder Prozeßparametern mindestens eines Systemelementes) infolge einer Änderung des verursachenden Systems bzw. eines seiner Elemente zu interpretieren.

Der konzeptionelle Ansatz einer input-, output- und prozeßbezogenen Wirtschaftlichkeitsanalyse von Systemen im Rahmen einer ganzheitlichen Bewertung wird in Abb. 28 grafisch veranschaulicht. Die Darstellung der räumlichen Systemgrenzen eines Unternehmens verdeutlicht die Definition von Wirtschaftlichkeit als Verhältnis von Input zu Output sowie die Überlagerung input-, output- und (kombinations-) prozeßorientierter Betrachtung. Die black-box-Darstellung grenzt Input, Output und Kombinationsprozeß von einander ab. Der Einsatz bzw. Verbrauch von Inputfaktoren und der Kombinationsprozeß verursachen Kosten und führen zu einem Output in Form von Leistungen oder Produkten.

Der input-, output- und prozeßbezogenen Wirtschaftlichkeitsanalyse liegt ein integrativer Ansatz zugrunde und sie verfolgt die Zielsetzung, möglichst sämtliche, die Wirtschaftlichkeit von Systemen und Prozessen bestimmenden, Einflußgrößen einer umfassenden Analyse zu unterziehen. Mit der Anwendung konventioneller Verfahren zur Bestimmung der Wirtschaftlichkeit wird i.a. nicht das Ziel verfolgt, Ursache-Wirkungs-Zusammenhänge bzw. Wirkungsfolgen zu identifizieren.[508] Zur Reduktion der Komplexität und zur Analyse von Ursache-Wirkungs-Zusammenhängen ist eine schrittweise Analyse auf unterschiedlichen Betrachtungsebenen notwendig. Ein einfaches Beispiel soll den methodischen Ansatz erläutern und zur Einführung in die grundsätzliche Vorgehensweise dienen.

Der Einsatz eines logistischen Informationssystems wie z.B. Lagerverwaltungs- oder Warenwirtschaftssystem, bedingt Input bzw. Aufwand in Form von Investitionen in Hard- und Software und verursacht Betriebskosten. Die Nutzung dieses logistischen Informationssystems führt zu bestimmtem Output oder Ergebnissen bzw. Wirkungen wie beispielsweise Einsparungen oder Leistungsverbesserungen. Der Begriff Output beinhaltet hier die Summe aller - aus dem Einsatz logistischer Informationssysteme resultierenden - Wirkungen. Neben Effek

---

[506] Zur Problematik der Wirtschaftlichkeitsanalyse komplexer Systeme am Beipiel CIM s. z.B. Zangl, Hans: Ist CIM wirtschaftlich? - Lösungsansätze zur Ermittlung der Wirtschaftlichkeit von CIM-Konzepten, CIM-Vortragsreihe 1988. S. 299 - 328.

[507] Die Begriffe werden im folgenden synonym gebraucht.

[508] Vgl. hierzu die Ausführungen in Kap. 6.4.2.

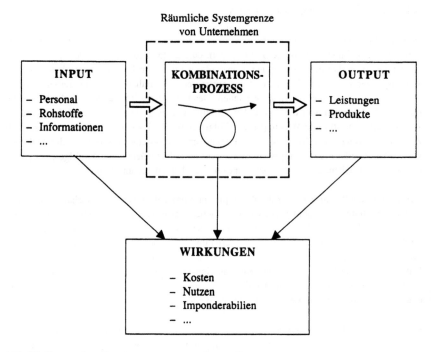

Abb. 28: Konzeption einer input-, output- und prozeßbezogenen Wirtschaftlichkeitsanalyse (Quelle: Eigene Darstellung)

ten wie z.B. einer Reduzierung von Auftragsabwicklungszeiten (als primärer Zweck des Einsatzes eines logistischen Informationssystems) sind weitere „Neben-Wirkungen" in Form z.B. veränderter Arbeitsinhalte an Sachbearbeiterstellen (als nicht primär beabsichtigte bzw. sekundäre Wirkungen) zu berücksichtigen. Diese Effekte können sich sowohl positiv als auch negativ auf die Wirtschaftlichkeit auswirken, positive Wirkungen werden bei ökonomischer Betrachtung allgemein als Nutzen, negative als Kosten bezeichnet.

6.4 Bestandteile umfassender Ursache-Wirkungs-Analysen

Hauptaufgabe einer input-, output- und prozeßbezogenen Wirtschaftlichkeitsanalyse ist die systematische Identifizierung und Untersuchung entscheidungsrelevanter Faktoren bzw. Parameter. Die Beantwortung der Frage, welches die entscheidenden Einflußgrößen auf die Wirtschaftlichkeit logistischer Systeme sind, ist deshalb bedeutsam, weil daraus Erkenntnisse bzw. Hinweise für eine effiziente respektive wirtschaftliche[509] Gestaltung von Prozessen und Systemen abgeleitet werden können. Darüber hinaus sind die geeigneten Kriterien zur Abbildung und Bewertung dieser maßgeblichen Faktoren zu ermitteln.

Abb. 29: Verfahrensschritte zur Identifizierung und Analyse von Ursache-Wirkungs-Zusammenhängen im Rahmen einer input-, output- und prozeßbezogenen Bestimmung der Wirtschaftlichkeit (Quelle: Eigene Darstellung)

Die Methodik zur input-, output- und prozeßbezogenen Wirtschaftlichkeitsbestimmung von Systemen beinhaltet folgende Schritte (vgl. Abb. 29):

die **Abgrenzung des Untersuchungsobjektes** durch

- Definition bzw. Festlegung von Systemgrenzen
- Wahl von Analyseebenen bzw. Wechsel der Betrachtungsebenen
- Bestimmung von Wirkungskategorien und
- Festlegung von Wirkbereichen

sowie

---

[509] Ein Unterschied zwischen den Begriffen Effizienz und Wirtschaftlichkeit wird in dieser Arbeit nicht gemacht, höchste Effizienz bzw. Wirtschaftlichkeit sind Ausdruck optimaler Zustände.

die **Analyse von Ursache-Wirkungs-Zusammenhängen** durch

- Untersuchung der Stufen des Zusammenhangs und
- Analyse der Intensität des Zusammenhangs.

Die Ergebnisse dieser Einzelschritte dürfen nicht isoliert betrachtet werden, sondern sind in eine ganzheitliche Bewertung zu integrieren und können erst in der Gesamtschau zu einem Wirtschaftlichkeitsurteil führen.[510]

6.4.1 Abgrenzung des Untersuchungsobjektes
6.4.1.1 Festlegung der Systemgrenze

Um die Wirtschaftlichkeit von Systemen zu ermitteln, ist es vom methodischen Ansatz her erforderlich, die Systeme zunächst exakt zu beschreiben und gegenüber anderen Systemen klar abzugrenzen. Nur durch eindeutige Abgrenzungen können Veränderungen bzw. Auswirkungen auf das betrachtete System selbst bzw. andere Systeme berücksichtigt werden. Sowohl der Forderung nach eindeutiger Abgrenzung als auch der Beachtung von Wirkungen auf andere Systeme bzw. Prozesse wird in der betrieblichen Praxis nicht immer in ausreichendem Maß nachgekommen. Soll beispielsweise die Wirtschaftlichkeit alternativer Verfahren der Auftragsbearbeitung ermittelt werden, so müssen die Auswirkungen auf Bereiche wie Lagerhaltung, Transportmitteldisposition oder Bestandsmanagement entsprechende Beachtung finden.

Im Zusammenhang mit der Analyse von Kausalketten i.S. mehrstufiger Ursache-Wirkungs-Zusammenhänge lassen sich Kausalitäten verschiedener Ordnung[511] differenzieren. Darüber hinaus können, je nach Abgrenzung des Untersuchungsobjektes bzw. Festlegung der Systemgrenze, systeminterne und -externe Ursachen und Wirkungen identifiziert werden. Diese Differenzierungen und die getroffenen Festlegungen bezüglich der Systemgrenzen haben maßgeblichen Einfluß auf das Wirtschaftlichkeitsurteil.

Zur Verdeutlichung der Notwendigkeit einer (fallweise anzupassenden) Differenzierung von systeminternen und -externen Ursachen und Wirkungen zeigt die Tab. 22 anhand logistisch relevanter Effekte exemplarisch die Möglichkeiten einer Identifizierung von Ursache-Wirkungs-Zusammenhängen. In dieser Darstellung ist nur Unterscheidung von Innen- und Außenwirkungen wichtig, die Frage nach dem Grad der Intensität bzw. den Stufen des Zusammenhang ist zunächst nicht relevant.[512]

---

[510] Dahinter steht die spätestens seit Aristoteles bekannte Erkenntnis, das Ganze ist mehr (oder zumindest anders) als die Summe seiner Teile.

[511] Vgl. hierzu die Ausführungen in Kap. 6.4.2.1.

[512] In den aufgeführten Beispielen handelt es sich teilweise um mehrstufige Wirkungsfolgen, d.h. die genannten Effekte stellen nur unmittelbare Wirkungen dar.

Ursache	Wirkung	Beispiel
intern	intern	Die Einführung einer zusätzlichen Schicht bzw. längere Maschinenlaufzeiten führen zu höheren Lagerbeständen
extern	intern	Das Auftreten von (neuen) Billiganbietern auf dem Markt führt zu Absatzverlusten und damit zu einem Aufbau von Lagerbeständen
intern	extern	Der Ausfall von Produktionsanlagen führt zu Lieferproblemen, falls die Nachfrage nicht aus Lagerbeständen befriedigt werden kann
extern	extern	Betrachtung nicht sinnvoll

Tab. 22: Beispielhafte Unterscheidung von (system-) internen und externen Ursachen und Wirkungen (Quelle: Eigene Darstellung)

6.4.1.2 Wahl der Analyseebenen

Übersteigt die Vielfalt der Beziehungen (Interdependenzen) in Systemen einen bestimmten Komplexitätsgrad[513], erscheint es zweckmäßig, zunächst (Ursache-Wirkungs-) Zusammenhänge in Teilsystemen zu analysieren und darauf aufbauend das Gesamtsystem zu erfassen, um so zu einer umfassenden Bewertung i.S. eines ganzheitlichen Wirtschaftlichkeitsurteils zu gelangen. Die zunächst isolierte Betrachtung von Teilbereichen durch Bildung von Teilsystemen auf unterschiedlichen Ebenen ist Ausgangspunkt einer ganzheitlichen Betrachtung, wobei zu bedenken ist, daß eine eindeutige und überschneidungsfreie Zuordnung von Teilsystemen zu den betreffenden Ebenen nicht in allen Fällen möglich ist.

In der Literatur lassen sich zur Analyse komplexer Systeme unterschiedliche „Mehr-Ebenen-Schemata" finden. Die Tab. 23 zeigt eine exemplarische Auswahl wichtiger Mehrebenenschemata, die sich prinzipiell für die Analyse logistischer Systeme anbieten.

Es handelt sich dabei vorwiegend um Analyseansätze zur Untersuchung komplexer Systeme aus den Bereichen Bürokommunikation und Computer Integrated Manufacturing (CIM). Hinsichtlich Komplexität und Problematik einer Identifizierung von Ursache-Wirkungs-Zusammenhängen existieren zwischen logistischen Systemen und den genannten Bereichen Parallelen, so daß sich die bei der Anwendung dieser Verfahren gewonnenen Erkenntnisse im

---

[513] Auf die i.a. vorhandene Vielzahl der Elemente und die daraus resultierende weitaus größere Zahl von vor allem informatorischen Beziehungen logistischer Systeme wurde bereits mehrfach hingewiesen.

Nr.	Ebene 1	Ebene 2	Ebene 3	Ebene 4	primäre Anwendung im Bereich
1	Volkswirtschaft	Unternehmen	Funktionsbereich	Individualbereich	Logistik
2	Globalebene	Makroebene	Mikroebene	Stand-alone-Systeme	Logistik, CIM
3	Gesamte Umwelt	Gesamte Organisation	Abteilung	Arbeitsplatz	Bürokommunikation
4	integrierte Systeme	verbundene Systeme	Fertigungszellen	Feldebene	CIM
5	Unternehmensverbund	Erzeugnisbereich	Werk	isoliert	CIM
6	Überorganisatorisch	Organisatorisch	integriert	Arbeitsplatz	CIM
7	Organisation	Bereich	Abteilung	(Einzel-) Objekt	Bürokommunikation
8	Gesellschaft	Unternehmen	Subsystem	Individualbereich	CAD/CAM/CIM/ Logistik
9	Gesundheitssystem	Krankenhaussektor	Krankenhaus-infrastruktur		Wohlfahrtsmessung

Tab. 23: Auswahl von Mehrebenen-Schemata zur Analyse logistischer Systeme (Quelle: Eigene Darstellung)

Rahmen dieser Arbeit anbietet.[514] Die Bestimmung der Anzahl der zur Strukturierung der Systeme bzw. der Bewertungsobjekte notwendigen bzw. geeigneten Analyseebenen kann nur im konkreten Einzelfall sowie in Abhängigkeit vom Untersuchungszweck erfolgen und muß daher fallweise variieren.

In ökonomischen Analysen gebräuchliche 3- oder 4-Ebenenmodelle (vgl. Nr. 1 und Nr. 2 in Tab. 23) unterscheiden bei der Identifizierung und Evaluierung von Ursache-Wirkungs-Zusammenhängen die Ebenen Volkswirtschaft, Unternehmen und Funktionsbereich (z.B. Produktion im 3-Ebenenmodell) bzw. Individual-, Mikro-, Makro- und Globalebene (im 4-Ebenenmodell). Bei der Betrachtung der Wirkungen kann in Abhängigkeit der gewählten Ebenen z.B. zwischen dem Nutzen für das Individuum und die Gruppe sowie dem Nutzen für die Organisation unterschieden werden.

Der Individualebene werden einzelne Effekte zugeordnet, welche das Individuum in seinen verschiedenen Rollen bzw. Lebensbereichen[515] direkt betreffen. Die intensive Untersuchung dieser Ebene unterstreicht die Bedeutung des Faktors Mensch, die in der Wirtschaftpraxis zunehmend erkannt wird.[516] Auf der Mikroebene werden alle positiven oder negativen Effekte berücksichtigt, die ein Unternehmen (als übergeordnetes Supersystem des Subsystems Mensch) durch z.B. den Einsatz eines logistischen Informationssystems erfährt. Die Makroebene betrifft die Volkswirtschaft (als System mit den Elementen bzw. Subsystemen Unternehmen) bzw. den Staat mit seinen Institutionen und Organen. Wirkungen, die über die nationalen Grenzen hinweg für bestimmte Wirtschaftsräume oder die Weltwirtschaft (als Supersystem höchster Stufe mit den Subsystemen der Volkswirtschaften) bzw. die gesamte Menschheit von Bedeutung sind, sollen auf der Globalebene Berücksichtigung finden.[517]

Das Vier-Ebenen-Modell von **Picot/Reichwald**[518] (vgl. Nr. 3 in Tab. 23) unterscheidet zur Untersuchung der Wirtschaftlichkeit von Bürosystemen die Ebenen Arbeitsplatz, Abteilung, Gesamtorganisation sowie gesellschaftliche Umwelt. Im Rahmen der Analyse von CIM-

---

[514] Vgl. hierzu Ballwieser, Wolfgang / Berger, Karl Heinz (Hrsg.): Information und Wirtschaftlichkeit, wiss. Tagung Hannover, Verband der Hochschullehrer für Betriebswirtschaft e.V. an d. Univ. Hannover 1985, Wiesbaden: Gabler, S. 14 f.

[515] Auf dieser Ebene sind insbesondere Kenntnisse aus den Bereichen Ergonomie, Arbeitswissenschaft, Psychologie etc. anzuwenden.

[516] Moderne Konzepte der Arbeitsorganisation messen Faktoren wie Motivation, Qualitätsbewußtsein oder Delegation von Verantwortung eine hohe Bedeutung bei. Vgl. zu einem entsprechenden Konzept und Formen der Entlohnung z.B. Althoff, Uwe / Berr, Ulrich: Leistungslohn bei flexibel automatisierter Fertigung - die Verrechnungszeit als Leistungskennzahl, in: Fortschrittliche Betriebsführung und Industrial Engineering, Heft 4, 1993, S. 163 ff.

[517] Ein typisches Beispiel für die Notwendigkeit einer Berücksichtigung von Wirkungen auf der Global-ebene ist eine ganzheitliche Bewertung des (stark zunehmenden) Einsatzes von Systemen zur elektronischen Datenübertragung bzw. weltweiter Vernetzungen. Es kann davon ausgegangen werden, daß hier mit gravierenden Auswirkungen in sämtlichen Lebensbereichen zu rechnen ist.

[518] Vgl. Picot, Arnold / Reichwald, Ralf: Zur Effektivierung der Büroarbeit mit neuer Kommunikationstechnik, in: Jahrbuch der Bürokommunikation, FBO-Verlag, Baden-Baden, 1985, S. 8 ff.

Konzepten werden vier Stufen technologischer Integration und deren Wirtschaftlichkeitsberechnung[519] (vgl. Nr. 4 in Tab. 23) verwendet. Ausgehend von Stand-alone-Systemen wie NC-Maschinen können auf jeweils nächsthöherer Ebene Fertigungszellen, verbundene Systeme und schließlich integrierte Systeme untersucht werden.

Zur Abbildung von Ursachen und Wirkungen bzw. von Input- und Outputbeziehungen auf unterschiedlichen Ebenen werden u.U. jeweils verschiedene Kriterien bzw. Bewertungskategorien benutzt. In Analogie zu mehrstufigen Analyseebenen lassen sich mehrstufige Kriterienebenen identifizieren. Dabei lassen sich ergebnisorientierte Outputindikatoren (zur Beschreibung der Wirkungen) und solche den Mitteleinsatz anzeigenden Inputindikatoren (zur Beschreibung der Ursachen) angeben. Outputindikatoren können dazu dienen, den Input auf der nächsten Outputebene zu beschreiben, der Output auf einer Ebene kann zum Input auf einer anderen werden.

Ein einfaches Beispiel möge die Notwendigkeit der Betrachtung unterschiedlicher Analyseebenen zur Berücksichtigung existierender Verkettungen bzw. Interdependenzen unterstreichen. [520] Zur Abbildung mehrstufiger Ursache-Wirkungs-Zusammenhänge sei ein vierstufiges Konzept zur Bestimmung der Beiträge von Investitionen im Gesundheitssektor zum Bruttosozialprodukt[521] genannt (vgl. Nr. 9 in Tab. 23). Staatliche Mittel (als monetärer Input zur Erhaltung des Gesundheitssystems) führen zu einer bestimmten Ausstattung des Gesundheitssektors mit Krankenhäusern. Die Anzahl von Krankenhäusern stellt eine Möglichkeit zur Abbildung der Wirkungen auf der ersten Outputebene dar. Die Nutzung dieser Ausstattung läßt sich auf einer zweiten Outputebene z.B. am Belegungsgrad (als Verhältnis der belegten zu vorhandenen Betten) ablesen. Das Resultat der Versorgung der Gesellschaft mit Krankenhäusern kann auf Individualebene, als dritte Outputebene, z.B. durch den Indikator „krankheitsfreie Lebenserwartung" gemessen werden.

Während auf der Inputebene z.B. monetäre (Ausgaben-) Indikatoren benutzt werden können, um den Mitteleinsatz (als Ursache einer Wirkung) abzubilden, lassen sich die Wirkungen auf anderen Ebenen (als Ergebnis bzw. Output) durch verschiedene Arten von Indikatoren abbilden. Im genannten Beispiel können auf der ersten Outputebene Ausstattungsindikatoren, auf der zweiten Outputebene Nutzungsindikatoren und schließlich auf der dritten Outputebene Resultatsindikatoren (auf individueller Ebene) dazu dienen, Wirkungen auf verschiedenen Ebenen zu beschreiben und auch zu quantifizieren.[522]

---

[519] Zahn E. / Dogan, D.: a.a.O., S. 7.

[520] Vgl. zu diesem Beispiel Abb, Fritz / Weeber, Joachim: Systeme sozialer Indikatoren, in: WISU 4/89, S. 239 f., zur Problematik der Anwendung von Indikatoren und Kennzahlen die Bemerkungen in Kap. 7.1.

[521] Der Indikator Bruttosozialprodukt dient u.a. als Hilfsgröße zur Bestimmung der Wohlfahrt einer Gesellschaft. Indikatoren kommen immer dann zum Einsatz, wenn eine direkte Messung von Effekten nicht möglich ist. Die Diskussion grundsätzlicher methodischer und meßtheoretischer Probleme hinsichtlich der Eignung des Indikators Bruttosozialprodukt zur Wohlfahrtsmessung soll hier nicht vertieft werden.

[522] Vgl. zum Problem der Quantifizierung von Wirkungen die Kap. 5.3.3 bzw. 7.1.3.

Abschließend soll ein analoges Beispiel aus dem Bereich der Logistik die genannte Problematik und die Zielsetzung der weiteren Untersuchungsschritte verdeutlichen. Die Einführung bzw. Installation eines Lagerverwaltungssystems läßt sich auf der Inputseite abbilden durch die notwendigen Investitionen in Hardware und Software.[523] Dieser (monetäre) Input führt zu einer bestimmten DV-technischen Ausstattung. Die Auflistung von Hard- und Softwarekomponenten (wie Bildschirmen, Druckern und sonstigen Peripheriegeräten) ist eine Möglichkeit, die Wirkungen auf der ersten Outputebene mit Hilfe derartiger Ausstattungsindikatoren abzubilden. Die Information, daß beispielsweise 80 % aller Lieferungen bzw. Lieferscheine über das eingesetzte Lagerverwaltungssystem abgewickelt werden, ist eine Ausprägung von Nutzungsindikatoren auf einer zweiten Outputebene. Und schließlich sind Ergebnisse wie Halbierung der Lieferzeit oder eine zehnprozentige Verringerung des Personalaufwands geeignet, als Resultatsindikatoren die Wirkungen auf einer dritten Outputebene bzw. am Ende einer mehrstufigen Wirkungskette widerzuspiegeln.[524]

6.4.1.3 Bestimmung der Wirkungskategorien

In der Literatur ist bei Wirtschaftlichkeitsuntersuchungen nicht selten eine willkürliche Auswahl bzw. unsystematische Gliederung von Wirkungen, die in der betreffenden Analyse berücksichtigt wurden, zu finden. Vom methodischen Standpunkt her und zur eindeutigen Unterscheidung von Verständnisebenen ist es notwendig, nach Möglichkeiten der Kategorisierung von Wirkungen zu suchen. Zur Systematisierung von Effekten i.S. einer möglichst überschneidungsfreien Klassifizierung bieten sich verschiedene Untergliederungskriterien bzw. -merkmale an, von denen einige wichtige in der Tab. 24 zusammengefaßt sind.

Für die wirtschaftliche Bewertung komplexer Systeme bietet sich die Einteilung von Wirkungen in drei Kategorien an. Die Klassifizierung dieser Wirkungen erfolgt mit Hilfe der Kriterien Identifizierbarkeit, Meßbarkeit, Transformierbarkeit bzw. Monetarisierbarkeit (vgl. Abb. 30).

* **Kategorie A**

Die Kategorie A umfaßt mit monetären Größen (Geldeinheiten) bewertbare Wirkungen wie Kosten und Nutzen.

---

[523] Vgl. hierzu die Ausführungen zu Ansätzen einer Logistik- bzw. Informationskostenrechnung in Kap. 7.

[524] Zu einem weiteren Beispiel für Bezugsebenen und Indikatoren einer Wirtschaftlichkeitsmesssung des Einsatzes neuer Informations- und Kommunikationstechniken im Einkauf s. Barth, Manfred / Hubmann, H.-Egbert: Neue Informations- und Kommunikationstechniken, Gestaltungsgröße im Einkaufsmanagement, in: Beschaffung aktuell, 2/91, S. 48-53.

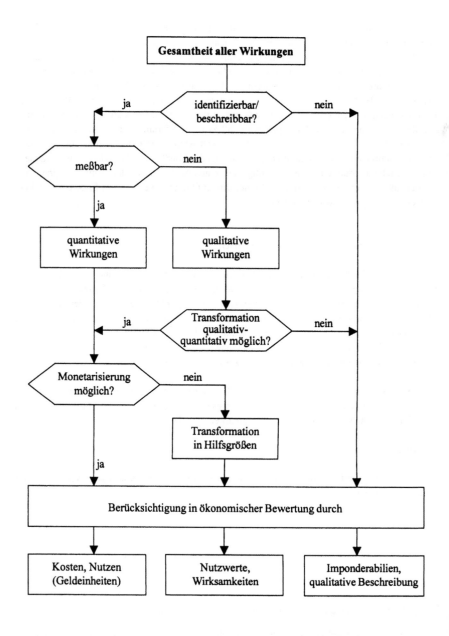

Abb. 30: Ablaufschema zur Klassifizierung ökonomisch relevanter Wirkungen zur Bewertung von Systemen. (Quelle: Eigene Darstellung)

• **Kategorie B**

Nicht monetär bewertbare Wirkungen der Kategorie B werden nach einer Transformation mit Hilfe von Transformationsfunktionen[525] durch Hilfsgrößen wie Nutzwerte oder Wirksamkeiten beschrieben.

• **Kategorie C**

Die Kategorie C umfaßt sowohl nicht identifizierbare als auch quantitativ nicht beschreibbare Wirkungen, die entweder als Imponderabilien keine Berücksichtigung finden (können) oder über qualitative Beschreibungen in die Bewertung einfließen.

Während die objektive Ermittlung von Effekten der Kategorie A noch relativ einfach ist, wird die Bestimmung von Effekten der Kategorien B und C dagegen mehr von subjektiven Momenten geprägt. So entfallen durch den Einsatz eines logistischen Informationssystems bzw. die effiziente Gestaltung logistischer Informationsverarbeitungsprozesse (quantitativ faßbare) Transport-, Verweil- und Lagerzeiten (von Waren oder Informationen) oder diese werden mehr oder weniger stark verkürzt. Darüber hinaus gehende qualitative Wirkungen wie veränderte Aufgabeninhalte, eine starke Beeinflussung von Arbeitsbedingungen oder eine u.U. wesentlich veränderte Gestaltung der Kommunikationsprozesse im Unternehmen sind weitaus schwerer zu fassen.

6.4.1.4 Festlegung der Wirkbereiche

Grundsätzlich können Input-, Output- oder Prozeßfaktoren Gegenstand der Wirtschaftlichkeitsbetrachtungen auf verschiedenen Ebenen in mehrstufigen Analysen sein. Auf der Inputseite sind beispielsweise allgemeine Einsatzfaktoren wie Informationen, Personal, Arbeitsmittel und Maschinen, auf der Outputseite Produkte oder Dienstleistungen als Objekte der Betrachtung einzubeziehen. Zur Beschreibung und Bewertung von Prozeßfaktoren sind Einflußgrößen wie z.B. Aufbau- oder Ablauforganisation geeignet. Die Abb. 31 zeigt das Spektrum der vom Einsatz logistischer Informationssysteme tangierten Wirkbereiche, die bei ganzheitlicher Wirtschaftlichkeitsbetrachtung berücksichtigt werden können.

Der Begriff Wirkbereich wird hier definiert als derjenige Bereich (Element, Subsystem oder System), in welchem die Wirkungen bestimmter Maßnahmen untersucht werden sollen oder können.[526] Der methodische Verfahrensschritt der Festlegung von Wirkbereichen korrespondiert mit der vorhergehend beschriebenen Festlegung von Systemgrenzen, wobei sich Überschneidungen nicht immer ausschließen lassen. Exemplarisch seien an dieser Stelle fol

---

[525] Zur Problematik der Anwendung von Transformationsfunktionen vgl. die Ausführungen in Kap. 5.4

[526] Zum Problem der mangelnden Identifizierbarkeit von Wirkungen s. die Anmerkungen in Kap. 5.1.2.1.

Kriterium	Ausprägung
Zusammenhang	• direkte Wirkung • indirekte Wirkung
betroffener Personenkreis	• eine Person • mehrere Personen
zeitlicher Wirkungshorizont (Dauer der Wirkungen bzw. Zeitpunkt des Eintretens von Wirkungen)	• kurzfristig • mittelfristig • langfristig
Quantifizierbarkeit	• direkt quantifizierbar • indirekt quantifizierbar • qualitativ • schwer faßbar (Imponderabilien)
Beitrag zur Zielerreichung	• positiv • negativ
Systemgrenze, Bezugsobjekt	• intern • extern
Monetarisierbarkeit	• monetär bewertbar • nicht monetär bewertbar
Zurechenbarkeit	• zurechenbar • nicht zurechenbar
Anfall	• einmalig • mehrfach
Feststellbarkeit	• objektiv • subjektiv
Determiniertheit	• zwangsläufig • zufällig
Absicht	• gewollt • nicht intendiert

Tab. 24: Kriterien zur Klassifizierung von Wirkungen (Quelle: Eigene Darstellung)

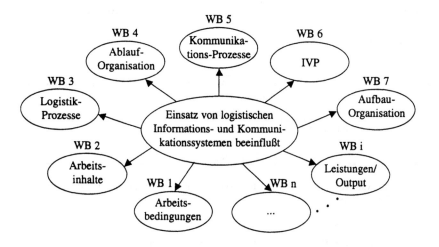

WB = Wirkbereich

Abb. 31: Spektrum der vom Einsatz logistischer Informationssysteme betroffenen Wirkbereiche (Quelle: Eigene Darstellung)

gende Wirkbereiche, die bei einer Beurteilung der Wirtschaftlichkeit[527] von Bürokommunikationssystemen untersucht werden müssen, genannt. Dabei sind zu berücksichtigen die wirtschaftlichen Konsequenzen in den vier (Wirk-) Bereichen

- einzelner Arbeitsplatz
- veränderte organisatorische Leistungsfähigkeit
- Gesamtheit aller Benutzerarbeitsplätze
- organisatorische Abläufe und Strukturen.

Die Tab. 25 zeigt exemplarisch einige Kriterien zur Differenzierung und Abgrenzung von Wirkbereichen.

---

[527] Zangl, Hans: Integrierte Bürosysteme und Wirtschaftlichkeit, in: Jahrbuch der Bürokommunikation, Fachverlag für Büro- und Organisationstechnik, Baden-Baden, 1986, S. 14-17.

Kriterium	beispielhafte Ausprägung (Wirkbereiche)
• Unternehmensbereich	• Beschaffung • Produktion • Absatz
• Zielgruppe	• Personenkreis, um dererwillen eine Maßnahme durchgeführt wurde • indirekt Begünstigte
• betroffener Personenkreis	• Kunden • Lieferanten • Mitarbeiter

Tab. 25: Auswahl von Kriterien zur Differenzierung und Abgrenzung von Wirkbereichen (Quelle: Eigene Darstellung)

6.4.2 Analyse von Ursache-Wirkungs-Zusammenhängen
6.4.2.1 Analyse der Stufen des Zusammenhangs

Die Festlegung von Systemgrenzen, die Wahl von Analyseebenen, die Bestimmung von Wirkungskategorien sowie die Festlegung von Wirkbereichen sind grundlegende Schritte zur Ermittlung der Wirtschaftlichkeit von Systemen. Über die genannten Schritte zur Abgrenzung des Untersuchungsobjektes bzw. zur Schaffung der Bewertungsgrundlagen hinaus ist in ganzheitlichen Ursache-Wirkungs-Analysen eine Klärung hinsichtlich Art und Intensität des Zusammenhangs notwendig. Um Transparenz bezüglich dieser Aspekte zu erlangen, ist eine Untersuchung der Stufen des Zusammenhangs sowie eine Analyse funktionaler Abhängigkeiten sinnvoll. Aus den Ergebnissen dieser Arbeitsschritte lassen sich unmittelbar Ansätze bzw. Empfehlungen für Maßnahmen zur Steigerung der Wirtschaftlichkeit von Systemen und Prozessen ableiten.

Als eine Möglichkeit[528] zur Abbildung von Ursache-Wirkungs-Zusammenhängen wurde weiter oben die Abb. 27 diskutiert. Die genannte Darstellung bildet einen Ausschnitt aus dem Wirkungsgefüge in logistischen Systemen ab und veranschaulicht Ursache-Wirkungs-Zusammenhänge mit Hilfe eines Graphen. Die Knoteninhalte repräsentieren Ursachen oder

---

[528] Zur Verdeutlichung der Schwierigkeiten komplexer Ursache-Wirkungs-Analysen sei an dieser Stelle auf die Forschungen im Bereich der Systems Dynamics verwiesen. Mit Hilfe von Simulationsprogrammen wird versucht, die Auswirkungen verschiedener Umweltzustände bzw. Datenkonstellationen und bestimmter Entwicklungen wie z.B. Dollarkurs-, Ölpreis- oder Börsenentwicklungen abzubilden und so politische oder allgemeine Entwicklungen, etwa die des wirtschaftlichen Klimas, zu prognostizieren. Vgl. zum World-Modell von Forrester, welches versucht, die Gesamtweltentwicklung mit einigen wenigen aggregierten Einflußgrößen zu simulieren, die Darstellung von Langer, K.J.: Das Weltmodell von Forrester: WORLD II, in: Biethahn, Jörg / Schmidt Bernd (Hrsg.): Simulation als betriebliche Entscheidungshilfe - Methoden, Werkzeuge, Anwendungen, Berlin: Springer, 1987, S. 117-133. Zur grundsätzlichen Eignung von Simulationen für betriebswirtschaftliche Fragestellungen s. Biethahn, J.: Simulation, eine Methode zur Findung betriebswirtschaftlicher Entscheidungen, in: Biethahn, J./ Schmidt B.: a.a.O., S. 79 ff.

Wirkungen, die Kanten verdeutlichen einen Kausalzusammenhang zwischen zwei Größen. Werden diese Kanten mit einer Richtung versehen, so werden Ursachen und Wirkungen eindeutig identifiziert. Der gerichtete Pfeil von A nach B bedeutet, A verursacht bzw. beeinflußt B. Werden die Pfeile darüber hinaus auch mit Vorzeichen versehen, so läßt sich auch ein finaler Ziel-Mittel-Zusammenhang darstellen, d.h. eine Maßnahme A wird eingesetzt, um ein Ziel B zu erreichen. Positive Vorzeichen signalisieren eine Verstärkung, d.h. einen positiven Beitrag zur Zielerreichung, negative Vorzeichen stellen einen negativen Beitrag bzw. konfliktären Zusammenhang dar.

Der vorgestellte Ansatz ist prinzipiell zur Darstellung und Analyse komplexer Wirkungszusammenhänge geeignet. Er ist grundsätzlich eher in der Lage, die vielfältigen Beziehungen zwischen Systemen bzw. deren Elementen zu berücksichtigen, als es monokausale oder monovariable Erklärungsansätze zu leisten vermögen. Die Stärke dieser systematischen Vorgehensweise ist allerdings zugleich auch seine Schwäche. Vom methodischen Standpunkt her müßten für eine umfassende Wirkungsanalyse alle Kanten bzw. Beziehungen zwischen den Knoten (Sachverhalten) analysiert werden.[529] Bei einem Netz aus n Knoten (mit n als natürliche Zahl) ergeben sich bereits $n(n-1)/2$ direkte Beziehungen bzw. Kanten des Wirkungsgefüges, die sämtlich zu untersuchen sind.

Über die direkten Beziehungen hinaus müßten letztlich auch Rückwirkungen bzw. Rückkopplungen auf andere Systemelemente in die Bewertung einfließen. Die Zustandsänderung eines Systemelements A (vgl. Abb. 32) hat direkte Änderungen der Systemelemente B, C und D zur Folge. Diese Zustandsänderungen von B, C oder D können nun ihrerseits Auswirkungen (Rückkopplungen) auf die anderen Elemente und auch auf Element A als ursprünglichen Auslöser der Veränderungen haben. Aus Gründen der Wirtschaftlichkeit sowie infolge der begrenzten menschlichen Fähigkeiten zur Informationsverarbeitung ist eine Berücksichtigung sämtlicher direkter und indirekter Wirkungen bzw. Rückkopplungen als theoretischer Grenzfall zu betrachten.

Anhand der Darstellung in Abb. 27 lassen sich beispielhaft folgende Wirkungsketten i.S. mehrstufiger Kausalzusammenhänge analysieren. Der Einsatz eines Lagerverwaltungs- und -steuerungssystems führt zu einer Verkürzung der Durchlaufzeit und bewirkt eine Reduzierung der Lieferzeit (i.S. einer positiven Beeinflussung einer Zielgröße). Die Umsetzung von Just-in-Time-Konzepten[530] hat Auswirkungen auf die Bestandsführung, die ihrerseits Konsequenzen für die Lieferzeit hat (z.B. verursachen zu niedrige Fertigwaren- bestände u.U. Lieferengpässe). Die Bedeutung von Informationen in logistischen Systemen läßt sich durch die Beschreibung folgender Kausalkette bzw. Wirkungsanalyse ermitteln. Eine bessere Informationsverarbeitung durch den Einsatz eines logistischen Informationssystems hat eine schnellere Bearbeitung bestimmter logistischer (Teil-) Prozesse zur Folge. Aus verkürzten Teilprozessen wie beispielsweise einem schnelleren Lagerumschlag ergibt sich eine geringere Kapitalbindung, wodurch (direkt meßbare) Kostensenkungen bewirkt werden.

---

[529] Der Graph in Abb. 27 ist hier aus Gründen der Übersichtlichkeit nicht vollständig.

[530] Vgl. zu speziellen Bewertungsproblemen von JIT-Konzepten die Ausführungen in Kap. 6.5.

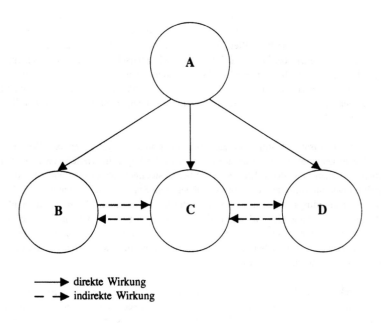

direkte Wirkung
indirekte Wirkung

Abb. 32: Graph mit direkten und indirekten Wirkungen (Quelle: Eigene Darstellung)

Je nach Anzahl der Stufen der Kausalkette können somit Kausalitäten verschiedener Ordnung bestimmt werden.[531] Lieferprobleme können in unzureichender Effizienz bzw. mangelhafter Rationalisierung der Materialwirtschaft begründet sein (interne Ursache als Kausalität erster Ordnung). Diese ungenügende Rationalisierung der Materialwirtschaft kann Folge einer nicht ausreichenden Nutzung von Informationsquellen[532] (als Elemente eines logistischen Informationssystems) sein (interne Ursache als Kausalität zweiter Ordnung). Und schließlich können die Lieferprobleme (als primär untersuchte Wirkung) bedingt sein durch Engpässe auf Beschaffungsmärkten derart, daß entsprechende Informationen nicht rechtzeitig in das Be-

---

[531] Vgl. hierzu die schematische Darstellung in Abb. 33 bzw. die beispielhafte Sammlung in Tab. 26.

[532] Unternehmensanalysen belegen immer wieder, daß Informationen oftmals zwar vorhanden sind, aber nicht oder nur teilweise genutzt werden. Wesentliche Ursachen dafür sind zum einen unzureichende Aufbereitungs- bzw. Darreichungsformen von Informationen und zum anderen mangelnde Informiertheit potentieller Nutzer darüber, daß eben diese Informationen im Unternehmen vorhanden und somit prinzipiell verfügbar sind. Die Bedeutung, welche Doppel-, Halb- und Nichtinformation in Organisationen zukommt, zeigte Parkinson in seinen Gesetzen eindrucksvoll. Vgl. hierzu Venker, K.: a.a.O., S. 183.

standsmanagements- bzw. Produktionsplanungssystem[533] eingeflossen sind (systemexterne Ursache als Kausalität dritter Ordnung).[534]

Bei der Untersuchung von Folgewirkungen muß analysiert werden, bei welchen Elementen einer Kette welcher Einfluß identifiziert werden kann und welcher Beitrag jeweils einzelnen Faktoren zuzuordnen ist. Das genannte Beispiel verdeutlicht zugleich die Problematik einer u.U. erforderlichen Überlagerung einzelner Schritte des input-, output- und prozeßorientierten Analysekonzeptes wie Identifizierung von Kausalitäten verschiedener Ordnung und Festlegung von Systemgrenzen. Wenn auch im Normalfall davon auszugehen ist, daß es nicht gelingt, alle Faktoren, Wirkungen und Zusammenhänge zu berücksichtigen bzw. zu erfassen, können durch konsequente Befolgung der genannten Analyseschritte Transparenz erreicht und somit die Grundlagen für Wirtschaftlichkeitsuntersuchungen geschaffen werden. Bei Berücksichtigung der Zusammenhänge zwischen Teilsystemen bzw. einzelnen Faktoren sind Rückschlüsse auf Gesamtsysteme möglich und damit Aussagen zur Wirtschaftlichkeit von Systemen auch zulässig.

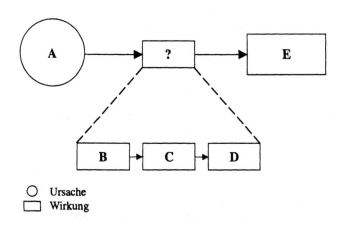

Abb. 33: Mehrstufigkeit in Ursache-Wirkungs-Analysen (Quelle: Eigene Darstellung)

---

[533] Rechnergestützte PPS-Systeme haben heute in vielen Unternehmen die Funktion der Planung und Steuerung der Produktion übernommen. Infolge ihres eher operativen Charakters sind sie zur Entscheidungsunterstützung im Rahmen des strategischen Produktionsmanagements jedoch ungeeignet. Vgl. hierzu Gronau, Norbert: Rechnergestütztes Produktionsmanagement - PPS-Systeme sind keine Management-Informationssysteme, in: FB/IE 41, Nr. 4, 1992, S. 160.

[534] Vgl. zu mehrstufigen Zusammenhängen bzw. Ursachen verschiedener Ordnungen auch Pfeiffer, W. / Weiß, E.: a.a.O., S. 116, sowie die dort angegebene Quelle.

6.4.2.2 Analyse des Intensitätsgrades von Zusammenhängen

Wie im vorangegangenen Abschnitt dargestellt, ist in Verbindung mit der Analyse von Ursache-Wirkungs-Zusammenhängen zur Bestimmung der Wirtschaftlichkeit logistischer Systeme die Identifizierung und Differenzierung verschiedener Stufen des Zusammenhangs wichtig. Im Verlauf der Analyse logistischer Ketten sind jedoch nicht nur Kausalitäten verschiedener Ordnung sondern auch unterschiedliche Intensitätsgrade des Zusammenhangs zu berücksichtigen.

Ursache 1	Wirkung 1 = Ursache 2	Wirkung 2 = Ursache 3	Wirkung i = Ursache i+1
Erhöhung der Kapazitätsauslastung	Erhöhung der Produktionsleistung	Erhöhung der Ausbringungsmenge bei gleichen Fertigungskosten	...
Senkung der Durchlaufzeit	Senkung der Halbfabrikate-Bestände	Senkung der Kapitalbindungskosten	...
Umsetzung eines JIT-Konzeptes	Reduzierung von Beständen	Gefährdung der Liefersicherheit	...

Tab. 26: Beispielhafte Sammlung logistisch relevanter Kausalitäten unterschiedlicher Ordnung im Rahmen von Ursache-Wirkungs-Analysen (Quelle: Eigene Darstellung)

Mathematisch läßt sich die Intensität des Zusammenhangs zwischen zwei Größen oder Merkmalen ausdrücken z.B. durch die Bildung von Korrelationskoeffizienten. Existieren jedoch keine exakten, durch mathematische Funktionen[535] abbildbare Abhängigkeiten zwischen zwei oder mehreren Größen, bereitet es Probleme, die Intensität des Zusammenhangs auszudrücken. Dies kommt auch in der sprachlichen Differenzierung zur Erläuterung dieser Zusammenhänge zum Ausdruck. Als Folge dieser Schwierigkeiten einer mathematischen Abbildung der Intensität des Zusammenhangs und vor allem auch mangels präziser Kenntnis der Zusammenhänge sind zur Beschreibung von Kausalzusammenhängen folgende sprachlichen Differenzierungen gebräuchlich:

- eindeutig verursacht durch...

---

[535] Zur Abgrenzung des Begriffs der (mathematischen) logistischen Funktion vgl. z.B. Bierfelder, W.: a.a.O., S. 50 f. Zur Verdeutlichung der Problematik einer mathematischen Formulierung von Zusammenhängen in ökonomischen Modellen sei an dieser Stelle exemplarisch auf makroökonomische Wachstumsfunktionen hingewiesen. Dort wird z.B. der Zusammenhang zwischen Wachstum und den Faktoren Arbeit und Kapital abgebildet. Eine wesentliche Determinante des Wachstums, der technologische Fortschritt, wird dabei i.a. nur als Residualfaktor betrachtet.

- maßgeblich verursacht durch...
- teilweise verursacht durch...
- in geringem Maß verursacht durch...
- ohne Einfluß auf... .

Die Tab. 27 zeigt eine Möglichkeit, mittels einer Matrix Ursachen und Wirkungen bzw. Maßnahmen und Auswirkungen auf Zielgrößen systematisch zuzuordnen. Durch Verwendung entsprechender Symbole ist zugleich eine Differenzierung verschiedener Intensitätsstufen des Zusammenhangs[536] möglich. Wenn auch die verwendeten Begriffe nicht operationalisiert und daher für ökonomische Analysen nur bedingt geeignet sind, leisten sie dennoch einen Beitrag zur Reduzierung von Komplexität bzw. zur Erhöhung von Transparenz und damit letztlich zur Objektivität von Bewertungen.

Auswirkungen auf Zielgrößen	Mittel/ Maßnahmen				
	M_1	M_2	M_3	...	M_n
Z_1	+	o	-	-	++
Z_2	o	?	++	o	+
Z_3	+	o	+	o	-
...	o	-	-	+	?
Z_m	o	-	-	-	+

++	deutlich positiver Beitrag	Z_j	Zielgrößen
+	positive Wirkung i.S. der Zielerreichung	M_i	Mittel bzw. Maßnahmen
o	neutral (ohne Wirkung)		
-	negative Wirkung (die Zielerreichung behindernd)		
?	unbekannt, nicht zu beurteilen		

Tab. 27: Exemplarische Matrix[537] zur systematischen Zuordnung von Ursachen und Wirkungen sowie Möglichkeiten zur Differenzierung verschiedener Intensitätsstufen des Zusammenhangs (Quelle: Eigene Darstellung)

---

[536] Vgl. hierzu z.B. Klevers, Th.: a.a.O., S. 120. Zur Abbildung der Intensitäten ist in der Literatur auch die Differenzierung unterschiedlicher Sensitivitätsstufen zu finden. Vgl. hierzu z.B. Albach, H. / Wildemann, H.: a.a.O., S. 38.

[537] Vgl. zu einer ähnlichen Darstellung einer Maßnahmen-Wirkungsfeld-Matrix für CIM-Technologien Schulz, Herbert / Bölzing, Dieter: Lenkung von CIM-Investitionen, in CIM-Management 6/88, S. 58. Schulz / Bölzing unterscheiden zusätzlich zwischen kurz- und langfristigen Wirkungen.

6.5 Problematik ganzheitlicher Bewertungen logistischer Prozesse und Systeme am Beispiel der Just-in-Time-Konzeption

Im Folgenden soll exemplarisch das sowohl in Wirtschaft als auch Wissenschaft stark diskutierte JIT-Konzept einer knappen kritischen Betrachtung unterzogen werden. An diesem Beispiel soll die Notwendigkeit systematischer Vorgehensweise unterstrichen sowie die Vielschichtigkeit der im Rahmen ganzheitlicher Bewertung zu berücksichtigenden Effekte veranschaulicht werden. Dazu werden neben betriebswirtschaftlichen insbesondere auch volkswirtschaftliche Auswirkungen diskutiert. Das Konzept des Just-in-Time bietet sich auch deshalb zur Verdeutlichung der Problematik ganzheitlicher Bewertungen an, weil sowohl einzel- als auch gesamtwirtschaftliche Überlegungen erheblichen Einfluß auf das Bewertungskalkül besitzen. Die Diskussion dieses Themas soll hier nicht in aller Tiefe geführt werden, sondern lediglich das Spektrum der Bewertungsprobleme bzw. unterschiedliche Meinungsbilder aufzeigen.

JIT-Konzepte, die besonders in der Automobil-, Hausgeräte- und Elektroindustrie[538] ausgeprägt sind, stellen als produktionssynchrone und sichere Versorgung der Produktion auf bestandsarmen Niveau eine spezielle Form der Beschaffungslogistik dar. Durch die Umsetzung von JIT-Strategien kommt es zu einer verstärkten vertikalen Verbindung von Herstellern und Zulieferern. Diese Neuorientierung im Beschaffungsbereich resultiert im wesentlichen aus differenzierten Kostenwirksamkeitsanalysen aller durch die Beschaffung tangierten Bereiche. Innerhalb der logistischen (Beschaffungs-) Kette lassen sich ein- und mehrstufige Beziehungen zwischen Abnehmern und Lieferanten einzelner Bauteile oder Baugruppen bis hin zu sog. Systemlieferanten, welche z.B. in der Automobilindustrie komplette Aggregate wie Getriebe oder Klimaanlagen an die Produktions- bzw. Montagestätten der Abnehmer anliefern, identifizieren.

Für die erfolgreiche Umsetzung von JIT-Konzepten sind zum Teil tiefgreifende Reorganisationen bei den Partnern[539] der logistischen Kette sowie eine Verbesserung des Informationsaustausches erforderlich, da der Übergang von einer konventionellen (isolierten) auf eine integrierte Arbeitsorganisation zu bewältigen ist. Eine JIT-Beschaffung auf der Basis eines partnerschaftlichen Verhältnisses zwischen Lieferant und Abnehmer beinhaltet nicht nur betriebswirtschaftliche Vorteile für die beteiligten Unternehmen, sondern auch volkswirtschaftliche Wirkungen wie z.B. mehr Beschäftigung oder eine sinnvolle Arbeitsteilung.

---

[538] Zu einer Analyse praktischer Fälle in den genannten Branchen s. z.B. Wildemann, H.: Produktionssynchrone Beschaffung, Handbuch für die Einführung einer Just-In-Time-Belieferung, Universität Passau - Lehrstuhl Fertigungswirtschaft, 1987. In den aufgeführten Branchen gilt die Just-In-Time Belieferung als das effiziente Werkzeug zur Senkung der Kosten. Wildemann stellt die wesentlichen Bausteine einer JIT- Beschaffung vor und erörtert wesentliche Aspekte bzw. Elemente wie Teile- und Lieferantenauswahl, Abrufsystematik mit neuen Kommunikationstechnologien, Aufgabenverteilung zwischen Zulieferant und Abnehmer, Speditionskonzepte, Qualitätssicherung sowie Aspekte der Vertragsgestaltung.

[539] Zu lieferantenbezogenen Kriterien einer JIT-Zulieferung wie Mengen- und Termintreue, Nachfragemacht des Kunden, technischer Beratungs- und Servicequalität s. Wildemann, Horst: Das Just-in-Time Konzept, FAZ-Verlag, Frankfurt/Main, 1988, S. 143. Zu Erfolgsindikatoren für JIT-Implementationen wie z.B. der Kennziffer Lagerumschlag s. Bullinger, Hans-Jörg / Seidel, Uwe A.: Neuorientierung im Produktionsmanagement - Lean Production für die europäische Kraftfahrzeuginsustrie?, FB/IE 41 (1992) 4, S. 150.

JIT-Konzepte führen einerseits tendenziell zu Kostensteigerungen in den Bereichen Transport und Auftragsabwicklung, bewirken andererseits aber auch signifikante Kostensenkungen im Bereich der Bestands- und Lagerkosten. Die Abhängigkeit der Bewertung von JIT vom Standpunkt des Bewertenden bzw. der Abgrenzung der Systeme[540] kommt beispielsweise dadurch zum Ausdruck, daß einzelne Vorteile eines JIT-belieferten Unternehmens u.U. zu negativen Folgen für die Zulieferunternehmen führen.[541] Erkennbaren Einsparungen auf Seiten des Abnehmers stehen auf Seiten des Zulieferers Kosten gegenüber, die nicht immer sofort ersichtlich sind. Dazu zählen zunächst zusätzliche Kosten, weil entsprechende (logistische) Infrastrukturen und vor allem die erforderliche Aufbauorganisation zur Gewährleistung einer erfolgreichen Umsetzung der JIT-Konzeption geschaffen werden müssen, woraus sich ein erhöhter Kapitalbedarf für die Organisation ergibt. Um beim Empfänger einen reibungslosen Durchlauf aufrechtzuerhalten bzw. Warteschlangen zu vermeiden, müssen beim Zulieferer i.a. zusätzliche Kapazitäten errichtet werden.

Aus Sicht des Abnehmers bedeuten kleinere Mengen, daß prinzipiell höhere Preise in Kauf genommen werden müssen.[542] JIT stärkt tendenziell auch die Machtposition der Lieferanten, da die JIT-Organisation den Lieferanten mehr oder weniger stark in das eigene Programm des Abnehmers einbindet. Dadurch wird die „unternehmerische Elastizität", sich fallweise auf andere (preisgünstigere) Lieferanten umzustellen, verringert. Desweiteren können Lieferanten in wirtschaftliche Schwierigkeiten geraten und im Extrem ihre Existenz einbüßen, woraus sich eine nicht unerhebliche Abhängigkeit des Abnehmers ergibt.

JIT-Konzeptionen bergen infolge der zugrundeliegenden Prämissen bzw. Voraussetzungen auch nicht unerhebliche gesamtwirtschaftliche Risikopotentiale. Bei konsequenter Umstellung auf eine JIT-Belieferung ginge in einer Übergangsphase die Nachfrage nach Vorprodukten zurück, zumindest bis alle Lager abgeschmolzen sind.[543] In dieser Phase würde die gesamtwirtschaftliche Produktion gedrosselt. Dadurch kann, wenn auch nur vorübergehend, die Arbeitslosigkeit ansteigen. JIT steigert aber auch die gesamtwirtschaftliche Transportmittelkapazität[544], was über eine sinkende Auslastung eine gesamtwirtschaftliche Kapitalverschwendung

---

[540] Zu den Möglichkeiten von JIT, sowohl zur Kostensenkung als auch zur Verbesserung von Leistungen gegenüber den Kunden beizutragen s. z.B. Zibell, Roland M.: Just-in-Time als Instrument einer marktorientierten Logistik, Technologie & Management, Heft 4, 1991, S. 9 ff.

[541] In diesem Sinn sind auch kritische Kommentare, daß die JIT-Strategie den gesamten Komplex der eingesparten Lagerkosten mit ihrer Problematik auf die vorgelagerten Stufen abwälze, zu verstehen.

[542] Bei konstanten Produktionsstückkosten sind Preiserhöhungen notwendig, weil der Anteil der Logistikkosten je Stück steigt.

[543] Vgl. hierzu die Ausführungen zum Lagerzyklusmodell in Kap. 3.5.4.

[544] Kleinere Abliefermengen im Rahmen einer produktionssynchronen Anlieferung führen cet. par. zu höheren Lieferfrequenzen. Zur Wirkungskette kleinerer Losgrößen s. auch Fieten, R.: Erfolgsstrategien ... , a.a.O., S. 154. Zu einer Aufstellung der Mehrkosten auf der Zulieferseite bei der Herstellung und Lieferung kleinerer Losgrößen s. Schulz, Joachim: Absatzorientierte Logistiksysteme erfordern mehr Informations- und Kommunikationsaustausch zwischen Zulieferer und Einkauf, in: Beschaffung aktuell, 7/84, S. 20; sowie Arnold, Ulli: Just-In-Time in der Waren- und Materialwirtschaft - Wann ist JIT vorteilhaft?, in: Beschaffung aktuell, Heft ?, 1988, S. 58-63.

bedeutet.[545] Beide Effekte sind verbunden mit u.U. erheblicher Unterbeschäftigung dieser Kapazitäten, was zu zusätzlichen Leerkosten führt. Und schließlich sind für den Endverbraucher Kostenerhöhungen über veränderte Beschaffungspreise zu erwarten.

Bei der Bewertung von JIT sind auch externe Effekte zu beachten. Die Verkehrsträger zahlen nur etwa 10 % der Kosten, 90 % belasten die Allgemeinheit.[546] Würden Kosten einzelner Verkehrsmittel nach dem Verursacherprinzip überwälzt, so müßten sich die Transportkosten teilweise vervielfachen. Die Wirtschaftlichkeit der JIT-Konzeption wäre damit vermutlich in Frage gestellt. JIT stellt sehr hohe Anforderngen an Termintreue[547] und Materialqualität der Lieferanten. Werden infolge mangelhafter Lieferungen Qualitätskontrollen erforderlich, so verzögern diese, wie auch verspätete Anlieferungen, den Prozeß und schließen eine totale JIT-Konzeption zuletzt aus. Und nicht zu guter letzt sind bei der Praktizierung und Bewertung von JIT Faktoren wie höhere Gewalt in Form von Naturkatastrophen, Streiks, politischem Risiko (z.B. über ausländische Embargomaßnahmen) sowie Energiekrisen zu bedenken.

---

[545] Zur Vertiefung der Diskussion über Auswirkungen von JIT auf das Verkehrsaufkommen s. z.B. Ihde, Gösta B.: Mehr Verkehr durch Just in time ?, in: Zeitschrift für Verkehrswissenschaft, (62) 1991, Heft 4, S. 192 ff. Zu einem Beispiel entgegengesetzter Auswirkungen vgl. z.B. Kalinowski, Paul: JIT über die Schiene, Logistikzüge sparen Transport- und Lagerkosten, VDI-Nachrichten Nr. 39, 1990, S. 40. Dort werden am Beipiel eines Automobilherstellers die ökologischen Wirkungen einer Verlagerung der Fracht von der Straße auf die Schiene aufgezeigt. Die Deutsche Bundesbahn erreicht mit Ganzzügen einen Kostendeckungsgrad von mehr als 100 %, weil diese geschlossen, d.h. ohne den Anfall von Rangierarbeiten zum Bestimmungsbahnhof durchlaufen können. Der ökologische Gewinn durch Wegfall von täglich ca. hundert Lkw auf langen Autobahn- bzw. Straßenstrecken, weniger Abgase und größere Sicherheit wird sogar auf ein Mehrfaches des wirtschaftlichen Gewinns des Unternehmens veranschlagt. Zur Standortdiskussion im Zusammenhang mit JIT-Konzepten s. Lempa, Simone: Flächenbedarf und Standortwirkung innovativer Technologie und Logistik unter besonderer Berücksichtigung des Logistikkonzeptes Just-In-Time in der Automobilindustrie, Kallmünz/Regensburg, Lassleben, Münchner Studien zur Sozial- und Wirtschaftsgeographie Nr. 36, München, 1990. Zur Auslagerung bestimmter Aufgaben z.B. an Handwerksbetriebe und der Ausdehnung des entsprechenden Einzugsgebiets vgl. Lompe, K. et. al.: Regionale Bedeutung und Perspektiven der Automobilindustrie, Düsseldorf, 1991, S. 308 ff. Zur (regional-) wirtschaftlichen Bedeutung und Analyse der Zulieferindustrien in der Nähe großer Automobilproduzenten am Beispiel Niedersachen s. Günter, H.: a.a.O., S. 8 ff.

[546] Bichler, Klaus: JIT, Stau und Umwelt: Als Alternative das JIT-Lager, in: Beschaffung aktuell, Heft 1, 1992, S. 34-38. Der Autor vertritt die Meinung, daß eine Verteuerung des Lkw-Transportes durch eine Kostenumlage nach dem Verursacherprinzip zu erwarten ist. Aus der Prognose, daß sich die Verkehrssituation auf der Straße weiter drastisch verschlechtern wird, leitet er den Trend ab, daß sich die Einrichtung von JIT-Lägern zukünftig verstärken wird.

[547] Zu einer Steuerung der Termintreue in JIT-Konzepten über entsprechende Entgeltformen s. Grob, Robert: Betriebliche Leistungs-Anreizsysteme für Arbeitsgruppen, in: Corsten, Hans / Will, Thomas (Hrsg.): Lean Production, Stuttgart, Berlin, Köln, W. Kohlhammer, 1993, S. 168 f.

7. Lösungsansätze zur Bewertung logistischer Systeme
7.1 Logistikspezifische Bewertung
7.1.1 Möglichkeiten einer Logistikkostenrechnung

Die Gestaltung eines Kostenrechnungssystems hängt einerseits von den Anforderungen aufgrund der abzubildenden, zu planenden und zu steuernden Prozesse bzw. Systeme sowie der Organisationsform der Unternehmen ab, andererseits richtet sich die Ausgestaltung auch nach den wahrzunehmenden Aufgaben.[548] Aufgabe einer Logistikkostenrechnung i.S. einer inputorientierten Bewertung logistischer Systeme und Prozesse ist die systematische Untersuchung entscheidungsrelevanter Kriterien sowie die Identifizierung der maßgeblichen Einflußgrößen auf die Logistikkosten i.S. einer Kostenfaktorenanalyse. Die Ermittlung von Kostenfunktionen im Rahmen einer Analyse von Kostenstrukturen ist von besonderer Bedeutung für die Entscheidungsvorbereitung.[549] Informationen bzw. Informationsverarbeitungsprozesse leisten einen Beitrag zur Erfüllung logistischer Aufgaben bzw. zur Erbringung logistischer Leistungen. Daher ist der Beeinflußbarkeit und Abhängigkeit verschiedener Kostenelemente[550] vom Faktor Information sowie der Identifizierung weiterer wesentlicher Einflußparameter besondere Aufmerksamkeit zu widmen.

Logistikkosten sind aufgrund der bestehenden Interdependenzen der zu berücksichtigenden Teilbereiche bzw. Funktionen nur schwer faßbar.[551] Ein wesentliches Problem einer Logistikkostenrechnung besteht darin, daß Größen wie Gewinn oder Deckungsbeitrag[552] als Kriterien zur Bewertung logistischer Systeme nicht zur Verfügung stehen. Hauptursachen für die Schwierigkeiten einer Gestaltung der Logistikkostenrechnung sind vor allem die fehlende Zurechenbarkeit von Input- zu Outputfaktoren sowie die Schwierigkeiten bei der Abgrenzung von Kosten- und Leistungsgrößen.[553] Im Folgenden werden verschiedene Ansätze zur Differenzierung von Logistikkosten kurz skizziert, um dem Leser Hilfsmittel bei der Lösung konkreter Bewertungsprobleme zur Verfügung zu stellen. Auf eine ausführliche Diskussion der

---

[548] Männel, Wolfgang: Moderne Konzepte für Kostenrechnung, Controlling und Kostenmanagement, in: Kostenrechnungspraxis, Heft 2, 1993, S. 69.

[549] Eine überschlägige Ermittlung von Logistikkosten ermöglicht erste Potentialabschätzungen. Vgl. hierzu Lenz, Ulrich / Demuth, Peter: Controlling - Entscheidungsgrundlagen für Selbsterstellung oder Fremdbezug von Logistikleistungen, in: controller magazin, 2/91, S. 92.

[550] Zu einer knappen Darstellung von Kostenabhängigkeiten der drei Kategorien Lagerhaltungs-, Transport- und Bestandskosten. s. z.B. Klohr, Volker: Optimierung der europäischen Distributionslogistik, in: Logistik im Unternehmen, Juni 1990, S. 101.

[551] Brauer / Krieger: a.a.O., S. 32.

[552] Ebenda, S. 75.

[553] Zu den gravierendsten Mängeln traditioneller Kostenrechnung für logistische Zwecke zählen nach Weber, Jürgen: Logistik-Controlling: a.a.O., S. 30, die mangelnde Abgrenzung von Logistikkosten, eine zu geringe Differenzierung von Kostenarten sowie eine zu pauschale Weiterverrechnung innerhalb der Kostenstellen bzw. auf Produkte, Absatzgebiete oder andere geeignete logistische Bezugsobjekte.

Probleme einer Logistikkostenrechnung sowie auf eine vollständige Systematisierung von Logistikkostenarten wird hier verzichtet.

Den grundsätzlichen Aufbau einer Logistikkostenrechnung hat **Weber**[554] ausführlich aufgezeigt. Er unterscheidet zwei elementare Kostenkategorien, logistische Leistungskosten und logistische Bereitschaftskosten.[555]

- logistische **Leistungskosten**

Logistische Leistungskosten sind Kosten, die unmittelbar von der logistischen Leistungserstellung ausgelöst werden. Beispiele für logistische Leistungskosten sind Kosten für Versandverpackungen oder Treibstoffkosten, welche erst dann anfallen, wenn Waren angeliefert bzw. transportiert werden sollen. Über die Differenzierung logistischer Leistungskosten durch Unterscheidung von Inputfaktoren hinaus ist eine Systematisierung nach den logistischen Grundfunktionen bzw. jeweiligen Haupteinflußgrößen möglich. So können z.B. Transportkosten in transportentfernungs- oder dauerabhängige bzw. volumen- und gewichtsabhängige Kosten untergliedert werden.

- logistische **Bereitschaftskosten**

Logistische Bereitschaftskosten beinhalten Kosten, die für das Bereitstellen und das Bereithalten von Kapazitäten, die für die Erbringung logistischer Leistungen bzw. Prozesse notwendig sind, anfallen. Typische Beispiele hierfür sind Transportmittelkosten, Personalkosten oder Kosten von Lagergebäuden und -einrichtungen.[556] Eine weitere Untergliederung logistischer Bereitschaftskosten ist möglich mit Hilfe von Kriterien wie zeitliche Disponierbarkeit (zur Unterscheidung von z.B. Monats-, Quartals-, Jahreseinzelkosten) oder Leistungsabhängigkeit (zur Differenzierung sprungfixer und absolut fixer Bereitschaftskosten).[557]

Diruf[558] nennt folgende, den logistischen Teilfunktionen entsprechende, Kostengliederung des Distributionssystems:[559]

---

[554] Vgl. hierzu Weber, Jürgen: Logistikkostenrechnung, Probleme und Ansätze einer Logistikkostenrechnung, Stand und neuere Konzeptionen, Berlin: Springer, 1987.

[555] Weber, J.: Logistik-Controlling ... , a.a.O., S. 112 ff.

[556] Zu Abhängigkeiten der Fördermittelkosten von Parametern wie Fördermenge, -intensität sowie Standardisierungs- oder Organisationsgrad der Fertigung s. z.B. Rupper, Peter / Scheuchzer, Roland H. (Hrsg.): Lager- und Transport-Logistik - Planung, Steuerung und Kontrolle von Lager- und Transportvorgängen, Zürich: Industrielle Organisation, 1988, S. 97.

[557] Vgl. Weber, J.:, Logistikkostenrechnung ... , a.a.O., S. 162 ff.

[558] Diruf, G.: a.a.O., S. 1.

[559] Der Begriff Distributionssystem steht dort synonym für ein logistisches System.

- Kosten der Auftragsabwicklung (Personal-, Kommunikations-, Informations- und Computerkosten)
- Transportkosten (unterschieden nach Primärtransporten zwischen Werk und Lager sowie Sekundärtransport vom Lager zum Kunden)
- Lagerkosten (Lagerbestandskosten, Lagerumschlagskosten, Warenumschlagskosten)
- Verpackungskosten.

Pfohl/Zöllner[560] teilen das System Logistik ebenfalls in vier wesentliche Teilbereiche auf und bilden entsprechende Logistikkostenkategorien. Diese Teilbereiche sind:

- Transport
- Bestandsmanagement
- Lagerhaus
- Auftragsabwicklung.

Bestandsmanagementkosten setzen sich aus den Bestandteilen Lagerbestandskosten und Dispositionskosten zusammen. Die Lagerbestandskosten umfassen Zinsen für das in den Beständen gebundene Kapital, Steuern und Versicherungen sowie Bestandsrisikokosten (z.B. durch Verderb, Schwund oder Beschädigung). Die Dispositionskosten beinhalten Kosten für Dispositionssysteme und Gehälter für Personal in der Dispositionsabteilung.[561]

Im logistischen Subsystem Lagerhaus lassen sich zwei Arten von Prozessen unterscheiden. Zum einen Zeitüberbrückungsprozesse, bei dem das Lagergut nicht bewegt wird, und zum anderen mit der Lagerung verbundene Bewegungsprozesse wie Wareneingang, Warenausgang, Einlagerungen, Auslagerungen und Kommissionierung. Die Bereiche Wareneingang und -ausgang können auch dem logistischen Grundprozeß des Umschlagens zugerechnet werden, die damit verbundenen Kosten stellen somit weniger Lager- als Umschlags- bzw. Handlingkosten dar. Die Tab. 28 vermittelt einen Überblick über wesentliche logistische Kostenkategorien.

7.1.2   Kennzahlen zur Bewertung logistischer Systeme
7.1.2.1   Aufgaben von Kennzahlen

Die Beschreibung und Bewertung von Objekten kann auch erfolgen mit Hilfe von Kennzahlen, welche sich durch drei Merkmale charakterisieren lassen.[562] Kennzahlen sind Maßgrö-

---

[560] Pfohl / Zöllner: a.a.O., S. 323.

[561] In den Auflistungen bei Diruf und Pfohl / Zöllner fällt auf, daß Kosten der Informationsverarbeitung dort nicht explizit genannt sind. Diese sind entweder in den Personal-, Anlagen- bzw. Computer- oder den Verwaltungskosten (z.B. Kosten für Dispositionssysteme bzw. Dispositionsabteilung) enthalten. Die Kosten der dispositiven Faktoren der Logistik wie Planungskosten oder anteilige Verwaltungskosten stellen Bewertungen des Inputfaktors Information dar.

[562] Geiß, W.: a.a.O., S. 42.

Logistische Kostenkategorie	Kostenbestandteile
Lagerung	• Abschreibung für Gebäude-, Regal-, Heizungs-, Lüftungs-, Beleuchtungs, Brandschutzeinrichtungen • Kapitalzinsen auf Anlagen und Gebäude • Instandhaltungskosten • Energiekosten • Steuern, Versicherungen, Gebühren
Bestandskosten	• Kapitalzinsen auf Vorräte • Versicherung und Steuern • Kosten für Verderb, Schwund
Transport	• Abschreibung, Verzinsung, Instandhaltung der Transport-/Förder-/Ladehilfsmittel etc.
Handling/Umschlag	Personalkosten für • Ein-, Aus-, Umlagerungen • Bedienung von Anlagen/Maschinen • Aufbereitung für Lager-/Transportzwecke (z.b. Kommisionieren, Umpacken, Kennzeichnen, Wiegen, Zählen, Verpakken)
Informationsverarbeitung	• Hardwarekosten • Softwarekosten • Wartungs-/Systemanpassungs-/Pflegekosten • Versicherungen für Systemausfall • Schulungs-/Ausbildungskosten
Verwaltung	• alle (anteiligen) Kosten zur Erfassung und Überwachung der Logistikfunktionen (Informationsverarbeitung i.w.S.)

Tab. 28: Grundsätzliche Kostenkategorien in der Logistikkostenrechnung (Quelle: Eigene Darstellung in Anlehnung an Weber, J.: Logistikkostenrechnung, a.a.O., S. 46 ff., sowie Kern, Aeisso: a.a.O., S. 161).

ßen, dienen zur Verdichtung von Informationen und haben einen engen Bezug zur Entscheidung. Kennzahlen informieren in konzentrierter Form über betriebs- bzw. volkswirtschaftlich relevante, zahlenmäßig erfaßbare Tatbestände und Entwicklungen und haben die Aufgabe, Strukturen und Prozesse möglichst adäquat zu beschreiben. Sie machen den (betrieblichen) Leistungsprozeß in kostenwirtschaftlicher Hinsicht transparent und eignen sich auch als Planungs-, Steuerungs- und Kontrollinstrumente, sofern sich die Kennzahlenbildung am Zielsystem (des Unternehmens) orientiert. Durch ausgewählte Verhältniskennzahlen und Zeitreihenbetrachtungen lassen sich Input-Output-Relationen sowie deren Veränderungen darstellen. Kennzahlen schaffen die Voraussetzungen zur Beurteilung von Anlagen und Prozessen oder für betriebswirtschaftliche Quervergleiche, als Indikatoren fördern und unterstützen sie die Problemerkennung.

Logistikkennzahlen beschreiben in erster Linie logistische Prozesse bzw. Strukturen und ermöglichen somit eine retrospektive Analyse des betrieblichen Geschehens. Ihre Informationsaufgaben erfüllen Logistikkennzahlen vor allem durch Kennzahlenvergleiche, die sich sowohl auf Gesamt- als auch auf Teilsysteme und -prozesse beziehen können, und somit inner-, zwischen- und überbetriebliche Vergleiche erlauben. Die Popularität von Kennzahlen[563] ist in der vordergründig einfachen Anwendung zu sehen. Es sind allerdings Zweifel angebracht, ob bei der Interpretation von Kennzahlen die Probleme der Informationsverdichtung (und damit möglicherweise auch einer Informationsverfälschung) oder der Reduktion komplexer Sachverhalte auf eine Variable bzw. Kennzahl stets ausreichend berücksichtigt werden.

7.1.2.2 Arten von Kennzahlen

Generell sind input-, prozeß- und outputbezogene Kennzahlen bzw. deren Kombinationen denkbar. Nach ihrer statistischen Form lassen sich absolute und Verhältniszahlen (Index-, Beziehungs- und Gliederungszahlen) unterscheiden. In einer sachlogischen Typologie unterscheidet **Geiß**[564] folgende Indikatoren:

- Zielindikatoren (präskriptiv und final)
- Verhaltens- und Entwicklungsindikatoren (prognostisch, retrospektiv, schlußfolgernd)
- Merkmals- und beschreibende Indikatoren.

Die Tab. 29 zeigt im Überblick einige wichtige Kriterien zur Klassifizierung von Kennzahlen.

7.1.2.3 Kennzahlenbildung

Für den Bereich der Logistik existiert eine kaum überschaubare Anzahl logistischer Einzelkennzahlen, die vielfach beziehungslos nebeneinander stehen.[565] Dies entspricht der früher

---

[563] Die Anwendung von Kennzahlen für inner- und zwischenbetriebliche Vergleiche sowie zur eigenen Positionsbestimmung ist in der Wirtschaftspraxis weit verbreitet und wird unter dem Begriff Bench-marking derzeit stark diskutiert. Zu einer Übersicht über den Anwendungsstand logistischer Kennzahlen s. die Ergebnisse einer bundesweiten Befragung von rund 900 Unternehmen bei Laverentz, Klaus / Geiger, Thomas F.: Logistik-Controlling im Brennpunkt, in: Distribution 11-12/1993, S. 22 ff.

[564] Geiß, W.: a.a.O., S. 217 ff. Geiß ergänzt die Darstellung um eine praxeologische Gliederung von Kennzahlen mit Hilfe des Kriteriums Grad der Beeinflußbarkeit und differenziert dementsprechend direkt, indirekt und nicht manipulierbare Kennzahlen.

[565] Pfohl, / Zöllner: a.a.O., S. 323.

Merkmale	Ausprägungen
Informationsbasis	• Rechnungswesen • Voranwendungen
statistische Form	• absolute Zahlen • Verhältniszahlen
Inhalt	• monetäre Größen • nicht-monetäre Größen
Kennzahlenbenutzer	• interne Empfänger • externe Empfänger
Bezugsobjekt	• gesamt- oder teilbetrieblich • einzel- oder gesamtwirtschaftlich
Modus	• normativ • deskriptiv
Zeitbezug	• kurzfristig • mittelfristig • langfristig

Tab. 29: Klassifikationsübersicht von Einzelkennzahlen (Quelle: Eigene Darstellung in Anlehnung an Geiß, W.: a.a.O., S. 21)

dominierenden isolierten Betrachtung von Logistikprozessen. Heute ist jedoch eine integrierte Sichtweise der Logistikprozesse gefordert, die sich in einer entsprechenden Konzeption[566] zur Effizienzmessung der Logistik niederschlagen muß. Ein hierarchisch aufgebautes Konzept zur Effizienzmessung der Logistik muß das System Logistik als Ganzes sowie dessen Subsysteme Transport, Lagerhaltung, Lagerhaus und Auftragsabwicklung umfassen. Darüber hinaus sollte die Effizienz der logistischen Informationsverarbeitung sowie der Gestaltung der Schnittstellen zu anderen betrieblichen Aufgabenbereichen meßbar sein.

Den Kosten (als Input) von Systemen steht auf der Leistungsseite (als Output) die Bereitstellung von Gütern bzw. die Erbringung von (logistischen) Leistungen zu bestimmten Bedingungen[567] gegenüber. So können Lagerkosten mit Lagerleistungskennzahlen wie Kapazitäten (Anzahl der Lagerplätze), Lagerbewegungen und Auslastungsgrade verknüpft werden. Durch die Kombination von den Input und Output logistischer Systeme beschreibenden Kennzahlen lassen sich z.B. Kostenverrechnungssätze wie durchschnittliche Lagerbewegungskosten und durchschnittliche Lagerplatzkosten bilden. Von einer detaillierten Darstellung sämtlicher

---

[566] Nach Geiß, W.: a.a.O., S. 98, beinhaltet der Oberbegriff Kennzahlen-Konzeption Begriffe wie Kennzahlen-Systeme, Kennzahlen-Systematik oder Kennzahlen-Kombinationen.

[567] In der richtigen Qualität und Quantität, zur richtigen Zeit am richtigen Ort.

qualitativer und quantitativer Input- und Output- bzw. Kosten- und Leistungsgrößen[568] logistischer (Sub-) Systeme wird hier Abstand genommen.

Grundlage für den Aufbau eines logistischen Kennzahlensystems bildet eine entsprechend ausgerichtete Logistikkostenrechnung. Beim Aufbau eines Kennzahlensystems für logistische (Gesamt-) Systeme sind Interdependenzen zwischen Teilbereichen sowie sachlogische Zusammenhänge zwischen Input und Output bei der rechentechnischen Verknüpfung von Einzelgrößen zu berücksichtigen.

Zur Bildung von Verhältniszahlen sind grundsätzlich Mengen- oder Wertschlüssel als Bezugsgrößen geeignet. Die Tab. 30 zeigt, ausgehend von einer systemorientierten Betrachtungsweise, elementare Kategorien von Bezugsgrößen und beispielhafte logistische Ausprägungen, die zur Bildung von Kennzahlen und somit zur Bewertung geeignet sind.

Weber[569] unterscheidet zwei Intentionen der Generierungsrichtungen logistischer Kennzahlen. Kennzahlen dienen danach einerseits als Instrumente zur Messung der Erfüllung strategischer Anforderungen an den Materialfluß, daraus abgeleiteter Ziele und gesetzter Planungsprämissen. So führen beispielsweise Zielsetzungen wie Erreichung zusätzlicher Marktchancen oder das Halten von Marktforderungen zur Definition von Sollwerten wie einem Servicegrad von 99 % oder Einhaltung einer 24-Stunden-Lieferfrist. Andererseits sind Kennzahlen Instrumente zur effektiven Gestaltung der materialflußbezogenen Leistungserstellung und beziehen sich auf Prozesse und Strukturen. Die Abbildung kritischer Leistungsengpässe führt zu Kennzahlen wie Verfügbarkeit technischer Teilsysteme, die Abbildung kritischer Effizienzfaktoren[570] zu Kenn- bzw. Bewertungrößen wie abgewickelte Aufträge oder Kommissionierpositionen pro Zeiteinheit.

---

[568] Zu den wichtigsten logistischen Leistungskriterien zählen Pünktlichkeit, Schnelligkeit, Zuverlässigkeit, Termintreue, Lieferbereitschaft, Schadenshäufigkeit. Neben Kriterien wie Qualität und Funktionsfähigkeit sind die logistischen Kriterien Lieferfähigkeit und Service ausschlaggebend für die Marktposition von Produkten. Vgl. hierzu Schmaus, T.: Strategische Maßnahmen zur Sicherung der Wettbewerbsfähigkeit, in: Zeitschrift für Logistik. 5/94, S. 16.

[569] Weber, J.: Logistik-Kennzahlen, Ein strategischer Ansatz, in: o.V.: Logistik - Lösungen für die Praxis, Berichtsband zum 11. Deutschen Logistik-Kongreß, (Hrsg: BVL), Huss-Verlag, München 1994, S. 69. Weber stellt fest, daß Kennzahlenkonzepte sowohl in der Unternehmenspraxis als in der betriebswirtschaftlichen Theorie zumeist einem Grundmuster folgen, welches er als informatikgeprägten Ansatz zur Bildung logistischer Kennzahlen bezeichnet. Ausgehend von der Prozeßebene werden Informationen über verschiedene Führungsebenen bis zur obersten Führungsebene (Topmanagement) verdichtet, wobei verschiedene Prozeßarten anhand von Prozeßmerkmalen beschrieben werden können. Vgl. in diesem Zusammenhang die Ausführungen zur Informationsverdichtung in Kap. 2.2.3.

[570] Zur Definition kritischer Erfolgsfaktoren s. z.B. Heinrich, Lutz J. / Burgholzer, Peter: Informationsmanagement - Planung, Überwachung und Steuerung der Informations-Infrastruktur, S. 235. Zum idealtypischen Ablauf einer Analyse kritischer Erfolgsfaktoren s. Firchau, Volker: Wert und maximaler Wert von Informationen für statistische Entscheidungsprobleme, Königstein/Ts.: Athenäum/Hain/ Scriptor/Hanstein, 1980, S. 70.

Bezugsgrößen-Kategorie	Exemplarische Bezugsgröße	typische logistische Ausprägung
Mengen	• Zählgrößen • Zeitgrößen • Raumgrößen • Gewichtsgrößen • sonstige physikalische Maße	• Anzahl Lieferscheine • Arbeitstag • Ladevolumen • Palettengewicht • Lagertemperatur
Werte	• Bestandsgrößen (zeitpunktbezogene Betrachtung) • Stromgrößen (zeitraumbezogene Betrachtung)	• Tageswert des Materialbestandes • Umsatz pro Monat
zeitlich	• Umschlagsoperationen pro Zeiteinheit	• bewegte Paletten pro Stunde • be-, entladene Lkw pro Tag • Picks pro Stunde
sachlich	• Zuordnung zu logistischem Teilprozeß	• Kosten je Einlagerung • Kosten je Pick
örtlich-organisatorisch	• Lagerbereich, • Umschlagszone • Versand • Wareneingang	Anzahl der Mitarbeiter in • Lager • Versand • Kommissionierung • Transport

Tab. 30: Bezugsgrößenkategorien bzw. Schlüsselgrößen zur Bildung logistischer Kennzahlen (Quelle: Eigene Darstellung in Anlehnung an Dellmann, Klaus: Kosten- und Leistungsrechnungen, in: Vahlens Kompendium der Betriebswirtschaftslehre, Verlag Franz Vahlen, München, 1990, Band 2, S. 324).

Im Gegensatz zu Fertigungs- und Montageprozessen bietet die Logistik in vielen Unternehmen immer noch ein teilweise unerschlossenes Rationalisierungspotential.[571] Gewinn, Umsatz oder Rendite sind wichtige Kennzahlen zur Beurteilung der Wirtschaftsleistung, sie reichen jedoch nicht aus, um die Entwicklungsmöglichkeiten eines Unternehmens gesamtheitlich

---

[571] Brockmann, Karl-Heinz / Anagnostou, Evangelos: Logistische Kennzahlen für den zwischenbetrieblichen Vergleich, Rationalisierungspotentiale in der Logistik erkennen, in: Logistik im Unternehmen, Heft 10, 1993, S. 94.

zu erfassen.[572] Das bedeutet, daß neben Kriterien wie Lieferservice[573] oder Transportkosten auch nichtfinanzielle (logistische) Maßstäbe wie Produktqualität oder Kundenbindung in umfassende Systeme zur Leistungsbewertung aufgenommen werden müssen, da sie zusätzliche Informationen für ganzheitliche Bewertungsprozesse liefern können.

7.1.2.4 Übersicht Logistikkennzahlen

Bei der Nennung von logistischen Kennzahlen handelt sich es sich nicht selten um mehr oder weniger unsystematische Sammlungen von Kennzahlen, wobei absolute und relative Größen, Kosten- und Leistungsgrößen sowie Kapazitäts- und Auslastungskennzahlen vielfach vermischt werden. Im Rahmen dieser Arbeit soll nicht der Versuch unternommen werden, eine Kennzahlensystematik für den Bereich Logistik aufzubauen.[574] An dieser Stelle soll zunächst der Hinweis auf die notwendige Systematisierung sowie eine Übersicht über wichtige logistische Kennzahlen genügen (vgl. Tab. 31).

Kennzahlensysteme für die Teilbereiche Beschaffung, Materialfluß, Transport, Lager, Kommissionierung, Produktion sowie Distribution lassen sich als „Detektoren"[575] für ungenutzte Potentiale und teilweise erhebliche Effizienzsteigerungen im Logistikbereich nutzen. Zur Aufdeckung von Schwachstellen und Rationalisierungspotentialen ist zusätzlich zur Verwendung von Kennzahlen deren Gegenüberstellung mit geeigneten Richtwerten im Rahmen eines zwischenbetrieblichen Vergleichs hilfreich.

Die Lieferbereitschaft ist die zentrale logistische Kennzahl auf der Leistungsseite. Indikatoren zur Messung der Dispositionsgüte sind neben der Umschlagshäufigkeit die Kennzahlen Gesamtzahl bevorrateter (gelagerter) Artikel sowie der mengen- und wertmäßige Anteil von La-

---

[572] Eccles, Robert C.: Wider das Primat der Zahlen - die neuen Steuergrößen, in: Harvard Manager, Heft 4, 1991, S. 14.

[573] Zur Problematik der Definition des Lieferservice sowie zu Quantifizierungsansätzen s. die Ausführungen in Kap. 7.1.3.

[574] Eine umfassende Konzeption, die alle Teilbereiche und Interdependenzen zwischen diesen vollständig abbildet, fehlt bisher. Vgl. hierzu die Untersuchung von Küpper, Hans-Ulrich / Hoffmann, H.: Ansätze und Entwicklungstendenzen des Logistik-Controlling in Unternehmen der Bundesrepublik Deutschland, Ergebnisse einer empirischen Erhebung, in: Die Betriebswirtschaft, 48. Jg. (1988) Nr. 5, S. 587 ff. Küpper / Hoffmann weisen besonders auf die Unvollständigkeit des Logistikkennzahlen-Instrumentariums hin. Diese Erkenntnis ist aufgrund der Neuartigkeit des logistischen Denkansatzes (ganzheitliche Betrachtung) auch nicht verwunderlich.

[575] Schulte, Christof: Logistik-Controlling, in: Controlling, Heft 5, 1992, S. 244-253. Die DV-technische Realisierung solcher „Detektoren" in Form von (Logistik-) Controlling-Systemen stellt heutzutage keine allzu große Schwierigkeit dar, dies gilt sowohl für PC- wie auch für Großrechnerlösungen. Am Markt sind Softwarepakete erhältlich, die es auch ohne große Programmiererfahrung erlauben, ein solches System in kurzer Zeit zu realisieren. Problematischer ist sicherlich die Definition und Ermittlung von unternehmensspezifischen Kennzahlen. Vgl. hierzu auch Hans-Ulrich: Controlling im Materialmanagement - Geeignete Führungsinstrumente einsetzen, in: Beschaffung aktuell, S. 32 ff.

Kennzahlen beziehen sich auf	Beispiele
Einkauf	Einkaufsvolumen, Preisindizes, Preis-/Kostenveränderung pro Jahresbedarf, Kosten pro Bestellvorgang, Anteil der Beschaffungkosten am Einstandspreis, Anteil Qualitätsbeanstandungen, Anteil nicht eingehaltener Liefertermine, Anteil Fehllieferungen
Bevorratung	Höchst-, Mindest-, Sicherheitsbestände, Verbrauchsentwicklung, Umschlagshäufigkeit, Reichweite, Lieferbereitschaftsgrad (Servicegrad), Lagerbestand zu Umsatz, Vorratsstruktur, Anteil Schrott / Schwund / Verderb am Gesamtbestandswert, Anteil Lagerhaltungskosten am Materialverbrauchswert, Lagerhaltungskostensatz
Transport	Zahl der transportierten Ladeeinheiten (möglichst artspezifisch), transportierte Tonnage bzw. Volumen, Zahl der eingesetzten Transportfahrzeuge, geleistete Betriebsstundenzahl sowie km-Leistung von Motorfahrzeugen, Transportschäden, geleistete Personalstunden, Frachtkosten, Frachtraumkapazitäten
Distribution	Lieferbereitschaft, Termintreue
Technische Logistiksysteme[576]	Förderkosten, Förderkapazität, Fördermengen, Fördermittelnutzungsgrade, Verfügbarkeit, Ausfallsicherheit, Auslastungsgrad
Fertigung bzw. Produktion	Fertigungstiefe, Ausbringungsmenge, Durchlaufzeiten, Ausschußquoten
Lager	Bestände, Lagerreichweite, Lagerplatzkosten, Kapazität, Lagerraumnutzungsgrade, Lagerbelegungsgrad
Versand	Umschlagskosten, Be- und Entladekapazitäten

Tab. 31: Übersicht logistischer Kennzahlen (Quelle: Eigene Zusammenstellung)

[576] Zu Leistungs- und Kostengrößen wichtiger Fördermittel s. z.B. Jünemann, R.: Materialfluß ... , a.a.O., S. 276 f.; zu einer exemplarischen Vergleichskostenrechnung aus dem Pharmabereich (mit der Kennzahl Kosten pro Pick für alternative Kommissioniersysteme) s. z.B. Klimmek, Klaus: Kommissionierautomation - Rentabilitätsrechnung vor Prestigeobjekt, in: Logistik heute 10/93, S. 24.

denhütern und gängigen Artikeln.[577] Auch für den Bereich der Auftragsabwicklung lassen sich qualitative und quantitative Leistungskennzahlen unterscheiden.[578] Eine weitere wichtige Kennzahl zur Bewertung logistischer Systeme ist das durch die Logistik gebundene Kapital, wobei zweckmäßigerweise zwischen Anlagevermögen (Lagergebäude, Einrichtungen, Fuhrpark etc.) und Umlaufvermögen[579] (z.b. mit Durchschnittspreisen bewertete Bestände) unterschieden wird.

Eine Systematisierung logistischer Kennzahlen ist grundsätzlich nach zwei Dimensionen möglich. Nach der Phase im Güterfluß lassen sich Kennzahlen für die Bereiche Beschaffung, Produktion, Distribution und Recycling bilden. Mit Hilfe der Dimension logistische Aufgabe bzw. Subsystem entstehen Kennzahlen, die sich auf Bereiche wie Transport, Lagerung, Umschlag, Handling, Kommissionierung, Versand etc. beziehen. Je nach Zielsetzung der Kennzahlenbildung lassen sich Struktur-, Produktivitäts-, Wirtschaftlichkeits- oder Qualitätskennzahlen bilden.[580] Die Tab. 32 zeigt, diesem Strukturierungsansatz folgend, wichtige Kennzahlenarten für logistische Teilsysteme und exemplarische Kenngrößen.[581]

7.1.2.5 Problematik der Kennzahlenanwendung

Im Folgenden sollen über die bereits angestellten Überlegungen hinaus grundsätzliche Problembereiche der Kennzahlenanwendung aufgezeigt werden. Kennzahlen sind aus mehreren Gründen mit einer gewissen Vorsicht zu betrachten. Neben grundsätzlichen methodischen Aspekten sind eine unbekannte Datenbasis, der Geltungsbereich sowie

---

[577] In der Praxis werden mit Hilfe der logistischen Kriterien Umschlagshäufigkeit und -menge zwei Klassen von Produkten unterschieden, die umgangssprachlich als sog. „Schnell- und Langsamdreher" bzw. „Renner und Penner" bezeichnet werden.

[578] Pfohl / Zöllner: a.a.O., S. 332 f., bezeichnen die Auftragsabwicklungszeit als qualitative Kennzahl. Da Zeiten meßbar sind, stellen sie nach Ansicht des Verfassers generell quantitative bzw. quantifizierbare Kriterien dar. Auf die mitunter auftretenden Schwierigkeiten einer eindeutigen Zuordnung von Kriterien zur Gruppe qualitativer respektive quantitativer Merkmale wurde bereits hingewiesen.

[579] Es sei an dieser Stelle dahingestellt, eine Kennzahl, wie z.B. das in Beständen gebundene Kapital als typische logistische Kennzahl zu bezeichnen ist oder einem anderen betrieblichen, hier dem finanzwirtschaftlichen, Bereich zuzuordnen ist.

[580] Horváth unterscheidet innerhalb der Kosten- und Leistungsrechnung im Bereich der Informationsverarbeitung die Kennzahlentypen Leistungs-, Struktur-, Kosten- und Nutzenkennzahlen und betont ebenfalls die Schwierigkeiten, die im wesentlichen darin bestehen, aus der Vielzahl möglicher die geeigneten Kennzahlen auszuwählen. Vgl. Horváth, Peter: Effektives Informationscontrolling - Acht Elemente eines Gesamtkonzepts, in: Office Management, 1-2/1991, S. 15.

[581] Zu einem Überblick über logistische Leistungsindikatoren sowie einer Zuordnung zu verschiedenen Adressatengruppen innerhalb der Geschäftsleitungshierarchie s. z.B. NEVEM working group (Hrsg.): Performance indicators in logistics - Approach and coherence, Berlin, Springer, 1989, S. 55 ff. Zu Wirtschaftlichkeitskennzahlen der Distributionslogistik s. Filz, Bernd et al.: Kennzahlensystem für die Distribution - Modell für kleine und mittlere Unternehmen, Köln: TÜV Rheinland, 1989, S. 65, zu Kostenkennzahlen der Distributionslogistik, ebenda, S. 52. Zu Leistungskennzahlen für die Beschaffungslogistik s. Bartels, Wilfried: Kennzahlen für die Beschaffungslogistik, in: Beschaffung aktuell, Heft 8, 1991, S. 32.

Teilsystem	Art der Kennzahl	Beispiel
Beschaffung	• Strukturkennzahl • Produktivitätskennzahl	• Bestellstruktur (Positionen pro Bestellung) • Wareneingänge pro Zeiteinheit
Lager	• Qualitätskennzahl • Produktivitätskennzahl • Wirtschaftlichkeitskennzahl	• Auslagerungen pro Zeiteinheit • Einlagerungen pro Stunde • Paletten pro Tag • Kosten je Lagerplatz
Kommissionierung	• Produktivitätskennzahl • Qualitätskennzahl	• Picks pro Mitarbeiter • Fehlerquote
Distribution	• Qualitätskennzahl • Wirtschaftlichkeitskennzahl	• Lieferbereitschaftsgrad • Distributionskosten pro Auftrag

Tab. 32: Kennzahlenarten und Beispiele für logistische Teilsysteme (Quelle: Eigene Darstellung)

verwendete Erhebungsverfahren mögliche Ursachen für Probleme hinsichtlich Interpretation und Gültigkeit solcher Kennzahlen. Sofern es sich um empirisch ermittelte Kennzahlen handelt, ist zu überprüfen, ob die zugrundeliegende Datenbasis bzw. Stichprobe als repräsentativ zu betrachten ist.

Konzeptionelle Mängel der Kennzahlenanwendung bestehen in der Schwierigkeit einer genauen Abgrenzung und Beschreibung komplexer Untersuchungsobjekte wie logistische Systeme sie i.a. darstellen. Die zweckadäquate[582] Definition von Maßgrößen insbesondere für komplexe Größen wie z.B. Lieferservice oder Qualität von Logistiksystemen ist nicht ohne weiteres möglich. Darüber hinaus gibt es meßtheoretisch begründete Einwände. Die Annahme, die zur Abbildung von Objekten benutzten Maßgrößen seien eindeutig, zuverlässig und adäquat, ist unzulässig oder zumindest in einigen Fällen zweifelhaft. Werden Kennzahlen zur Kontrolle und Steuerung verwendet, so sind eindeutige Regeln für die Interpretation positiver und negativer Abweichungen von Sollwerten erforderlich. Nicht selten werden Toleranzbereiche bei Abweichungen mehr oder weniger willkürlich gewählt. Die Problematik der Anwendung von Kennzahlen besteht vor allem auch darin, daß Kennzahlen nur quantifizierbare, empirisch beobachtbare und meßbare Sachverhalte, für deren Darstellung numerische Werte unumgänglich sind, abbilden können. Die Beurteilung der Wirtschaftlichkeit oder der Leistungserstellung von Systemen kann jedoch nicht völlig abgekoppelt von der qualitativen Be-

---

582 Zur Abhängigkeit der Auswahl geeigneter Meßeinheiten vom Meßziel s. Knorr, Peter: Meßwerte der Informationsnachfrage in komplexen Beurteilungsprozessen, Kiel: Vauk, 1986, S. 32 ff.

wertung von Leistungen erfolgen. Und schließlich sind anwendungsbezogene Mängel zu nennen. Bei der Interpretation von Maßgrößen bzw. Kennzahlen kann u.U. nicht zwischen Beschreibungs- bzw. Erklärungsabsicht[583] unterschieden werden und eine problemadäquate Interpretation i.s. einer Berücksichtigung von Kausalzusammenhängen bleibt mehr oder weniger zufallsabhängig.

Das generelle Problem der Interpretation und des Vergleichs von Kennzahlen soll am Beispiel der Kenngröße prozentualer Anteil von Logistikkosten am Umsatz, welche zum Vergleich von Unternehmen oft herangezogen wird, verdeutlicht werden. Die Kennzahl Logistikkosten je Umsatzeinheit ist eine globale Kenngröße für die Belastung des Produktionserlöses mit Logistikkosten, der bewertete Input in Logistiksysteme (Logistikkosten) wird in Relation zum Output der Systeme (Umsatz) gesetzt. Es ist allerdings fraglich, ob diese Meßzahl ein geeigneter Maßstab für die Wirtschaftlichkeit logistischer Systeme oder Prozesse ist.

Wenn auch in einer ersten Detaillierungsstufe die betrachteten Unternehmen nach Wirtschaftszweig bzw. -branche differenziert werden, sind derartige Vergleiche von Unternehmen fragwürdig. Einerseits ist der Umfang der Logistik sehr unterschiedlich und andererseits sind die in den Logistikkosten enthaltenen Kostenbestandteile sehr heterogen. Die Aussagefähigkeit derartiger Kennziffern ist auch deshalb begrenzt, da aus der relativen oder auch absoluten Größe der Logistikkosten kein Rückschluß auf die Wirtschaftlichkeit oder Effektivität des Logistiksystems möglich und zulässig ist.[584] Werden bei diesen Vergleichen auch Unternehmen unterschiedlicher Größe mit zum Teil unterschiedlicher Struktur aus verschiedenen Ländern betrachtet, so sind bei der Interpretation vor allem Faktoren wie Unternehmensgröße, Währungsrelationen, Inflationsraten oder Lohnniveaus zu berücksichtigen. Hier sind vor allem statistisch-methodische Schwierigkeiten in Fragen der Vergleichbarkeit, bedingt z.B. durch unterschiedliche Organisationsstrukturen und länderspezifische Randbedingungen, zu nennen.

Die Aussagekraft bzw. der Informationsgehalt von Kennzahlen ist abhängig vom Detaillierungs- bzw. Konkretisierungsgrad[585] sowie vom Grad einer eindeutigen Zurechenbarkeit auf Bewertungsobjekte. So erlauben im Bereich der Fertigung Kennzahlen wie gefertigte Stückzahlen oder Nutzungsgrade Aussagen über eine Erfüllung des Produktionsprogramms oder den Anteil der Nutzungszeit an der betrieblichen Arbeitszeit.[586] Die (technische) Verfügbarkeit eines Lagers, die im wesentlichen durch die eingesetzten Technik- und DV-Systeme festgelegt wird, hat i.a. einen geringen Einfluß auf den Lieferservice, sofern eine (ausreichend ho-

---

[583] Der Hinweis, daß die eigenen Logistikkosten um einen gewissen Prozentsatz über dem Branchendurchschnitt liegen, ist wenig geeignet, Ansatzpunkte für Verbesserungen aufzuzeigen.

[584] Trotz dieser prinzipiellen Mängel soll hier nicht der Eindruck erweckt werden, als könnten derartige oder ähnliche Angaben im Einzelfall nicht tendenzielle Aussagen ermöglichen. Zur weiteren Diskussion der Grenzen und Probleme bei der Anwendung von Kennzahlen s. z.B. Staudt, Erich et al.: Kennzahlen und Kennzahlensysteme, Grundlagen zur Entwicklung und Anwendung, S. 106 ff.

[585] Vgl. die Anmerkungen zur Informationsverdichtung im Kap. 2.2.3.2.

[586] Vgl. hierzu die exemplarische Sammlung von Kennzahlen zur Beurteilung von Fertigungsanlagen bei Geiß, W.: a.a.O., S. 164 sowie die dort angegebene Literatur.

he) Mindestverfügbarkeit des gesamten Techniksystems erreicht wird. Wird diese Mindestgrenze unterschritten, so sind ggf. erhebliche Folgen für den Lieferservice zu erwarten. Ist beispielsweise ein Drittel der Fördermittel in einem Zentrallager nicht einsatzbereit, so kann davon ausgegangen werden, daß ein bestimmter Teil der Auslieferungen nicht auf dem gewünschten Lieferserviceniveau (z.B. innerhalb von 24 Stunden) erfolgen kann.

Methodische Probleme der Bildung und Interpretation von Kennzahlen resultieren schließlich auch aus der Tatsache, daß Systematisierungen von Leistungskennzahlen, wie sie aus der betrieblichen Unternehmensforschung bekannt sind, nicht ohne weiteres auf die Querschnittsfunktion Logistik angewandt werden können. Es ist zu beachten, daß einzelne Kennzahlen nur mit einer Gesamtanalyse sinnvoll interpretiert werden können, da sie u.U. mehrdeutig sind.

7.1.3 Ansätze zur Quantifizierung logistischer Größen

Die Bewertung der Qualität von Logistiksystemen ist möglich anhand komplexer Größen wie z.B. Lieferservice oder Durchlaufzeit. In Folgenden sollen am Beispiel des Lieferservice Möglichkeiten zur Beschreibung und Bewertung komplexer Systeme aufgezeigt werden. Es werden Lösungsansätze dargestellt, welche die schrittweise Dekomposition bzw. Detaillierung umfassender Bewertungsgrößen ermöglichen. Der Oberbegriff Lieferservice bedarf auch deshalb einer näheren Differenzierung, weil er oft als Allzweckmittel für Bewertungen bzw. als universell einsetzbare Argumentationshilfe mißbraucht wird.[587]

Der Stellenwert eines hohen Lieferserviceniveaus hängt ab von der Stellung innerhalb der logistischen Kette. Aus Sicht des Empfängers ist als dominierendes Beschaffungsziel die Versorgungssicherheit zu nennen. Einen unmittelbaren und daher extrem starken Einfluß auf dieses Ziel haben die Indikatoren des Serviceniveaus der Lieferanten.[588] Negative Entwicklungen dieser Indikatoren bzw. Kennzahlen sind für den Einkauf ein Warnzeichen, da sie direkt die Versorgungssicherheit gefährden. Infolge dieser hohen Bedeutung des Lieferservice für Unternehmen sind entsprechende Indikatoren einer ständigen Beobachtung zu unterwerfen.

Die Bewertung der Wirtschaftlichkeit eines bestimmten Lieferserviceniveaus in monetären Einheiten kann dadurch erfolgen, daß die Kosten für diese Serviceleistungen dem Nutzen dieser Leistungen gegenübergestellt werden. Die Ermittlung des monetären Nutzens bzw. der marktseitigen Wirkungen verschiedener Lieferservicegrade bereitet jedoch erhebliche Schwierigkeiten. Wenn auch die Bestimmung der Kosten vergleichsweise einfach ist, so ist die Bestimmung des wirtschaftlichen bzw. optimalen Lieferservicegrades auch deshalb problematisch, weil grundsätzlich keine Korrelationen zwischen Erlösen und Servicekosten erkennbar sind. Ein rechnerischer Zusammenhang zwischen Lieferserviceniveau und lieferserviceinduziertem Umsatz i.S. einer Lieferservicereaktionsfunktion läßt sich i.a. nicht ermitteln.

---

[587] Das gilt vor allem dann, wenn der Lieferservice nicht operationalisiert bzw. eindeutig definiert wird.

[588] Piontek, Jochen: Frühwarnsystem für die Versorgungssicherheit, in: Beschaffung aktuell, Heft 4, 1993, S. 40 f.

Harting[589] nutzt die Portfolio-Technik, um die Abhängigkeiten zumindest qualitativ zu erfassen. In einer Matrix stellt er die Beziehungen zwischen Lieferservicegraden und Erlösen dar, mit deren Hilfe sich vier Kundengruppen differenzieren lassen (vgl. Abb. 34). Die Empfindlichkeit von Kunden gegenüber verschiedenen Lieferservicegraden hängt von einer Reihe Faktoren ab. Dazu zählen z.b. die Nachfragemacht des Kunden, produkt- bzw. marktspezifische Gepflogenheiten der Beschaffung und nicht zuletzt zwischenmenschliche Beziehungen zwischen Käufer und Verkäufer. Die Bedeutung eines bestimmten vorzuhaltenden Lieferserviceniveaus ergibt sich aus der Tatsache, daß im Extremfall ein unzureichender Lieferservice zum Verlust von Kunden führen und damit u.U. existenzbedrohend für Unternehmen werden kann.

Die Bewertung der Qualität von Logistiksystemen erfolgt häufig mit Hilfe verbaler Argumente wie Erhöhung der Flexibilität oder Steigerung der Verfügbarkeit. Werden derartige qualitative Bewertungen nicht operationalisiert, sind Vergleiche und eindeutige Aussagen zur Wirtschaftlichkeit nicht möglich. Die Tab. 33 zeigt exemplarische Ansätze zur Quantifizierung von Wirkungen, mit deren Hilfe qualitative Argumente in Bewertungen einfließen können.

		Lieferservice	
		niedrig	hoch
Erlöse	niedrig	**Niedrig-Service-Gewohnte:** Kunde reagiert unempfindlich gegenüber niedrigem Lieferserviceniveau	**Aggressive Service-Forderer:** Kunde fordert hohen Servicegrad, ist jedoch nicht bereit, höhere Servicekosten zu bezahlen (Marktmacht)
	hoch	**Passive Service-Nutzer:** Befriedigung der Lieferserviceansprüche ist nicht kostenintensiv	**Sonderservicenehmer:** Kunde bezahlt hohe Preise für hohes Lieferserviceniveau

Abb. 34: Erlös-Lieferservice-Portfolio (Quelle: Eigene Darstellung in Anlehnung an Harting, D.: Serviceleistungen ... , a.a.O., S. 65).

---

[589] Harting, Detlef: Serviceleistungen der Kundenstruktur anpassen, in: Beschaffung aktuell, S. 66.

Qualitatives Argument	Quantifizierungsansatz
• Vermeidung von Nacharbeiten, Warte- bzw. Suchzeiten	• Personalkosten
• Flexibilität	• Umrüstkosten
• Produktivität	• Herstellkosten
• Termintreue	• Konventionalstrafen
• höhere Verfügbarkeit	• Ausfallkosten
• schnellere Verfügbarkeit	• Durchlaufzeit bzw. Kapitalbindung

Tab. 33: Ansätze zur Quantifizierung qualitativer Größen (Quelle: Eigene Darstellung in Anlehnung an Rall, K.: Berechnung der Wirtschaftlichkeit von CIM-Komponenten, CIM Management 3/91, S. 12 ff.).

Zu den wichtigsten Lieferservicebestandteilen bzw. Komponenten des logistischen Kriteriums Lieferservice zählen Lieferzeit, Lieferfähigkeit, Lieferqualität, Liefertreue, Lieferflexibilität, Informationsfähigkeit und Fehlmengenhäufigkeit.[590] Die Festlegung der Ausprägung bzw. Zielwerte kann für die einzelnen Lieferserviceelemente nur unternehmensspezifisch erfolgen. Mit der Definition derartiger Sollwerte werden zugleich maßgebliche Determinanten für die zur Erfüllung der Anforderungen notwendigen logistischen Systeme festgelegt. Die Tab. 34 erläutert die aufgeführten Komponenten des Lieferservice und nennt über die vorgestellten prinzipiellen Quantifizierungsansätze (vgl. Tab. 33) hinausgehend typische, konkretisierte Kennzahlen.

In einem ersten Ansatz kann eine komplexe Größe wie der Lieferservice durch die additive oder multiplikative Verknüpfung der Kenngrößen einzelner Komponenten bewertet werden. So macht **Krampe**[591] einen Vorschlag zur Bewertung der logistischen Dienstleistungsqualität, indem er die Komponenten

- Lieferzeitanteil der Auftragsdurchlaufzeit
- Lieferfrequenz
- Lieferbereitschaftgrad
- Lieferzuverlässigkeit

---

[590] Eigene Zusammenstellung aus verschiedenen Quellen.

[591] Krampe, H.: a.a.O. , S. 180 f.

- Lieferbeschaffenheit
- Lieferflexibilität.

Komponenten des Lieferservice	Erläuterung	typische Kennzahl bzw. Quantifizierungsansatz
• Servicezuver-lässigkeit	Termin- und Mengenzuver-lässigkeit	Anzahl termingerecht ausgelieferter Bedarfsanforderungen zur Gesamt-zahl der Bedarfsanforderungen
• Servicebereit-schaft	Lieferbereitschaftsvermö-gen über den Zeitverlauf, Materialverfügbarkeit	ab Lager erfüllte Bedarfsanforderun-gen zur Gesamtzahl derBedarfsanfor-derungen
• Serviceflexibilität	Reagibilität auf Zeit- und Mengenänderungen wäh-rend der Servicezeit	Anzahl der erfüllten Sonderwünsche zur Anzahl aller Sonderwünsche
• Servicequalität	Absolutmenge in Stück, Gewicht, Volumen, Men-genschwankungen	Anzahl der Beanstandungen zur Ge-samtzahl der Bedarfsanforderungen
• Serviceentfernung	Raumüberbrückung zwi-schen Quelle und Senke	Untergliederung der Warendistributi-on in Nah-, Stamm-, Ferngebiete
• Servicerhythmus	Versorgungsintervalle und Schwankungsbreite	Belieferungen je Zeitintervall
• Servicezeit	Vorlaufzeit der Bedarfsan-forderung	Kosten für Prozeßunterbrechungen (falls Lieferung zu spät erfolgt) bzw. Kapitalbindungskosten (falls Bestel-lung z.B. aus Sicherheitsgründen pro-phylaktisch erfolgt)
• Bereitstellungsform	Zusatzleistungen wie Sor-tenbildung, Kommissionie-ren, Qualitätssicherung	Personalaufwand für das Wickeln oder Schrumpfen von kommissionier-ten Kundenpaletten
• Gesamtleistungs-kapazität des Distri-buionssystems	Gesamtlagerkapazität, Um-schlagsvolumen, Anzahl LKW, Ladevolumen	Paletten je Lkw, Anzahl Lagerplätze, Container pro Tag

Tab. 34: Komponenten des Lieferservice und konkretisierte Quantifizierungsansätze (Quelle: Eigene Darstellung)

multiplikativ miteinander verküpft. Nach dieser Berechnungsformel ist die beste Dienstleistungsqualität bzw. der optimale Lieferservice dann erreicht, wenn der numerisch höchste Wert erzielt wird. Dieser Ansatz ist allerdings nur bedingt geeignet, Ansatzpunkte für Verbesserungen durch kausalanalytische Betrachtungen zu erhalten. Die Abhängigkeiten zwischen einzelnen Komponenten wie z.b. zwischen Lieferbereitschaftsgrad und Lieferflexibilität können infolge der multiplikativen Verknüpfung nicht ausreichend berücksichtigt werden.[592] So ist die Transportzeit ein wesentlicher Bestandteil der Lieferzeit und die Zuverlässigkeit von Transportmitteln ist unmittelbarer Einflußfaktor für die Lieferzuverlässigkeit. Die Qualität von Transportleistungen bzw. die Produktivität des Transportsystems ist abhängig von den spezifischen Leistungskriterien der eingesetzten Transportmittel wie Regelmäßigkeit, Schadenshäufigkeit oder der Qualität der technischen (Sub-) Systeme. Diese sind abbildbar z.b. durch den Indikator unbeschädigte bzw. nicht zu beanstandende Transportobjekte.

Die Tab. 35 zeigt exemplarisch für den Faktor Lieferbereitschaft die im Einzelfall für eine Bewertung notwendige, weitere Konkretisierung einzelner Lieferservicekomponenten und nennt Vorschläge zur Quantifizierung. In dieser oder ähnlicher Form lassen sich die anderen aufgeführten Komponenten des Lieferservice detaillieren und somit schrittweise quantifizieren. Auch an dieser Stelle sei darauf hingewiesen, daß die durch eine derartige Dekomposition komplexer Größen erzielbare Transparenz nicht dazu verleiten darf, die Abhängigkeiten zwischen einzelnen Komponenten zu vernachlässigen.

Lieferbereitschaft bezieht sich auf	Lieferbereitschaft wird definiert als Verhältnis	
	von	zu
• Anzahl der Bestellungen	erfüllten Bestellungen	eingegangenen Bestellungen
• Nachfrage	gelieferter Menge	nachgefragter Menge
• Zeit	Zeit ohne Rückstellungen	Gesamtzeit
• Verspätungen	Anzahl der Tage ohne Lieferverspätungen	Summe aller Liefertage

Tab. 35: Exemplarische Auswahl von Parametern zur Konkretisierung der Lieferservice-Komponente Lieferbereitschaft (Quelle: Eigene Zusammenstellung in Anlehnung an Krampe, H.: a.a.O., S. 179 ff.)

---

[592] Auch die Verknüpfung verschiedener Dimensionen nach einer derartigen Berechnungsformel scheint nicht unproblematisch. Zu einer Zusammenstellung alternativer Formeln zur Berechnung des Lieferbereitschaftsgrades s. z.B. Steinbrüchel, M.: Die Materialwirtschaft der Unternehmung, Bern/Stuttgart, 1971, S. 27.

7.2. Informationsbewertung
7.2.1 Aspekte einer Informationskostenrechnung

Eine logisch konsistente und zugleich praxisrelevante Informationsbewertung ist noch nicht in Sicht. Sämtliche bisherigen Ansätze und Modelle[593] besitzen nur Gültigkeit unter relativ engen Prämissen und suggerieren lediglich eine Errechenbarkeit des Informationswertes. Probleme der Bewertung der Kosten und Nutzen von Informationen sind teilweise Folge der besonderen Eigenschaften des Produktionsfaktors Information.[594] Materieller Output ist weitaus leichter zu fassen als die immateriellen Ergebnisse bei der Informationsverarbeitung.[595] Die nachfolgende input- bzw. outputorientierte Diskussion der Möglichkeiten und Probleme einer Informationsbewertung soll einige wichtige Aspekte der Informationsbewertung skizzieren. Die Ausführungen sind Ausdruck des holistischen Ansatzes dieser Arbeit, dessen Zielsetzung die vollständige Erfassung möglichst des gesamten Spektrums von Kosten- und Nutzengrößen ist.[596]

Mit einer Kosten- und Leistungsrechnung für Informationsverarbeitungsprozesse werden drei Zielsetzungen verfolgt. Neben dem Hauptziel einer Weiterverrechnung der Kosten an die Nutzer sind die Kontrolle der Wirtschaftlichkeit sowie das Erlangen von Hinweisen zur Optimierung des Personal- und Sachmitteleinsatzes[597] (einschließlich der Frage der Dimensionierung von Informationsverarbeitungskapazitäten) als weitere Zielsetzungen zu nennen.

Die Beschaffung und Verarbeitung von Informationen verursacht i.a. Kosten.[598] Während die Kostenermittlung für Informationsverarbeitung bzw. Informationsverarbeitungsprozesse ex

---

[593] Vgl. hierzu insbesondere Hauke, P.: a.a.O., S. 46.

[594] Vgl. hierzu die Ausführungen in Kap. 2.1.4.

[595] So kann beispielsweise die Anzahl gedruckter Lieferscheine oder Kanban-Karten (zur Steuerung der Produktion) kaum als geeignete Meßgröße für den Output eines Informationsverarbeitungssystems angesehen werden.

[596] Vgl. zur Diskussion eines holistischen Ansatzes zur Informationsbewertung, welcher neben produktions- und ertragstheoretischen Überlegungen auch verhaltensorientierte Aspekte beinhaltet ders., S. 49 ff.

[597] Viele Unternehmungen überlegen heute, ob sie aus Kostengründen ihre Informatikabteilung oder Teile davon auslagern und Dritten anvertrauen wollen. Die aktuelle Diskussion um Effizienzsteigerungen des Informationsverarbeitungsbereichs ist durch Externalisierungskonzepte (Outsourcing bzw. Ausgliederung) bestimmt. Vgl. hierzu z.B. Ruthekolck, Thomas / Kelders, Clemens : Effizienzsteigerung durch Outsourcing oder interne Maßnahmen? - Grenzen von Externalisierungsmaßnahmen und mögliche Alternativen, in: Office Management, Heft 4, 1993, S. 56 ff. Die Einsparungen durch Outsourcing können beträchtlich sein, teilweise 25% und mehr. Vgl. hierzu Leuppi, Remo: Informatik-Outsourcing am praktischen Beispiel, in: Management Zeitschrift, Heft 5, 1993, S. 38 ff.

[598] Die Definition von Informationskosten als „Kosten für die Beschaffung von Informationen zur Fundierung von Entscheidungen" verdeutlicht den Zusammenhang zwischen Information und Entscheidung. Vgl. o.V.: Gabler Wirtschaftslexikon, 10. Auflage, Wiesbaden, Gabler, 1988, S. 2540 f. Danach sind Informationskosten notwendiger Bestandteil von Informationsentscheidungen (i.S. einer Entscheidung über die Beschaffung zusätzlicher Informationen), da sie den Informationswert dieser zusätzlichen Informationen beeinflussen.

220

post eher möglich ist, bereitet eine Abschätzung ex ante größere Probleme.[599] Eine Wirtschaftlichkeitsrechnung für komplexe Informationsverarbeitungsprozesse wie beispielsweise die individuelle Informationsverarbeitung von Fach- oder Führungskräften ist mit erheblichen Problemen behaftet.

Als Grundschema einer Informationskostenrechnung[600] bietet sich folgende Vorgehensweise an. Zunächst sind alle Inputfaktoren zu ermitteln, aus denen in einem zweiten Schritt verschiedene Kostenarten abgeleitet werden können. Der Grad der Detaillierung einzelner Inputfaktoren bzw. Ressourcen ist dabei problemspezifischen Gegebenheiten im konkreten Anwendungsfall anzupassen. Zu den wichtigsten Kosten der betrieblichen Informationsverarbeitung zählen Beschaffungs- und Implementierungskosten für Hard- und Softwaresysteme einschließlich der erforderlichen räumlichen Ausstattung, Personalkosten (inkl. Schulung und Einweisung) sowie Kosten für Telekommunikation bzw. Datenübertragung, Datensicherung und Datenschutz. Die Tab. 36 zeigt exemplarisch die Differenzierung von Inputfaktoren für Informationsverarbeitungsprozesse sowie prinzipiell geeignete Quantifizierungsansätze.

Inputfaktoren	Beispiele	primäre Bezugsdimension
Informationen	• Wissen des Menschen (Eigenvorrat) • Fremdinformationen (systemintern bzw. -extern)	• grundsätzlich gratis, kein Verbrauch • ggf. Verrechnungs- oder Kaufpreise
Sachmittel	• maschinelle Informationsverarbeitungssysteme • Kommunikationsmittel für Wort, Schrift, Bild, Daten • Texterstellungsmittel • Datenerfassungseinrichtungen • Vervielfältigungsgeräte Räume inkl. Ausstattung	• Platzbedarf • Miete • Abschreibung
Personal	• Informations- bzw. Datenerfassung	• Zeit

Tab. 36: Inputfaktoren von Informationsverarbeitungsprozessen (Quelle: Eigene Darstellung in Anlehnung an Hauke, P.: a.a.O., S. 89)

---

[599] Zu den Besonderheiten und Problemen einer prospektiven Nutzenbeurteilung von Informationen wie „Nichtvorhersagbarkeitsthese" und zum Problem eines logischen Zirkels s. Wild, J.: Zur ... , a.a.O., S. 326 f.

[600] Hauke, P.: a.a.O., S. 132 ff, untersucht die Möglichkeiten von Ist- und Plankostenrechnungen für Informationen. Zu einer Stückkostenrechnung für Informationen auf Teilkostenbasis s. Wild, Jürgen: Informationskostenrechnung auf der Grundlage informationeller Input-, Output- und Prozeßanalysen, in: ZfbF, 1970, S. 234 ff.

Die Bestimmung von Determinanten des Informationswertes bereitet i.a. keine großen Probleme, schwieriger ist die Quantifizierung der von Informationen und Informationsverarbeitungsprozessen ausgehenden Wirkungen. Die wesentlichen Determinanten von Informationskosten[601] sind

- der Genauigkeitsgrad der Informationen
- die erforderliche Aktualität
- die Fehlerhäufigkeit bzw. -toleranz
- die Objektivität der Informationen
- die Sicherheit und Exaktheit von Informationen
- das eingesetzte Informationssystem.[602]

Bei der Umsetzung des oben skizzierten Grundschemas zur Ermittlung von Informationskosten gibt es eine Reihe von Problemen, die nachfolgend erörtert werden.

- **Fehlen von Marktpreisen**

Die Grundsätze ordnungsgemäßer Kosten- und Leistungsrechnung[603] beinhalten u.a. die Postulate der Marktpreisverwendung und der Rationalität. Die Befolgung dieser Forderungen führt zur Anwendung von Verrechnungspreisen, falls Marktpreise für Informationen nicht verfügbar sind oder die Anwendung dieser zu Fehllösungen führen würden. Verrechnungspreise sind nach widerspruchsfreien Regeln abgeleitete Wertmaßstäbe, die im Hinblick auf die Rechnungszwecke als vernünftig erachtet werden. Die zeitliche Inanspruchnahme der genannten Potentialfaktoren ist generell als Verbrauchsdimension bzw. Bezugsgröße zur Bewertung geeignet.

Für einen Teil der Inputfaktoren für Informationsverarbeitungsprozesse, zu denen auch Informationen selbst zählen, existieren oftmals keine Marktpreise. Dies gilt für unternehmens- bzw. organisationsinterne Informationen insbesondere dann, wenn sie innerbetriebliche Leistungen darstellen, d.h. bereits Ergebnisse von Informationsverarbeitungsprozessen sind. Außerbetrieblich z.B. durch Datenbankenabfragen oder über den Bezug sog. Informationsdienste beschafften gewonnenen Informationen stehen mehrheitlich direkte Zahlungen gegenüber.

[601] Hauke. P.: a.a.O., S. 148.

[602] Die Kosten eines Informationssystems sind wiederum abhängig von Faktoren wie z.B. Aufbereitung der Informationen, den eingesetzten Medien und der Verfügbarkeit in zeitlicher und räumlicher Hinsicht. Vgl. zur Abhängigkeit zwischen dem technischen Stand der eingesetzten Organisationsmittel zur Informationsspeicherung und den Kosten der Informationshaltung z.B. Geissler, W.: a.a.O., S. 37.

[603] Vgl. hierzu z.B. Dellmann, Klaus: Kosten- und Leistungsrechnungen, in: Vahlens Kompendium der Betriebswirtschaftslehre. Verlag Franz Vahlen, München, 1990, Band 2, S. 312 ff, bzw. ders.: Zur Theorie der Kostenrechnung, in: ZfB, 49 Jg., 1979, S. 321f.

• **Probleme einer exakten Kostenzurechnung**

Im nächsten Schritt einer Informationskostenrechnung werden die ermittelten Kosten einzelnen Informationsverarbeitungsteilprozessen oder Elementen der Informationskette zugeordnet. Während sich eine Kostenartenrechnung[604] als verhältnismäßig unproblematisch herausstellt, sind Kostenverteilungsrechnungen wie Kostenträger- oder Kostenstellenrechnungen weitaus schwieriger durchführbar. Eine wesentliche Ursache dafür sind Meß- und Abgrenzungsprobleme bei der Mehrfachverwendung von Informationen in verschiedenen Informationsverarbeitungsprozessen. Grundsätzlich ist eine Informationskostenrechnung für repetitive Prozesse wie z.b. die Übermittlung von Lieferscheinen oder Frachtbriefen per DFÜ einfacher als für einmalige Vorgänge. Die einmalig anfallenden Kosten werden meist zeitanteilig über Abschreibungen verrechnet. Generell kann festgestellt werden, daß eine Kostenrechnung für Informationen bzw. für Informationsverarbeitungsprozesse in komplexen Systemen nur approximativ möglich ist.

Die Zurechnung der ermittelten Kosten für Inputfaktoren der Informationsverarbeitungsprozesse ist aus mehreren Gründen problematisch. Zum einen sind Informationsverarbeitungsprozesse in Unternehmen[605] i.a. verschachtelt, zum anderen werden Inputfaktoren wie die Informationssysteminfrastruktur oder auch bestimmte Informationen für verschiedene Aufgaben eingesetzt, d.h. es existiert eine Vielzahl von Informationsverarbeitungsprozessen, die auf dieselben Elemente eines Informationssystems zurückgreifen bzw. diese in Anspruch nehmen. Die exakte Ermittlung der Informationskosten innerbetrieblich gewonnener Information bereitet Probleme, da innerbetriebliche Informationen i.d.R. nicht in einer Kostenstelle gewonnen werden, sondern an ihrer Entstehung mehrere betriebliche Bereiche beteiligt sind.

Zur Beantwortung der grundsätzlichen Frage, ob die Kosten der Informationsverarbeitung in Kommunikationsprozessen dem Sender oder dem Empfänger zuzuordnen sind, ist zunächst zu klären, welches Element der Informationskette der eigentliche Nutzer dieser Information ist. Darüber hinaus muß die Frage beantwortet werden, ob die Umlage von Kosten z.B. nach der Häufigkeit der Nachfrage oder nach der Häufigkeit der Verwendung erfolgen soll. Und schließlich resultieren Abgrenzungsprobleme aus Kuppelproduktionen, d.h. aus einer Überlagerung von Informationsverarbeitungs- und materiellen Leistungsprozessen.

---

[604] Die für die Informationsverarbeitung notwendigen Inputfaktoren (z.B. die Informationsverarbeitungsinfrastruktur wie Hard- und Softwarekomponenten oder Kommunikationsmittel und -kanäle) sind i.a. angebbar und quantifizierbar.

[605] Vgl. hierzu die Ausführungen zur Informationskette in Kap. 2.2.7.

- **Aspekte der Kostenermittlung für das Informationsverarbeitungssystem Mensch**

Informationsverarbeitungsprozesse werden grundsätzlich von Menschen[606] durchgeführt. An einzelnen Informationsverarbeitungsprozessen können mehrere Personen beteiligt sein und i.a. werden Sachmittel und Fremdinformationen genutzt. Die Kosten der Informationsverarbeitung werden maßgeblich von den Personalkosten bestimmt.[607] Spezielle Probleme einer Kostenrechnung für Informationen oder Informationssysteme ergeben sich aus der Fragestellung, wie beispielsweise das Wissen[608] von Menschen, als systemimmante Informationsmenge interpretiert, bzw. seine Fähigkeiten zur Informationsverarbeitung zu bewerten sind. In erster Näherung kann die Entlohnung[609] als Ansatzpunkt zur Ermittlung der Kosten des Informationsverarbeitungssystems Mensch dienen.[610] Die Kosten der Informationsverarbeitung werden i.d.R als abhängig vom Personalbedarf angegeben. Wegen des dominierenden Anteils von Personalkosten an den Kosten der Informationsverarbeitung wird die zeitliche Inanspruchnahme von Sachmitteln (quantifiziert z.B. über den Rechenzeitbedarf) sowie Faktorverbräuche meist weniger differenziert betrachtet. Das belegen auch die in Literatur und Praxis verbreiteten Schätzverfahren[611], die fast alle den Rechenzeitbedarf wie beschrieben behandeln oder vernachlässigen.

Nach den Anforderungen an Tätigkeiten bzw. Informationsverarbeitungsprozesse lassen sich höherwertige Aufgaben wie Führungs-, Spezialisten- oder Fachaufgaben und niederwertige wie Routine- bzw. Verwaltungsaufgaben oder nicht produktive Tätigkeiten unterscheiden. Entsprechend lassen sich Mitarbeiterkategorien wie Führungskräfte, Spezialisten, qualifizierte

---

[606] Maschinengestützte Informationsverarbeitungsprozesse werden hier - wie oben erwähnt - unter dem Begriff Datenverarbeitung subsumiert.

[607] Die Kosten für Hardware fallen stetig, während die Kosten für Faktoren wie Energie oder Einrichtungen für Datenfernübertragungen ansteigen. Das Preis-/Leistungsverhältnis der DV-Technologie-systeme verbessert sich jedes Jahr um durchschnittlich 15 bis 20 Prozent. Das Preis-/Leistungsverhältnis der Kommunikationssysteme verbessert sich ebenfalls Jahr für Jahr, aber in niedrigeren Prozentraten. Vgl. hierzu Andree, Dietmar K.: Kostenmanagement mit Informationsverarbeitungs-Controlling, in: Office Management, Heft 12, 1993, S. 56-57. Zur Entwicklung der relativen Kosten für Hardware und Software s. auch König, W. / Niedereichholz, J.: a.a.O., S. 337.

[608] Zur Diskussion hypothetischer Kostenverläufe für unterschiedliches Wissen s. Hauke, P.: a.a.O., S. 103 ff.

[609] Zum Problem der Entlohnung von Spezialisten sowie zur Konzeption des „Behavioral Accounting" s. Mrosek, Dietmar, a.a.O, S. 2 ff. Diese Konzeption versucht der Tatsache, daß Entscheidungen in Betriebswirtschaften als dezentrale, sukzessive und multipersonale Entscheidungsprozesse ablaufen, dadurch Rechnung zu tragen, daß sie soziale Faktoren des menschlichen Verhaltens bei der Bestimmung der Kostenvorgaben einbezieht.

[610] Vgl. zum Zusammenhang zwischen Entlohnung und Ausbildungsstand sowie zu Ansätzen einer Humanvermögensrechnung z.B. Machlup, Fritz: The Economics of Information and Human Capital, Princeton: University Press, 1984.

[611] Vgl. hierzu z.B. Mertens, Peter (Hrsg.): Lexikon der Wirtschaftsinformatik, Berlin: Springer, 1987 , S. 6-8.

Fachkräfte, Sachbearbeiter, Techniker oder Sekretariatskräfte differenzieren.[612] Die Tätigkeit eines Sachbearbeiters ist im wesentlichen dadurch charakterisiert, daß seine Entscheidungsspielräume weitestgehend vorherbestimmt und die zu verarbeitenden Informationen bzw. Daten im wesentlichen bereits festgelegt sind. Soweit es sich um repetitive Vorgänge handelt, sind diese formalisierbar und damit automatisierbar. Durch den Einsatz von Informationsverarbeitungssystemen verschiedenster Art ergibt sich ein hohes Potential für eine Rationalisierung der Informationsverarbeitung. Demgegenüber besitzten Computer bzw. Informationssysteme bei dispositiven Arbeiten vorwiegend unterstützende Funktion.

Neben Personal- und Hardwarekosten haben vor allem Kosten für Software einen erheblichen Anteil an den gesamten Kosten der Informationsverarbeitung. Wird Software von externen Quellen eingekauft, so sind ihre Kosten unmittelbar bekannt und können auf die Nutzergruppen weiterverrechnet werden. Erfolgt die Programmierung unternehmens- bzw. organisationsintern, so wird dadurch Personalkapazität gebunden. Über die anfallenden Personalkosten können die Kosten für eigenerstellte DV-Programme ermittelt werden. Um die Produktivität und Qualität von Software zu messen, sind neben dem Produkt selbst auch der Prozeß und die Ressourcen zu berücksichtigen. Unter Ressourcen sind die an dem Prozeß beteiligten Geräte und Softwarewerkzeuge[613] zu verstehen, zum Prozeß zählen alle Aktivitäten für die Entwicklung und Wartung der Software. Das Produkt Software selbst umfaßt alle Teilprodukte vom Pflichtenheft bis zur Testdatenbank.[614]

Die Tab. 37 differenziert die wesentlichen Bestandteile von Softwarekosten und gibt Hinweise zur Quantifizierung einzelner Bestandteile innerhalb dieses Teilbereiches einer Informationskostenrechnung.

- **Abrechnung von Informationsverarbeitungsdienstleistungen**

Die Abrechnung von Informationsverarbeitungsdienstleistungen[615] setzt eine dem gewünschten Differenzierungsgrad entsprechende Kosten- und Leistungsrechnung des Informationsverarbeitungsbereiches voraus. Dazu gehören neben einer Kostenarten- und Kostenstellenrech

---

[612] Die Schwierigkeit dieses Ansatzes liegt darin, Anhaltspunkte zu finden, wie bzw. nach welchen Kriterien diese Kategorien differenziert werden können. Eine Unterscheidung von beipielsweise einem Spezialisten und einer qualifizierten Fachkraft ist nur mit entsprechend operationalisierten Merkmalen möglich.

[613] Zu einer Übersicht über software-ergonomische Faktoren s. Odemer, Werner: Die Lösung von Akzeptanzproblemen bei der Einführung von Bürokommunikationssystemen, in: Office Management, Sonderdruck 6/1984.

[614] Zu einem Vorschlag zur Messung der Qualität dieser Teilprodukte s. Sneed, Harry M.: Software muß meßbar werden, in: Information Management, Heft 4, 1991, S. 56 ff. Zu Ausmaß und Verteilung von Fehlerbehebungskosten über einzelne Lebenszyklusphasen s. z.B. Morgenbrod, H. / Mrva, M.: Wartung großer Softwaresysteme, in: Schwärtzel, Heinz (Hrsg.): Informatik in der Praxis, Aspekte ihrer industriellen Nutzanwendung, Berlin: Springer, 1986, S. 138.

[615] Infolge historisch gewachsener Strukturen sind Informationsverarbeitungsabteilungen (unter dieser Bezeichnung) in Unternehmen heute nur selten zu finden. Je nachdem, welcher Stellenwert der Informationsverarbeitung beigemessen wird, lassen sich mehr oder weniger eigenständige Organisations- bzw. DV-Abteilungen finden, die nur teilweise eine Informationsverarbeitung nach dem hier zugrundeliegenden Verständnis betreiben.

Bestandteil	Erläuterung
Entwicklungskosten	Entwicklungskosten sind neben Computerkosten vor allem Personalkosten aus dem Aufwand für die Erstellung von Software, die festgelegten Funktionsspezifikationen genügen und Qualitätsmaßstäben entsprechen muß
Wartungs- bzw. Systemanpassungskosten	Wartungs- und Systemanpassungskosten ergeben sich in erster Linie aus dem Aufwand für nötige Fehlerbeseitigung sowie aus Anpassungsarbeiten während des Betriebs infolge veränderter Anforderungen
Betriebskosten	Betriebskosten fallen für jede Bearbeitung an. Sie setzen sich i.d.R. aus den Datenerfassungskosten, den Vorbereitungs- und Materialkosten sowie den Computerkosten zusammen

Tab. 37: Bestandteile von Softwarekosten (Quelle: Eigene Darstellung)

nung auch Verfahren zur Erfassung der informationsbezogenen Leistungen. Grundsätzlich lassen sich folgende Abrechnungsverfahren unterscheiden:

- In der einfachsten Form erfolgt eine Umlage der Informationsverarbeitungskosten[616] im Rahmen der Verwaltungsgemeinkosten oder nach festem Schlüssel auf die leistungsempfangenden Abteilungen. Eine größere Differenzierung nach unterschiedlichen Leistungsanforderungen kann durch Abrechnung über Verrechnungssätze ereicht werden.[617] Dabei sind einfache Verrechnungssätze wie z.B. DM/CPU-Sekunde denkbar, eine stärkere Differenzierung kann durch Bildung von Kostensätzen für Terminalbelegzeiten, Plattenzugriffe, Druckseiten oder Bandmontagen erfolgen[618]. Die zeitliche Inanspruchnahme der Komponenten maschineller Informationsverarbeitungssysteme, welche die Bezugsgröße für die Inanspruchnahme von Potentialfaktoren darstellt, läßt sich relativ einfach ermitteln. Auch die maschinell gespeicherten Informations- bzw. Datenmengen, die insbesondere bei Kommunikationsprozessen z.B. zur Quantifizierung von Übertragungsleistungen

---

[616] Für die laufenden Kosten von Informationen dienen i.d.R. empirisch ermittelte DV-Budgets als Richtwerte bzw. Orientierungshilfen.

[617] Aus Benutzersicht sind leistungsorientierte Verrechnungssätze besser als inputorientierte wie z.B. CPU-Sekunden oder Eingabe- und Ausgabeoperationen, weil dadurch die Kosten eines konkreten (Informationsverarbeitungs-) Auftrages leichter vorausgeschätzt werden können.

[618] Aufgrund der gestiegenen Leistungsfähigkeit heute üblicher Computer- bzw Rechnergenerationen verlieren diese, für Großrechner typische, Kriterien immer mehr an Bedeutung.

dienen, sind gut zu erfassen.[619]

- Schließlich kann die Informationsverarbeitungsabteilung mit Fachabteilungen feste Preise für bestimmte DV-Leistungen bzw. Informationsverarbeitungsprozesse aushandeln. Je nach Zielsetzung sind dabei kostenorientierte Preise, Lenkpreise (z.b. günstigere Preise für Nachtläufe) oder Marktpreise (Preise von z.b. vergleichbaren Servicerechenzentren) denkbar.

Ein großer Teil logistischer Prozesse[620] sind kommunikative bzw. Informationsverarbeitungsprozesse wie z.b. Auftragsbearbeitung (inkl. Mahnwesen), Materialbeschaffung, Lagerhaltung oder Betriebsdatenerfassung. Diese Informationsverarbeitungsprozesse weisen teilweise eine sehr hohe Übereinstimmung mit grundlegenden Bürovorgängen in z.b. Lohn- und Gehaltsabrechnung oder Rechnungswesen auf. Daher bietet sich die Anwendung von Verfahren zur Wirtschaftlichkeitsuntersuchung in Büro und Verwaltung bzw. allgemeiner Verfahren zur Analyse der Gemeinkostensektors[621] wie Wertanalyse, Zero Base Budgeting oder Overhead Value Analysis für eine Ermittlung der Wirtschaftlichkeit der Informationsverarbeitung an.

7.2.2 Der Nutzen von Informationen

Die Bestimmung des Nutzwertes von Informationen i.S. einer outputorientierten Informationsbewertung gestaltet sich ungleich schwieriger als eine genaue Bestimmung der Informationskosten.[622] Nur wenn Informationen das Endprodukt von Informationsverarbeitungsprozessen sind und auf dem Markt veräußert werden können, ist der Wert für den Anbieter zu ermitteln. In diesem Fall entspricht er dem Veräußerungspreis. Informationen mit (Markt-) Preisen sind allerdings als Sonderfall anzusehen. Darüber hinaus lösen auch Preise nicht das eigentliche Problem der Informationsbewertung, da sie nichts aussagen über den Beitrag, den diese Informationen bei Verwendung in darauf folgenden Informationsverarbeitungsprozessen bzw. zur Abwicklung materieller Leistungsprozesse leisten.[623]

Die Bewertung von Informationen bzw. der Wirkungen des Produktionsfaktors Information kann sich grundsätzlich auf drei Bereiche beziehen (vgl. Tab. 38), auf den Input, den Prozeß und den Output von Systemen (bzw. Prozessen). Der Einsatz geeigneter Informationen bzw.

---

[619] Zur Quantifizierung der zu speichernden bzw. zu transportierenden Datenmengen sind Einheiten wie bit, kbit, Mbit, Gigabyte etc. gebräuchlich.

[620] Vgl. dazu die Ausführungen in Kap. 3 und 4.

[621] Hauke, P.: a.a.O., S. 74 ff. Vgl. auch Busch, Ulrich: Produktivitätsanalyse - Wege zur Steigerung der Wirtschaftlichkeit, Berlin: Erich Schmidt, 1985, S. 35 ff.

[622] Grundsätzlich läßt sich festhalten, daß sich die Kosten der Informationsverarbeitung leichter ermitteln lassen als der Nutzen. Vgl. Nagel, K.: a.a.O., S. 193.

[623] Hauke, P.: a.a.O., S. 210 f.

Informationssysteme kann zu Einsparungen anderer Einsatzfaktoren führen. Darüber hinaus ist vermehrter bzw. verbesserter Output oder auch eine effizientere Gestaltung von Prozessen möglich.

Bezugsobjekt	Oberbegriff	typische Ausprägung
Input	Einsparungen von Inputfaktoren	• Personaleinsparung • geringere Kosten • bessere Ausnutzung von Kapazitäten bzw. Ressourcen
Prozeß	Verbesserungen der Prozeßqualität	• höhere Produktivität • größere Abwicklungsgeschwindigkeit
Output	Erhöhung oder qualitative Verbesserung des Outputs	• Verringerung der Ausschußquote • Steigerung des Umsatzes

Tab. 38: Bezugsobjekte der Wirkungen des Produktionsfaktors Information (Quelle: Eigene Darstellung)

Die Bestimmung von Nutz- und Ertragswerten von Informationen bzw. Informationsverarbeitungsprozessen ist wegen der großen Zahl nur qualitativ beschreibbarer Wirkungen bzw. Imponderabilien problematisch. Es gibt einige Nutzenkategorien des Einsatzes von Informationssystemen, z.B. Ersatz der manuellen Postbearbeitung durch ein elektronisches System, die allgemein akzeptiert sind bzw. nicht bezweifelt werden.[624] Dies ist vor allem darin begründet, daß diese Kategorien nicht operational definiert sind. Zu diesen Kategorien gehören:

• steigende Konkurrenzfähigkeit
• verbesserter Kundenservice
• stärkere Vertriebsunterstützung
• Flexibilität
• erhöhte Motivation der Mitarbeiter
• bessere Ergebnisse
• Verfügbarkeit bislang nicht erhältlicher Informationen
• kürzere und bekannte und damit kalkulierbare Laufzeiten der Post
• vereinfachte Vorgänge und Weiterbearbeitungen
• einfachere Wartung von Listen.

---

[624] Vgl. Schorn, Günter: Wo liegt der Nutzen und wie bewertet man ihn?, in: online 5/82, S. 85. Zum Vergleich von elektronischer und klassischer (papiergebundener) Kommunikation vgl. Nagel, K.: a.a.O., S. 145 ff.

Die Tab. 39 zeigt mögliche Quantifizierungsansätze für einige der genannten qualitativen Bewertungskategorien auf.

Qualitatives Argument	Quantifizierungsansatz
Vermeidung mehrfacher Dateneingabe	Personalkosten
Vermeidung von Nacharbeiten, Warte- bzw. Suchzeiten	Personalkosten
Flexibilität	Umrüstkosten
Produktivität	Herstellkosten
Termintreue	Konventionalstrafen
höhere Verfügbarkeit technischer Systeme	Wartungskosten
schnellere Verfügbarkeit	Durchlaufzeit

Tab. 39: Ansätze zur Quantifizierung qualitativer Größen (Quelle: Eigene Darstellung, in Anlehnung an Rall, K.: Berechnung der Wirtschaftlichkeit von CIM-Komponenten, CIM Management 3/91, S. 12 ff.).

7.2.3 Ansätze zur Informationsbewertung

Fast sämtliche betriebwirtschaftlichen Forschungen zur Informationsbewertung basieren auf dem Ansatz von **Marschak**[625] , also auf der Erwartungswertmaximierung. Sie zielen - allerdings mit unterschiedlicher Akzentuierung - auf die Nützlichkeit von Informationen zur Lösung von Entscheidungsproblemen, somit auf die Verwendungsseite ab.[626] Das Problem der Informationsbewertung stellt sich dar als Problem der Bewertung der durch die Informationen verursachten ökonomischen Folgen. Von den in der Literatur[627] vorhandenen Ansätzen zur Informationsbewertung sollen im Folgenden nur die wichtigsten grob skizziert werden.

---

[625] Vgl. hierzu Marschak, J.: Economics of Information systems, in: Journal of the American Statistical Association 66/1971, S. 192-219.

[626] Hauke, P.: a.a.O., S. 23. Zu Einflußfaktoren auf der Kosten- und der Nutzenseite s. Dworatschek, S. / Donike, H.: a.a.O., S. 30 ff.

[627] Hauke, P.: a.a.O., S. 20 ff.

- **Entscheidungsorientierter Bewertungsansatz**

Informationen nachzufragen lohnt sich grundsätzlich nur solange, wie die Kosten hierfür den Nutzen nicht übersteigen. Bei marginalanalytischer Betrachtungsweise liegt das (theoretische) Informationsoptimum dort, wo der Grenzerlös einer[628] zusätzlichen Information gleich den Grenzkosten dieser Information ist. Dabei ist die Bestimmung des Informationsoptimums[629] lediglich ein abgeleitetes oder Nebenoptimum, originär bzw. letztlich zu optimieren ist die Entscheidung. Der entscheidungsorientierte Ansatz zur Bewertung von Informationen führt je nach Einflußnahme auf die zu fällende Entscheidung zu einer Differenzierung von Informationen mit Bestätigungs- und Veränderungscharakter. Der Informationswert zusätzlicher Information ist gleich Null, wenn diese keine Veränderung der Entscheidung hervorruft. Andererseits bestätigt sie den Entscheidenden in seiner Entscheidung, führt somit zur Reduzierung von Ungewißheit und hat folglich einen von Null verschiedenen Wert. Der Nutzen zusätzlich beschaffter Informationen entsteht dadurch, daß die mit Hilfe dieser zusätzlichen Informationen gefällte Entscheidung an Effektivität gewinnt.

Informationen sind die Grundlage von Entscheidungen, der Informationswert einer Information läßt sich aus dem Zweck der jeweils betrachteten Entscheidung ableiten. Der Informationswert errechnet sich aus der Differenz zwischen dem Erfolg einer Handlungsentscheidung nach der Beschaffung zusätzlicher Informationen und dem Erfolg der Entscheidung vor der zusätzlichen Informationsaktivität.[630] Der Wert einer Information (Informationserlös bzw. Informationsnutzen) besteht manchmal nur in einer vermuteten[631] Entscheidungsverbesserung. Dieser Informationswert ist nur theoretisch zu ermitteln, denn in der Praxis fällt die Entscheidung über die Beschaffung zusätzlicher Informationen bereits vorher. Wird die zusätzliche Information beschafft, so ist das Ergebnis für den Fall der Entscheidung ohne diese zusätzliche Information nicht bekannt.

---

[628] Auf das Fehlen einer für ökonomische Analysen geeigneten Maß- bzw. Zähleinheit für Informationen wurde bereits hingewiesen.

[629] Zur Bestimmung des Informationsoptimums durch Abwägen von Informationskosten und Informationswert s. Rehberg, J.: Wert und Kosten von Informationen, Frankfurt/Main, Zürich, 1973, S. 68 ff.

[630] Mit dem hier nur angedeuteten Formelapparat zur Ermittlung des optimalen Erfolgswertes der Informationen steht ein formales Modell zur Verfügung, das sowohl die Seite der Informationsbeschaffung (Kosten) als auch die der Informationsverwendung zu berücksichtigen versucht. Allerdings läßt sich das Problem der Informationsbewertung nicht in dieser vereinfachten Form rechentechnisch lösen. Es wird unterstellt, daß ein Mehr an Informationen auch eine bessere Entscheidung zur Folge hat. Davon ist aber generell nicht auszugehen.

[631] Diese Formulierung verdeutlicht die Unsicherheit des Informationsnachfragers bezüglich der zusätzlich zu beschaffenden Informationen.

- **Technisch-mathematische Informationsbewertung**

Erste Informationsbewertungansätze basieren auf der technisch-mathematisch-orientierten Informationstheorie.[632] Mit Hilfe dieses Bewertungsansatzes kann die Produktion und Transformation von Informationen gemessen und somit quantitativ nachvollzogen werden. Dieser Ansatz hat jedoch vorwiegend Bedeutung in Hinblick auf die Realisierung von Nachrichtenübermittlungssystemen, insbesondere die Gestaltung und Dimensionierung der Informationsübertragungskanäle. Diese klassische Informationstheorie widmet sich ausschließlich den formalen Aspekten von Zeichensystemen und Codierungsschemata und hat daher für ökonomische Fragestellungen grundsätzlich wenig Relevanz. Unbefriedigend sind sämtliche statistischen Ansätze zur Bestimmung des Informationsgehalts, weil damit relevanten Informationen der gleiche Wert zugesprochen wird wie irrelevanten. Die Bedeutung der übermittelten Sachverhalte (semantischer Aspekt) und der Verwendungszweck beim Empfänger (pragmatischer Aspekt) bleiben unbeachtet, es wird unterstellt, daß die übertragene Information für den Empfänger notwendig ist.

- **Verwendungsunabhängige Informationsbewertung**

Eine isolierte, d.h. verwendungsunabhängige Informationsbewertung führt zu unbefriedigenden Ergebnissen, da, wie oben gezeigt, der Wert von Informationen je nach Anwendung in Informationsverarbeitungsprozessen, vor allem aufgrund der im Faktor Mensch begründeten Unterschiede der Informationsverarbeitung[633], stark schwanken kann. Jede Information besitzt für einen spezifischen Verwendungsprozeß einen anderen pragmatischen Wert bzw. eine andere Wirkung.[634] Der Satz des Pythagoras ist zwar allgemein bekannt, seine Anwendung bzw. Umsetzung zur Lösung konkreter Aufgaben ist damit jedoch keineswegs sichergestellt.

- **Andere den Nutzen bzw. Wert von Informationen bestimmende Einflußgrößen**

Wie bei Investitions- oder Konsumgütern ist auch der Nutzen von Informationen zeitabhängig. Die Besonderheit, daß Informationen unterschiedlich schnell altern, wird nur selten in eine Informationsbewertung einbezogen. Das Altern von Informationen kann als partieller oder auch vollständiger Verlust der Zweckeignung interpretiert werden. Einer pauschalisierten Betrachtungsweise, Informationen unterlägen keiner Abnutzung, soll hier nicht gefolgt werden. Bei einer differenzierten Betrachtung verschiedener Informationsarten stellt sich heraus, daß

---

[632] Vgl. zu den nicht-entscheidungsorientierten Ansätzen der Informationsbewertung auch Forschungsinstitut für Rationalisierung an der Rheinisch-Westfälischen Technischen Hochschule Aachen (Hrsg.): Vorstudie zur Überprüfung der Quantifizierbarkeit des Nutzens von Logistikinformationen - Schlußbericht, Aachen, 1989, S. 25 ff.

[633] Zum Zusammenhang von Persönlichkeitsmerkmalen und Informationsverarbeitung s. Hering, F.-J.: a.a.O., S. 62 ff.

[634] Wild, Jürgen: Zur ...: a.a.O., S. 330.

durchaus stark voneinander abweichende Nutzungsverläufe existieren.[635]

Ein weiterer Einflußparameter auf den Nutzwert[636] von Informationen ist die Verwendungs-häufigkeit. Hier ist zwischen mehrfacher Verwendung für den gleichen Zweck und der Ver-wendung für unterschiedliche Aufgaben, d.h. der Verwendung in verschiedenen Informations-verarbeitungsprozessen, zu unterscheiden. Der Informationswert ist grundsätzlich höher bei Mehrfachverwendung, was einer gewissen Multiplikatorwirkung von Informationen ent-spricht. Der Informationswert hängt darüber hinaus auch stark vom Verfügbarkeitszeitpunkt ab. Diese Abhängigkeit kann im konkreten Einzelfall dazu führen, daß es aufgrund veränder-ter faktischer Verfügbarkeit zu einer Änderung des Informationswertes bzw. zu einem völli-gen Wertverlust kommt. Zu nicht errechenbaren Vorteilen von Informationen zählen Nutzen-formen wie z.B. ersparte Sanktionen oder auch Verfügbarkeitsnutzen.[637]

---

[635] In Publikationen ist vereinzelt der Begriff der Halbwertzeit von Informationen zu finden. Eine Aussage über die Gültigkeitsdauer von Informationen ist nach Ansicht des Verfassers nur im konkreten Fall möglich. Ungeach-tet der Schwierigkeiten, diese Halbwertzeit zu definieren, besitzt der o.g. Satz des Phythagoras eine andere Halbwertzeit als z.B. (aktuelle) Börsenkurse.

[636] Hauke, P.: a.a.O. S. 174.

[637] Vgl. die Ausführungen zu potentiellem Wissen in Kap. 2.1.

8. Zusammenfassung

Die vorliegende Arbeit befaßt sich mit der Problematik der Bewertung und Wirtschaftlich-keitsermittlung logistischer Systeme unter besonderer Berücksichtigung von Informationen. Der entwickelten Konzeption zur ganzheitlichen Bewertung logistischer Systeme und Prozes-se liegt die Auffassung zugrunde, daß in betriebs- bzw. volkswirtschaftlichen Untersuchungen sowohl ganzheitlichen Betrachtungen als auch dem Faktor Information eine zu geringe Wert-schätzung beigemessen wird. Der hohe Komplexitätsgrad realer logistischer Systeme und Prozesse bereitet infolge der Interdependenzen und vielfältigen Implikationen in allen Berei-chen erhebliche Schwierigkeiten, diese einer Bewertung in Hinblick auf ihre Wirtschaftlich-keit zu unterziehen. In der Praxis überwiegen Untersuchungen und Bewertungen von Teilbe-reichen bzw. -systemen. Die Reduktion von Komplexität kann als wesentliches betriebs- und volkswirtschaftliches Planungs- und Entscheidungsproblem angesehen werden.

Gegenstand der Untersuchung ist die Analyse der Querschnittsfunktion Logistik aus betriebs- und volkswirtschaftlichem sowie informationstheoretischem Blickwinkel. Diese Betrach-tungsweise geht über eine primär technikorientierte Untersuchung logistischer Systeme und Prozesse hinaus. In der vorliegenden Arbeit wird untersucht, inwieweit spezielle logistische Aufgaben und Prozesse durch bestimmte Informationsverarbeitungsprozesse bzw. Infor-mations- und Kommunikationssysteme unterstützt werden können. Darüber hinaus werden die Möglichkeiten und Probleme der Bewertung - und hier vor allem der Ermittlung der Wirt-schaftlichkeit - (komplexer) logistischer Systeme untersucht. Ausgehend vom zentralen Be-griff der Wirtschaftlichkeit als Verhältnis zwischen Einsatz- und Ergebnisgrößen (Input und Output) liegt der Schwerpunkt der Betrachtungen in der Analyse von Ursache-Wirkungs-Zusammenhängen bzw. der Analyse der komplexen Wirkungszusammenhänge zwischen den Elementen eines Systems. Die komplexen Input- und Outputgrößen werden mit Hilfe ver-schiedener Analyse- und Systematisierungsansätze differenziert.

Theoriebeiträge aus Betriebs- und Volkswirtschaftstheorie sowie Informationsökonomie wer-den auf das Untersuchungsobjekt Logistik übertragen und integrativ zusammengeführt. Zur Reduzierung der hohen Komplexität logistischer Systeme wird die systemtheoretische Kon-zeption als Ordnungsmuster genutzt. Durch Bezugnahme auf die Systemtheorie wird eine kla-re Strukturierung von Verständnis- und Untersuchungsebenen erreicht. Durch Darstellung verschiedener Abstraktions- bzw. Konkretisierungsstufen werden Möglichkeiten zur Analyse und Differenzierung logistischer Systeme und Prozesse und somit zur gedanklichen Redukti-on der Komplexität aufgezeigt. Ohne geeignete Verfahren zur Komplexitätsreduktion kann die Aufgabe einer ganzheitlichen Bewertung nicht gelöst werden.

Um Bedeutungsvielfalt und Umfang der komplexen Begriffe Information und Logistik zu verdeutlichen, werden zunächst verschiedene Definitionen und Ansätze zur Abgrenzung und Differenzierung vorgestellt. Grundlage der Ausführungen ist ein weiter, durch System- und Prozeßorientierung geprägter Logistikbegriff. Durch Darstellung von Problembereichen in logistischen Ketten, die wesentlich durch Aspekte der Kooperation und Kommunikation ge-kennzeichnet sind, wird aufgezeigt, welchen Beitrag eine effiziente Informationsgewinnung und -verarbeitung leisten kann.

Durch die Untersuchung der logistischen Objekt- und Funktionsbereiche auf einzel- und gesamtwirtschaftlicher Ebene wird ein Überblick über Ausprägungen logistischer Systeme gegeben und das Spektrum logistischer Aufgabenstellungen aufgezeigt. Anhand der exemplarischen Erörterung komplexer logistischer Begriffe wie z.b. Durchlaufzeit oder Lieferservice werden die Vielschichtigkeit der Bewertungsproblematik sowie Möglichkeiten der Dekomposition und Quantifizierung aufgezeigt.

Im Kapitel Bewertung werden grundsätzliche Aspekte der Bewertung diskutiert, Bewertungskategorien aufgezeigt und spezielle Bewertungsprobleme im Rahmen umfassender Wirkungsanalysen vorgestellt. Über die Diskussion typischer logistischer Zielkonflikte sowie durch einen knappen Aufriß logistischer Problem- und Entscheidungsklassen werden die Grundlagen für die Analyse von Ursache-Wirkungs-Zusammenhängen erarbeitet. Die Erörterung der Grenzen bestehender Bewertungsverfahren bildet eine weitere Grundlage für die ganzheitliche Konzeption für input-, output- und prozeßorientierte Bewertungen.

Bei der Entwicklung der Methodik zur Ermittlung der Wirtschaftlichkeit komplexer Systeme fließen begriffliche, methodisch-theoretische und praxisorientierte Überlegungen gleichermaßen ein. Der methodisch-konzeptionelle Ansatz wird an vielen Stellen durch das Hinzuziehen empirischer Untersuchungsergebnisse abgerundet, die zahlreichen Beispiele können für die im konkreten Anwendungsfall notwendigen Differenzierungen und Analysen von Ursache-Wirkungs-Beziehungen genutzt werden.

Die vorgestellte Methodik ist ein - in dieser Form - neuer Lösungsansatz und zeigt einen Weg, sich komplexen Bewertungsprozessen zu nähern. Sie ermöglicht Transparenz und ist zugleich eine Systematisierungshilfe zur Strukturierung logistischer Systeme und Prozesse. Der dargelegte interdisziplinäre Ansatz für ganzheitliche Bewertungen ist als Handlungsanweisung zu verstehen, die problem- und situationsspezifisch anzupassen ist. Die Anwendung der einzelnen Verfahrensschritte kann Ansatzpunkte liefern, um die Effizienz bestehender Systeme und Prozesse zu verbessern. Die Ergebnisse der Arbeit belegen, daß trotz hoher Komplexität logistischer Systeme eine ganzheitliche Bewertung sowie eine umfassende Ermittlung der Wirtschaftlichkeit möglich ist. Voraussetzung dafür ist eine systematische und konsequente Analyse von Ursachen-Wirkungs-Zusammenhängen, um die vielfältigen Implikationen der Querschnittsfunktion Logistik berücksichtigen zu können.

Der Verfasser verbindet mit der vorgestellten Methodik die Hoffnung, daß die Problematik der bisher - unter dem Aspekt der Ganzheitlichkeit - mehr oder weniger unzureichenden Ermittlung der Wirtschaftlichkeit komplexer logistischer Systeme einer Lösung zugeführt werden kann. Hiermit ist ebenfalls verbunden die Erwartung, auf Basis ganzheitlicher Bewertungen die Prozesse der Entscheidungsvorbereitung und letztlich der Entscheidungsfindung in der Praxis zu erleichtern.

Literaturverzeichnis

Abb, Fritz / Weeber, Joachim: Systeme sozialer Indikatoren, in: WISU 4/89, S. 239-240.

Ackoff, Russell L.: Management Misinformation Systems, in: Management Science, 12/1967, No.4, S. B149-156.

Adams, Heinz W.: Materialwirtschaft ein Baustein des Umweltschutzes - Der Kreis schließt sich, in: Beschaffung aktuell, Heft 12, 1991, S. 31-34.

Albach, Horst / Wildemann, Horst: Strategische Investitionsplanung für neue Technologien, in: ZfB-Ergänungsheft 1/86.

Altenburger, Otto A.: Ansätze zu einer Produktions- und Kostentheorie der Dienstleistungen, Berlin: Duncker & Humblot, 1980.

Althoff, Uwe / Berr, Ulrich: Leistungslohn bei flexibel automatisierter Fertigung - die Verrechnungszeit als Leistungskennzahl, in: Fortschrittliche Betriebsführung und Industrial Engineering, Heft 4, 1993, S. 163-167.

Amler, Robert W.: Analyse und Gestaltung strategischer Informationssysteme der Unternehmung - Ansätze zu einer Neuorientierung der Methodenkritik, Göttingen: Vandenhoeck und Ruprecht, 1983.

Andree, Dietmar K.: Kostenmanagement mit Informationsverarbeitungs-Controlling, in: office management, Heft 12, 1993, S. 56-57.

Anselstetter, Reiner: Betriebswirtschaftliche Nutzeffekte der Datenverarbeitung - Anhaltspunkte für Nutzen-Kosten-Schätzungen, Berlin: Springer, 1984.

Arnold, Ulli: Just-In-Time in der Waren- und Materialwirtschaft - Wann ist JIT vorteilhaft?, in: Beschaffung aktuell, Heft 3, 1988, S. 58-63.

A.T.Kearney (Hrsg.): Produktivität und Qualität in der Logistik - Schlüsselfaktoren im europäischen Wettbewerb, Ergebnisse einer Erhebung bei über 1.000 Top-Unternehmen in Europa, Düsseldorf, 1992.

Avonda, T.: Was tun mit den Vorräten, Bestandsmanagement im Handel, in: Logistik Heute, Nr. 1/2-91, S. 23-26.

AWV - Arbeitsgemeinschaft für wirtschaftliche Verwaltung e.V. (Hrsg.): Hausinterne Kommunikationsnetze, in: AWV-Schrift 387, 1986, S. 5-103.

Bäck, Herbert: Erfolgsstrategie Logistik, München: GBI, 1984.

Bäuml, Johann / Lukas, Bernd: EDV-gestützte Entscheidungstechniken zur Beurteilung von Investitionsalternativen, Sindelfingen: Expert, 1986.

Bäune, Rolf / Martin, Heinrich / Schulze, Lothar: Handbuch der innerbetrieblichen Logistik, Logistiksysteme mit Flurförderzeugen, Hrsg.: Jungheinrich AG, Hamburg, 1991.

Ballwieser, Wolfgang / Berger, Karl Heinz (Hrsg.): Information und Wirtschaftlichkeit, wiss. Tagung Hannover, Verband der Hochschullehrer für Betriebswirtschaft e.V. an d. Univ. Hannover 1985, Wiesbaden: Gabler, 1985.

Bartels, Wilfried: Kennzahlen für die Beschaffungslogistik, in: Beschaffung aktuell, Heft 8, 1991, S. 30-34.

Barth, Manfred / Hubmann, H.-Egbert: Neue Informations- und Kommunikationstechniken, Gestaltungsgröße im Einkaufsmanagement, in: Beschaffung aktuell, Heft 2, 1991, S. 48-53.

Bartholomäi, R. Chr.: Das Social Indicator Movement in den USA, in: Kirsch, Guy / Wittmann, Walter (Hrsg.): Nationale Ziele und soziale Indikatoren, Stuttgart: Gustav Fischer, 1975, S. 33-56.

Bauknecht, Kurt / Zehnder, Carl August: Grundzüge der Datenverarbeitung, Methoden und Konzepte für die Anwendungen, Stuttgart: Teubner, 1985.

Baumgarten, Helmut / Schwarting, Carsten: Bestandssenkung in Produktions- und Zulieferbetrieben, Schriftenreihe der Bundesvereinigung der Logistik e.V., Bd.11, Bremen, 1984.

Baumgarten, Helmut / Wolff, Stefan: Perspektiven der Logistik, Trend-Analysen und Unternehmensstrategien, Ergebnisse einer Untersuchung des Bereiches Materialflußtechnik und Logistik der Technischen Universität Berlin, Berlin, 1993.

Becker, Bernd-Dieter / Walderich, Wolfgang.: Rechnergestützte Planung von Lagersystemen, in: Zeitschrift für Logistik, 4/93, S. 38-44.

Berkau, Carsten / Scheer, A.-W.: Verteiltes, wissensbasiertes Prozeßkostenmanagement, in: Information Management, Heft 3, 1993, S. 40-49.

Bernard, J.: Lager- und Kommissioniersysteme mit autonomen Lagerfahrzeugen, in: Zeitschrift für Logistik, 2/92, S. 33-37.

Berndt, Thomas: Wechselseitige Bedeutung von Reengineering und Logistik, in: Logistik im Unternehmen, 8/94, Nr. 10, S. 78-81.

Berner, Manfred: Standort- und Wettbewerbsaspekte logistischer Kommunikationssysteme, in: o.V.: Logistik-Lösungen für die Praxis, Berichtsband zum 11. Deutschen Logistik-Kongreß, (Hrsg: BVL), München: Huss, 1994, Band 1, S. 525-541.

Bichler, Klaus: JIT, Stau und Umwelt, Als Alternative das JIT-Lager, in: Beschaffung aktuell, Heft 1, 1992, S. 34-38.

Bierfelder, Wilhelm: Innovationsmanagement, München: Oldenbourg, 1987.

Biethahn, J.: Simulation, eine Methode zur Findung betriebswirtschaftlicher Entscheidungen, in: Biethahn, Jörg / Schmidt Bernd (Hrsg.): Simulation als betriebliche Entscheidungshilfe - Methoden, Werkzeuge, Anwendungen, Berlin: Springer, 1987, S. 79-91.

Binner, Hartmut: Prozeßkettenmodellierung, in: CIM Management, 4/91, S. 30-36.

Binner, Hartmut: Automatisierung versus Lean Production, in: Zeitschrift für Logistik, 4/93, S. 21-26.

Bitz, Michael / Wenzel, Franz: Zur Preisbildung von Informationen, in: ZfbF, 1974, S. 451-472.

Bleicker, Ulrike: Produktbeurteilung der Konsumenten - Eine psychologische Theorie der Informationsverarbeitung, Würzburg: Physica, 1983.

Bloech, Jürgen: Wahl des Standortes bei Minimierung der Transportkosten, in: WISU 10/88, S. 533-537.

Bloech, Jürgen: Die Management-Aufgabe: Kostensteuerung in der Logistik; in: Beschaffung aktuell , Heft 12, 1990, S. 30-32.

Bloech, Jürgen: Betriebs- und Unternehmensgröße, in: HdWW, Bd. 1, Stuttgart, Tübingen, Göttingen, 1977.

Blohm, Hans / Lüder, Klaus: Investition - Schwachstellen im Investitionsbereich des Industriebetriebes und Wege zu ihrer Beseitigung, München: Vahlen, 1988.

Blöte, Volker: Planung optimaler Transport- und Lagermengen, Düsseldorf: Mannhold, 1981.

Boening, Dieter: Informationsbeschaffung, -bewertung und -allokation für die Anlageprogrammplanung von Kreditinstituten, Bochum: Brockmeyer, 1974.

Bowersox, Donald J.: Logistische Allianzen machen Furore, in: Harvard Manager, Heft 2, 1991, S. 34-46.

Brauer, Karl M. / Krieger, Winfried: Betriebswirtschaftliche Logistik, Berlin: Duncker & Humblot, 1982.

Bretzke, Rüdiger: Transport- und Logistiksysteme, Teil 4, in: Logistik heute, Nr. 3, 1992, S. 15-18.

Brockmann, Karl-Heinz / Anagnostou, Evangelos: Logistische Kennzahlen für den zwischenbetrieblichen Vergleich, Rationalisierungspotentiale in der Logistik erkennen, in: Logistik im Unternehmen, Heft 10, 1993, S. 94-96.

Brönimann, Charles: Aufbau und Beurteilung des Kommunikationssystems von Unternehmungen, Stuttgart: Haupt, 1968.

Broggi, Mario: Der Informatikeinsatz im Lagerbereich, in: io management zeitschrift, Heft 3, 1992, S. 39-43.

Bromann, Peter: Erfolgreiches strategisches Informationsmanagement, Landsberg/Lech: Moderne Industrie, 1987.

Bullinger, Hans-Jörg / Seidel, Uwe A.: Neuorientierung im Produktionsmanagement - Lean Production für die europäische Kraftfahrzeuginsustrie?, in: FB/IE 41, Heft 4, 1992, S. 150-156.

Bumba, Frantisek: EDI in logistischen Leistungsketten, in: it 3/92, S. 160 - 167.

Bumba, Frantisek: Jeder mit allen, weltweiter Datenaustausch, in: o.V.: Logistik - Lösungen für die Praxis, Berichtsband zum 11. Deutschen Logistik-Kongreß, (Hrsg: BVL), München: Huss, 1994, S. 478-495.

Buresch, Kurt: Ohne Information geht nichts, in: Beschaffung aktuell, Heft 2, 1991, S. 54-56.

Busch, Ulrich: Produktivitätsanalyse - Wege zur Steigerung der Wirtschaftlichkeit, Berlin: Erich Schmidt, 1985.

Busch, Hans F.: Integriertes Materialmanagement hat die Schlüsselstellung im Unternehmen, in: Beschaffung aktuell, 1988, S. 5-8.

Buss, Dieter: Die Beurteilung von Modellen als Grundlage organisatorischer Gestaltung in Management-Informationssystemen, Köln, 1974.

Chorafas, Dimitris: Computergestütztes Management, Hamburg: Mc Graw-Hill Book Company GmbH, 1987.

Claussen, Th.: Grundlagen der Güterverkehrsökonomie, Hamburg, 1979.

Conrath, D.W. / Montazemi A.R. / Higgins C.A.: Evaluating Information in Ill Structured Decision Environments, Journal of the Operational Research Society Vol. 38, No. 5, S. 375 - 385.

Corsten, Hans: Zur Verkürzung der Durchlaufzeiten bei Büroarbeiten, in: WISU, Heft 8, 1986, S. 426 -430.

Corsten, Hans: Die Produktion von Dienstleistungen - Grundzüge einer Produktionswirtschaftslehre des tertiären Sektors, Berlin: Schmidt, 1985.

Däßler, Klaus: Künstliche Intelligenz, Entwicklung und Umfeld, in: PIK, Nr. 10, 1987, S. 296-299.

Delfmann, W.: Das Steiner-Weber-Problem, in: WISU, 6/87 (18), S. 291.

Dellmann, Klaus: Kosten- und Leistungsrechnungen, in: Vahlens Kompendium der Betriebswirtschaftslehre, München: Franz Vahlen, 1990, Band 2, S. 305-369.

Dellmann, K.: Zur Theorie der Kostenrechnung, in: ZfB, 49 Jg., 1979, S. 321-332.

Demmer, Hans: Datentransportkostenoptimale Gestaltung von Rechnernetzen, Berlin: Springer, 1987.

DIN 44302: Informationsverarbeitung: Datenübertragung, Datenübermittlung, Begriffe, Berlin, 1987.

DIN 66285: Informationsverarbeitung: Anwendungssoftware, Gütebedingungen und Prüfbestimmungen, Berlin, 1990.

Diruf, Günther: Computergestützte Planung kostenoptimaler logistischer Systeme für Unternehmen ohne eigenen Fuhrpark, in: Diruf, Günther (Hrsg.): Logistische Informatik für Güterverkehrsbetriebe und Verlader - Computergestützte Systeme zur Planung, Steuerung und Kontrolle verkehrsbetrieblicher Transport-, Umschlags- und Lagerleistungen, Berlin: Springer, 1985, S. 1-25.

Dittmann, Sebastian: Das Opportunitätskostenkalkül - Eine Bestimmung optimaler Kosten und Leistungswerte, Frankfurt/Main: Peter Lang, 1985.

Domschke, Wolfgang: Logistik: Transport - Grundlagen, lineare Tranport- und Umladeprobleme, Bd. 1, München: Oldenbourg, 1981.

Domschke, W.: Logistik, Rundreisen und Touren, Bd. 2, München, Wien, 1982.

Domschke, W. / Drexl;A.: Logistik: Standorte, Bd. 3, Oldenbourg, München, 1984.

Domschke, W. / Drexl, A.: Einführung in Operations Research, Springer, Heidelberg, 1991.

Drechsler, Wolfgang: Markteffekte logistischer Systeme - Auswirkungen von logistik- und unternehmensübergreifenden Informationssystemen im Logistikmarkt, Göttingen: Vandenhoeck & Ruprecht, 1988.

Dubber, Oliver / Franz, Peter: Über den Nutzen und Wert der Nutzwertanalyse in der öffentlichen Verwaltung, in: Speyerer Arbeitshefte, Nr. 56, 1984.

Duden: Fremdwörterbuch, Bibliographisches Institut Mannheim/Wien/Zürich, 1974.

Dworatschek, Sebastian / Donike, Hartmut: Wirtschaftlichkeitsanalyse von Informationssystemen, Berlin: de Gruyter, 1972.

Dyckhoff, Harald: Informationsverdichtung zur Alternativenbewertung, in: ZfB, 56. Jg., 1986, Heft 9, S. 856-872.

Eberle, Maximilian: Planung und Realisierung technik-gestützter Informationssysteme - Analyse und Gestaltung auf der Grundlage der Systemwirtschaftlichkeit, Göttingen: Vandenhoeck & Ruprecht, 1984.

Eberlein, Werner: Architektur technischer Datenbanken für integrierte Ingenieursysteme, in: Arbeitsberichte des Instituts für mathematische Maschinen und Datenverarbeitung, Erlangen, 1984.

Eccles, Robert C.: Wider das Primat der Zahlen - die neuen Steuergrößen, in: Harvard Manager, Heft 4, 1991, S. 14-26.

Eekhoff, Johann / Heidemann, Claus / Strassert, Günter: Kritik der Nutzwertanalyse, IfR Diskussionspapier Nr. 11, (Hrsg.) Institut für Regionalwissenschaft der Universität Karlsruhe, 1981

Eicke, Henning von / Femerling Christian: modular sourcing, Ein Konzept zur Neugestaltung der Beschaffungslogistik, Eine empirische Analyse in der Automobil- und Automobilzulieferindustrie, Schriftenreihe der Bundesvereinigung Logistik (BVL), hrsg. von Helmut Baumgarten und Gösta B. Ihde, Band 24, München: Huss, 1991.

Eidenmüller, Bodo: Handeln im Verbund, DLZ- und Bestandsreduzierung als Produktionsstrategie, in: Beschaffung aktuell, S.46 ff.

Ellis, Clarence A. / Naffah, Najah: Design of Office Information Systems, Berlin: Springer, 1987.

Emmert, Peter H.: Die Planung und Beurteilung von Investitionsvorhaben in einem Mensch-Maschinen-Kommunikations-System, Nürnberg, 1974.

ERFA (Hrsg.): Datenbanken - Leitfaden zur Planung und Systemevaluation.

Feierabend, Ralf: Beitrag zur Abstimmung und Gestaltung unternehmensübergreifender Schnittstellen, Bremen, 1980.

Feldhahn, Karl-Andreas: Logistik-Management in kleinen und mittleren Unternehmen, Lübeck, 1991.

Felsner, Jürgen: Kriterien zur Planung und Realisierung von Logistik-Konzeptionen in Industrieunternehmen, in: Schriftenreihe der Bundesvereinigung Logistik e.V., Bd. 3, Bremen, 1980.

Fey, P.: Logistik-Management und integrierte Unternehmensplanung, München 1989.

Fiege, Hugo: Informationssysteme in Gütertransportketten - System-, Kosten- und Leistungsanalyse auf der Grundlage eines unternehmensübergreifenden Informationssystems, Frankfurt/Main: Lang, 1987.

Fieten, Robert: Entwicklungsperspektiven der Zulieferindustrie - Erfolg bedarf der Strategie, in: Beschaffung aktuell, S. 38-44.

Fieten, Robert: Erfolgsstrategien für Zulieferer, Von der Abhängigkeit zur Partnerschaft, Automobil- und Kommunikationsindustrie, Wiesbaden, Gabler, 1991.

Filz, Bernd et al.: Kennzahlensystem für die Distribution - Modell für kleine und mittlere Unternehmen, Köln: TÜV Rheinland, 1989.

Firchau, Volker: Wert und maximaler Wert von Informationen für statistische Entscheidungsprobleme, Königstein/Ts.: Athenäum/Hain/Scriptor/Hanstein, 1980.

Flechtner, H.J.: Grundbegriffe der Kybernetik, Stuttgart, 1969.

Flip-Köhn, Renate: Erfassung von Informations- und Kommunikationsaktivitäten in Subsystemen der Input-Output-Rechnung, in: Stäglin, Reiner / Südfeld, Erwin et al.: Informations- und Kommunikationstechnologien in Wirtschaft und Gesellschaft - Konzepte ihrer statistischen Erfassung, Stuttgart: Kolhhammer, 1988; s. 160-169.

Forschungsinstitut für Rationalisierung an der Rheinisch-Westfälischen Technischen Hochschule Aachen (Hrsg.): Vorstudie zur Überprüfung der Quantifizierbarkeit des Nutzens von Logistikinformationen - Schlußbericht, Aachen, 1989.

Frese, Erich / Schmitz, Paul / Szyperki, Norbert: Organisation, Planung, Informationssysteme, 1981.

Gäfgen, G: Theorie der wirtschaftlichen Entscheidung, 2. erw. Auflage, Tübingen 1968.

Gast, Ottmar: Entwicklung eines Instrumentariums zur Analyse und Grobprojektierung von Logistik-Informations-Systemen, Berlin: Springer, 1985.

Gault, F.D: in: Rumble, John R. Jr. / Hampel, Viktor E.: Database management in science and technology, Amsterdam: North-Holland, 1984.

Geiß, Wilfried: Betriebswirtschaftliche Kennzahlen - Theoretische Grundlagen einer problemorientierten Kennzahlenanwendung, Frankfurt/Main: Lang, 1986.

Geissler, W.: Organisation der Informationsverarbeitung, in: VDI Bericht 647: Rechnerunterstützte Angebotserstellung, VDI-Verlag, Düsseldorf, 1987, S. 35-52.

Gerber, Rüdiger / Jourdan, Hartmut (Hrsg.): Informationssysteme in der Logistik, in: Schriftenreihe der Bundesvereinigung Logistik, Bd. 10, Bremen, 1983.

Gerlach, Horst-Henning / Bobenhausen, Frank: Durchlaufzeit-Analyse bei Einzel- und Kleinserienfertigung, in: FB/IE 35 (1986), Nr. 2, S. 83-87.

Gernet, Erich: Das Informationswesen der Unternehmung, Gießen, 1987.

Gerpott, Torsten / Fleischer, Heike / Domsch; Michel: Technologische Gatekeeper, in: WISU 6/87, S. 307-310.

Grob, Robert: Betriebliche Leistungs-Anreizsysteme für Arbeitsgruppen, in: Corsten, Hans / Will, Thomas (Hrsg.): Lean Production, Stuttgart, Berlin, Köln, W. Kohlhammer, 1993, S. 157-175.

Götz, Gisela: Evaluierung ökonomischer Projekte in Entwicklungsländern mit Hilfe von Kosten-Nutzen-Analysen, Krefeld: Marchal-und-Matzenbacher-Wissenschaftsverlag, 1984.

Götz, K. / Möser, H.: Optimierte Material- und Informationsflüsse im Wareneingang und Warenausgang, S. 103-116, in: Jehle, Egon (Hrsg.): Wertanalyse optimiert Logistikprozesse, Köln: TÜV Rheinland, 1989.

Grabowski, H. / Zschoch, H.: Wissensbasierte Systeme und ihre Anwendungsmöglichkeiten, in: Rechnerunterstütze Angebotsbearbeitung, Tagung Karlsruhe, 9/87, S. 117-122.

Grandjot, Hans-Helmut / Ruhnow, Dieter: Informatik im Güterverkehr - Übersicht betriebsübergreifender Projekte, in: Reihe Rationeller Transport 32, Frankfurt/Main, 1984.

Graumann, Mathias: Die Anwendung neuer Entwicklungen in Produktion und Logistik bei deutschen Herstellern von Personenkraftwagen 1981-1990, in: ZfB, 63. Jg., Heft 5, 1993, S. 443-470.

Grochla, Erwin u.a.: Integrierte Gesamtmodelle der Datenverarbeitung - Entwicklung und Anwendung des Kölner Integrationsmodells (KIM), München: Carl Hanser, 1974.

Grochla, Erwin: Drei Dimensionen der informationstechnologischen Integration - Technologie, soziale und organisatorische Aspekte müssen berücksichtigt werden, in: Jahrbuch der Bürokommunikation, 1986, S. 98-100.

Grochla, Erwin / Welge, Martin K.: Zur Problematik der Effizienzbestimmung von Organisationstrukturen, in: ZfB, 1975, S. 273-289.

Gromball, Paul: EURO-LOG: Nutzung neuer Informationstechniken für die umweltgerechte Steuerung des europäischen Warenflusses, in: it, 3/92, S. 169-181.

Groth, Uwe / Kammel, Andreas: Lean Production - Schlagwort ohne inhaltliche Präzision?, in: FB/IE 41, Nr. 4, 1992, S. 148-150.

Gronau, Norbert: Rechnergestütztes Produktionsmanagement - PPS-Systeme sind keine Management-Informationssysteme, in: FB/IE 41, Nr. 4, 1992, S. 160-163.

Gross, Rainer: Informationsproblematik in der strategischen Planung - dargestellt am Beispiel eines mittelständigen Unternehmens der chemischen Industrie, Stuttgart, 1988.

Grossmann, G.: Braucht Logistik Lager, in: Zeitschrift für Logistik, 1/94, S. 5-10.

Groth, Uwe/Kammel, Andreas: Lean Production, Schlagwort ohne inhaltliche Präzision?, in: FB/IE 41 (1992), Nr.4, S. 148-149.

Günter, Horst: Zur Abhängigkeit der Region Braunschweig von der Volkswagen AG, Technische Universität Braunschweig, 1993.

Gutenberg, E.: Grundlagen der Betriebswirtschaftslehre, Erster Band: Die Produktion, 24. Aufl., Berlin, 1983.

Hackstein, R.: CIM und Logistik; in: Zeitschrift für Logistik, Nr. 3, 1987, S. 46.

Hahn, D.: Führung des Systems Unternehmung, in: ZfO 4/1971, S. 161-169.

Hammer, Michael / Champy, James: Business Reengineering, Die Radikalkur für das Unternehmen, Frankfurt/Main: Campus Verlag, 1994.

Hanusch, H.: Nutzen-Kosten-Analyse, München, 1986.

Harting, Detlef: Wertgestaltender Einkauf, Lieferantenauswahl mit Hilfe der Nutzwertanalyse, in: Beschaffung aktuell, Heft 8, 1990, S. 39-42.

Harting, Detlef: Logistik-Allianzen: Besserer Service in der Logistikkette, in: Beschaffung aktuell, Heft 6, 1992, S. 36-42.

Harting, Detlef: Serviceleistungen der Kundenstruktur anpassen, in: Beschaffung aktuell, S. 65-68.

Hauke, Peter: Informationsverarbeitungsprozesse und Informationsbewertung, München: GBI, 1984.

Hautz, Erich: Die logistische Kette, in: Fortschrittliche Betriebsführung und Industrial Engeneering, Heft 1, 1992, S. 4-7.

Hax, Herbert: Bewertungsprobleme bei der Formulierung von Zielfunktionen für Entscheidungsmodelle, in: ZfbF, 1967, S. 749-761.

Heinen, E.: Der entscheidungsorientierte Ansatz der Betriebswirtschaftslehre, in: ZfB, Nr. 7, 1971, S. 429-444.

Heinen, E.: Das Zielsystem der Unternehmung (Zielsystem), Wiesbaden, 1966.

Heinrich, Lutz J. / Burgholzer, Peter: Informationsmanagement - Planung, Überwachung und Steuerung der Informations-Infrastruktur.

Heinrich, Lutz J. / Felhofer, Elisabeth: Logistik-Organisation und Logistik -Informationssysteme, empirische Befunde, Koordinierungs-Mechanismen, Logistik in mittelständischen Unternehmen, Struktur und Ablauforganisation.

Hennings, Fr.: Die Ansätze der Prozeßkostenrechnung im Controlling von Unternehmen der Verkehrswirtschaft - utopisch oder realisierbar?, Tagungsband: Deutscher Logistikkongreß 1992, S. 513-526 (Bundesvereinigung Logistik).

Hering, Franz Josef: Informationsbelastung in Entscheidungsprozessen - Experimental- Untersuchung zum Verhalten in komplexen Situationen, Frankfurt/Main: Lang, 1986.

Heskett, J.L.: Logistics - essential to strategy, in: Harvard Business Review, Vol. 55, No. 6, 1977, S. 85-96.

Hiegemann, Susanne: Kabel und Satellitenfernsehen - Die Entwicklung der BRD unter ökonomischen, politischen und inhaltlichen Aspekten, Bonn: Bundeszentrale für politische Bildung, 1988.

Hoffmann, Friedrich: Computergestützte Informationssysteme.

Hofmann, Jürgen: Erweiterte Kosten-Nutzen-Analyse - Zur Bewertung und Auswahl öffentlicher Projekte, Göttingen: Vandenhoek & Ruprecht, 1981.

Horváth, Peter: Effektives Informationscontrolling - Acht Elemente eines Gesamtkonzepts, in: Office Management, 1-2/1991, S. 12-15.

Horváth, Peter / Mayer,R.: CIM-Wirtschaftlichkeit aus Controller-Sicht, in: CIM Management, 4/88, S. 48-53.

Hoyer, Rudolf: Entwicklung eines Modells und Verfahrens zur rechnergestützten, prozeßorientierten Organisationsanalyse, Berlin, 1988.

Hoyer, Rudolf / Kölzer, Georg: Ansätze zur Planung eines innerbetrieblichen Informations- und Kommunikationssystems, in: Krallmann, Hermann (Hrsg.): Informationsmanagement auf der Basis integrierter Bürosysteme, Berlin: Schmidt, 1985, S. 25-40.

Ihde, Gösta B.: Distributionslogistik, Stuttgart, 1978.

Ihde, Gösta B.: Transport, Verkehr, Logistik - Gesamtwirtschaftliche Aspekte und einzelwirtschaftliche Handhabung, München: Vahlen, 1984.

Ihde, Gösta B.: Mehr Verkehr durch Just in time?, in: Zeitschrift für Verkehrswissenschaft, Heft 4, 1991, S. 192-198.

Inderfurth, Karl: Portfoliotheoretische Überlegungen zum Risikomanagement in der Produktionslogistik, in: ZfB, Heft 10, 1992, S. 1085-1104.

Jacob, Olaf: Externe „Online"-Datenbanken: Grundlagen und Nutzungsmöglichkeiten im Rahmen betrieblicher Entscheidungsprozesse, in: WISU, 12/88, S. 675-679.

Jansen, R.: Das Lager innerhalb der Logistik, in: Beschaffung aktuell, Heft 10, 1985, S. 70-71.

Jehle, Egon (Hrsg.): Wertanalyse optimiert Logistikprozesse, Köln: TÜV Rheinland, 1989.

Jünemann, Reinhardt: Materialfluß und Logistik - Systemtechnische Grundlagen mit Praxisbeispielen, Berlin: Springer, 1989.

Jünemann, Reinhardt: Flexible Automatisierung in der Produktion, in: Zeitschrift für Logistik 11, Nr. 5, 1990, S. 19-24.

Kalinowski, Paul: JIT über die Schiene, Logistikzüge sparen Transport- und Lagerkosten, in: VDI-Nachrichten, Nr. 39, 1990, S. 40.

Kemmner, A.: Investitions- und Wirtschaftlichkeitsaspekte bei CIM, in: CIM Management, 4/88.

Kern, Aeisso: Transportsteuersysteme - Konzeption, Realisierung und Systembeurteilung für den wirtschaftlichen logistischen Einsatz, München: Huss, 1991.

Kern, W.: Industrielle Produktionswirtschaft, 3., völlig neu bearbeitete Auflage von Industriebetriebslehre, Stuttgart, 1980.

Kirsch, Werner / Kieser, Heinz P.: Perspektiven der Benutzeradäquanz von Management-Informations-Systemen, in: ZfB, Nr. 6, 1974, S. 383-402.

Kirsch, Werner: Betriebswirtschaftslehre: Systeme, Entscheidungen, Methoden, Wiesbaden: Gabler, 1973.

Kirsch, Werner / Klein, Heinz K.: Management-Informationssysteme - Auf dem Weg zu einem neuen Taylorismus?, Stuttgart: Kohlhammer, 1977.

Kittel / Speitel: Wirtschaftlichkeit von Planungs-und Steuerungssystemen in der Produktion.

Klapper, Norbert: Präventive Qualitätssicherung von Logistikleistungen in der Produktion, Eine empirische Untersuchung, Berlin: Erich Schmidt, 1993.

Kleer, Michael: Gestaltung von Kooperationen zwischen Industrie- und Logistikunternehmen Ergebnisse theoretischer und empirischer Untersuchungen, in: Unternehmensführung und Logistik, Band 2, Berlin: Erich Schmidt, 1991.

Klevers, Thomas: Systematik zur Analyse des Informationsflusses und Auswahl eines Netzwerkkonzeptes für den planenden Bereich, Dissertation, Aachen, 1990.

Klimmek, Klaus: Kommissionierautomation - Rentabilitätsrechnung vor Prestigeobjekt, in: Logistik heute, 10/93, S. 22-26.

Klöpper, H.-J.: Systemdenken in der Logistik, in: Jehle, Egon (Hrsg.): Wertanalyse optimiert Logistikprozesse, Köln: TÜV Rheinland, 1989, S. 65-84.

Klohr, Volker: Optimierung der europäischen Distributionslogistik, in: Logistik im Unternehmen, Juni 1990, S. 98-103.

Knorr, Peter: Messwerte der Informationsnachfrage in komplexen Beurteilungsprozessen, Kiel: Vauk, 1986.

König, Wolfgang / Niedereichholz, Joachim: Informationstechnologie der Zukunft - Basis strategischer DV-Planung, Heidelberg: Physica, 1986.

Konrad, E.: Grenzen der Anwendbarkeit von Expertensystemen, in: Krallmann, Hermann (Hrsg.): Expertensystemen in Unternehmen, Möglichkeiten, Grenzen, Anwendungsbeispiele, Betriebliche Informations- und Kommunikationssysteme, Bd. 6, Erich Schmidt Verlag, Berlin, 1986, S. 153-157.

Korte, Jürgen: Verfahren der Wertanalyse - Betriebswirtschaftliche Grundlagen zum Ablauf wertanalytischer Entscheidungsprozesse, Berlin: Schmidt, 1977.

Kortzfleisch, Herrmann von: Information und Kommunikation in der industriellen Unternehmung.

Krallmann, Hermann: Wissensbasierte Systeme in der computerintegrierten Fertigung (CIM), in: innovation, 2/86, S. 108-114.

Krallmann, Hermann (Hrsg.): Expertensystemen in Unternehmen, Möglichkeiten, Grenzen, Anwendungsbeispiele, Betriebliche Informations- und Kommunikationssysteme, Bd. 6, Erich Schmidt Verlag, Berlin, 1986.

Krampe, Horst: Qualitätssicherung - Service des Anbieters ist meßbar, Logistik Leitfaden, in: Logistik-Jahrbuch 199 , S. 179-183.

Krulis-Randa, Jan S.: Marketing-Logistik - Eine systemtheoretische Konzeption der betrieblichen Warenverteilung und Warenbeschaffung, Bern: Haupt, 1977.

Kruschwitz, L.: Klassische Entscheidungsregeln bei Risiko, in: WISU, 2/87, S. 81-85.

Kruschwitz, Lutz: Das Bernoulliprinzip, in: WISU, 11/87, S. 567-570.

Kubicek, Herbert / Rolf, Arno: Mikropolis - Mit Computernetzen in die Informationsgesellschaft, Hamburg: VSA, 1986.

Küpper, Hans-Ulrich: Controlling im Materialmanagement - Geeignete Führungsinstrumente einsetzen, in: Beschaffung aktuell, S. 32-39.

Küpper, Hans-Ulrich / Hoffmann, H.: Ansätze und Entwicklungstendenzen des Logistik-Controlling in Unternehmen der Bundesrepublik Deutschland, Ergebnisse einer empirischen Erhebung, in: Die Betriebswirtschaft, 48. Jg., Nr. 5, 1988, S. 587-601.

Küpper, Hans-Ulrich: Beschaffung, in: Vahlens Kompendium der Betriebswirtschaftslehre, München: Franz Vahlen, 1990, Band 1, S. 193-252.

Kuhlen, Rainer (Hrsg.): Koordination von Informationen - Die Bedeutung von Informations- und Kommunikationstechnologien in privaten und öffentlichen Verwaltungen, Berlin: Springer, 1984, (Informatik-Fachberichte).

Kuhn, Axel: CIM und Logistik, in: CIM Management, 4/91, S. 4-9.

Kummer, Sebastian: Logistik im Mittelstand: Stand und Kontextfaktoren in mittelständischen Unternehmen, Stuttgart: Schäffer-Poeschel, 1992.

Kuprat, Thomas: Simulationsgestützte Beurteilung der logistischen Qualität von Produktionsstrukturen, in: Zeitschrift für Logistik, 6/92, S. 23-30.

Kurbel, Karl: EDV-orientierte Betriebswirtschaftslehre, in: ZfB, 57. Jg., Heft 5/6, 1987, S. 581-587.

Langer, K.J.: Das Weltmodell von Forrester: WORLD II, in: Biethahn, Jörg / Schmidt Bernd (Hrsg.): Simulation als betriebliche Entscheidungshilfe - Methoden, Werkzeuge, Anwendungen, Berlin: Springer, 1987, S. 117-133.

Laverentz, Klaus / Geiger, Thomas F.: Logistik-Controlling im Brennpunkt, in: Distribution 11-12/1993, S. 22-25.

Lehmann, E.: Problemaspekte der Wissensrepräsentation, in: Siemens Forschungs- und Entwicklungsberichte, Bd.17, Nr. 2, 1988, S. 45-51.

Lempa, Simone: Flächenbedarf und Standortwirkung innovativer Technologie und Logistik, unter besonderer Berücksichtigung des Logistikkonzeptes Just-In-Time in der Automobilindustrie, Kallmünz/Regensburg: Lassleben, Münchner Studien zur Sozial- und Wirtschaftsgeographie Nr. 36, München, 1990.

Lenz, Ulrich / Demuth, Peter: Controlling - Entscheidungsgrundlagen für Selbsterstellung oder Fremdbezug von Logistikleistungen, in: controller magazin, 2/91, S. 89-96.

Leuppi, Remo: Informatik-Outsourcing am praktischen Beispiel, in: Management Zeitschrift, Heft 5, 1993, S. 38-41.

Lohmann, Ulrich: Logistik-Controlling - Vom Blindflug zum beherrschten Chaos mit der Prozeßkostenrechnung, in: Tagungsband Deutscher Logistikkongreß 1992, S. 477-511 (Bundesvereinigung Logistik).

Lompe, K. et. al.: Regionale Bedeutung und Perspektiven der Automobilindustrie, Düsseldorf, 1991.

Lutz, Theo: Das computerorientierte Informationssystem (CIS), Berlin: de Gruyter, 1973.

Machlup, Fritz: The Economics of Information and Human Capital, Princeton: University Press, 1984.

Männel, Wolfgang: Entwicklungstendenzen entscheidungsorientierter Kostenrechnungskonzepte, in: WISU, 3/88, S. 139-144.

Männel, Wolfgang: Moderne Konzepte für Kostenrechnung, Controlling und Kostenmanagement, in: Kostenrechnungspraxis, Heft 2, 1993, S. 69-72.

Männel, Wolfgang: Grundzüge einer Kosten- und Leistungsrechnung für Materialwirtschaft und Logistik, in: Gaugler, Eduard / Meissner, Hans Günther / Thom, Norbert (Hrsg.): Zukunftsaspekte der anwendungsorientierten Betriebswirtschaftslehre - Erwin Grochla zum 65. Geburtstag gewidmet, Stuttgart: C.E. Poeschel, S. 317-334.

Mag, Wolfgang: Entscheidung und Information, München: Franz Vahlen, 1977.

Marschak, J.: Economics of Information systems, in: Journal of the American Statistical Association 66/1971, S: 192-219.

Mataré, Jürgen: Informationswirtschaft als Dienstleistung, in: Kuhlen, Rainer (Hrsg.): Koordination von Informationen - Die Bedeutung von Informations- und Kommunikationstechnologien in privaten und öffentlichen Verwaltungen, Berlin: Springer, 1984 (Informatik-Fachberichte), S. 61-79.

Maydl, Erich: Technologie-Akzeptanz im Unternehmnen - Mitarbeiter gewinnen für neue Informationstechnologien, Wiesbaden: Gabler, 1987.

Meffert, Heribert: Informationssysteme - Grundbegriffe der EDV und Systemanalyse, Düsseldorf: Werner, 1975.

Meffert, Heribert: Marketing und Neue Medien, Stuttgart: Poeschel.

Meffert, Heribert: Marktforschung - Grundriß mit Fallstudien, Wiesbaden: Gabler, 1986.

Meinig, Wolfgang (Hrsg.): Wertschöpfung in Automobilindustrie, Zulieferer-Hersteller-Handel, internationaler Wettbewerb und globale Herausforderung, Wiesbaden, Gabler, 1994.

Merkel, H. Helmut: Simulationsmodelle für die Optimierung interdependenter logistischer Prozesse, in: Schriftenreihe der Bundesvereinigung Logistik e.V., Bd. 5, Bremen, 1981.

Mertens, Peter (Hrsg.): Lexikon der Wirtschaftsinformatik, Berlin: Springer, 1987.

Mertens, Peter / Allgeyer, Karlheinz / Däs, Harald: Betriebliche Expertensysteme in deutschsprachigen Ländern - Versuch einer Bestandsaufnahme, in: ZfB, 56. Jg., Heft 9, 1986, S. 905-940.

Mertens, Peter: Forschungsergebnisse zum Nutzen-Kosten-Verhältnis der computergestützten Informationsverarbeitung, in: Ballwieser, Wolfgang / Berger, Karl Heinz (Hrsg.): Information und Wirtschaftlichkeit, wiss. Tagung Hannover, Verband der Hochschullehrer für Betriebswirtschaft e.V. an d. Univ. Hannover 1985, Wiesbaden: Gabler, 1985, S. 49-88.

Mertens, P. / Anselstetter, R. / Eckardt, Th.: Wirkungen von DV-Anwendungen - Ergebnisse einer Feldstudie, IBM-Nachrichten 31(1981).

Metzler, L.A.: The Nature and Stability of Inventory Cycles. In: The Review of Economics and Statistics, Vol. 23 (1941), deutsche Übersetzung: Natur und Stabilität von Lagerzyklen, in: Weber, W. (Hrsg.): Konjunktur- und Beschäftigungstheorie, Köln, Berlin, 1967.

Mildner, Raimund: Leitfaden für Kosten-Wirksamkeits-Analysen im Gesundheitswesen, Hrsg.: SNV Studiengesellschaft Nahverkehr mbH.

Mittner, Kurt A.: Differenzierte Lieferantenpolitik, in: Beschaffung aktuell, 4/91, S. 21-23.

Morgenbrod, H. / Mrva, M.: Wartung großer Softwaresysteme, in: Schwärtzel, Heinz (Hrsg.): Informatik in der Praxis, Aspekte ihrer industriellen Nutzanwendung, Berlin: Springer, 1986, S. 136-149.

Mrosek, Dietmar: Zurechnungsprobleme in einer entscheidungsorientierten Kostenrechnung, München: GBI, 1983.

Müller, Gerd H.: „Expertensysteme-Stand und Perspektiven", in: VDI Nachrichten, Nr.24/88, S. 42/43.

Müller, Jürgen: „Die neuen IKT-Auswirkungen auf Wachstum und Beschäftigung und die Rolle der Bundespost", in: Sonntag, Philipp [Hrsg.]: „ Die Zukunft der Informations-Gesellschaft", S. 90-206.

Müller-Merbach. H.: Optimale Reihenfolgen, Berlin, Heidelberg, Nex York, 1970.

Müller-Merbach, Heiner: Vier Arten von Systemansätzen, dargestellt in Lehrgesprächen, in: ZfB, 62. Jg., Heft 8, 1992, S. 853-876.

Nagel, Kurt: Nutzen der Informationsverarbeitung - Methoden zur Bewertung von strategischen Wettbewerbsvorteilen, Produktivitätsverbesserungen und Kosteneinsparungen, München: Oldenbourg, 1988.

NEVEM working group (Hrsg.): Performance indicators in logistics - Approach and coherence, Berlin: Springer, 1989.

Nieden, Manfred zur: Zur Anwendbarkeit von Informationswertrechnungen, in: ZfB, 1972, S. 493-512.

Noth, Thomas / Kretzschmar, Mathias: Aufwandschätzung von DV-Projekten - Darstellung und Praxisvergleich der wichtigsten Verfahren, Berlin: Springer, 1986.

Obermeier, Georg: Nutzen-Kosten-Analyse zur Gestaltung computergestützter Informationssysteme, München: Florentz, 1977 (Schriftenreihe wirtschaftswissenschaftliche Forschung und Entwicklung, Bd. 5).

Odemer, Werner: Die Lösung von Akzeptanzproblemen bei der Einführung von Bürokommunikationssystemen, in: Office Management , Sonderdruck 6/1984.

o.V.: Gabler Wirtschaftslexikon, 10. Auflage, Wiesbaden, Gabler, 1988.

o.V.: Der neue Qualitätskult, in: Absatzwirtschaft, Heft 6, 1988, S. 30-37.

o.V.: Millionenschäden entstehen meist „aus Versehen", in: VDI-Nachrichten, Nr. 37, 1994, S. 6.

o.V.: Mit DFÜ mitten in die Logistik - Vertriebs-Informations-Systeme, in: Logistik heute, Heft 7/8, 1988, S. 64-65.

o.V.: Logistik - Lösungen für die Praxis, Berichtsband zum 11. Deutschen Logistik-Kongreß, (Hrsg: BVL), München: Huss, 1994, 2 Bände.

o.V. : Integrierte EDV im Einkauf, in: Beschaffung aktuell, Heft 3, 1988, S. 33-49.

o.V.:Vorteile durch Datenbanken, Arbeitsgemeinschaft Fachinformation e.V.(Hrsg.), in: AFI-Schrift, Nr. 4 ,Frankfurt, 1988.

o.V.: Rechnerunterstützte Angebotsbearbeitung - Voraussetzungen, Organisation und Nutzung von Informationen, Düsseldorf: VDI, 1987 (VDI Berichte 647).

Parker, Marilyn M.: A Contemporary Approach to Cost-Benefit Analysis for Information Systems, in: Kay, Ronald (Hrsg.): Management betrieblicher Informationsverarbeitung, Bd. 14, München: Oldenbourg, 1983, S. 83-148.

Pawellek, G.: Jonglieren mit der Dynamik, in: Logistik heute, Nr. 1 bis 4/93.

Pfeiffer, Werner / Weiß, Enno: Lean Management, Grundlagen der Führung und Organisation industrieller Unternehmen, Berlin: Erich Schmidt, 1992.

Pfestorf, J.: Kriterien für die Bewertung betriebswirtschaftlicher Informationen, Dissertation, Berlin, 1974.

Pfohl, Hans-Christian: Logistiksysteme - Betriebswirtschaftliche Grundlagen, Berlin: Springer, 1990.

Pfohl, Hans-Christian / Zöllner, Werner: Effizienzmessung der Logistik, in: DBW 51 (1991) 3, S. 323-339.

Pfohl, Hans-Christian / Hoffmann, Armin / Stölzle, Wolfgang: Umweltschutz und Logistik - Eine Analyse der Wechselbeziehungen aus betriebswirtschaftlicher Sicht, in: JfB, 2/92, S. 86-101.

Picot, Arnold / Franck, Egon: Die Planung der Unternehmensressource Information, (Teil 2), in: WISU, 11/1988, S. 608-613.

Picot, Arnold: Organisation, in: Vahlens Kompendium der Betriebswirtschaftslehre, München: Franz Vahlen, 1990, Band 2, S. 99-208.

Picot, Arnold / Reichwald, Ralf: Zur Effektivierung der Büroarbeit mit neuer Kommunikationstechnik, in: Jahrbuch der Bürokommunikation, FBO-Verlag, Baden-Baden, 1985, S. 8-11.

Pieper, Antje: Produktivkraft Information, Beiträge zur Gesellschafts- und Bildungspolitik, Nr. 119, Institut der deutschen Wirtschaft, Deutscher Instituts-Verlag, Köln, 1986.

Piontek, Jochen: Frühwarnsystem für die Versorgungssicherheit, in: Beschaffung aktuell, Heft 4, 1993, S. 40-42.

Plammer, Alfred: Wie rechtfertige ich die Einführung von CAD-Systemen?, in: io Management Zeitschrift 56, Nr. 5, 1987, S. 268-272.

Pörsch, Martin: Lagertypen im Nutzwertvergleich, in: Rupper, Peter / Scheuchzer, Roland H. (Hrsg.): Lager- und Transport-Logistik - Planung, Steuerung und Kontrolle von Lager- und Transportvorgängen, Zürich: Industrielle Organisation, 1988, S. 123-184.

Porter, M.E.: Competitive Strategy, New York London, 1980.

Porter, Michael / Millar, Victor E.: Wettbewerbsvorteile durch Information, in: Harvard Manager, Heft 1, 1986, S. 26-35.

Puppe, Frank: Einführung in Expertensysteme, Universität Karlsruhe, 1988.

Rade, Jürgen : Unternehmensreport, in: Datenverarbeitung, Steuer, Wirtschaft, Recht - DSWR, Heft 3, 1992, S. 62-63.

Rall, K.: Berechnung der Wirtschaftlichkeit von CIM-Komponenten, in: CIM Management, 3/91, S. 12-17.

Randolph, R.: Pragmatische Theorie der Indikatoren, Grundlagen einer methodischen Neuorientierung, Bd. 5 der Reihe „Innovative Unternehmensführung", hrsg. von W. Pfeiffer, Göttingen, 1979.

Recktenwald, Horst Claus: NKA und Programmbudget.

Rehberg, J.: Wert und Kosten von Informationen, Frankfurt/Main, Zürich, 1973.

Reichwald, Ralf: Arbeit als Produktionsfaktor - Ein kritischer Grundlagenbeitrag zur betriebswirtschaftlichen Produktionstheorie, München: Reinhardt, 1977.

Reichwald, Ralf: Kommunikation, in: Vahlens Kompendium der Betriebswirtschaftslehre, München: Franz Vahlen, 1990, Band 2, S. 413-460.

Richter, Klaus-Jürgen / Lucke, Hans-Joachim: Grundlagen logistischer Systeme, in: Krampe, Horst / Lucke, Hans-Joachim (Hrsg.): Einführung in die Logistik, München: Huss, 1990, S. 27-53.

Rinza, P./ Schmitz, H.: Nutzwert-Kosten-Analyse, VDI-Verlag, Düsseldorf, 1977.

Rodens, Brigitta: Gewinnen kann man nur gemeinsam, in: Logistik Heute, 9/93, S. 75-83.

Roell, Jan S.: Das Informations- und Entscheidungssystem der Logistik - Eine empirische Untersuchung in der Investitionsgüterindustrie, Frankfurt/Main: Lang, 1985.

Roos: Logistik, Diskussion auf breiter Basis, in: Logistik Heute, 10/92, S. 41- 44.

Rupper, Peter / Scheuchzer, Roland H. (Hrsg.): Produktionslogistik - Gestaltung von Material- und Informationsflüssen in der Logistik, Zürich: Industrielle Organisation, 1985.

Rupper, Peter / Scheuchzer, Roland H. (Hrsg.): Lager- und Transport-Logistik - Planung, Steuerung und Kontrolle von Lager- und Transportvorgängen, Zürich: Industrielle Organisation, 1988.

Ruthekolck, Thomas / Kelders, Clemens: Effizienzsteigerung durch Outsourcing oder interne Maßnahmen? - Grenzen von Externalisierungsmaßnahmen und mögliche Alternativen, in: Office Management, Heft 4, 1993.

Salzer, Jörg, J.: Pro und Contra zur Zentralisierung der Warenverteilung, in: o.V.: Zentralisierung der Warenlagerung ?, Düsseldorf: VDI, 1986 (VDI Berichte 625).

Schacknies, G: Anforderungen an Informationssysteme zur Angebotsbearbeitung, in: VDI Bericht 647: Rechnerunterstützte Angebotserstellung, VDI-Verlag, Düsseldorf, 1987, S. 19-34.

Schaffir, Walter B.: Oft nur Verpackung, in: Absatzwirtschaft, Nr. 9, 1994, S. 60-64.

Scharfenberg, Günter: Die technologische Revolution - Wirtschaftliche, soziale und politische Folgen, Berlin: Landeszentrale für politische Bildung, 1987.

Scheer, August-Wilhelm: CIM Computer Integrated Manufacturing - Der computergesteuerte Industriebetrieb, Berlin: Springer, 1987.

Scheer, August-Wilhelm: EDV-orientierte Betriebswirtschaftslehre, Berlin: Springer, 1985.

Scheer, August-Wilhelm: Wirtschaftsinformatik, Referenzmodelle für industrielle Geschäftsprozesse, Heidelberg: Springer, 4., vollst. überarb. u. erw. Aufl., 1994.

Scheer, August-Wilhelm / Berkau, Carsten: Wissensbasierte Prozeßkostenrechnung - Baustein für das Lean Controlling, in: Kostenrechnungs-Praxis, Heft 2, 1993, S. 111-119.

Scheer, August-Wilhelm / Brandenburg, V./ Krcmar, H.: Fünf Thesen zur Wirtschaftlichkeitsrechnung von EDV-Systemen - Ausweg durch Simulation, Online 18 (1978).

Schell, George F.: Establishing the Value of Information Systems, in: Interfaces, (16) May-June 1986, S. 82-89.

Schildbach, Thomas: Entscheidung, in: Vahlens Kompendium der Betriebswirtschaftslehre, München: Franz Vahlen, 1990, Band 2, S. 57-97.

Schmaus, T.: Strategische Maßnahmen zur Sicherung der Wettbewerbsfähigkeit, in: Zeitschrift für Logistik, 5/94, S. 14-18.

Schnöring, Thomas (Hrsg.): Gesamtwirtschaftliche Effekte der Informations- und Kommunikationstechnologien, Berlin: Springer, 1986.

Schnupp, Peter / Leibrandt, Ute: Expertensysteme - Nicht nur für Informatiker, Berlin: Springer, 1986.

Schöder, Detlef: Wissensbasierter Zugriff auf relationale Datenbestände - Überwindung immanenter Schwächen des konventionellen Datenzugriffskonzepts - Lohnt der Aufwand?, in: Information Management, Heft 4, 1993, S. 40-49.

Schorn, Günter: Wo liegt der Nutzen und wie bewertet man ihn?, in: online 5/82, S. 85.

Schreuder, Siegfried / Upmann, Rainer: CIM-Wirtschaftlichkeit - Vorgehensweise zur Ermittlung des Nutzens einer Integration von CAD, CAP, CAM, PPS und CAQ, Köln: TÜV Rheinland GmbH, 1988.

Schreuder, Siegfried / Upmann, Rainer: Wirtschaftlichkeit von CIM - Grundlage für Investitionsentscheidungen, in: CIM Management, 4/88, S. 10-16.

Schuh, G: Gestaltung und Bewertung von Produktvarianten. Ein Beitrag zur systematischen Planung von Serienprodukten, Aachen, 1988.

Schürenkrämer, Ulrich: Technologiebewertung des internationalen Datennetzes der Kreditinstitute - S.W.I.F.T., in: Prognose und Realität, Berlin: Duncker & Humblot, 1987.

Schulz, A.: Gedanken zu einer Informationsbetriebslehre, in: ZfB, 1970 (S. 91-104).

Schulz, Herbert / Bölzing, Dieter: Lenkung von CIM-Investitionen, in CIM-Management, 6/88, S. 54-60.

Schulz, Joachim: Absatzorientierte Logistiksysteme erfordern mehr Informations- und Kommunikationsaustausch zwischen Zulieferer und Einkauf, in: Beschaffung aktuell, 7/84, S. 19-20.

Schweichler, Norbert: Elektronische Partnerschaften: Euro-Logistik, Datenaustausch mit Kunden, in: Die Absatzwirtschaft, (35) Heft 19'0, 1992, S. 88-96.

Schwetz, Wolfgang: Computerunterstützter Vertrieb, in: Information Management, 4/88, S. 50-56.

Schwöbel, Gerd: Beschreibung und Entwurf betrieblicher Datenverarbeitungen: Ein Ansatz zur Systematisierung der Entwicklung von Anwendungssystemen aus betriebswirtschaftlicher Sicht, Frankfurt/Main: Haag und Herchen, 1983.

Seeburger, B.: Ohne EDI läuft nichts mehr, in: Beschaffung aktuell, Heft 3, 1994, S. 56-59.

Seidenfus, Helmut-Stephan: Systemtheoretische Grundlagen der Verkehrspolitik, in: Systemorientierte Verkehrspolitik, Beiträge aus dem Institut für Verkehrswissenschaft an der Universität Münster, hrsg. von Helmut-Stephan Seidenfus, Heft 72, Göttingen, 1978.

Semmelroggen, H.G.: Logistik-Geschichte: Moderner Begriff mit Vergangenheit, in: Logistik im Unternehmen, 1988, S. 6-9.

Senn, Herold: CAD/CAM: Eine dringende Aufgabe auch für das Management, in: Rupper, Peter / Scheuchzer, Roland H. (Hrsg.): Produktionslogistik - Gestaltung von Material- und Informationsflüssen in der Logistik, Zürich: Industrielle Organisation, 1985, S. 201-210.

Servatius, Hans Gerd: Methodik des strategischen Technologie-Managements - Grundlage für erfolgreiche Innovationen, Berlin: Schmidt, 1985.

Shannon, C.E./Wheaver, W.: The Mathematical Theory of Communication, Urbana/Illinois, 9. Auflage, 1962.

Sieben, Günter: Rechnungswesen bei mehrfacher Zielsetzung: Möglichkeiten der Berücksichtigung gesellschaftsbezogener Ziele durch die Betriebswirtschaftslehre, in: ZfbF, (1974), S. 694-702.

Singer, Peter: Losgröße wirkt auf Durchlaufzeit, in: Logistik Heute, 3/88.

Singer, Peter: Wartezeit in der Kostenformel, LH 5/88.

Sneed, Harry M.: Software muß meßbar werden, in: Information Management, Heft 4, 1991, S. 56-69.

Staehle, Wolfgang: Management - Eine verhaltenswissenschaftliche Einführung, München: Vahlen, 1985.

Städtler, Martina: Stand und neuere Konzeptionen der zwischenbetrieblichen Integration der EDV im Güterverkehr, in: Diruf, G. (Hrsg.): Logistische Informatik für Güterverkehrsbetriebe und Verlader - Computergestützte Systeme zur Planung, Steuerung und Kontrolle verkehrsbetrieblicher Transport-, Umschlags- und Lagerleistungen, Berlin: Springer, 1985, S. 50-63.

Stark, Heinz: Erfolgsmessung in der Materialwirtschaft, in: Beschaffung aktuell, 12/90, S. 24-26.

Statistisches Bundesamt (Hrsg.): Statistisches Jahrbuch 1994 der Bundesrepublik Deutschland, Metzler-Poeschel, Wiesbaden, 1994.

Staudt, Erich et al.: Kennzahlen und Kennzahlensysteme, Grundlagen zur Entwicklung und Anwendung.

Stauffert, Thomas K.: Informationstechnik und Abhängigkeit - ein Phänomen und seine Analyse, aus der Individual- und Unternehmensperspektive, zugl., München, Univ. d. Bundeswehr, Diss., 1990, Reihe 5, Volks- und Betriebswirtschaft; Bd. 1160, Frankfurt am Main: P. Lang, 1991.

Steger, Ulrich / Schloßberger, Ulrich: Umweltbewußtes Transportmangement: Eine Chance für die Rationalisierung der Transportprozesse durch IuK-Technologien, in: it, 3/92, S. 149-154.

Steimer, Fritz L.: Automation und Kommunikation im Büro und Verwaltungsbereich, in: Kuhlen, Rainer (Hrsg.): Koordination von Informationen - Die Bedeutung von Informations- und Kommunikationstechnologien in privaten und öffentlichen Verwaltungen, Berlin: Springer, 1984 (Informatik-Fachberichte), S. 170-179.

Steinbrüchel, M.: Die Materialwirtschaft der Unternehmung, Bern/Stuttgart, 1971.

Steinmüller, Wilhelm (Hrsg.): Informationstechnologien, Personalinformationssysteme und Handlungsmöglichkeiten der Betroffenen, in: Schriftenreihe der Beratungsstelle für Informationstechnik-Folgen, Bremen, 1985.

Stender, Joachim: MYCIN-artige Shells, in: Krallmann, Hermann (Hrsg.): Expertensysteme in Unternehmen, Möglichkeiten, Grenzen, Anwendungsbeispiele, Betriebliche Informations- und Kommunikationssysteme, Bd. 6, Erich Schmidt Verlag, Berlin, 1986, S. 45-54.

Straube, Frank / Gudehus, Timm: Auch die Logistik gehört auf den Prüfstand, in: Harvard Business Manager, 7/1994, S. 72-80.

Szyperski, Norbert: Informationstechnik und Logistik - Kritischer Erfolgsfaktor, in: Beschaffung aktuell, S. 24-25.

Szyperski, Norbert / Eschenröder, Gerhard: Information-Resource-Management - Eine Notwendigkeit für die Unternehmensführung, in: Kay, Ronald (Hrsg.): Management betrieblicher Informationsverarbeitung, Wirtschaftsinformatik-Symposium d. IBM-Deutschland-GmbH (Fachberichte und Referate, Bd. 14), München: Oldenbourg, 1983, S. 11-38.

Teichmann, Stephan: Logistikkostenrechnung: Untersuchungen zur Bedeutung und Methodik einer betriebswirtschaftlichen Logistikkostenrechnung mittelständigerr Industriebetriebe, Berlin: Duncker & Humblot, 1989.

Teichmann, Stephan: Quo Vadis, Logistikkostenrechnung?, in: Zeitschrift für Logistik, 6/1988, S. 49-51.

Teßmann, Günther / Krampe, Horst: Logistische Ketten, in: Krampe, Horst / Lucke, Hans-Joachim (Hrsg.): Einführung in die Logistik, München: Huss, 1990.

Thienel, A.: Kommunikation und Kooperation zwischen logistischen Partnern, in: CIM Management, 4/91, S. 17-22.

Tietz, Bruno: Die Metamorphose der Industrie, Auf dem Weg zur Handels- und Dienstleistungsgesellschaft, in: Absatzwirtschaft, 1/95, S. 76-81.

Türk, Joachim: Logischer Aufbau von Datenstrukturen in der Logistik industrieller Fertigungsprozesse, in: Schriftenreihe der Bundesvereinigung Logistik e.V., Bd. 7, Bremen, 1981.

Ullrich, Manfred: Bestandssenkung durch Einsatz moderner Dispositionsmethoden, in: CIM Management, 4/88, S. 65-70.

Velsinger, Max: Entscheidungen ohne explizit formulierte Ziele bei unvollkommener Information.

Venker, Karl: Wirtschaftsinformationen, in: Claassen et al.: Fachwissen Datenbanken - Die Information als Produktionsfaktor, Essen: Klaes, 1986, S. 179-192.

Vetter, Max: Aufbau betrieblicher Informationssysteme, Stuttgart: Teubner, 1982.

Vogt, Gert: Kommissionierhandbuch, Landsberg: moderne industrie, 1989.

Voigt, Fritz: Verkehr, Band 1, Berlin: Duncker & Humblot, 1973.

de Vries, Helmer: Lieferantenbewertung, in: Beschaffung aktuell, 88 oder 89, S. 26-28.

Walter, Helmut R. / Fischer, Rolf A.: Informationssysteme in Wirtschaft und Verwaltung, Berlin New York: de Gruyter, 1971.

Weber, Hubert: Unternehmenslogistik im Umbruch: Prozessorientiert denken, in: Gablers Magazin, Heft 4, 1994, S. 40-42.

Weber, Jürgen: Logistikkostenrechnung, Berlin: Springer, 1987.

Weber, Jürgen: Logistik-Controlling, Stuttgart: Poeschel, 1990, (Schriftenreihe der Wissenschaftlichen Hochschule für Unternehmensführung, Koblenz : Management/1).

Weber, Jürgen: Logistik als Koordinationsfunktion - Zur theoretischen Fundierung der Logistik, in: ZfB, 62. Jg., Heft 8, 1992, S. 877-895.

Weber, J.: Logistik-Kennzahlen, Ein strategischer Ansatz, in: o.V.: Logistik - Lösungen für die Praxis, Berichtsband zum 11. Deutschen Logistik-Kongreß, (Hrsg: BVL), Huss-Verlag, München 1994.

Wedekind, H.: Die Problematik des Computer Integrated Manufacturing (CIM) - Zu den Grundlagen eines strapazierten Begriffs, in: Informatik-Spektrum, 11/88, S. 29-39.

Weller, Frank: Expertensysteme in der Betriebswirtschaft - Plädoyer für eine realistischere Einschätzung der Leistungspotentiale von Expertensystemen, in: Information Managment, 1/91, S. 18-23.

Wentzel, Christoph: Konzepte und Hilfsmittel der Datenadministration und deren Konsequenzen für die betriebliche Datenverarbeitung, Frankfurt/Main: FWI, 1984.

Werthmann, Raimund / Nollau, Hans-Georg: Erfahrungen und Erkenntnisse mit informationsgestützter Logistik, in: Refa Nachrichten, Heft 5, 1993, S. 4-13.

Westkämper, E.: Lean-Production oder CIM - Müssen unsere Fertigungskonzepte geändert werden?, in: Jahrbuch 1992, hrsg. vom VDI-FML, Düsseldorf, 1992, S. 171-197.

Wiemann, Hans Günter: Untersuchungen zur Frage der optimalen Informationsbeschaffung - Eine literaturkritische Analyse zur Problematik der betriebswirtschaftlichen Informationstheorie, Frankfurt: Harri Deutsch, 1973.

Wild, Jürgen: Input- , Output- und Prozeßanalyse von Informationssystemen, in: ZfbF, 1970, S. 50-72.

Wild, Jürgen: Informationskostenrechnung auf der Grundlage informationeller Input, Output- und Prozeßanalysen, in: ZfbF, 1970, S. 218-240.

Wild, Jürgen: Zur Problematik der Nutzenbewertung von Informationen, in: ZfB, 1971, S. 315-334.

Wildemann, H.: Produktionssynchrone Beschaffung: Handbuch für die Einführung einer Just-In-Time Belieferung, Passau: Universität - Lehrstuhl Fertigungswirtschaft, 1987.

Wildemann, Horst: Einführungsstrategien für eine Just-in-Time-Produktion und -Logistik, in: ZfB, 2/91, 1991, S. 149-169.

Wildemann,Horst: Entwicklungsstrategien für Zulieferunternehmen, Forschungsbericht, München, 1993.

Wildemann, Horst: Entwicklungstendenzen in der Fabrikorganisation, in: VDI-Z (133) 1991, Heft 10, S. 40-43.

Wildemann, Horst (Hrsg.): Lean Management, Strategien zur Erreichung wettbewerbsfähiger Unternehmen, Frankfurt/Main, 1993.

Wildemann, Horst: Das Just-in-Time Konzept, FAZ-Verlag, Frankfurt/Main, 1988.

Wittmann, W.: Unternehmung und unvolkommene Information, Köln: Opladen, 1959.

Wöhe, Günter: Einführung in die Allgemeine Betriebswirtschaftslehre, 14., überarb. Auflage, Verlag Franz Vahlen, München, 1981.

Wojda, Franz / Friedrich, Gerhard: CIM, Logistik und Büroautomation integrieren, Die Gestaltungsmethodik als Erfolgsfaktor, in: Office Management, Heft 5, 1988, S. 24-30.

Womack, J.P. / Jones, D.T. / Roos, D.: The Machine that changes the World (Studie des International Motor Vehicle Program (IMVP), Massachusetts Institute of Technology (MIT), USA, New York: Rawson Macmillian, 1990; deutsche Übersetzung: Die zweite Revolution in der Automobilindustrie. Frankfurt: Campus, 1991.

Zahn E. / Dogan, D.: Strategische Aspekte der Beurteilung von CIM-Installationen, in: CIM Management, 3/91, S. 4-11.

Zangemeister, Christof: Nutzwertanalyse in der Systemtechnik, München: Wittemannsche Buchhandlung, 1976.

Zangemeister, C.: Effectiveness Measurement of Information Systems through NAPSY: Nutzwert Analyse Programm System.

Zangl, Hans: Ist CIM wirtschaftlich? - Lösungsansätze zur Ermittlung der Wirtschaftlichkeit von CIM-Konzepten, in: CIM-Vortragsreihe 1988, S. 299-328.

Zangl, Hans: Integrierte Bürosysteme und Wirtschaftlichkeit, in: Jahrbuch der Bürokommunikation, Baden-Baden: Fachverlag für Büro- und Organisationstechnik, 1986, S. 14-17.

Zentes, Joachim: EDV-gestütztes Marketing - Ein informations- und kommunikationsorientierter Ansatz, Berlin: Springer, 1987.

Zentes, Joachim: Nutzeffekte von Warenwirtschaftssystemen im Handel, in: Information Management, 4/88, S. 58-67.

Zeuch, Michael: Global Sourcing - Mit System und Methodik, in: Beschaffung aktuell, 7/90, S. 19-20.

Zibell, Roland M.: Just-in-Time - Philosophie, Grundlage, Wirtschaftlichkeit, München: Huss, 1990 (Schriftenreihe der BVL, hrsg. von Baumgarten, Helmut / Ihde, Gösta B.).

Zibell, Roland M.: Just-in-Time als Instrument einer marktorientierten Logistik, in: Technologie & Management, Heft 4, 1991, S. 9-12.

Zimmermann, Dorothea: Eine Antwort auf Rationalisierungsdruck - Kostenvergleiche von Informationsversorgungsarten, in: cogito, 1/89, S. 8-16.

Anhang

Merkmal	Informationsarten
• Geltungsbereich bzw. Diffe- renziertheit	• generelle, allgemeine • spezielle
• Standardisierbarkeit	• standardisierbare • nicht standardisierbare
• organisatorische Gebundenheit	• formale • informale
• Stellung innerhalb der In- formationskette	• Ausgangsinformationen • Zwischeninformationen • Endinformationen
• Verdichtungsgrad	• aggregierte • disaggregierte
• Herkunft	• (unternehmens-) interne • externe
• Genauigkeit	• vage • präzise
• Aktualität	• Stammdaten • Bewegungsdaten
• Wahrheit bzw. Richtigkeit	• wahre bzw. richtige • unwahre bzw. falsche
• Bezug zur Entscheidung	• primäre Informationen als Grundlage von (Handlungs-) Entscheidungen • sekundäre Informationen als Auskunft über die Ent- scheidung (-sfolgen)
• Charakter von Informationen	• passive Informationen mit Auskunftscharakter (z.B. ver- gangenheitsbezogene Berichte) oder Instruktionscharakter (Fakturierung, Lohn- und Gehaltsabrechnung) • aktive Information zur Entscheidungsanregung (Absatzstatistik, Absatzprognose, Planabweichung) oder als Entscheidungsvorschlag (Bestellvorschlag, Transport- plan, Finanzierungsplan)
• inhaltsbezogene Unter- scheidung	• faktische • prognostische • normative • präskriptive
• Verfügbarkeit	• verfügbare • nicht verfügbare
• Zeitbezug	• beschreibende (gegenwartsbezogen) • prognostische (zukunftsbezogen)

Tab. A1: Ausgewählte Kriterien zur Differenzierung von Informationsarten und beispielhafte
Ausprägungen (Quelle: Eigene Zusammenstellung)

Kriterien zur Bewertung von Daten und Informationen		
• Aktualität	• Klarheit	• Spezifizität
• Akzeptanz	• Komplexität	• Status
• Art der Datenerfassung	• Konsistenz	• Universalität
• Aussagekraft	• Neuigkeit	• Verfügbarkeit
• Aufgabenbezogenheit	• Problemadäquanz	• Verläßlichkeit
• Benutzerorientierung	• Qualität	• Vollständigkeit
• Eindeutigkeit	• Rechtzeitigkeit	• Wahrheit
• Entscheidungsrelevanz	• Redundanz	• Wirtschaftlichkeit
• Ergebnisrelevanz	• Regelmäßigkeit	• Zieladäquanz
• Genauigkeit	• Sachgerechtigkeit	
• Gültigkeit	• Sicherheit	

Tab. A2: Kriterien zur Unterscheidung und Bewertung von Daten und Informationen (Quelle: Eigene Darstellung)

statische Größen	dynamische Größen
• Artikelanzahl	• Warenein- und ausgänge pro Zeiteinheit
• ABC-Artikelverteilung	• Umlagerungen pro Tag
• Gesamtdurchschnittsbestand	• Umschlag pro Jahr
• Anzahl Paletten/Artikel	• Auftragszahl pro Tag
• Lagerkapazität	• Positionen pro Auftrag
• Kosten pro Artikel	• Zugriffe pro Position
• ABC-Kostenverteilung	• Gewicht pro Zugriff
• durchschnittliche Gesamtbestands-kosten	• Gesamtzahl der Artikel im täglichen Zugriff
• durchschnittliche Bestandskosten pro Artikel	• Gesamtumschlagskosten
	• Kosten pro Lagerbewegung

Tab. A3: Wichtige Kenngrößen der Lagerorganisation (Quelle: Eigene Darstellung in Anlehnung an Jünemann, R.: Materialfluß ..., a.a.O., S. 170)

Materialfluß	Ausprägungen
• Aufbauorganisation	• einzonig • mehrzonig
• Ablauforganisation	• ein- oder mehrstufig • seriell oder parallel
• Bereitstellung	• statisch • dynamisch
• Entnahme	• manuell • automatisch
• Fortbewegung	• eindimensional • mehrdimensional
• Abgabe	• zentral • dezentral
Informationsfluß	**Ausprägungen**
• Aufbereitung der Daten	• Batch Verfahren • real time
• Weitergabe	• off line • online
• Verfolgung	• personell • geregelt
• Quittierung	• aktiv • selbstätig

Tab. A4: Material- und informationsflußbezogene Parameter zur Gestaltung von Kommissioniersystemen (Quelle: Eigene Darstellung in Anlehnung an Vogt, G.: a.a.O., S.47 ff.)

Einflußfaktoren	Beschreibung	typische Ausprägungen
Versender- bzw. Empfänger	• geografisch und technisch-wirtschaftliche Merkmale von Versandorten • Merkmale der mit dem Transport verbundenen Neben- und Zusatzleistungen	• Lage von Binnen- und Seehäfen oder Flughäfen • Ver- und Entladesysteme • klimatische Bedingungen
Transport- bzw. Lagerobjekte	Parameter zur Beschreibung von • Lagersystemen- bzw. • Transportgütern	• Gewicht, Größe, Volumen bzw. Form • Abmessungen (Länge, Breite, Höhe) • Wert je Einheit • Anzahl der Einheiten je Zusammenfassungsstufe (z.B. Partie, Palette etc.) • Anzahl von Einheiten je Zeiteinheit • Vermengbarkeit und Verträglichkeit mit anderen Transportobjekten • chemisch-physikalische Eigenschaften und Besonderheiten • Aggregatzustand
außerbetriebliche Faktoren	• gesetzliche Regelungen, • zeitliche Restriktionen	• Annahmeschlußzeiten • Be- und Entladevorschriften

Tab. A5: Einflußfaktoren auf die Gestaltung logistischer Ketten (Quelle: Eigene Darstellung in Anlehnung an Brauer, K.M. / Krieger, W.: a.a.O., S. 92 ff.)